职业技能培训鉴定教材

企业行政师

QIYEXINGZHENGSHI

劳动和社会保障部教材办公室组织编写

主　　编　　范立荣

执行主编　　沈小君

编　　者　　（以姓氏笔画为序）

于彩凤　王全一　朱宇丽　沈小君　杜　军

张丽琍　杨继昭　范立荣　胡晓涓　姬瑞环

审　　稿　　沈永华

QIYEXINGZHENGSHI

中国劳动社会保障出版社

图书在版编目（CIP）数据

企业行政师/劳动和社会保障部教材办公室组织编写. —北京：中国劳动社会保障出版社，2007

职业技能培训鉴定教材

ISBN 978-7-5045-6058-2

Ⅰ.企…　Ⅱ.劳…　Ⅲ.企业管理：行政管理-技术培训-教材　Ⅳ.F272.9

中国版本图书馆 CIP 数据核字（2007）第 016686 号

中国劳动社会保障出版社出版发行

（北京市惠新东街 1 号　邮政编码：100029）

出 版 人：张梦欣

*

北京北苑印刷有限责任公司印刷装订　新华书店经销

787 毫米×960 毫米　16 开本　23.75 印张　488 千字

2007 年 2 月第 1 版　　2007 年 2 月第 1 次印刷

定价：**38.00** 元

读者服务部电话：**010-64929211**

发行部电话：**010-64927085**

出版社网址：**http：//www.class.com.cn**

内容简介

本教材由劳动和社会保障部教材办公室组织编写。本教材从职业能力培养的角度出发，力求体现职业培训的规律，满足职业技能培训与鉴定考核的需要。

本教材在编写中贯穿“以企业需求为导向，以职业能力为核心”的理念，采用模块化的编写方式。全书按职业功能分为四个模块单元，主要内容包括职业概况、工作基础、行政实务、经济法规等。每一单元内容详细介绍了企业行政师岗位工作中要求掌握的最新实用知识理论和实务。

本教材由范立荣主编、沈小君执行主编，沈小君、范立荣、于彩凤、王全一、朱宇丽、杜军、杨继昭、张丽琍、胡晓涓、姬瑞环参与编写，沈永华担任审稿。

本教材可作为企业行政师职业技能培训与鉴定考核教材，也可供相关从业人员参加岗位培训使用。

前　言

实施国家职业资格证书制度，是我国人力资源开发的一项重要举措，对于加快推进人才强国战略，提高劳动者素质，实现素质就业和技能就业具有积极的作用。随着经济全球化引发的竞争加剧，人力资源已经成为最重要的战略资源，能不能拥有一批掌握精湛技艺的专业化高技能人才和一支训练有素、具有较高素质的职工队伍，已成为影响我国核心竞争力和自主创新能力的重要因素。

1994年以来，劳动和社会保障部教材办公室组织有关方面专家编写出版了“职业技能鉴定教材”及其配套的“职业技能鉴定指导”200余种，有力地推动了职业资格证书制度和职业技能鉴定工作的开展。这些教材在开发中力求体现“以职业活动为导向，以职业技能为核心”的指导思想，针对性、实用性强，层次齐备，受到全国各级培训、鉴定机构和使用者的欢迎。

随着科技进步日新月异，我国产业结构调整与企业技术升级不断加快，人力资源能力建设要求不断提高，职业培训与鉴定考核在领域拓展、模式多样、层次细分方面发生了深刻的变化，对教材建设提出了新的课题和新的要求。为了适应新形势，更好地满足各级培训、鉴定部门和广大培训对象的需要，在总结“职业技能鉴定教材”和“职业技能鉴定指导”编写经验的基础上，我们依据国家职业标准和企业对各种类型技能型人才的需求，组织编写了“职业技能培训鉴定教材”。

新编写的“职业技能培训鉴定教材”（以下简称“教材”）的主要特点是：

在编写原则上，突出以职业能力为核心。教材编写贯穿“以职业标准为依据，以企业需求为导向，以职业能力为核心”的理念，要求紧贴国家职业标准，充分反映最新技术、知识，注重职业能力培养，凡是职业岗位工作中要求掌握的知识和技能，均作详细介绍。

在使用功能上，突出服务于培训和鉴定。根据职业发展的实际情况和培训对象的培训需求，教材力求体现职业培训的规律，满足职业技能培训的需要；兼顾国家职业技能鉴定考核的基本要求，满足培训对象参加鉴定考试的需要。

编写“职业技能培训鉴定教材”是一项探索性的工作，教材中存在不足之处在所难免，恳切希望各使用单位和个人不吝赐教，提出宝贵意见和建议，以便教材修订时补充更正。

劳动和社会保障部教材办公室

序

中国企业正处在关键的转型期。

快速变化的社会经济环境，WTO之后国门的进一步开放，世界经济的不确定性，欲罢不能的价格战、品牌战、人才战，山雨欲来的行业整合，如此等等，都给中国经济和中国企业带来了全新的挑战。

在这纷繁多变的背景下，企业行政人员对经济、对企业发展的作用变得比以往任何时期都重要。过去，企业行政人员从来不需要懂得那么多，或横跨如此宽的前沿领域。而今天，伴随着中国企业规范化、国际化的进程，企业对行政人员的要求越来越高，企业行政人员已成为企业核心的人才资源。

但对中国的大多数企业而言，却往往由于对行政人员应具备的素质、具体的工作内容及规范等缺乏深入的了解和认识，而导致在招聘行政人员、或对行政人员进行培训和工作指导等方面力量薄弱。同样，也正是由于缺乏对前述内容的了解，许多渴望成为行政人员的职业人找不到发展的途径，而已成为行政人员的职业人则常常不知如何开展业务，最终业绩平平。

掌握更多有用的企业行政专业知识，提高工作效率及执业水准是现代企业行政人员的不懈追求，也正是本书的宗旨所在。

本教材以国内外知名企业对行政人员的素质和工作内容的要求为依托，通过行政人员职业概况、基本能力要求、工作能力要求、个人行为规范、管理工作规范等内容，全面系统地向企业或个人提供了行政人员的任职条件与工作要求，是企业人事部门选聘、考评行政人员任职资格和工作绩效的最佳参考资料，同时，也是人事部门、培训部门对企业行政人员开展岗前职业教育的常识读本。

作为落实国家人才兴国战略，推进我国企业行政师职业培训与资格评价体系建立的实验性鉴定教材，本书在编写过程中，参阅和借鉴了大量的国内外文献及相关学科的研究成果，广泛汲取各家之长，其内容力求与社会、企业对行政人才的实际需要接轨，与企业行政师的资格认证接轨，与国际企业行政领域的发展趋势接轨。在此谨向企业行政科学的先行者、实践者们致以崇高的敬意！

本书得到中国高等教育学会、中国国际职业资格认证协会、中国人才研究会专家们的悉心指导，得到首钢总公司、华商新闻出版集团、新疆奥立企业集团、北京阳光文化交流有限公司、北京市京华印刷总厂等许多富有经验的企业行政主管的支持和帮助，在此表示衷心的感谢！

鉴于我国企业行政师制度建设刚刚起步，许多问题还有待探讨，加上本书编写人员水平和实践的局限，不足之处在所难免。我们热忱欢迎广大读者，尤其是从事企业行政管理研究的学者和企业一线的行政人员提出宝贵意见，以便不断修改完善。

沈小君

《职业技能培训鉴定教材——企业行政师》编审委员会

（以姓氏笔画为序）

于彩凤——哈尔滨商业大学副教授

王全一——北大方正软件技术学院就业指导中心主任、副教授，北京市教委就业促进会理事

王世红——北京高等秘书学院院长，中国高等教育学会秘书学专业委员会秘书长，原中华全国青年联合会国际部副部长、共青团中央国际部副部长

王其红——北京明园大学董事长

王振祥——中国高等教育学会秘书学专业委员会副秘书长

朱宇丽——北京市西城区劳动和社会保障局会计师

孙桂华——首钢总公司办公厅副主任

沈小君——中国国际职业资格认证协会常务副会长兼秘书长，布劳德国际教育科学研究院院长，北京阳光文化交流有限公司董事长

杜　军——唐山学院教授，唐山市秘书学会秘书长，河北省公共关系协会常务理事

吴　洋——北京盛嘉恒业科贸有限公司总经理

宋淑君——布劳德（北京）国际教育中心主任，中国国际职业资格认证协会理事

杨继昭——唐山学院文法系主任、教授

张丽琍——中华女子学院人力资源系主任、教授，中国劳动科学学会教育分会理事，北京人才资源开发协会副秘书长

范立荣——劳动和社会保障部国家秘书职业资格鉴定专家委员会副主任，教育部中英剑桥秘书证书专家委员会主任，中国高等教育学会秘书学专业委员会会长，中国国际

职业资格认证协会专家委员会主任委员

武则之——新疆奥立企业集团董事长，新疆麦隆人才发展有限公司董事长

周同庆——中共北京市委办公厅调研员，北京秘书学会副秘书长

郝银奎——总参办公厅副主任，中国高等教育学会秘书学专业委员会副会长

胡晓涓——北京电子科技职业学院教研室主任、副教授

姬瑞环——中共中央办公厅电子科技学院副教授

目 录

第1单元

职业概况

随着我国社会经济的飞速发展，企业行政师岗位开始浮出水面，并迅速成为热门职业。本章对企业行政师的概念、角色定位、工作目标、责任分工以及素质要求和职业道德标准作了详尽的描述；提出企业行政机构的设置原则，对领导者群体素质的各项要求；阐释了企业行政实施的特点、类别、地位、作用和实施原则。

第一节　企业行政师

一、企业行政师的概念

企业行政师是指以维护和实现组织利益为工作目标，以管理、协调和服务为核心职能，运用科学管理的技术、方法、程序和手段，开展职务行为的企业管理人员。

企业行政师在企业中所担负的职务包含行政总裁（总监）、行政经理（主管）、行政专员（主任）、行政助理（秘书、文员）等。

二、企业行政师的职责

1. 企业行政师的角色定位

企业行政师扮演多重角色的前提是行政管理工作的多层次、多变化的职业需要。具体表现为以下几方面：

（1）助手角色。这是企业行政师在企业活动中扮演的基本角色。企业行政部门是协助上层领导进行综合情况、调查研究、联系接待、管理文档和处理交办事项的管理部门，同时又是企业各职能部门的事务管理部门，因此企业行政师的角色就是通过管理工作，使企业各项活动效率最大化，从而使企业管理井然有序。

（2）管家角色。在企业中，上层领导主要是从宏观上把握企业的经营战略和策略，职能部门负责各项职能工作的具体实施，企业行政部门属于综合性部门，处于枢纽地位，便于协调、组织和管理需要相互配合的整体活动和全局性工作，所以企业行政师主要是充当统筹、策划、安排、处理各种行政事务的角色，即类似于“管家”。其主要任务是负责筹划经营战略的制定实施，协调控制，安排企业内各职能部门的日常工作。这些工作的好坏，直接影响企业整体的运作效率。

（3）活动家角色。企业行政师在企业活动中起着信息汇总和传递的作用，并在职权范围内从事公关和协调工作，因而扮演着活动家的角色。企业行政师通过各种信息媒介渠道，将企业的重大决策和重大事件向股东、员工和公众开放、公布，使其有机会参与企业的管理，通过正式与非正式的传播渠道，向股东和员工发布企业的经营状况，接受其咨询，通过新闻发布会等形式，向各新闻媒体提供企业信息，塑造良好形象。同时，企业行政师又起着信息收集的作用，即广泛听取员工、股东、董事对企业经营管理工作的意见、建议和要求，了解并收集外界对企业的评价，并将这些信息分析整理后作为企业决策层的参考资料。

2. 企业行政师的工作目标

（1）积极配合企业决策管理，起到支持和辅助作用。

（2）协调沟通企业内各部门之间的工作，起到枢纽作用。

（3）做好企业内外信息的收集和处理工作，起到参谋作用。

（4）为企业营造最佳工作环境，起到管理作用。

（5）树立企业的良好形象，起到窗口和辐射作用。

3. 企业行政师的工作职责

（1）日常办公事务管理。对企业各种日常事务进行计划、组织、协调和控制等管理工作。

（2）办公物品管理。负责办公物品的发放、使用、保管以及采购等工作，并制订相应的制度。

（3）文书（资料）和档案管理。即对印信、文书（公文）、档案和书刊等进行管理。

（4）会议管理。涉及会前准备、会中服务和会后工作等相应管理工作。

（5）涉外事务管理。负责企业外部交流的相关事宜。

（6）其他事务管理。负责企业财产、设备、生活福利、车辆、安全和卫生等工作。

4. 企业行政师任职岗位的具体分工

（1）行政总裁（总监）

1）制定规章制度。组织并制定人力资源管理和办公、行政管理的有关规章制度，并对工作人员执行规章制度的情况进行检查、监督和指导。

2）计划管理。根据企业阶段性目标和年度计划，制定所属部门的目标、计划和措施，保证企业业务活动正常进行。

3）人力资源管理。依据企业有关人力资源开发与管理的总体要求，组织人力资源管理中的制度设计、人员管理、薪酬管理、培训及考核奖惩等工作，使企业达到对内具有凝聚力、对外具有竞争力的目标。

（2）行政经理（主管）

1）制定行政管理制度。组织制定企业行政管理的各项规章制度，并监督执行。

2）行政经费控制。按照企业年度经费预算，严格控制企业各项行政经费的支出，确认费用分摊范围，按月分摊各项费用。

3）行政性财产、物资管理。负责管理企业行政、办公设备及用品，统一安排人员购买，组织对企业行政财产、物资进行登记、造册及定期盘点。

4）车辆管理。负责行政车辆的调度，协调各部门车辆的使用，安排好车辆的日常维护、保养及驾驶员的日常管理工作，组织建立车辆和驾驶员档案，控制交通费用。

5）后勤保障工作。根据企业年度工作计划，组织、协调和安排后勤工作，包括集体宿舍、工作餐、办公环境、通信、医疗、卫生、职工生活等，确保企业整体工作正常有序地进行。

6）治安保卫管理。组织对安全保卫、消防、环境和卫生等进行统一管理，确保企业生产经营的安全、顺利进行。

7）基层管理。企业总部和各分支机构的基本建设管理。代表企业承担甲方的职能，组织对工程建设、设计、监理等事宜。

8）物业管理。组织企业总部和各分支机构的物业管理（包括分支机构的各种设施、设备的维护和保养）。

9）部门内部管理。负责本部门员工的配备、选拔，配合人力资源部门进行技能培训，指导下级员工的工作，并对其业绩进行考核。

（3）行政专员（主任）

1）制定行政制度。制定企业各项行政管理制度并报上级领导审批后严格执行，对行政管理工作进行检查和监督。

2）对外联络。协调与政府有关主管部门的关系，协调与行业有关管理机构、协会、商会及其他有关各企业的关系，并代表本企业出席各种会议。

3）对内协调。安排每月、每周总裁办公会议及其他各种日常会议，协调总裁和企业各部门的工作，上传下达，协助企业发展部门组织重大活动。

4）行政经费控制。按照企业年度经费预算，严格控制各项行政经费支出，并确认经费分摊范围，按月分摊各项费用，包括电话费、办公用品费和房租费。

5）文书档案管理。制定企业的文件管理制度，并根据管理制度制定年度文件编码，对文件进行登记和管理，并保管文件及档案。

6）财产物资管理。制定低值易耗品和行政性固定资产管理制度，并依据各部门提供的所需行政财产物资的申请表，统一协调、购买，对企业行政财产物资进行登记、造册，定期进行盘点，并负责行政财产物资的维修和保养。

7）车辆管理。制定企业的车辆使用制度，对车辆进行调度，建立企业车辆和驾驶员档案，并负责车辆的维护、保养以及驾驶员的日常管理工作，控制交通费用。

8）后勤保障工作。根据企业年度工作计划，合理安排企业的后勤保障工作，包括集体宿舍、工作餐、办公环境、通信、卫生、员工生活等后勤保障工作，确保企业整体工作正常有序地进行。

（4）行政助理（秘书、文员）

1）对内关系协调。协助上级领导与企业内各部门进行联络、沟通和协调，做好上传下达工作，按照上级领导安排，协助其他部门一起组织企业重大活动。

2）对外关系协调。配合企业有关部门协调企业与政府有关主管部门的关系，包括地方政府、工商管理部门等，协调与相关行业管理机构、协会、商会以及其他单位（包括客户单位）的关系，按照上级领导的安排，代表企业出席各种外部会议。

3）会议管理。按照上级领导的安排，出席某些会议，起草会议文件，及时完成会议记录、纪要工作，对会议室和会议设备进行管理。

4）文书档案管理。制定文件管理制度，根据管理制度制定年度文件编码，对各种文件进行登记、归档并负责管理；负责企业内、外来往文件的核对、颁布和下发工作。

5）打字复印。及时完成上级领导交办的文件打印、复印工作，妥善管理传真机、复印机等办公设备。

6）接待。妥善、礼貌地接待有关人员的来访。

三、企业行政师的素质

企业行政师的素质是指企业行政师在履行职务行为时应具备的内在基质，是行政师在先天禀赋的生理条件基础上，主要通过后天学习、实践所形成的品德、知识、能力等各种条件和因素的综合体现。

1. 政治素质

（1）正确的政治观点。其核心是掌握马克思主义的基本原理，具有科学的世界观、人生观和价值观。具有较高的政治理论水平和政策水平，在大是大非面前，能够准确识别方向，分清是非，不迷失政治方向，不丧失政治立场，不违反政治纪律。

（2）高尚的道德品质。具体包括以坚持全心全意为人民服务宗旨为核心而形成的廉洁奉公的高尚情操，实事求是的党性原则，秉公办事的处事态度，刚直不阿的性格气质，联系群众的民主作风，谦让容人的宽宏度量，艰苦奋斗的创业精神等。

（3）顽强的进取精神。进取精神是行政师基于崇高的工作抱负和对本职工作意义认识而产生的行为表现，是行政师世界观和人生观的具体反映，作为企业的行政领导者，时刻都要有强烈的事业心和紧迫的责任感，矢志不移，奋发进取，敢于打破陈规旧习，不断探索改革，开拓新局面，做出新成就。

2. 知识素质

（1）通晓马克思主义的理论知识。马克思主义是科学的世界观和方法论，是指导我们思想和工作的理论基础。行政师应认真掌握马克思主义哲学、政治经济学、科学社会主义和党史、党建理论知识。只有夯实理论功底，提高分析与解决复杂问题、驾驭复杂局面的能力，才能从迷离纷纭的信息中理出头绪，才能在错综复杂的局面中掌握工作的主动性。

（2）博览社会科学、人文科学和自然科学知识。行政师往往在一个地方、一个部门、一个单位中处于中枢或重要地位，需要处理和认识的问题包罗万象，涉及各个领域。工作任务的综合性和多样性，要求知识的广泛化和博通化。为此，行政领导者应广泛涉猎政治学、经济学、法学、社会学、历史学以及系统学、信息学、生态学、电子计算机应用等多方面的应用知识和技术知识，并能灵活地运用这些知识开阔视野，启迪思维，大胆创新，开拓局面。

（3）掌握管理科学知识。行政师的主要职责是管理，因而必须成为管理人才，要努力学习和掌握管理科学知识，包括现代管理学、组织行为学、领导学、决策学、管理心理学等。不仅要掌握这些管理学科的基本理论，而且要学会娴熟地运用这些学科所提供的各种方法、技术和技巧，解决实际工作问题，搞好领导工作。

(4) 精通专门业务知识。行政师应对自己负责的业务范围内的有关专业知识和理论有深入的钻研和掌握，精通业务活动的主要内容、前沿水平和发展趋势，尽可能成为内行。只有内行，才能准确鉴别、正确评判、科学决断、高效工作。

(5) 懂得社会生活知识。行政师活动涉及社会生活各个层面，必须遵循社会生活的一般规则和普遍规律。因此，行政师必须深入了解周围事物的历史和现状，熟悉各种各样的社会生活实际，知晓自己管辖范围内的风俗、民情、习惯、文化传统及社会心理。否则，便无法适应社会环境，进行有效管理。

3. 能力素质

(1) 基本能力

1) 观察能力。指通过观察、感觉和知觉，把自己同外部世界联系起来，从而认识客观世界的能力。行政师要善于察觉那些稍纵即逝的事物和信息，并对其进行精细的观察，发现问题，洞悉本质。

2) 记忆能力。指以往知识、信息和经验在大脑中储存的能力。记忆能力是创造力必不可少的构成要件。任何一种创造性活动，都必须先把以往储存的信息和材料取出来，加以整理和连结，只有在此基础上，才能产生新的联想，新的创造。

3) 思维能力。指将现有知识、经过分析和综合、判断和推理等逻辑思维活动做出新结论的能力。创造性活动依赖于缜密的思维能力。

4) 想像能力。指对客观事物和信息所进行的联想和再创造的能力。想像能力在创造性活动中具有“加速器”的作用。爱因斯坦曾经指出：“想像力比知识更重要，因为知识是有限的，而想像力概括着世界的一切”。

(2) 领导能力

1) 驾驭全局的能力。行政师处于管理系统的中枢地位，对整个系统负有全盘的责任，因而必须具有驾驭全局的能力，要善于从战略上把握事态，抓住关键，突出重点，处理和协调好各方面的关系，保证整个管理系统有序、高效地运转。

2) 多谋善断的能力。行政师要有战略头脑，善于研究问题，思考问题，深谋远虑，运筹全局，遇到事情能够迅速拿出主意，点子稠，办法多，处理问题善于决断，敢于拍板，能够在错综复杂的情况下，及时判别事物的本质，从多种方案中选择出最佳的方案，不失时机地正确决策。

3) 识才辨贤的能力。行政师要具有识才拙、辨贤愚的能力。始终保持清醒头脑，不被表面现象和假象所迷惑，同时还要有组织和调配人才的技巧，做到因才施用，人尽其才，才尽其用。

4）组织协调的能力。行政师不仅负有做决策的职责，而且也具有决策实施的重任。在决策实施中，行政师要有把人、财、物、时间和信息等组织资源优化结合起来的能力，使他们形成一个相互配合、协调一致、运转灵活的有机整体。

5）应变创新的能力。随着科学技术的迅猛发展，当今世界变化异常迅猛，因而，行政师必须具有应变创新的能力。思维活跃，富有胆识，不迷信权威，不崇拜偶像，不为过时的老观念、老框框所束缚，善于捕捉信息，不断提出新观念，想出新办法，创出新水平，走出新路子。在工作中能够不断地有所发现，有所突破，有所革新。

6）人际交往的能力。行政师管理的主要对象是人，解决人的问题构成行政师工作内容的最主要方面。因此，行政师必须要具有较强的人际交往、社会交往的能力，善于与各种人相处，并能和他们愉快地沟通思想，交流看法；善于用各种不同的办法说服不同的人，要性格开朗，待人热忱，能感召和影响别人，有较好的语言和文字表达能力。

4. 身心素质

（1）心理素质。科学研究表明，以性格、气质为特征的心理素质对人的事业有着极为重要的影响。现实生活中，每个人都有自己的个性特点和心理特征，个性特点和心理特征必然会被行政师带入行政管理之中，并对其产生很大的影响。

担负繁重的行政领导工作，要求行政师要有开朗健全的性格和乐观向上的心理环境，对工作充满信心，有强烈的事业心、责任感、荣誉感和成就感，能正常发挥自己的思维、智力、能力和创造性。没有心理障碍，成绩面前不沾沾自喜，挫折面前不灰心丧气。在处理人际关系时，头脑冷静，和蔼可亲，能够主动为他人着想，使人感到亲切、温暖和友好，能团结同志，特别是团结反对过自己并被证明反对错了的人，能够荐贤举能，不怕别人超过自己，做到在任何情况下，保持心理平衡。

（2）身体素质。健康的体魄、充沛的精力是行政师的本钱，任何一项行政领导工作，往往都要调查研究，联系各方，办理交涉，即使阅读文件，参会议事，组织指挥等等，无一不是艰巨而繁重的脑力劳动、体力劳动，都需要有良好的体力来支撑。此外，行政师体魄健壮、精力充沛，也会给人一种朝气蓬勃和奋发向上的感召力。

四、企业行政师的职业道德

职业道德是指从事某一特定职业的人应遵守的道德规范。

企业行政人员的职业道德标准是：

1. 具备高尚的人格与正直的品性

企业行政人员在企业中经常处于管理者和领导者地位，只有具备正直的品性，才利于做到明辨是非。同时，只有具备高尚的人格和善良的心性，行政人员才能在日常工作中处理好错综复杂的矛盾和利益关系。行政人员只有具备正直的品性，才会在日常工作中公道处事、坚持真理、公平公正、公私分明、光明磊落。而他的行为将成为下属管理者和员工的榜样。有利于其他员工良好品质的养成。如果行政人员是一个见利忘义、品行不端的人，那么在工作中迟早会暴露出来，会时常做一些手脚或小动作，甚至违法乱纪而使企业或团队的利益蒙受损失。

2. 爱岗敬业

行政人员对待事业和工作，必须具备热爱、热诚之心和敬业态度，否则就会在工作中玩忽职守，三心二意，不仅自己出不了好的业绩，还会影响整个团队的经营业绩。因而，敬业爱岗的职业操守对于行政人员来说至关重要。具备了这样的职业操守，工作中不论出现多少困难与挫折，都会被克服和逾越。

3. 诚实守信

市场经济也是信用经济，诚实守信是行政人员的为人之本、从业之要和做人法则。具体来讲，一要对企业忠诚，处处以企业大局利益为重，时时维护企业形象，一个失信的行政人员不仅会损坏自己的个人名誉，更会损害企业的声誉；二要对合作商和消费者诚信，向他们及时提供物有所值的商品与服务，认真兑现每一项书面的和口头的承诺；三要对自己的上司与下属诚信，不欺上瞒下，不弄虚作假，不朝令夕改，不阳奉阴违；四要对社会诚信，遵纪守法。

4. 善于团结互助并具备团队精神

人们时常把市场比作战场，这足以说明市场竞争的激烈与残酷。企业要想具备强大的竞争能力，首先应该具备一支精诚团结的行政人员队伍。团队成员团结一致、相互取长补短，才能增强企业或团队的凝聚力，才能够形成无坚不摧的战斗力。然而，有的行政人员个人英雄主义思想严重，时时处处想显示个人的能力与魅力，或好大喜功，或孤军奋战，往往容易导致失败、失误和业绩下滑。

5. 忠诚于企业文化和维护企业利益

行政人员既是企业文化的倡导者，同时也应该是企业文化的维护者。除了对于个别企业的不良企业文化应该抵制之外，作为一个行政人员，应该做到个人文化服从于企业文化，个人利益服从于企业大局利益。如果一个行政人员对自己供职的企业的文化不认同，那他只有两条路可走：一是设法通过自己的直接或间接努力，改造企业文化；二是辞去职务另谋高就。行政人员应该理性地对待个人与单位的文化冲突，以免造成两败俱伤的后果。

6. 具有奉献精神

行政人员在企业中往往是团队的领头人，不论这个团队的规模大小，只要作为领头人就必须比别的职工付出更多的心血、精力和时间做好自己的分内工作，同时还要帮助自己率领的团队的其他成员成长和进步。即使企业的薪酬体系健全合理，也不可能每时每刻体现“劳有所得、多劳多得”的分配原则，这就需要行政人员必须具备甘于奉献的精神品格。奉献就意味着工作不计较报酬，否则像磨盘一样，推一推转一转，如没有报酬多一点工作也不愿做，那注定成不了一个卓越的行政人员，而只能是一个为挣钱谋生而唯利是图的打工者。

7. 严守商业秘密

行政人员在日常行政管理工作中掌握了企业大量的商业秘密，在自己的日常活动期间，尤其在调动工作或受聘于其他企业时，不能受利益驱动或因为个人恩怨泄露所在企业或原供职企业的商业秘密。这是一个行政人员最基本的职业操守。否则，行政人员的行为会被社会所指责，甚至被法律所惩治。泄密行为不仅损害了企业的利益，同时也损害了行政人员本人的职业声誉与品牌形象，会被社会认定为一个类似有盗窃行为、品行不端的人，从而葬送自己的职业前程。

8. 遵纪守法

遵纪守法是对每一个公民的基本要求，作为行政人员也不例外。作为行政人员，与普通公民相比，他们无异拥有更多的权力，比如对企业重大决策的参谋权、财务支配权、企业资源甚至社会资源使用与占有权、产品与服务的定价权、辞聘员工权等。拥有的企业权力和社会权力越大，人越是处在种种诱惑的漩涡之中，一旦丧失警惕，就会滥用职权，甚至出现违法乱纪的现象。因此，行政人员应该做到学法、知法、守法、用法，而且应该模范地遵守各项法规与纪律，这样才能率领自己的企业或团队健康成长，赢得市场和人生的成功。

9. 富有创新精神

社会在进步，人们的消费观念在转变，企业的竞争日益激烈。这就要求企业必须在产品开发、营销方法、内部管理、客户服务等方面创新。那么，作为企业重大决策的参谋者和执行者的行政人员，就必须具备勇于创新的精神，通过丰富的知识积累与信息储备，用超乎同行的眼光和行为使企业与时俱进，长期稳健地发展壮大。假如一个行政人员陶醉于过去的成功，按部就班地施政而无视市场的变化，那么他所葬送的不仅仅是自己的前程，还有整个企业或自己领导的团队。

第二节　企业行政机构

一、企业行政机构的设置

1. 企业行政机构的设置原则

（1）目标一致原则。任何一个组织的存在，都是由其特定的目标决定的。行政师的主要职责首先就是正确地确定自己的分目标，然后科学地组织人力、物力、财力去实施。只有个人目标、部门目标与组织目标协调一致，才能达到结果最佳化。为此，行政部门机构的设置要考虑如何有效地实现组织目标。

（2）责权一致原则。责是责任，权是指依据任务所赋予的权力。责权一致是指机构设置以任务为依据，因事设职，每个人职责都要明确，在其职责范围内有权处理各种问题。同时，每个人之间的分工也要清楚，不要有事无人干，有人无事干，任何情况下都要能按分工找到经办的人员，还要考虑在特殊情况下能有人办理，以免出现无人过问的现象。这就是责权一致的原则。

（3）效率原则。机构的设置目的在于实现既定目标。要实现目标就必须讲究效率，特别是在科技迅速发展的信息化时代，企业不讲效率，就会在竞争中处于劣势。为了避免机制臃肿、人浮于事等现象出现，在机构设置时切忌因人设事，必须克服过去那种信息传递缓慢的状况。要建立一个健全的信息反馈系统，以保证信息反馈快，办事的线路与过程短，处理公文迅速、准确、保密。可考虑采用现代化的办公手段，如办公自动化来辅助解决这个问题。

（4）精简原则。行政部门是根据企业体制、规模、业务范围大小等因事制宜设立的。在一般情况下，那些规模大、业务广的企业，其行政部门工作机构应有严密的分工，只有工作规范化、系统化，才能提高工作效率。如果是专业性较强的企业，办公室内还应设立专业性的秘书机构，协助领导开展工作。总的说来，机构设置要贯彻精简的原则，要重质量不要图人多。

（5）层次管理原则。层次管理原则要求企业根据需要（如性质、任务、工作量等）分设若干个部门和层次，做到层层负责、分级管理、上下配合、左右协调。其原则是：下一层次必须从属上一层次，下一层次的管理目标必须受上一层次管理目标的制约。只有做好层次管理，企业行政部门的管理才能做到高节奏、高效率。

2. 企业行政机构的设置

企业由于性质各异、规模有别，其行政系统设置的下属部门也有很大差别。大中型企业的办公室根据职责范围的大小、业务面的宽窄，一般都设置秘书部、信息部和事务管理部。

（1）秘书部。秘书工作是企业行政部门的主体工作。信息化、数字化、网络化的实现对秘书工作提出了新的要求，同时也给秘书工作注入了新的生机和活力，使它的地位和作用更为突出。领导要做到决策科学化，离不开秘书人员的协助。因为秘书人员一方面处理着大量的日常事务，使得领导能集中精力考虑重大问题；另一方面，秘书还具有了解情况全面、掌握多方面信息的优势，可以辅助领导决策，提供合理的建议。

（2）信息部。信息社会的到来，使得信息已被看做是与能源、材料并列的现代经济发展的三大资源之一。因此，近年来不少企业的行政部门都建立了信息部，这是社会发展的必然产物。在全球化趋势日渐形成的情况下，新情况、新问题、新经验、新知识层出不穷，各级领导的决策对信息的依赖性越来越强，要求也越来越高。因此，及时地向领导提供大量准确的、有价值的信息，特别是超前信息，已成为企业行政部门发挥参谋助手作用、开创工作新局面的一个标志。

(3) 事务管理部。事务管理部在有些企业中也称综合部、管理部、行政部、接待部、总务部等。事务管理部是企业的"总门面""总窗口"，是联系上下左右的总枢纽。目前，企业间横向的交往渐趋频繁，这给办公室带来了新的活力。同时，接待性的事务工作也增多了，接待工作牵涉到交通、住宿、会议等一系列很具体、很繁琐的事务，必须认真、细致地处理，这就给行政部门的整体工作带来了一定难度。

二、企业行政领导者的群体素质

企业行政领导者群体即通常所说的行政领导班子。它是企业各级行政机构中行政领导成员群体组合的统称。

一个合理化的行政领导者群体，应体现个体素质的余缺互补，合理搭配，整体优化。具体应考虑以下几方面。

1. 政治结构要优良

政治结构是指行政领导者政治面貌、政治素质的组合。一般来说，各级行政领导群体成员都应具有较高的政治觉悟、较强的理论水平和政策水平、丰富的政治经验和严格的政治纪律观念。

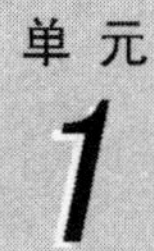

2. 知识结构要互补

知识结构是指行政领导者群体内的知识构成。企业行政涉及领域多，覆盖范围广。因此，行政领导者群体成员应由具有不同方面、不同程度知识的人合理组合而成。事实证明，一个集体，知识范围有差异，知识层次有高低，相互之间就有吸引力，易收互补之效；而同等程度和同等层次的人集中在一起，不仅容易形成知识的平面结构，缺乏立体感，而且往往互不服气，产生内耗。因此，在行政领导群体中，既要有受过高等教育的，也要有受过中专教育的，还要有实践锻炼出来的自学成才的；既要有具有高理论修养的谋略家，又要有具有丰富实践经验的实干家，只有各类人才聚集，才能形成知识的交叉性和互补性。

3. 专业结构要配套

专业结构是指行政领导群体内的专业构成。现代企业行政工作具有专业性和综合性强的特点，行政领导者群体要由多方面的专业人才组成。他们中既要有熟悉管理全过程的管理专家，又要有精通本行业业务的技术专家；既要有善于经营的经济专家，又要有掌握思想工作的政治专家，要形成一个门类众多、相互配套的具有综合业务能力的专业群体。

4. 智能结构要齐全

人们的认识能力、创造能力以及运用知识的实践能力，通常是以一种"平均数"，一种总的能力，即智能的形式表现出来的。人的智能千姿百态，有的在这方面能力比较突出，有的在那方面能力比较突出，这样就呈现出各种不同的智能类型。如有的人精于观察、善于思索、富于想像，能够不断构思出新思想、新理论、新主意、新方法，创造能力比较强；有的人长于指挥、巧于组织、善于应变，组织才能比较出众；有的人擅长书面表达，构思巧妙严谨，具有启迪性；有的人善于口头表达，说理深入浅出，富有感染力等。行政领导者应把具有不同智能类型的人吸收进来，形成一个既多谋又善断，既严谨又活泼，多功能、高效能的立体智能结构。

5. 气质结构要相容

气质是指人的相对稳定的个性心理特征。不同气质的人，对问题的判断和处理是不相同的。一个领导群体，如果不注意气质结构，即使能力很高，也可能因为性格不合，矛盾丛生，关系紧张，内耗严重。因此，行政领导者群体，要注意各种不同气质类型的人的合理搭配，如沉着冷静型的、活泼好动型的、性格内向型的、性格外向型的等，只有把不同气质的人组合起来，才能形成一个刚柔并济、动静共存的高效能的领导群体。

6. 年龄结构要合理

年龄结构是指行政领导者群体各个成员的年龄构成。年龄结构是否合理，对行政领导者群体的整体素质有很大的影响。一个好的领导群体，应由老、中、青三个年龄层次的人形成梯形结构。在老、中、青三者比例搭配中，一般年富力强的中年同志应占多数，发挥中坚、骨干作用。年龄如果过于老化，容易反应迟钝；年龄如果过于年轻，又会经验不足，摇摆不定。

第三节　企业行政实施

一、企业行政实施的概念、特点和类别

1. 企业行政实施的概念

企业行政实施是指企业行政师及企业行政机构为实现已做出或已批准的企业行政决策所进行的全部行政活动。

2. 企业行政实施的特点

企业行政实施是复杂的行政活动，内容广、范围大、环节多，要把握其特点，才能顺利有效、如期圆满地实现企业行政决策的目标。企业行政实施具有以下特点：

（1）目的性。企业行政实施是企业行政决策的后续活动，是为实现企业行政决策的目标而进行的行政活动。因此，企业行政实施的整个过程和一切活动都是在实现企业行政决策的目标。企业行政实施必须严格服从决策目标的需要，所以它是一种目的性很强的行政活动。

（2）强制性。企业行政实施基本上按照“命令—服从”的模式进行，下级对上级的

命令和指令必须服从，对上级布置的工作任务必须落实完成，否则就是失职。

(3) 经常性。为了实现企业行政决策的目标，企业行政机构（或行政师）要做大量的例行性的平常工作，这些例行性的平常工作构成了企业行政实施的主要内容，形成了企业行政实施的一个鲜明特点。

(4) 实效性。企业行政实施通常有较明确的时间界限，这就要求行政实施必须做到迅速、及时，其时间性比较强。高效而及时地完成行政管理任务、实现行政决策的目标是对行政实施的基本要求。

(5) 灵活性。企业行政实施是把决策目标具体化的过程，这就要求根据行政实施的具体情况，因时、因地制宜，具体问题具体分析，只有这样，才能做好行政实施工作。

(6) 层次性。企业行政实施是一项由许多机构和人员参加的系统工程，因此，在行政实施中必须具有较为明确的分工。一般来说，上层行政机构（或行政师）的实施活动主要是指挥，基层行政机构（或行政师）的实施活动主要是具体操作和落实。

(7) 实务性。企业行政实施是实践性、服务性很强的活动，其中的工作大都比较具体，具有很强的实务性。

3. 企业行政实施的类别

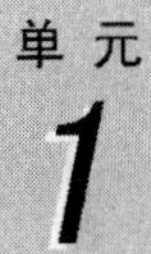

企业行政实施所涉及的范围相当广泛，其内容十分复杂。企业行政实施根据其任务的不同可以分为两大类，即例行性工作和非例行性工作。

(1) 例行性工作。例行性工作指企业行政机构（或行政师）在行政实施过程中所做的大量的、经常性的、具有可重复特征的工作。如传达上级指示，答复下级请示，检查各种工作情况以及整理各种资料信息等。

(2) 非例行性工作。非例行性工作指企业行政机构（或行政师）为执行特定任务或计划而从事的活动。如组织、指挥、管理特定的大型活动、应付偶然性的突发事件、处理特殊情况或问题等。

现代企业行政管理任务日趋繁重，管理科学化、自动化程度不断提高，例行性和程序性决策日益加强。企业行政管理的这一发展特征决定了在企业行政实施活动中，例行性、经常性工作是主要的，而执行特定政策、完成特别任务、处理特殊事件的情况是有限的。

二、企业行政实施的地位和作用

1. 企业行政实施在企业行政管理中的地位

(1) 企业行政实施是整个企业行政管理工作中的一个重要环节。在企业行政管理中，企业行政实施与企业行政决策相衔接，其直接的功能是实现企业行政决策的目标。

(2) 企业行政实施是最基本、最经常的企业行政管理工作。企业行政管理是一个连续的活动过程，在全部的企业行政管理工作中，企业行政实施所占的分量最大。可以

说，除了企业行政决策活动以及企业行政监督活动以外，其余活动基本上都是行政实施。由于行政实施工作量大，所以企业行政实施所需要的人力、财力、物力及其所占据的时空范围，都是其余企业行政管理活动所不能相比的。

（3）企业行政实施是检验企业行政决策的过程。行政决策作为一种对未来的预期行为，其决策是否正确、合理，是否能达到预期的效果，都需要根据企业行政实施的实际情况来检验。

（4）企业行政实施的效果是评价企业行政管理工作好坏的最主要的依据。企业行政管理工作做得好不好，固然可以从不同方面进行评价，但是，无论从哪一方面来说，企业行政实施的效果都应该是评价行政管理工作的最主要的依据。因为，如果企业行政实施的效果不好，其他方面工作做得再好也是枉然。

2. 企业行政实施在企业行政管理中的作用

（1）执行行政决策。行政决策一经做出，实现其目标便是企业行政管理工作的核心任务。行政实施便是为完成行政决策的目标而从事的实际工作。可见，行政决策目标的最终完成，归根结底取决于对决策的具体贯彻实施情况。

（2）控制企业行政实施管理进程。控制是指企业行政师和企业行政机构为保证实际工作能够和决策目标相一致而采取的管理措施。实施阶段的控制，主要是保证企业行政管理工作按决策目标和计划有条不紊地进行。

（3）沟通信息。在实现企业行政决策目标的过程中，信息起着非常重要的作用，特别是在现代行政管理工作中更是如此。没有信息沟通与情报交流，是不可能高效率地完成行政决策的最终目标的。

（4）反馈企业行政管理效果。通过行政实施活动，可以综合地反映出企业行政管理工作中各个因素或各个环节的作用的实际发挥情况。如机构设置是否合理，职责权限是否明确，管理制度是否健全，工作人员的素质能否胜任等，都会从行政实施过程中得到反映。通过行政实施反馈的情况，可以及时纠正行政管理工作中存在的问题，改进行政管理工作，从而提高行政效率，更好地实现行政决策的目标。

三、企业行政实施的原则

1. 以实现决策目标为指导的原则

企业行政实施是实现企业行政决策目标的过程，因此，行政实施应以企业决策目标的实现为指导思想，不折不扣地贯彻和落实企业行政决策的精神和要求。根据这一原则，行政实施的具体工作都应围绕行政决策的目标而展开。企业行政实施都应准确地理解行政决策，按行政决策的要求开展工作。

2. 依法实施原则

依法实施是实现企业行政决策目标的过程，是企业行政管理工作的重要组成部分。

按照依法行政的要求，企业行政师在行政实施过程中应按照法律、法规的规定，在法定权限范围内，依法定的程序来进行行政管理活动。依照法律、法规的规定开展行政实施活动是行政管理工作规范化、法制化的要求，是提高行政效率的保证，同时也是公民和社会组织的合法权益不受行政非法侵犯的保障。

3. 效率原则

效率原则要求企业行政实施活动用尽可能少的人力、物力和财力的投入，在尽可能短的时间内完成既定的工作任务。因此，在企业行政实施活动中，企业行政机构一方面应尽量减少人员、财政费用的支出，另一方面又要科学、合理地组织行政实施活动，最终使行政实施活动达到效率最高。那些行政实施中常见的在组织上人浮于事，在工作上互相推诿的现象是不符合效率原则的要求的。

4. 公正原则

企业行政机构所从事的一切活动，都直接或间接地与集合、分配企业公共资源和机会相关。因此，行政实施活动必须遵从公正原则。公正原则要求企业行政机构（或行政师）在行政实施活动中应站在公共的立场上执行国家的法律、法规政策以及企业规章，在办事程序上应做到工作制度和程序公开，行政依据与结果公开。

第2单元

工作基础

企业行政师的活动涉及企业的决策、规划、组织、指挥、协调、沟通、行文等诸多方面，要成为有魄力、有远见、有经验，集领导、管理、熟悉专业知识于一体的优秀企业行政管理人才，必须具备良好的工作基础。本章着力于对企业行政师的基本能力要求、工作能力要求和个人行为规范等进行诠释。

第一节　行为能力

作为企业行政人员，必须能在各类交际场合中迅速与他人建立良好关系，并善于保持这种关系；能对各种特殊情况应付自如，体面地摆脱困境或解决尴尬局面；能在各种活动中制造融洽的气氛，促进宾主间的交流；能随机应变地应付企业组织与公众交流中出现的各种复杂局面；讲礼仪、懂礼节，在社交中受欢迎、受尊重。

因此，良好的个体行为，是企业行政人员不可缺少的基础功课。

一、自我形象的维护

端庄、朴实、干练、整洁是企业行政人员维护自我形象的基本要求。要做到这些，就必须在仪容、仪表、举止等各个具体环节做到规范化。

1. 仪容

仪容主要指一个人的容貌。仪容的整理与修饰是非常必要的。它的总体要求以及所应遵循的原则是：干净、整洁、卫生、简约、端庄。要做到：

（1）经常清洗身体。洗澡、洗头、洗脸、刷牙可以保持身体干净，无异味。

（2）经常清除异物。人的眼角、鼻孔、耳朵、嘴角经常会有多余的分泌物等，应当注意及时清理。

（3）经常修剪毛须。鼻毛、胡须、腋毛、腿毛等要经常修剪，使仪容整洁干净。

（4）经常修剪指（趾）甲。脚趾甲、手指甲皆需经常修剪、清理，保持甲缝清洁。

（5）经常修理头发。头发不但要经常洗，还要经常修剪，保持发型。并且发型的选择力求简洁、大方、高雅。

（6）注意控制身体的异响。异响主要指从身体内部发出的，若处理不好会直接影响自己形象的一切声响，如：肠蠕动、进食声、打嗝、咳嗽、清嗓子、打喷嚏、打哈欠、擤鼻子、排气（放屁）等。

2. 仪表

仪表包含人的着装和妆饰等。

（1）着装

1）着装的功能

①表达态度。从样式来说，中山装庄重严肃，西装潇洒大方，运动衣或夹克则显得随便宽松。在不同的工作环境或社会活动中，有意识地对此加以利用，可以巧妙表达自己的态度。

②提高威望。运用服装在对方心中留下印象，以便在交往中处于有利地位，尤其是事业受挫时更能起到作用，给人以精神不倒的感觉，从而提高影响力。

③流露情感。富有个性的着装往往是一个人内心世界情感的最直接表现。如不讲究衣着可体现出艰苦朴素、豪放不羁的性情；着一套暗色服装，可表达沉重、忧郁的心情。

2）企业行政人员着装原则

①应时。企业行政人员着装要与穿着的具体时间相吻合，在不同的时间里应当穿着不同的服装，与时代同步，与四季变化同步。

②应景。指企业行政人员着装应当优先考虑自己即将出现的地点，要尽量使自己的着装与自己所面临的环境保持和谐一致。

③应事。企业行政人员着装应当根据自己所办理公事的不同而有所变化。不同的场合穿不同的衣服，不要过分追新求奇，在款式造型以及色彩搭配上要注意协调。

④应己。指企业行政管理人员着装时，应符合个人的特点，要考虑个人的审美观，体形、年龄、职业、性格、文化修养、经济条件等，不管穿什么样的服装，均要得体、和谐，令人感到自然。

3）着装实务

①配色。不同颜色代表不同的意义，不同颜色的服装穿在不同的人身上会产生不同的效果。

服装配色包括同类配色和衬托配色。同类配色是指相同的颜色进行组合。它要求服装的色彩是上深下浅，外深内浅，或相反。

没有不美的色彩，只有不美的搭配。理想的配色是：绿色——黄色；深蓝——灰色；粉红——浅蓝；黑色——浅绿；深蓝——红色；黄褐——白色；橄榄绿——红色；橄榄绿——骆驼灰；浅色组合。

一般说来，黑、白、灰是配色中的最安全色，它们最容易与其他色彩搭配并取得良好的效果。

不同的色彩是由色相、明度、纯度、色性的不同而呈现出来的。色相就是色彩的名称。明度是指色彩的明暗度，越浅明度越强，越深明度越弱。纯度是指颜色的饱和度，纯度越高，色彩越鲜明。色彩达到最高饱和度时，呈现出的是正色，反之，色彩中含灰色越多，纯度就越低，也就是人们习惯说的“色不正”。色性是指颜色的冷暖，如红、黄、橙给人们以温暖的感觉，称为暖色；蓝、绿、白给人以冷的感觉，称为冷色。

服装色彩的运用还能使人产生错觉，收到特别的效果。如浅颜色的料子有扩张作用，瘦人穿用可起到变瘦小为丰腴的效果，而深色有收缩感，适宜胖人穿用。

②男性着装。正式场合中男性行政人员的衣着不应有过多的颜色变化，一般以不超过三色为宜。

在正式场合穿西装，要精心挑选衬衫和领带。衬衫最能体现人的风度，白色衬衫更能使男士精神焕发，穿着时一定要将衬衫的下摆塞在裤子里，着中山装时亦如此。领带最好选用丝质的，并要注意使之与西装的颜色协调。除穿宝蓝色西服外，黑色领带几乎可同任何颜色的西装搭配。系好后领带的“大箭头”以垂到皮带扣处为宜。如果天气较冷，衬衫外面可以穿鸡心领羊毛衫，但以一件为宜，否则显得臃肿，破坏西装的线条美。穿羊毛衫时，领带应放在羊毛衫内。系领带要注意，衬衫上面第一粒纽扣要系好，起固定领带作用的领带夹一般夹在衬衫的第四、第五粒纽扣之间为宜。如不系领带，应把领口解开，不要让人觉得是忘记打领带。

西装袖子的长度以达到手腕为宜。西装衬衫的袖长应比西装袖子长出 1～2 厘米。衬衫露出的白领部分与露出的袖口部分应一样，体现出一种整体的协调感与均匀感。

穿着西装，在正式的场合必须系上纽扣，一般西服是两粒纽扣，应记住：扣子只系上面一粒是正规，两粒都不系是潇洒，两粒都系上是土气，只系下面的一粒是流气。

西装的衣袋和裤袋里，不宜放太多的物品，搞得鼓鼓囊囊会使西装上衣变型。把两手随意插在衣袋和裤袋里，同样有失风度。西装左胸外侧口袋是一只装饰袋，不能像中山装那样用来插钢笔、装钱包。只能用来放折叠好花式的装饰手帕，装饰手帕的颜色应随西装的变化而变化，深色西装宜配浅色手帕，浅色西装应配深色手帕。左胸内侧衣袋可以装钱包、笔记本和笔，右胸内侧衣袋可以装名片等。裤两侧袋和上衣袋一样，不可装物，以求臀围合适，裤形美观。裤子后袋可以装手帕等。

裤长以裤脚接触脚背为妥，西裤穿着时，裤扣要扣好，拉锁全部拉严。

西装坎肩必须贴身，其面料应与西装上衣的面料相同，还要注意不可让领带的下端从坎肩前襟下边露出来。

穿西装时可以穿内衣，但内衣要合体，这样既可以保温又可以调节体形。内衣要经常洗，保持清洁，内衣的领口和袖口不可露在衬衫外面。

对于男士而言，应有一件在任何场合看起来很体面的大衣。风衣是大衣的一种，但在正式场合一般不穿风衣。

帽子被认为是服饰的收尾，其颜色要和大衣、西装同类。帽子要戴端正，显得正派；戴在脑后显得痴呆；往前倾斜，看来时髦；帽檐拉得过低，显得阴郁；稍稍歪斜且帽檐下压些，显得俊俏。

黑色皮鞋显得素雅、端庄、体面大方，要始终保持皮鞋的光亮。

袜子起到衔接裤子与鞋的作用，一般应穿与裤子、鞋类颜色相同或较深颜色的袜子，若深色袜子侧面刺绣花纹，也应是深色的。行政人员穿着浅色或鲜艳颜色的袜子显得轻浮。男子袜子要有一定长度，这样在坐下谈话时不会露出皮肤上较重的腿毛。

③女性着装。女性行政人员着装应当体现出其职业特点、性格特征和自身固有的魅力。女性行政人员在衣着上选择的余地比男士广得多，除了自身特有的服装之外，许多适合男性穿的服装同样也可以穿着，例如，西装、夹克衫、牛仔装等。

在比较正式的场合，通常穿着西装套裙、连衣裙、旗袍作为礼服。

最能够展现女性魅力的服装是裙子，一条恰到好处的裙子能够最充分地增加女性的美感和飘逸的风采。裙子的长度至少应齐膝，较正式的工作场合可考虑穿西服套裙。选择裙子要注意其厚薄、色彩与质地。在正式场合穿的裙子色彩要华丽一些，质地要好一些，但绝不能近乎透明而暴露内衣一目了然。无袖或背带式连衣裙仅适用于度假或在家中穿着。穿裙子一定要穿长丝袜，袜口切忌露在裙摆之下。

着上衣时对于领边、肩头和袖口等处也要注意，不使内衣外现，胸罩肩带和衬裙边的暴露是女士着装的大忌。过于暴露的服装不宜在办公室穿着。

在办公室穿着过于鲜艳衣服是很不适当的，一般情况下，宜穿灰色或蓝色的西装套裙，这样有助于提高自己的威信。若要显得平易近人一些，则可以选择色彩柔和一点的衣裙，但也不要穿那些会显得过于散漫的运动服或牛仔装。在工作中不要把自己打扮得花枝招展或者野味十足。性感服装绝对不能穿。对于女士而言，长裤几乎适用于一切场合。

女子在一些重要的涉外场合穿旗袍，既能最大限度地表现女性柔美婀娜的身姿，又能使女性显得端庄典雅。往往会受到外宾由衷的赞赏。因为它看上去没有任何垂叠的衣料和不必要的口袋，显得简洁明快，干净利落。但旗袍不宜穿黑色的，且质地要好一些，两侧开衩不能太高。

（2）妆饰

企业行政人员的妆饰礼仪总体要求是区分场合，注意身份，以少为佳，以淡为宜。

一般来说，企业行政管理人员的妆饰应遵循下面的原则：

1）少而精，简而洁。企业行政人员的妆饰务必要少而精，简而洁。强调和突出自身所具有的自然美的部分，减弱或掩盖容貌上的缺陷，一般宜淡妆。这是一个人文化素养和审美品位的体现。多余杂乱的妆饰并不能起到修饰的作用，相反会破坏自己的形象。

2）符合审美。企业行政人员的妆饰不仅是自身仪表美的需要，也是满足他人审美享受的需要，因此，一定要讲究得体和谐，应以合乎常情为准，不宜求怪求奇。

3）遵守成规。企业行政人员在进行妆饰时，应当学习并遵守通行的程序、规则和方法。

3. 举止

举止指人们的仪姿、仪态、神色、表情和动作。透过它，可以洞察每个人的喜怒哀乐等心理变化和活动，是人类的“第二语言”。曾有专家研究表明：在人际交往中，约有 80%以上的信息是借助于举止来传达的。

（1）举止应遵循的原则。企业行政管理人员在工作中必须做到举止得体，保持风度。具体来说，应当遵循自然大方、稳重得体、文明敬人、美观优雅、合乎规则的原则。

1）自然大方。企业行政人员与他人相处时，不管对方是领导、下属，还是生人、熟人，举止动作都必须洒脱、大方、自然，不拘束、不呆板、不小气。

2）稳重得体。作为企业行政人员，在工作时，必须表现得有条不紊，稳重沉着，才能压得住阵脚，才能让人产生信任感。

3）举止文明。文明的举止能反映一个人的文化修养和道德水准。企业行政人员要使自己的举止行为讲文明，关键是要提高认识，并且多加检点。

4）美观优雅。举止动作美观优雅，会使人产生美好的印象，自然而然地产生敬意。企业行政人员的举止动作应当展示其良好的教养，脱俗的和高尚的精神境界。

5）合乎规则。企业行政人员的举止动作必须有规则，必须严格依照社会上约定俗成的习惯做法，尽力使自己的所作所为合乎规范。

（2）举止动作规范

1）站姿

①两脚跟相靠，脚尖开度为 45°～60°，身体重心主要支撑于脚掌、脚弓上。

②两脚并拢立直，髋部上提。

③腹肌、臀大肌微收缩并向上提，臀、腹部前后相夹，髋部两侧略向中间用力。

④脊椎、后背挺直，胸略向前上方挺起。

⑤两肩放松，气下沉，自然呼吸。

⑥两手臂放松，自然下垂于体侧，虎口向前，手指自然弯曲。

⑦脖颈挺直。

⑧下颌微收，双目平视前方。

2）坐姿

①入座时要轻要稳，走到座位前，转身以后，轻稳地坐下。

②面带笑容，双目平视，嘴唇微闭，微收下颔。

③双肩平正放松，两臂自然弯曲放在膝上，亦可放在椅子或沙发扶手上，掌心向下。

④坐在椅子上，应立腰、挺胸，上体自然挺直，身体重心垂直向下。

⑤双膝自然收拢，双腿正放或侧放，双脚并拢或交叠（男士坐时可略分开）。

⑥坐在椅子上，应至少坐满椅子的三分之二，脊背轻靠椅背。

⑦起立时，右脚向后收半步，而后站起。

⑧谈话时可以侧坐，此时上体与腿同时转向一侧。

3）蹲姿

①下蹲拾物时，应自然、得体、大方，不遮遮掩掩。

②下蹲时，两腿合力支撑身体，避免滑倒。

③下蹲时，应使头、胸、膝关节不在一个角度上，使蹲姿优美。

④女士下蹲时，要将腿靠紧，臀部向下。

4）走姿

①上身挺直、双肩平稳、目光平视、下颌微收、面带微笑。

②手臂伸直放松，手指自然弯曲，摆动时，以肩关节为轴，上臂带动前臂，双臂向前后自然摆动，摆幅以30°～35°为宜，肘关节略弯曲，前臂不要向上甩动。

③上体前驱，提髋屈大腿带动小腿向前迈。

④脚尖略抬，脚跟先接触地面，依靠后腿将身体重心推送到前脚脚掌，使身体前移。

⑤行走线迹要成为一条直线。

⑥步幅适当。

⑦行走速度适中，一般男士每分钟108～110步；女士每分钟118～120步。

（3）体态语言。体态语言是以人的各种表情、动作等表示特定含义的一种无声语言，它是从完全有意识到下意识的除语言之外的情感传递。

1）表情语。表情语主要是指人的面部表情。在体态语言中面部表情的寓意最为丰富，也最具表现力，它能迅速、准确地表达人们的各种情感。

①脸色。人的脸色不仅是健康状况的尺度，也是心理状态的展露。满面红光、容光焕发定是兴高采烈、踌躇满志的表露；脸色绯红是害羞的表示；面红耳赤是激动或羞涩的反映；脸色铁青说明生气或愤怒；脸色苍白，也许是紧张，也许是身体不适；黑里透红则是健康的标志。

②肌肉的收展。肌肉的收展也是情感的自然流露。如喜笑颜开、笑容满面是心情愉快的象征；而蹙额锁眉（收缩）是忧虑不安的反映；板着面孔，说明心里不高兴。

③脸语。脸语可表现出喜悦、厌恶、惊异、悲惨、愤怒、惧怕等6种情绪。世界各个民族对于脸语的寓意及理解大同小异，因此，亦称“世界语言”。

④眉语。眉语是体态语中的一个重要组成部分，“眉”能表达人们丰富的情感。在接待工作中，接待人员的眼睑、眉毛要保持自然的舒展，说话一般不宜牵动眉毛，要给人以庄重、自然、典雅之感。否则，皱眉或挤眉弄眼，则有失端庄和风雅。

⑤眼神。眼睛是心灵的窗户，一个人的眼睛往往可以反映出他的内心世界。行政人员在接待客人时，同客人交往一定要注意眼神的运用。行政人员在和客人交谈时，应采用友善的目光，目光应注视对方的眼区（眼鼻之间），表示重视对方并对谈话感兴趣。当双方缄默不语时，就不要看着对方，以免加剧因无话题本来就显得冷漠、不安的尴尬局面。当对方说了错话或显拘谨时，不要马上转移自己的视线，否则，他会误认为是对他的讽刺和嘲笑。当然，行政人员接待客人时也绝不能“盯视”，亦不能用咄咄逼人的目光，只有在谈判时，为了在争辩中获胜，不要轻易移开目光，直到逼对方的眼神转移为止。

行政人员在工作过程中，还要特别注意，眼光不要总往上或下看，或躲躲闪闪，或不敢正视客人，这样会给对方一种不大方的感觉。同时，行政人员不要对客人眉来眼去或采用满不在乎的眼神，以避免不应有的麻烦。

行政人员还应了解并掌握不同眼神投放方式的含义，如：

向上看的目光，给人的感觉是目中无人、高傲自大。

向下看的目光，有时是表示在等待对方的回答。当与人谈话时，眼光向下看着对方的下巴，显得礼貌。

正视的目光，常常在听课等场合中使用。正视对方的眼区，表示对谈话感兴趣，也表示自己的自信。在讲话时两眼视线直射对方，是要看出对方的破绽，也是一种抗议。

当上台讲话时，目光环视全体听众，有安定情绪的作用。与人谈话时，目光环视四周，则是要中断谈话。

游离不定的目光，一般用在进领导的办公室时。当领导正在阅读文件或伏案写东西时，行政人员目光不要死盯在桌面上。在初次见面的异性之间，不要目光瞄准对方身体上的某一点，以免产生误会。

当被介绍与人相识时，眼睛应注视对方的脸部，切勿四下打量对方的身体。当对方和你谈兴正浓时，切勿东张西望或不断看表，否则对方会认为你听得不耐烦。进陌生人的居室或到一些正式的场合，眼光均不能东张西望，以免给人留下一个缺乏修养的印象。

⑥嘴。嘴部是面部表情中比较显露的突出部位，它是生动、多变的感情表达语。嘴传达信息的能力仅次于眼睛。

在交谈过程中，上下唇开合应自然适当，少用以至不用嘴角或上或下的抖动。站立、静坐或施握手礼节时，应嘴微闭，牙不露，形成微笑状。

行政人员应了解并掌握不同嘴部动作的含义：

一副微露牙齿的双唇，让人觉得友善。

紧闭的双唇则表示更加严肃的兴趣或吸引力。

撅起嘴巴的双唇，表示轻微的不高兴。

努嘴表示怂恿或撺掇。

撇嘴表示轻蔑或讨厌。

咂嘴表示赞叹或惋惜。

⑦笑。笑是眼、眉、嘴和颜面的动作集合，是面部表情中的总体表现，笑能够有效地表达人的内心情感。在笑容里面，最常见的、用途最广的是微笑。在接待宾客等场合使用最频繁的笑容是微笑，它可以表示热情、友好、谦恭、和蔼、可亲。

2）动作语。动作语是指除面部表情语外的肢体动态语。在动作语言中，手的作用最大，腿、脚也都能表达特定情感，除了手和腿部的动作外，人的躯体的各部分都可通过特定的动作传递一定的信息。

①手势语。手是人体最灵活自如的部位，是最富有表现力的部分之一。掌握正确的手势，等于学会了一种语言。同样一个手势动作，如果完成的幅度、速度、力度不同，其中的含义也就不一样。有些行政人员手势运用不规范，表现出手臂僵直、动作不协调、手势不明确、寓意含混等现象，给来宾留下漫不经心、不认真、素质不高等印象。

行政人员与客人谈话时，手势不宜过多，动作不宜过大。手势的运用与面部的表情和身体各部分的配合要协调一致。同时，运用手势还应考虑到不同地区、不同民族、不同国家的习惯，以免产生歧义。

在我国通常的情况下，合手表示祈祷，拍手表示欢呼，拱手表示答谢；手扶表示爱，手捧表示敬，手颤表示怕，手遮表示羞。

②头部语。通常情况下，扬头表示傲慢，侧头表示感兴趣，低头表示谦恭，点头表示肯定，摇头表示否定，拍头表示自责。听者正面对着讲者，表示对其的尊敬和礼貌。

③腿脚语。腿脚语虽然没有手势语那样丰富，但是也不能忽视其作用。如小幅度地抖动腿部，频繁地变换架腿的姿势，都表示焦躁不安或紧张的情绪。脚较多的是起暗示的作用，脚尖的指向，往往暗示着要去的方向。当然，用脚尖指示方向，这是一种缺乏教养的行为，行政人员应绝对避免。如果与人相遇，虽照面并打了招呼，但脚尖并未转向别人，对方一定会据此判断你不打算多谈。

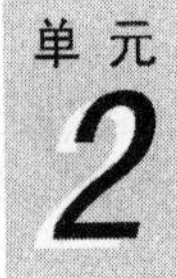

④躯体的其他动作语。除了以上介绍的动作之外，人体的其他部位的特定动作，也可传递一定的情感信息。

适度挺胸、收腹显得精神饱满。垂头、含胸等给人以信心不足、萎靡不振之感。

抱起双臂在胸前形成一种屏障，是“防御”的信号。双臂抱在胸前，身体靠在椅背上，给人以消极、懒散之感。如果双臂背后，昂首挺胸，是“外交家”的风度，表示自信和权威。如果将双臂枕在脑后，则是优越的信号。

身体略微倾向于对方，表示热情和兴趣；站立时，向对方微微欠身，表示谦恭和气；身体后仰，显得若无其事或漫不经心。无视交谈对象侧转身子，表示厌恶与轻蔑。背朝对方，表示不屑理睬。拂袖离去，则是绝交的信号表示。

3）静态语。静态语是指人的各种静态姿势所传达的不同信息。它包括：站、坐、卧等姿势。

不同的体姿传达着不同的信息，缺少自信、消极悲观的人，站立时往往弯腰曲背，耷拉着脑袋。充满自信、豁达大度、积极向上的人，站立时总是背脊挺直、精神抖擞。双手叉腰，表现出勇往直前的神态。关系友好、有共同语言的人，往往会自然地肩并肩而立，即便面对面站立，其距离也是很近的。相反，有隔阂分歧，关系疏远的人，往往情不自禁地面对面站立，即使并立，也会自然地把距离拉大。

挺着腰的坐姿，表示对对方或对谈话内容感兴趣，也是对人的尊敬。弯腰曲背而坐，则是对谈话内容不感兴趣或厌烦对方。斜着身体坐并轻松地跷腿，是悠闲自得、心情愉快的反映。交谈时并排而坐，且身体均自然地转向对方，是关系亲密的表示。

（4）交往界域。交往空间是一种特殊的无声语言。它是指一个人与另外一个人交往时，会无形中感到彼此之间该有一种距离，超出了这个距离限度，会使交往双方感到很不自然。美国科学家爱德华·霍尔博士划分了四种区域和距离。

1）亲密区（0～45 厘米）。亲密区又可细分为接近状态（0～15 厘米），远方状态（15～45 厘米）。亲密区只有有血缘关系的人、同性好朋友、恋人、夫妻等可以进入。在社交场合、大庭广众面前，一般的异性之间是绝对禁止的。

2）个人区（45～120 厘米）。个人区又可分为接近状态（45～75 厘米），远方状态（75～120 厘米）。在个人区内谈的话多半带有情感性，关系较好的朋友可以进入。

3）社交区（120～360 厘米）。社交区又包括接近状态（120～210 厘米），远方状态（270～360 厘米）。这是一个公事公办的区域，一般出现在工作中和社交聚会上的人们之间。

4）公众区（360 厘米以上）。公众区也包括接近状态（360～750 厘米），远方状态（750 厘米以上）。在这个区域内人际间的直接沟通大大减少了，大都是当众演讲之类。

二、商务礼仪

1. 商务礼仪的基本原则

商务礼仪的基本原则，概括地说，就是行政人员在商务往来、人际关系中所依据的标准或规则。具体内容如下：

（1）尊重的原则。尊重是礼仪的情感基础。尊重领导，尊重长辈，尊重客户，尊重宾朋等不但不是自我卑下的行为，而且是一种至高无上的礼仪，说明一个人具有良好的个人素质。只有尊重对方，才能获得对方的尊重。

（2）真诚的原则。真诚是做人之本，也是行政人员立业之道。行政人员的礼仪主要是为了树立良好的个人和企业形象，同时，商务活动也越来越不是短期行为，越来越注重长期效益。只有恪守真诚原则，着眼于未来，通过长期潜移默化的影响，才能获得最终的长远的利益。对企业和职业经理人来讲，良好的社会关系也是其在生意场上取得不败之地的一项很重要的资本。

（3）遵守的原则。礼仪是人类社会为维系社会正常生活而共同遵循的道德行为规范，是人们在长期共同生活、相互交往中逐渐形成的，并以风俗、习惯及传统方式等固定下来的。正常的社会生活秩序，是以共同遵守为前提的。因此，社会上的每个成员都应该自觉自愿地遵守礼仪，用礼仪去规范自己在各类活动中的言行举止。

（4）自律的原则。自律是商务礼仪的基础和出发点。学习和应用商务礼仪，最重要的就是要自我要求、自我约束、自我控制、自我对照、自我反省、自我检点，事事处处

递名片应双手递上，并且把名片上的文字正向对着对方，面带微笑。

接受名片的方法是双手接过名片后，应从上到下，从正到反，认真观看，加深印象以示尊重。不认识字应主动向对方请教。看完后郑重地将其放在名片夹里，并表示谢意。若暂放桌上，切忌在名片上放其他物品，分别时千万不要忘记带走。

交换名片体现了双方感情的沟通，表达了愿意交往下去的意愿。一般是地位低者、晚辈或客人先向地位高者、长辈或主人递上名片，然后再由后者予以回赠。若上级或长辈先递上名片，下级或晚辈也不必谦让，礼貌地用手接过，道声“谢谢”，再予以回赠。

(3) 接打电话。电话是企业组织与外部公众交往的重要渠道，行政人员应当会正确接打电话，以良好的个体形象赢得外部公众对企业组织的好感，促进双方的友谊和合作。

行政人员接打电话的要领应是礼貌、准确、高效。

1) 礼貌。常言道“言为心声”，行政人员接打电话时的语气、声调决定对方是否对你及你所在的单位产生好感及是否愿意与你进行交往。因此礼貌接打电话应注意以下几点。

①微笑接听。微笑接听电话传给对方的将是真诚、亲切、和蔼的信息，而不是冷淡、生硬呆板的话语。对企业来讲，这可能就决定一笔生意的成与败，因此，千万不可忽视微笑接听电话的作用。

②使用礼貌语。电话接通，应当以“您好!”代替“喂，喂”的呼唤声。接打双方应是自报家门：“您好，这里是×××公司。”“您好，我是×××公司的××，我可以请××先生听电话吗?”

③礼貌呼应。通话中对方讲话时，你如长时间沉默，是不礼貌的，会使对方猜疑你没注意听，因此，你应适时应声附和，如“是”“很好”“请继续说”“我在听”等，使对方感受到你的专注。

④电话处理。正在通话时，如果电话突然中断，打入的一方应当立即重新拨号打入，并说，“对不起，刚才电话不知何故断了”。通话中，如果你有急事须处理，应向对方道歉，请对方稍等，随后用手捂住话筒，处理完急事再通话。如果急事处理的时间较长，则应当约对方事后再继续通话，不能让对方久等，通话中如果另一部电话铃响，应礼貌地请后者稍等或过会儿再打来。

⑤结束通话。通话结束时一般说：“再见!”“谢谢您了。”行政人员一般要等对方挂断电话，才轻轻放下电话筒，尤其对方是长者或上司更应如此。

2) 准确。行政人员接听电话时，随手带好笔和记录本（可自己制作电话记录本），将何人、何时、何地、何事、何因、如何做这“六何”一一记录下来，并与对方核对一下以示填充。打出电话时，先按“六何”酝酿好要点，一一讲清，确保准确无遗漏。

通话要简明扼要，口齿清楚，要点和容易误解之处可重复。通话语音要适中，不要大声喊叫，越喊叫，对方越听不清楚，因为大喊时，电话阻值变化受到抑制，电话信号更不清晰。

3）高效。听到电话铃响，应放下手头工作，立即接听，最多不得超过三遍铃响。如果铃响三遍后才接听，则必须向对方先道歉才转入正题。

行政人员打电话应为对方着想，尽可能在对方方便时间内打电话，不宜在深夜或对方休息时打扰别人。

特别提示：处理上司的电话

行政人员每天要接听很多外部公众找上司的电话，如果全部转给上司，会花费上司许多时间和精力，影响其工作。为此，行政人员对这类电话必须分流处理。

▲挡驾

如果对方提出的问题，属行政人员有权处理的，则应挡驾，自己予以处理。可以用如下礼貌语应对：

“×××先生正忙着，这事是否可由我来代办？”

遇到陌生人打来的电话，更不能直接转给上司，应询问清楚对方的单位、身份、姓名、事由后再判断决定。

对上司交代不愿接的电话，行政人员接听后宜推托说：“经理外出了，请问有什么紧要事，能否让我转告他？”如对方盯问，你可对答：“他去什么地方和何时回来没有关照，对不起。”

对方提出的问题，如属于下属职能部门该解决的，行政人员可请直接和下属部门通话联系。经过如此过滤，只有少数重要的、必须由上司来亲自决定的电话才转给上司，对这类电话要迅速转给上司，且先将来电话者的姓名、单位、身份向上司简要介绍。

▲处理上司正在开会、外出时的电话

当上司正开会、会客时有电话来找上司是常有的事，除非是先约好的、上司特别交代的，一般不便于接听，对这类电话行政人员有几种处理方法可参考：

第一，告诉对方上司正忙，能否在会议结束后再来电话，或者请对方留下电话号码，让上司届时打电话给他。

第二，如果对方谈的是急事，行政人员可请对方稍等，或说：“十分钟后我给您回电话。”挂断电话后，立即用便条向上司请示，而不宜闯入会议室或会客室，贴着上司耳朵说话，这对上司和客人或与会者都显得不尊重。

上司外出时，有来电找他，行政人员应说明上司不在的原因和回来的时间，请他届时再打来，或留下电话号码，让上司回来后同他联系。如果对方要求留言，行政人员应做好详细的电话记录，并向对方复述加以核实。

(4) 馈赠。在企业交往中，为了对对方表示祝贺、慰问和感谢，往往需要赠送一些礼物。馈赠是通行的礼仪活动形式之一，也是向对方表示心意的物质表现。

1) 馈赠的技巧

①要明确赠礼的性质。是为生日庆典、荣升高就、乔迁新居、结婚仪式而赠礼，还是为初次见面、逢年过节而赠礼，在选购和送出之前都必须做到心中有数。

②要摸清赠礼对象的身份、性格、爱好和习惯及文化修养等。不同民族、地区、性别、年龄的人，在风俗习惯上有许多不同的禁忌。如给新婚夫妇送伞等，必然会引起不必要的误会。

③要掌握好赠礼的时间。一般来讲，节假日或一些特殊纪念日是联络感情的好“时节”。

④要选择赠礼的适当场合。在礼仪场合，宜送大方、体面、高雅的礼品，如书籍、纪念品、花束等；而在小范围或个别场合，赠送吃、穿、用等生活用品则会受到欢迎。

⑤礼品应包装。赠送礼品要讲究包装，包装凝聚着赠礼者的情意。在礼品包装前，一定要把价签摘下来，以免被误认为是向对方要钱，或因价格的高低而引起不必要的猜疑。

2) 收礼及回赠的礼仪。恰当地收礼与回赠是受礼人对馈赠者深情厚谊的肯定，易于增进彼此的友谊。

①收礼。一般情况下，对于一件得体的礼品，受礼人应郑重其事地收下，并说些“您太客气了”之类的话，以示感谢。收礼时，一般不当着客人的面打开礼品并作评价。不过接受欧美国家朋友的礼品，最好当场打开，并赞美和表示自己如何高兴，而结婚礼品是不可当场打开的。

②回赠。收到馈赠的礼品后，受礼人一般要回赠，从而加强联系，增进情谊。若在庆典、生辰、婚庆、晋级升职等时候接受礼品，应在对方有类似情形时回赠。回赠切忌重复，而且要价值相当。

(5) 敬烟。在敬烟前，应询问他人是否会吸烟，如有女士在座，还应征得她的同意，如果来宾较多或同座身份高的人士都不吸烟时，则主人也最好不吸烟。如果主人和客人彼此关系很密切，敬烟时可以随便一些，对此不必讲究过多，通常先敬自己左右的人。如果客人是初次来访或在商务洽谈等场合，如需要敬烟时，不要用手取一支给客人，只要将原包打开口，把数支弄出少许，应按照先客人后主人的礼遇顺序递出去，待客人自取后，主人再取出打火机或火柴，替别人点好火后，自己再取出一根来吸。

(6) 奉茶。为客人沏茶之前，要首先洗手，并洗净茶杯或茶碗。还要特别注意检查茶杯或茶碗有无破损或裂纹，若有是不能用来待客的。

奉茶的时机，通常是在客人就座后，未开始洽谈工作之前，如果宾主已开始谈工作，这时才端茶上来，免不了要打断谈话或为了放茶而移动桌上的文件，这是很失礼的。

上茶时一般由主人向客人献茶，或由行政秘书给客人上茶，奉茶时，按先宾后主，先女宾后男宾，先主要客人后其他客人的顺序进行。不要从正面端送，应从每人的右后侧递送，每杯里应斟七分满即可。

喝茶时不应大口吞咽茶水，或喝得咕咚咕咚作响，应当慢慢地小口品尝。如遇到漂浮在水面上的茶叶，可用茶杯盖拂去，或轻轻吹开，切不可用手从杯里捞出来扔在地上，也不要吃茶叶。

我国旧时有以再三请茶作为提醒客人应当告辞了的做法，因此在招待老年人或海外华人时要注意，不要一而再，再而三地劝其饮茶。

（7）交谈。客人来到你面前，应立即停止其他一切活动，不管是与同事在商量工作，还是埋头书案，都应立即停止，坐着的应站起来问好，以示尊重，绝不能自己坐着与站着的客人谈话，也不得边埋头工作边与客人说话。任何时候都不要只顾和同事谈笑而把客人扔在一边，这样客人会认为自己受到了轻蔑。

与客人谈话时要集中精力，注意力稍一分散就会使客人沮丧。在可能的情况下，尽量使用客人的姓名加称呼，这样会使客人倍感亲切。但要注意，客人姓名的发音要准确。

谈话时的表情要自然，语言应和气亲切。表达得体。交谈时可适当辅以手势，但动作不宜过大过多，更不能手舞足蹈，不要用手指指人，与人交谈时，不宜与对方离得太远，但也不要离得太近，以客人能听清说话的声音为准，一般与客人之间应保持在 1～4 米之间。交谈时不要拉拉扯扯，拍拍打打。谈话时不要唾沫四溅。参加别人谈话要先打招呼，别人在个别谈话时，不要凑前旁听。若有事需与某人说话，应待别人说完，有急事需打断别人谈话应表示歉意。第三者参与谈话，应以握手、点头或微笑表示欢迎。交谈中遇有急事需要处理或需要离开，应向谈话对方打招呼，表示歉意。

谈话现场超过三人时，应不时地与在场的所有人攀谈几句。不要只与一两个人交谈，而不理会在场的其他人。也不要与个别人只谈两个人知道的事而冷落第三者。尤其需要注意的是，同女士们交谈时，不要只与其中某一位女士，谈个不休。

不要始终使自己处在讲话的位置，要给客人充分的说话机会，要善于聆听对方谈话，而不必介意对方浓重的乡音或读错的某字。不轻易打断别人的发言。一般不提与谈话内容无关的问题。如对方谈到一些不便谈论的问题，不对此轻易表态，可转移话题。相互交谈时目光应保持平视，谈话中应用眼睛轻柔地注视对方的眼睛，但不要直愣愣地盯住别人不放。对方讲话时，不要左顾右盼、心不在焉，或注视别处，显得不耐烦，也不要老看手表，或做出伸懒腰、玩手指、活动手腕、双手插在衣袋里等漫不经心、傲慢无礼的动作。

有人以为在交谈时说出那些社会俗语，便会缩小同他人的距离，例如，把女子长得漂亮叫做“条挺”“盘亮”，把 100 元、1 000 元、10 000 元分别叫做“一棵”“一吨”“一方”，殊不知将这样的黑话、粗话说出来只会显示出自己格调不高，也是对他人的不尊重。除此之外，假如有人听不懂外语或方言，也最好不说，不然就会使他人感到是故意卖弄学问或有意不让他听懂。

谈话的内容一般不要涉及疾病、死亡等不愉快的事情，不谈一些荒诞离奇、耸人听闻、黄色淫秽的事情。谈话中如非办理手续的必要，一般不询问妇女的年龄、婚否，不径直询问对方履历、工资收入、家庭财产、衣饰价格等私人生活方面的问题。交往中若涉及对方不愿回答的问题，不究根问底，对对方反感的问题应表示歉意，或立即转移话题。一般谈话不批评长辈、身份高的人员，不讥笑、讽刺他人。

(8) 参加宴请

1）应邀。接到宴会邀请后，要尽早答复对方能否出席，以便主人安排。答复对方，可打电话或复以便函。在接受邀请之后，遇到特殊情况不能出席，尤其是主宾，应尽早向主人解释、道歉，甚至亲自登门表示歉意。应邀出席一项活动之前，要核实宴请的主人是谁，宴会举办的时间、地点，是否邀请了配偶，以及主人对服装的要求等。

2）抵达。抵达宴请地点，先到衣帽间脱下大衣和帽子，然后前往主人迎宾处，主动向主人问好。如是节庆活动，应表示祝贺。

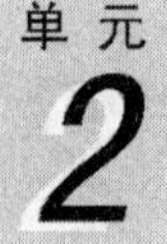

3）入座。应邀出席宴请活动，应听从主人安排，如是宴会，进入宴会厅之前，先了解自己的桌次和座位，入座时注意桌上座位卡是否写着自己的名字，不要随意乱坐。

4）进餐。入座后，主人招呼，即开始进餐。对不合口味的菜，勿露出难堪的表情，如遇本人不能吃或不爱吃的菜肴，侍者上菜或主人夹菜时不要拒绝，可取少量放在盘内，并表示“谢谢，够了”。吃东西要文雅。闭口咀嚼，喝汤不要啜，吃东西不要发出声音，如汤、菜太热，切勿用嘴吹。嘴内的鱼刺、骨不要直接往外吐，用餐巾掩嘴，用手（吃中餐可用筷子）取出，或轻轻吐在叉上，放在菜盘内。吃剩的菜，用过的餐具、牙签，都应放在盘内，勿置桌上。剔牙时，用手或餐巾遮口。嘴内有食物时切勿说话。

5）取菜。在冷餐会、酒会上，侍者上菜时，不要抢着取，待送至本人面前再拿。周围的人未拿到第一份时，自己不要急于去取第二份。取完即要退开，以便让别人去取。

6）餐具的使用。通常宴请外国人吃中餐，亦以中餐西吃为多，既摆碗筷，又设刀叉。刀叉的使用是右手持刀，左手持叉，将食物切成小块，然后用叉送入嘴内。就餐时按刀叉顺序由外往里取用。每道菜吃完后，将刀叉并拢平排放盘内，以示吃完，如未吃完，则摆成八字或交叉摆，刀口应向内。吃鸡、虾等食物时，经主人示意，可以用手撕开吃；否则可用刀叉把肉割下，切成小块吃。切菜时，注意不要因用力过猛撞击盘子而发出声音。除喝汤外，不用匙进食。吃带有腥味或怪味的食品，如鱼、虾、野味等均配有柠檬，可用手将汁挤出滴在食品上，以去腥味。

7）交谈。无论是主人、陪客或宾客，都应与同桌的人交谈，特别是左右邻座，不要只同几个熟人或只同一两个人说话，邻座如不相识，可先自我介绍。

8）祝酒。应了解对方祝酒习惯，以便做必要的准备。祝酒时注意不要交叉碰杯。在主人和主宾致辞、祝酒时，应暂停进餐，停止交谈，注意倾听，也不要借此机会抽烟。宴会上相互敬酒是为了表示友好，活跃气氛，但切忌喝过量，最好控制在本人酒量的 1/3 以内。

9）水盂。在筵席上，上鸡、龙虾、水果时，有时送上一小盂（铜盆、瓷碗或水晶玻璃缸），供洗手用，洗时两手轮流沾湿指头，轻轻刷洗，然后用餐巾或小毛巾擦干。

10）纪念物品。宴会结束时，有的主人为每位出席者备有小纪念品或一朵鲜花，可说一两句赞扬礼品的话，但不必郑重表示感谢。

11）赠花。按当地习惯以及双方关系，赠送花束和花篮。参加家庭宴会，可酌情向女主人赠送少量鲜花。

12）宽衣。在社交场合，无论天气如何炎热，不能当众解开纽扣，脱下衣服。小型便宴，如主人请客人宽衣，男宾可脱下外衣搭在椅背上。

（9）日常交际中的注意要点

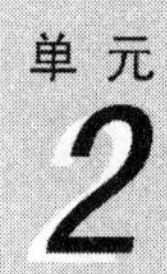

1）遵守时间。遵守时间，不得失约。过早抵达，会使主人因准备未毕而难堪；迟迟不到，则会让主人和其他客人等候过久；因故迟到，要向主人和其他客人表示歉意；确实有事需提前离开，应向主人说明后悄悄离去，也可事先打招呼，届时离开。

2）尊重老人和妇女。在社交场合，进出大门，应主动帮助老人、妇女开门、关门，帮助他们穿脱大衣外套。同桌用餐，应主动照顾两旁的老人或妇女，帮助他们入离座位等。主动帮助同行的老人或妇女提拿较重的物品。

3）尊重风俗习惯。尊重各地风俗习惯。不同的地区和民族，由于历史、宗教等因素，各有特殊的风俗习惯和礼节。例如，在某些地区不能用左手与他人接触或用左手传递东西；伊斯兰教徒不吃猪肉，在斋月里日出之后、日落之前不能进食；有些佛教徒不吃荤；印度教徒不吃牛肉；西方人忌讳“十三”这个数字，尤其是“十三日星期五”，遇上这种日子一般不举行宴请活动；东南亚一些国家忌讳坐着跷二郎腿；使用筷子进食的东方国家，用餐时不可用一双筷子来回传递，也不能把筷子插在碗中间。新到一个国家或初次参加活动，应多了解，多观察，不懂或不会做的事，可仿效别人。否则，可能会被误会甚至闹出笑话。

4）举止恰当。举止应落落大方，端庄稳重，表情自然诚恳。在公共场所要保持端庄的姿态，不要摆出懒散的姿态。两人行走不搭肩膀，多人行路不要排成队形。谈话时，手势不要过多，不要放声大笑。在图书馆、博物馆、医院、教堂等公共场所，都应保持安静。在隆重的场合，如举行仪式、看演出等，要保持肃静。

5）吸烟禁忌。不要在公共场合吸烟，在剧场、商店、教堂、博物馆、会议厅等地更不得吸烟。不要边走边吸烟。新到一个地方，在新的场合或是私人住宅、办公室等，不知道是否允许吸烟时，可先询问一下主人。

三、表达能力的基本要求

1. 口头表达能力

（1）口头表达方式。口头表达方式主要有四种：

1）即席发言。

2）凭记忆讲。

3）有准备的脱稿讲。

4）照稿宣读。

（2）口头表达的技巧。口头表达的技巧主要包括坚定信心，配合恰当的姿态，注意口语修饰，利用悬念手法，根据反应调整内容等。只有充分掌握了这些技巧，才能进一步提高口头表达的效果。

（3）提高口头表达能力的方法

1）看书学习，积累知识。要养成看书的习惯。要博览群书，善于学习各方面的知识。不仅是企业管理、科学职业经理方面的知识，还要了解天文、地理、物理、化学、心理、历史、艺术、体育等方面的知识，熟记古今中外名人的某些精辟的论述，能生动、形象地表达历史上一些大事件的轶事趣闻，能够做到出口成章，旁征博引，发挥自如，扣人心弦。

2）在培养思维能力上狠下工夫。语言是思维的反映，思维是语言的基础。一名优秀的行政人员要想出口成章，唤起听者的情绪，就必须要有较强的思维能力，只有这样才能全面、深刻地考虑问题，做到反应敏锐，分析深刻和逻辑严密。要想反应敏锐，就要在平时加强训练，注意学习，在实践中观察事物的规律，在各种会议上敢于上阵，不胆怯，通过不断磨炼，遇到问题时才能够冷静处理，认真分析，妥善解决。要想分析透彻，行政人员要善于学习，注意总结，掌握科学的世界观和方法论，善于透过现象看本质，超前意识强，能够一针见血地发现问题并能处理解决这些问题，分析出来的问题，层次清楚、透彻、深刻、令人信服。要想逻辑严密，主题鲜明，观点突出，条理清晰，能够抓住听众的心理，这就要求论点、论据充分，说服性强，结构严谨、逻辑性强，一层一个意思，一个道理，归纳总结得贴切、准确。

3）多实践，苦练表达技巧。要熟悉掌握口头表达技巧，唯一的办法就是多实践，苦练。

①练口齿，学发音，学习普通话，校正不正确的发音。如朗读，听录音进行自我练习等。

②练姿态，重点是要学习在不同场合、地点，如何使用表情。

③多实践，练胆量，提高技巧使用的熟练程度。

2. 文字表达能力

(1) 文字表达体裁。行政人员必须具备较高的文字表达能力，即写作能力。文字表达的体裁很多，但行政人员常用的主要有书信、演讲、计划、通知、报告、总结等。

(2) 提高文字表达能力的方法。为提高文字表达能力，需注意以下几个方面：

1) 下决心、有毅力、勤读书。文字表达能力的提高，不是一蹴而就的，但也不是高不可攀的。只要下决心、有毅力、勤读书，坚持不懈，不断努力，就会达到成效。

2) 要善于调查研究，提高观察思维能力。要写出高水平的文章，最重要的是经过实践，对研究的对象有精辟的认识，能够提出富有新意的观点。要做到这一点就要在实际工作中深入生活、深入实践，搞些调查研究，观察总结事物本身变化和与其周围环境的联系，在调查研究的基础上还必须进行不断地总结，这样才能透过现象抓住本质，揭示各种事物的内在联系和客观规律。

3) 要善于动脑，经常积累材料。一篇好的文章，必须以充实的材料为基础，没有丰富的材料，写文章如无米之炊。材料要靠平时的积累，包括各种会议记录、总结、演讲、对话、读书笔记、计划等，要随时积累、记录，然后分门别类，归纳综合。使其在需要时能够做到信手拈来，运用自如。

4) 要加强文字修养，多写、多练。要提高写作能力必须要加强基本功训练，熟练掌握写作基本功。行政人员常用的文体，其观点都是通过语言文字来表达的，因此，要加强文字的修养，学点写作、语法、修辞知识。要多写、多练，当确认选题和积累了足够的材料之后，就应动手多写文章。

四、交际能力的基本要求

1. 社交能力的表现

(1) 交际性。行政人员从企业的自身利益出发，与各方面发生交际联系，这种活动一般都带有一定的目的性。面越宽越对企业有利，交得越多越增加企业的联系面。

(2) 适应性。行政人员面对的是各个层次的单位和各种各样的人员，所接触的问题和洽谈的业务涵盖面也是很广的。行政人员在这样的环境中，既要重视经济交往，又要关心企业利益，二者要统筹兼顾，并要灵活地处理一些问题，不使企业利益受到损害。

(3) 刚柔性。社交能力体现一个行政人员自身的气质。社交中行政人员在处理复杂的问题时，该强硬一定要强硬，坚持原则，维护企业的整体利益；该“软处理”的一定要软处理，防止矛盾激化。

(4) 可塑性。行政人员在社交场合的表现应是不一样的，体现人的性格和行为的可塑性。不同的场合，应有不同的表情；不同的情况，应有不同的行为；不同的交谈，应有不同的答复。

（5）目的性。行政人员的社交都是有一定背景的，也就是说都有一定的目的性。例如，有的社交是为访贤求能，发现和招聘人才；有的社交是为了扩大企业知名度，提高企业信誉等等。

（6）效能性。行政人员的社会活动应是高效能的，也就是说小场合办大事，少说话多办事，短时间多办事。

2. 社交活动形式

（1）可行性。行政人员参加社交活动一定应注意社交活动形式的选择要可行，既与本人的身份适合，又能利于提高企业知名度，还能有益于企业今后业务的联系。行政人员不是什么社交活动都要参加的，而是根据行政人员的自身需要有选择，有目的、有意义地参加一些活动。在活动中行政人员露面的形象要讲究，应在一定的场合下才能露面，显示出行政人员雍容大度、庄重豪爽的风采，真正树立行政人员的良好形象。

（2）主动性。行政人员的社交活动不一定都是被邀请的。有些重要的社交活动获知消息后，就应当机立断主动前往，千万不要错过机会，“机不可失，时不再来”。

（3）经济性。有些社交活动的参加是需要企业出钱的。例如举办一些文体活动、公开业务洽谈会、进行信息交换等。行政人员参加这些活动时，一定做好事前预测，看参加这些活动是否合适，能带来什么收益。同时，能少花钱的就尽量少花钱，凡是不应花钱的就不能花钱，以维护企业的切身利益。

（4）时效性。行政人员参加社交活动的时间是有限的，但是有些重要的社交活动从本企业利益来说还是必须参加的。这样，就需要学会怎样安排社交活动时间，处理好社交活动与企业内生产经营活动的关系，力求短时间、高效率、多办事。

（5）灵活性。行政人员的社会活动是多方面的，在选择社交活动的形式方面，不管什么形式都要参加。同时，在参加社交活动时，要灵活多变地应付一些问题。

第二节 管理能力

管理能力是行政人员（特别是行政主管）有效提高工作效率的关键能力，只有掌握好管理艺术，才能真正建立自己的影响力，通过综合协调职能全面提升行政管理水平。

一、时间管理

时间管理是行政人员的一项基础工作。时间是最难以管理的，因为它匆匆流失，从不做任何停留。

有些人看起来用他们的定量时间做了比别人更多的事，他们显然有掌握时间的窍门，这种窍门可以转化为有效的职业习惯，它可能成为行政人员所能获得的最有价值的资产。

1. 时间管理的基本准则

（1）确定优先性。决定今天要做的最重要的事情，然后着手去做。不要因为在这一天的过程中发生了某些事情，就从自己本来要做的事情中分散精力或转移方向。要减少那些无聊的事，更重要的是，不要用别人确定的优先性来替代自己的。

（2）不要拖延。因为不确定性或者因为不知道该如何去做，就拖延做某事，那样就会扰乱日程，不可避免地意味着在下游形成更大的延误和中断。因此确保分段任务的按时完成，才能保证整体的正常进度。

（3）对于一天将发生的事情做好准备。许多问题是可以预期的，预测什么环节会发生问题，然后做好准备。准备工作不仅应是预期的全程估计，而且在有条件的情况下应进行模拟，并制订意外应急方案。

（4）做今天能做的每件事。对于那些可以放到以后进行的活动要做记录。小事的解决，可以减少重大修缮的时间浪费；有效的记录，可以避免重要事件的遗忘。

（5）建立一个系统提醒自己也提醒别人。建立一个系统，使自己能够记录下每个未能得到答复的要求。当人们知道你总是在做记录，他们会在你第一次提出时就做出反应。因此，建立一个系统，形成规范的明示作用，是提高时间效率的有效方法。

（6）做出决策。时间的浪费，大致总是在等待更多信息的时候推迟了做出决策。信息永远不会是绝对完全的，决策延误了，行动也会延误。所以，有效解决决策前期时间上的浪费，是确保决策和行动有效的前提。

（7）放权。看看是否总有一排人站在你的办公室门口等着你对许多事做决策。给下属成员一些决策的责任，不但使他们也使自己有自由的时间。

（8）清理你的办公桌，建立一个好的，但是简单的文件系统。如果你的办公桌上堆满了备忘录、电话记录、报告、信件、散页的纸张等等，时间就会在你寻找某个需要的东西时浪费掉。

（9）不要求完美。“完美就是没有效率”，在一个过程中总是吹毛求疵直到每件事都绝对完美无瑕，是对时间的巨大浪费。

（10）对错误承担责任并且改正它们。承认错误要比试图隐瞒它们花费少得多的时间。简单的错误不会发展为大的灾难。

（11）建立工作进展情况的自动检查系统。有了它就能够知道每件事在什么时候是按日程并且正确地进行。将在问题还很小、可以控制的时候及时发现它们并且加以处理。

（12）对过去的做法质疑。仅仅因为某项任务总是以一个特定的方式去做，并不意味着它就必须照着那种方式去做。

2. 时间管理的自我反思

为了检验自己的时间运用是否高效，行政人员必须自我反省，检查每一个工作日的每一个小时。坚持这样做一段日子。从踏进办公室的那一刻起，按小时对现在所做的事做记录，并且记下为什么做此事的原因，特别注意那些永远都在做的工作。问一问所做的每一件事的目标，可能发现做某个特定工作的主要原因。

在进行这些讨论的同时准备一份备忘录，把每一项活动都包括进去。接下来的一步是分析每项活动。问你自己：我为什么做这件事？什么对公司的使命是重要的，而什么只是橱窗里的摆设？

请做如下检查：

(1) 你是在每天刚开始的一段时间里料理昨天的问题？

(2) 你每天早晨是否要花费 15 分钟的时间“进入状态”？

(3) 你在晚上是否还需要 15 分钟的时间做“扫尾工作”？

(4) 你制定的优先性顺序是否有错误？

(5) 你的任务目标值得去实现吗？

(6) 你是否正在做本应属于你的下属责任范围内的工作？你是否把别人做过的工作又做了一遍？

(7) 你是否要花费时间等在复印机或传真机旁边，这样一份文件才能“马上”交到你的手中？

(8) 你是否正在审查其他人已经确认过的材料？

(9) 你是否正在参加内容与你的部门无关的会议？

(10) 你是否在接听每一个电话？

(11) 你是否允许计划外的来访者侵占你的时间？

对你的活动进行分析，能够帮助你获得更多的可利用的时间。这种做法非常有价值，所以每隔几个月就应该重复做一次。

3. 时间管理的良好习惯

许多行政人员懂得所有关于时间管理的知识，但是在利用他们的时间方面仍然很麻木。这是因为良好时间管理的法则与人的天性是相矛盾的。例如，一位行政人员完全懂得要放权给人，但是仍然亲自接手某项工作而不是把它拿给下属去做，原因是这项任务亲自去做要比解释如何去做更简单，更能产生满足感。问题是当下一次又遇到这样的工作时，下属仍然不知道如何去做。

另外一个常见的问题是接听每一个电话或者与每一位没有预约的来访者会谈，目的只是为了表现得“平易近人”。行政人员这么做实际是在让其他人的优先性优先于他自己的优先性。

因此，事业向前发展的一个基本方法是建立自己的优先性顺序，然后坚持一贯地按照它去做。

决定哪项工作最重要是有效利用时间的关键。但是做出这样的决策绝非易事。在匆匆忙忙完成工作的过程中，每项任务看起来都与另一项同样重要。

（1）集中精力于部门的使命。哪些项任务对实现使命的贡献最大，这些就是应该享有优先性的任务。

（2）听取高级管理层需要什么。应把高级管理层的优先性作为自己的优先性。

（3）学会认识潜在的问题。如果某些任务将克服这些问题，那么有关这些任务的工作就应享有优先地位。

一旦建立了优先性顺序就要坚持，要做的就是把它们写下来，制定完成这些重要任务的日程，向部门中的每一个员工传达这些优先性任务，确保每一位员工都理解什么是重要的。有些职业经理人有一种不良习性，即实施项目，干了一段时间，就会半途而废，又重新开始另一件事。他们这样做的原因是在遇到障碍或问题之前努力工作，一旦遇到障碍或问题，不是想办法冲破障碍或者解决问题，而是躲开去做另一件事。

如果一次把事情做完，工作就会做得更快、更有效率。如果喜欢把事情分成一小份一小份地去做，那么就把大的工作分割成小的任务。按顺序处理每件任务，从最困难的任务开始做起。把困难的事情先解决掉，会使余下来的工作简单，并且减少了焦虑感。工作的完成能够带来许多成就感。

特别提示：花费较少的时间的 5 条建议

（1）在信件的底部或边上的空白处写下几句话来答复信函或通知函，然后复印一份，把原件寄回。这会省下口授或用打字机把答复打出来的时间以及速记员的打字时间。因为纸上只有有限的空间，所以回答一定简要明朗，只说有必要说的话。

（2）在没人打扰的时候，你可以做完如此之多的工作以至于令自己吃惊。所以早来或者晚走，要么在其他人吃午饭的时候工作。

（3）不要允许别人来打扰。如果某个人走进了你的办公室，并不在日程安排之内，他想和你谈谈与他自己有关的某些事，那么就毫不客气地立刻拒绝。

（4）知道在哪儿可以找到东西。把你需要参考的资料放在伸手可及的地方，了解文件档案系统、计算机系统，知道哪张办公桌上做哪些工作，公司的有关记录保存在哪里等。

（5）培训好你的员工。最好的节约时间的办法是有一帮训练有素的手下。不必花费时间向他们解释事情。

二、团队管理

1. 团队及其基本特征

团队由少数的人组成，这些人具有相互补充的技能，为达到共同的目的和绩效目标，他们使用同样的方法，相互之间承担责任。

具体说来，所谓“少数”，是指每个团队的人数从2个人到25个人不等；所谓“相互补充的技能”主要包括三个方面，即团队的基本特征：技术或功能的专长，解决问题和作出决策的技能以及处理人际关系的技能。

（1）团队与个人的区别。实际上，如果与单个的个人相比，两者主要的不同即在于团队所具有的共同性与交互性。

1）共同性。团队由若干个成员所组成，每个成员或许有各自的目的，也要接受不同的考核，但作为一个整体，他们必须有共同的目的，共同的绩效目标，而且应发展出共同的达到目的的手段。共同目的高于成员的个人目的，在这方面，个人应完全服从于团队。如果将整个组织看做一个团队，那么，共同目标与个人目标之间的关系也就是这样一种关系：共同目标高于个人目标；个人目标应服从于共同目标。

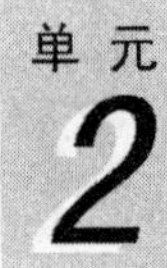

2）交互性。在一个团队中，每个成员都发挥作用，但个人作用不能单独产生效应，而必须与团队的其他成员通过交互作用，才能形成一种合力，获得团队的总体绩效。因此，团队的良好结构应是具有互补技能的结构，同时还必须在团队成员之间建立起承诺，形成相互信任和相互承担义务的关系。团队成员的相互信任和相互承担义务对于团队成员的交互作用是必不可少的前提，没有这样一种前提，团队成员的交互作用将是很难取得成效的。

（2）群体与团队的区别。群体与团队不是一回事。群体的定义为：两个或两个以上相互作用和相互依赖的个体，为了实现某个特定目标而结合在一起。在工作群体中，成员通过相互作用来共享信息，作出决策，帮助每个成员更好地承担起自己的责任。

工作群体中的成员不一定要参与需要共同努力的集体工作中，他们也不一定有机会这样。因此，工作群体的绩效，仅仅是每个群体成员个人贡献的总和。在工作群体中，不存在一种积极的协同作用，能够使群体的总体绩效水平大于个人绩效之和。

工作团队则不同，它通过其成员的共同努力能够产生积极协同作用，其团队成员努力的结果使团队的绩效水平远大于个体成员绩效的总和。

这些定义有助于阐释为什么现在许多企业围绕工作团队重新组织工作过程，管理人员这样做的目的，是通过工作团队的积极协同作用，提高组织绩效。团队的广泛适用为企业创造了一种潜力，能够使企业在不增加投入的情况下，产生积极的协同作用。仅仅把工作群体换个称呼，改称工作团队，不能自动地提高企业绩效。成功的或高绩效的工作团队有一些共同特征，如果管理人员希望通过运用工作团队来提高组织绩效，就得先

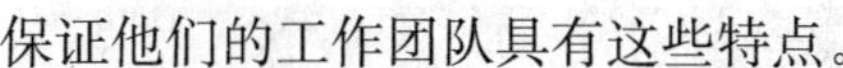

保证他们的工作团队具有这些特点。

2. 团队类型

根据团队的存在目的，可以对团队进行分类。在企业中，有三种类型的团队比较常见：问题解决型团队、自我管理型团队、多功能型团队。

（1）问题解决型团队。团队刚刚盛行，大多数团队的形式很相似。这些团队一般由来自同一个部门的 5～12 个员工组成，他们每周用几个小时的时间碰碰头，讨论如何提高产品质量、生产效率和改善工作环境，这种团队称为问题解决型团队。

在问题解决型团队里，成员就如何调整工作程序和工作方法互相交换看法或提供建议，但是，这些团队几乎没有权力根据这些建议单方面采取行动。

（2）自我管理型团队。问题解决型团队的做法行之有效，但在调动员工参与决策过程的积极性方面尚显不足。这种欠缺导致企业努力建立新型团队，这种新型团队是真正独立自主的团队，它们不仅注意问题的解决，而且执行解决问题的方案，并对工作结果承担全部责任。

自我管理型团队通常由 10～15 人组成，他们承担着以前自己的上司所承担的一些责任。一般来说，他们的责任范围包括控制工作节奏、决定工作任务的分配、安排工间休息。彻底的自我管理型团队甚至可以挑选自己的成员。通过让成员相互进行绩效评估，主管人员的重要性就下降了，甚至可以被取消。

在实施这种管理方式的企业里，整个企业是由瞬息万变的自我管理型团队经营的。它们制定自己的工作日程表，自己轮换工作，设置生产目标，建立与能力相关的薪资标准，解雇同事，聘用员工。

但是，与传统的工作组织形式相比，自我管理型团队成员的缺勤率和流动率偏高。

（3）多功能型团队。多功能型团队是由来自同一等级、不同工作领域的员工组成，他们来到一起的目的是完成一项任务。

多功能团队是一种有效的方法，它能使企业内甚至企业之间不同领域的员工交换信息，激发新的观点，解决面临的问题，协调复杂的项目。当然，多功能团队的管理不是管理野餐会，在其形成的早期阶段往往要消耗大量的时间，因为团队成员需要学会处理复杂多样的工作任务。在成员之间，尤其是在那些背景不同、经历和观点不同的成员之间，建立信任并能真正的合作也需要一定时间。

最好的工作团队规模一般比较小，如果团队成员多于 12 人，他们就很难顺利开展工作。他们在相互交流时会遇到许多障碍，也很难在讨论问题时达成一致。一般来说，如果团队成员很多，就难以形成凝聚力、忠诚感和相互信赖感，而这些却是高绩效团队所不可缺少的。所以，管理人员要塑造富有成效的团队，就应该把团队成员人数控制在 12 人之内。如果一个自然工作单位本身较大，而又希望达到团队的效果，那么，可以考虑把工作群体分化成几个小的工作团队。

特别提示：工作团队的角色分配

一个工作团队要想有效地运作，一般需要三种不同技能类型的人。

第一，需要具有技术专长的成员；第二，需要具有解决问题和决策技能，能够发现问题，提出解决问题的建议，并权衡这些建议，然后作出有效选择的成员；最后，团队需要若干善于聆听、反馈、解决冲突及擅长处理人际关系的成员。

对具备不同技能的人进行合理搭配是极其重要的。如某一种类型的人过多，另外两种类型的人自然减少，团队绩效就会降低，但在团队形成之初，并不需要以上三方面的成员全部具备。在必要时，一个或多个成员去学习团队缺乏的某种技能，从而使团队充分发挥其潜能的事情并不少见。

一般而言，如果成员的工作性质与其人格特点一致，其绩效水平容易提高。工作团队内的位置分配有方，也可以达到这样的效果。团队有不同的需求，挑选团队成员时，应该以员工的人格特点和个人偏好为基础。

高绩效团队能够给员工适当地分配不同的角色。例如，长期使球队保持赢球的篮球教练知道如何挑选富有前途的队员，能识别他们的优势与劣势，并把他们安排到最适合他们才能的位置上，使他们能为球队做出最大贡献。这种教练们能够认识到，一个取胜的球队需要有多种技能的球员，如控球者、强力得分者、3分球手、抢篮板者，等等。成功的球队具有能够胜任关键位置的球员，并能在了解球员和爱好的基础上，把他们配置到各个位置上。

3. 团队发展的过程

作为一个管理者，如何使组织内部的群体成为一个有效的团队是非常重要的工作。标准的群体发展过程要经历四个阶段：形成、冲突、规范、执行。

(1) 形成阶段。其特点是对于有关团队的目标、结构及领导关系等问题，都尚处于不确定状态。

(2) 冲突阶段。这是一个团队内激烈冲突的阶段。成员们接受了团队的存在，但团队就出现了比较明确的领导等级。

(3) 规范阶段。在这个阶段，亲密的团队内关系开始形成，同时团队表现出内部的凝聚力，成员有了一种强烈的团队身份感和认同感。当团队结构已固定化，并且对什么是正确的成员行为也已经达成共识时，规范阶段就结束了。

(4) 执行阶段。此时的团队结构已经完全功能化，并得到认可。团队的内部致力于相互了解和理解，共同完成当前的工作和目标等。这时是团队作用发挥最为充分的阶段，到这个阶段，一个群体也就发展成了团队。

4. 团队的作用

从国内外企业的情况来看，团队组织及其工作方式的益处主要有以下几方面：

（1）大大缩短产品上市和服务完成的时间，同时使质量、成本和效益大大改善。

（2）使企业各部门能够重新整合，加强各部门之间的信息沟通和合作，提高信息在整个企业内的传递沟通速度，提高企业的反应能力。

（3）使整个企业都能面向顾客和市场，抛弃了以工作和任务为中心的思维方式，转向以市场和顾客为中心的模式。

（4）提高团队成员的士气、工作满足感和成就感，有利于其生理、心理健康，能充分发挥员工的积极性和创造性。

（5）利于员工掌握更多的知识和技能，使员工成为多面手、利于他们的职业发展。而员工自身的发展和成长对整个企业发展是十分有益的。

5. 衡量团队质量的标准

成为团队不是最终的目标，要使有效的团队真正发挥作用才是最终的目标。团队的有效性由三个标准来定义。

（1）团队的产出要达到或超出质量和数量标准，团队的产出要被接受团队产品或服务的组织内外的顾客所接受。

（2）团队成员实现了其个人需要的满足。

（3）团队成员乐于再次一起工作。正常一个项目完成后，群体不会散伙。

6. 团队管理和团队建设

在团队管理和建设过程中，行政人员必须注意以下几个方面的内容，它将决定团队在发展中的作用与命运。

（1）对于共同目的的承诺。每个团队都要有全体成员渴望实现的有意义的目的，这种目的是一种远见，比具体目标要宽泛，它能够为团队成员指引方向，提供推动力，让团队成员愿意为它贡献力量。

成功团队的成员通常会用大量的时间和精力来讨论、修改和改善一个在集体层次上和个人层次上都被大家接受的目的，这种共同日的一旦为团队所接受，就像航海学知识对船长的航海活动一样重要——在任何情况下，都能起到指引方向的作用。

（2）建立具体目标。成功的团队会把他们的共同目的转变为具体的、可以衡量的、现实可行的绩效目标。目标会使个体提高绩效水平，目标也能使群体充满能力。具体的目标可以促进明确的沟通，它们有助于团队把自己的精力放在达成有效的结果上。

（3）领导与结构。目标决定了团队最终要达成的结果，但高绩效团队还需要领导和结构来指明方向。例如，确定一种大家认同的方式，就能保证在达到目标的手段、方向上团结一致。

在团队中，对于谁做什么和保证所有的成员承担相同的工作负荷问题，团队成员必须取得一致意见。另外，团队需要决定的问题有：如何安排工作日程，需要开发什么技能，如何解决冲突，如何作出决策和修改决策，决定成员具体的工作任务内容，并使工作任务适应团队成员个人的技能水平。所有这些，都需要团队的领导和团队结构发挥作用。有时，这些事情可以由管理人员直接来做，也可以由团队成员通过扮演探索者、推动者、总结者、联络者等角色自己来做。

(4) 社会化和责任心。个人的成绩可能会被埋没于群体中，在集体努力的基础上，个人可能只被看成集体的一员，个人贡献无法直接衡量。高绩效团队可通过使其成员在集体层次和个人层次上都承担责任来消除这种倾向。

成功的团队能够使成员各自和共同为团队的目的、目标和行动方式承担责任。团队成员很清楚，哪些是个人的责任，哪些是大家的共同责任。

(5) 适当的绩效评估与奖励体系。个人绩效评估、固定的小时工资、个人激励等与高绩效团队的开发是不一致的，因此，除了要根据个体的贡献进行评估和奖励之外，管理人员还应该考虑以群体为基础进行绩效评估、利润分享、小群体激励及其他方面的变革，以此来强化团队的奋进精神和承诺。

三、目标管理

1. 目标管理的概念

管理学家曾经专门做过一次摸高试验。试验内容是把 20 名学生分成两组进行摸高比赛，看哪一组摸得更高。第一组 10 名学生，不规定任何目标，由他们自己随意制定摸高的高度；第二组规定每个人首先定一个标准，比如要摸到 1.60 米或 1.80 米。试验结束后，把两组的成绩全部统计出来进行评比，结果发现规定目标的第二组的平均成绩要高于没有制定目标的第一组。这个试验证明了一个道理：目标对于激发人的潜力有很大作用，这就是目标管理。

(1) 目标管理的主要内容。组织的最高领导层根据组织面临的形势和社会需要，制定出一定时期内组织经营活动所要达到的总目标，然后层层落实，要求下属各部门主管人员以至每个员工根据上级制定的目标和保证措施，形成一个目标体系，并把目标完成的情况作为各部门或个人考核的依据。简言之，目标管理就是让组织的主管人员和员工亲自参加目标的制定，在工作中实行“自我控制”并努力完成工作目标的一种管理制度或方法。

(2) 目标管理的特点

1) 目标管理是参与管理的一种形式；

2) 强调自我控制；

3) 促使下放权力；

4) 注重成果第一的方针。

(3) 目标管理的作用

1) 通过目标连锁体系使个人和部门的责、权、利明确、具体，消除“死角”“暗

区”和“交叉带”，促进分工和协作，提高工作效率和业绩。

2）通过上下沟通，使个人目标、团体目标和企业目标融为一体，促进全员参与，增进团结，既避免了本位主义，又能集思广益。

3）通过授权、分权和自我管理，既提高了管理者的领导水平，又提高了员工素质。

4）通过人人制定目标，迫使每个人为未来做准备，防止短期行为，有利于个人和企业的稳定和长期发展。

5）通过上下级共同制定评价标准和目标，能够客观、公正地考核绩效和实施相应的奖惩，便于对目标进行调整及对目标的实施进行控制。

总之，目标管理在实现提高效率的同时，又提高了员工素质，增进了企业内部团结。

2. 目标管理的流程

目标管理的工作流程包括五个程序。

（1）制定目标。制定目标包括制定企业的总目标、部门目标和个人目标，同时要制定完成目标的标准，达到目标的方法和完成这些目标所需要的条件等多方面的内容。

（2）目标分解。建立企业的目标网络，形成目标体系，通过目标体系把各个部门的目标信息显示出来，就像看地图一样，任何人一看目标网络图就知道工作目标是什么，遇到问题时需要哪个部门来支持。

（3）目标实施。要经常检查和控制目标的执行情况和完成情况，看看在实施过程中有没有出现偏差。

（4）检查实施结果及奖惩。对目标按照制定的标准进行考核，目标完成的质量可以与个人的升迁挂钩。

（5）信息反馈及处理。在考核之前，还有一个很重要的问题，即在进行目标实施控制的过程中，会出现一些不可预测的问题。如：目标是年初制定的，后来发生了金融危机，那么年初制定的目标就不能实现。因此在实行考核时，要根据实际情况对目标进行调整和反馈。

3. 目标管理的类型

目标管理有很多种类型，这里重点介绍两种目标管理类型：提高业绩型目标管理和开发能力型目标管理。

（1）提高业绩型。提高业绩型目标管理是利用企业的组织体系，采用自上而下的方式，通过逐级分层制定目标，形成上下贯通、左右呼应的目标链锁，保证企业经营任务分解到人，责任到人，从而群策群力实现业绩提高的一种目标管理方式。

正确理解提高业绩型目标管理要抓住三点，即：以提高业绩为工作重点，强调的是工作结果，而不是工作过程；自上而下逐级制定目标；建立目标之间的连锁，各级目标环环相扣，形成体系。

1）制定目标的步骤。提高业绩型目标管理的最大特点在于：采用逐层分级负责的办法，自上而下逐级制定目标。理解这一点是掌握提高业绩型目标管理的钥匙。一般采用如下步骤制定目标：

①高层主管根据长期经营计划，参考有关数据，制定并公布企业的年度总目标；

②各部门主管根据年度总目标制定并公布部门目标；

③基层单位负责人根据部门目标制定并公布基层目标；

④员工根据所属单位目标制定个人目标；

⑤将全公司所制定的各级目标绘成目标体系图。

2）提高业绩型目标管理的优缺点见下表。

提高业绩型目标管理的优缺点

优点	缺点
1）目标易于制定； 2）只要总目标正确，能最大程度地保证企业经营业绩的实现； 3）形成目标连锁，能增进员工的整体意识，树立团队精神	1）下级制定目标时，易被上级干涉，自主权会受到限制； 2）如果总目标错误，会给企业带来灾难性后果； 3）由于形成目标链，一旦某个环节出现问题，就会牵一发而动全身

3）提高业绩型目标管理的技巧

①提高高层主管制定总目标的正确度；

②中层领导用协调和说服的方式做好“承上启下”工作（与高层领导协调，承接目标与方针，同时说服下属承接自己的目标），保证目标连锁的系统性；

③保证下属对上级目标的知情权和制定个人目标的自主权，如果要调整下属目标，必须与下属沟通、讨论；

④目标实施过程中，领导应该把控制重点放在目标连锁的组结上，协调上下左右的关系，加强关联部门间的合作；

特别提示：提高业绩型目标管理实用口诀

1）万事开头难，总目标正确是第一关；

2）自上而下，逐层制定目标，组织秩序不能乱；

3）上下贯通，左右呼应，一环套一环，形成目标链；

4）中层管理者承上启下是关键；

5）千万不要干涉员工的自主权，否则实现目标难上难；

6）上下左右协调好，实现业绩目标就不慢。

⑤员工自主完成目标往往会遇到困难，越下层的员工遇到的困难往往越大，因此要

加强对员工能力的培养。可以采用渐进的方法，开始时只要求某一层次以上的员工制定个人目标并自主完成，在这一层次员工能力提高之后，再逐层往下推进，直到每一个员工。

(2) 开发能力型。前面所讲的"摸高试验"(学生在目标的刺激下，提高了自己的摸高能力)，就是典型的开发能力型目标管理。在开发能力型目标管理方式下，设置目标是为了通过目标刺激和诱导员工发挥自身潜能，提高工作能力，更好地完成企业经营目标。正确理解开发能力型目标管理要抓住四点：

第一，开发能力型目标管理的重点是提高个人能力，目的是通过提高员工个人能力来改进工作，进而为企业的经营目标（业绩目标）服务。

第二，业绩型目标管理以实现一定的业绩为中心，而开发能力型目标管理以个人为中心，强调员工制定目标的自发性，通过个人自我启发、自我总结，实现工作能力的逐渐进步，最终达到驾驭工作的目的。

第三，业绩型目标管理是自上而下逐级制定目标，并形成目标连锁体系，注重目标之间的整体性；而开发能力型目标管理不需要建立目标体系，员工也不需要以上级目标来指导个人目标的制定，完全可以凭改进个人工作的需要来设置目标，而企业整体目标和上级目标也不一定与个人目标有关联。

第四，在下属制定目标时，开发能力型目标管理的责任不是重在指导下属如何承接上级目标，而是重在指出下属工作需要改进的方面，并与下属讨论改进工作的方法，协助下属制定出有助于提高个人能力的目标。

1）实施开发能力型目标管理的步骤

①将改进工作的必要性通知各部门及全体员工，要说明工作改进与业绩提高之间的关系，提高员工的重视程度，消除员工的自满和不思进取的情绪；

②列出详细的计划，督促各部门开展工作质量大讨论，总结出工作待改进的地方和改进工作的方法，经汇总整理和补充后下发全公司；

③员工比照总结材料，找出自身存在的问题，制定出对症下药的个人工作改进计划并上报领导；

④领导对员工计划提出自己的看法后将计划返回给员工；

⑤员工结合领导的看法，制定出正式的个人目标，并注明需要的援助和权限报公司专职管理部门；

⑥专职管理部门汇总后，提出意见报总经理签发后执行；

⑦员工实行自我管理，定期报告执行情况，以得到相关的协助。

⑧年终员工先对完成情况进行自我评价，再报上级考核，通过某种形式与业绩考核结合起来。

2）开发能力型目标管理的优缺点见下表。

开发能力型目标管理的优缺点

优点	缺点
1）目标是自发、自主制定的，不是上级分配的，员工实现目标的热情高、动力大； 2）自己找不足、定目标、定方法，能挖掘潜力，提高自我管理能力，有利于培养人才； 3）对于难以度量业绩的职能部门特别适合	1）目标之间缺乏整体性和关联性，过分注重个人目标可能导致忽视全公司目标； 2）以个人为中心，整体观念、团体合作精神差； 3）因为没有可遵循的上级目标，好目标难以制定，甚至有敷衍了事的可能； 4）常因授权不彻底而使其效果大打折扣

3）实施开发能力型目标管理，总的要领是扬长避短，另外还要注意：

①员工应该了解能力的提高是为改进工作质量服务的，最终目的仍然是提高公司的整体业绩，因此个人目标要兼顾公司整体目标，目标之间要加强联系，能形成目标体系更好。为此要加强目标之间的协调，鼓励员工间的合作，增强团队意识，严禁放任自流，各行其是。

②加强公司经营计划和未来发展方向的宣传，有计划地组织员工开展工作竞赛和对照公司发展要求找差距的活动，帮助员工寻找自身缺陷，为员工制定个人目标指明方向。上级领导在对下属提交的工作计划发表意见时，要有意识地把公司的整体要求、长远要求贯穿其中，通过沟通和说服把它变成个人目标的一部分。

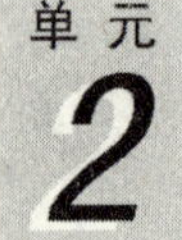

③通过个人目标与业绩考核相联系的方式，加强对个人目标实施的控制，定期举办交流会，促进合作，施加影响。

四、战略管理

企业战略管理是企业制定长期战略和贯彻这种战略的活动，是企业在处理自身与环境关系过程中实现其宗旨的过程。

战略管理是一种不同于传统职能管理的崭新管理思想和管理方式。

这种管理方式的基本内容是：指导企业全部活动的是企业战略，全部管理活动的重点是制定战略和实施战略。而制定战略和实施战略的关键是对企业内外环境条件进行分析评估，并在此基础上确定企业战略目标，并使三者之间形成动态平衡。所以说，企业战略管理的任务就在于通过企业战略的制定与实施，在保持这种动态平衡下，实现企业经营的目标和使命。

1. 企业战略管理的特点

（1）注重整体。企业战略管理是以企业总体为对象的，它所管理的是企业的总体活动，所追求的是企业总体效果。虽然这种管理也涉及企业的局部活动，但是这些局部活动是作为总体活动的有机组成部分在战略管理中出现的。具体地说，战略管理不是强调企业的某一事业部门或某一职能部门的重要性，而是通过制定企业的使命、目标和战略来协调企业各部门的活动，实现企业整体最优。

（2）富有远见。战略管理中的战略是对企业未来较长时期（5 年以上）内，就企业如何生存和发展等问题进行统筹规划。这一规划的实现，不仅需要从现有的资源条件出发，而且还要在未来的实现活动中不断地积累新资源、学习新知识、锻炼新能力。无论从战略制定，还是从战略实施上看，战略管理都具有时间上的长远性。

（3）高层管理者的责任。由于战略涉及企业的各个方面和各个部门，虽然它需要企业中下层管理人员和全体员工的参与和支持，但最需要的还是企业高层管理人员的介入和决策。这不仅是由于他们能够统观全局，了解企业的总体情况，更重要的是他们对企业总体发展战略决策与执行所需的资源条件具有分配权力。

（4）重在效能。所谓效能是指企业实际产出达到期望产出的程度，而效率则是指企业实际产出与实际投入之比率。一般来说企业职能部门管理考虑是把事情做正确，提高效率。而战略管理部门即企业高层管理则考虑是企业向什么方向发展，如何适应环境，做哪些正确的事，重在改进效能。二者结合统一，才能整体地改进企业的效益。

正因为战略管理的这些特点，从 20 世纪 70 年代中期开始，西方发达国家（主要是美国）中的大中型企业越来越多地实行战略管理，并在企业组织机构中建立起了有效的战略管理系统，以帮助最高层管理者进行战略性的决策。另外，也有许多小企业亦开始进行战略管理，并取得了很好的效果。

2. 企业战略管理的作用

（1）增强适应性。由于战略管理将企业的成长和发展纳入了变化的环境之中，管理工作要以未来的环境变化趋势作为决策的基础，这就使企业管理者们重视对经营环境的研究，正确地确定公司的发展方向，选择适合的经营领域或产品市场领域，从而能更好地把握外部环境所提供的机会，增强企业经营活动对外部环境的适应性，从而使二者达成最佳的结合。

（2）发挥纲领性作用。由于战略管理不只是停留在战略分析及战略制定上，而是将战略的实施作为其管理的一部分，这就使企业的战略在日常生产经营活动中充分发挥其纲领性的作用。特别是由于在战略实施过程中，根据环境的变化对战略不断地评价和修改，使企业战略得到不断完善，也使战略管理本身得到不断地完善。这种循环往复的过程，更加突出了战略在管理实践中的指导作用。

（3）调动各种资源。由于战略管理把规划出的战略付诸实施，而战略的实施又同日常的经营计划执行与控制结合在一起，这就把近期目标（或作业性目标）与长远目标（战略性目标）结合了起来，把总体战略目标同局部的战术目标统一了起来，从而可以调动各级管理人员参与战略管理的积极性，有利于充分利用企业的各种资源并提高协同效果。

（4）增强创新意识。由于战略管理不只是计划“我们正走向何处”，而且计划如何淘汰陈旧过时的东西，以“计划是否继续有效”为指导，重视战略的评价与更新，这就使企业管理者能不断地在新的起点对外界环境和企业战略进行连续性的探索，增强创新意识。

五、质量管理

1. 企业的质量管理

现代企业的质量管理是全面的质量管理（TQC），它贯穿于企业运作的整个过程。质量管理不能单一地被看做是车间、组装、生产等部门的事，它是全方位、全过程的综合活动。因此，有专家称企业质量管理为“三全”，即全面的质量管理、全过程的质量管理、全体员工参加的质量管理。另外 TQC 还是一个循序渐进的过程。正如上面所讲它是全面的，涉及企业内的每一个部门和每一个人，而且把企业视为一个整体来考虑，它不仅是一项简单的工作规划，还是一项企业质量管理的基本原则，是所有工作的基础。因此全面质量管理应当成为企业抓质量管理工作的最高目标和标准。

（1）全面性。TQC 是具有全面性、广义性和综合性的。对企业产品本身来说，TQC 应包括原材料质量的把关，产品使用性能、寿命、安全可靠性等诸多因素；而对产品的生产过程而言，TQC 则应包括生产产品过程中起决定作用的部分，比如人员、设备、材料和工作环境的素质和状态等等；对产品生产、加工结束的活动而言，TQC 应包括检验、包装、运输、销售、售后服务，等等。总的说来，企业全面质量管理是以产品为中心的各个阶段的综合管理过程。概括地说即对企业产品的生产全过程的一种质量管理。

（2）全程性。TQC 也是一种从产品的生产到消费的一系列活动的质量管理过程。最具权威的欧洲质量管理专家兰纳德·桑德霍把这种质量管理过程划为八个平行的线段。他认为这是企业在进行全面质量管理过程中所必须努力去适应和应用的。它们主要有：

1）市场调研中的质量管理；

2）产品定位中的质量管理；

3）制造工艺对质量的确定；

4）与供应者有关的质量管理；

5）车间班组的质量管理；

6）检验部门的质量管理；

7）投放市场过程中的质量管理；

8）售后服务的质量管理。

（3）全员性。TQC 要求企业领导层和全体管理层，员工的重视和参与。有些专家就曾指出，当代质量管理最显著的特点就在于首先提高企业高层领导的质量意识。领导者不重视，就不会有重视产品质量的员工队伍，也不可能有高水平的产品质量。其次管理人员的工作对 TQC 来说也是举足轻重的。管理者应当常常和员工一起投入工作，在工作过程中通过各种措施不断地改进工作方法和工作质量。因为工作质量不是自然产生的，而是通过各种手段的控制而产生的。事实上许多质量问题的产生其原因恰恰出现在管理层的不重视上。另外，TQC 重视员工的参与，因为它的基础是“全员参与”。事实上广大员工在自己岗位上通过工作所获得的质量管理的知识和经验是无可比拟的。因此，企业必须创造一个良好的质量环境，鼓励所有员工积极参与 TQC。

单凭一个人或几个人的力量是难以推进全面质量管理体系进步的。而现实情况也正是这样。TQC 强调团队的精神，其思想核心就是把整个企业看做一个团体，要求企业打破企业内部的壁垒，建立起共同利益的思想，部门之间，员工之间真诚以待。在企业内部重视交流和合作，在企业之外亦如此。而且 TQC 的核心目的还在于要满足消费者需求。企业在激烈市场竞争环境中应了解自己在消费者心目中的地位，并掌握自己与竞争对手的质量差异，对本企业的产品时刻以一种“零缺陷”的标准来要求，保证产品出厂前的产品质量过关。

总的来说，TQC 对质量是一种预防和控制，而且是一项长期的工作，需要根据实际操作情况不断地加以修正、巩固。最初，也许 TQC 的效果不会很大，但随着全体人员受教育和培训程度的提高以及对 TQC 的日益熟练和掌握，企业会逐步获得成果。随着 TQC 的深入进行，产品的生产过程会不断得到改进，而产品质量也会不断提高。

2. 如何实现企业全面质量管理

可以说，无论是全面质量管理还是有效质量管理，它们作为企业的质量管理模式都不是孤立的，都是与企业的生产管理、营销活动、财务操作、成本运作等管理活动有关。可以说质量管理存在于企业管理的诸多环节之中，它无时无处不存在于企业的所有生产经营、管理活动之中。

因此，企业必须抓住质量管理的“咽喉”，这样才能提纲挈领于千头万绪中理清企业质量管理工作的整个思路。一般来说，企业质量管理工作中关键有以下几个方面。

（1）建立健全的管理制度。尤其是有针对性地建立健全质量检验制度和产品生产制度。企业管理制度的关键在于精而严，并且适用。严格性、规范性、科学性是质量管理的前提。从原材料的购入到整个生产过程的控制到产品检验出厂这一系列环节中都认真贯彻严格、规范、科学的标准。企业的质量管理要从采购部门抓起。而在随后的产品生产过程中企业可以尝试着使用适合于本企业的岗位责任制，把每一件产品的质量管理工作落实到每一位直接工作者身上，使产品有切实可行的质量保证方案。

（2）严格控制生产过程中的关键程序。把握住容易出问题的工序，不断进行技术革新。提高质量最切实可行的办法是对企业生产过程中的每一道程序进行认真仔细的分析和检验，找出其中容易出问题的工序，然后对其进行技术改造，使之符合产品生产的质量要求。总之企业要以严格的控制来运作生产过程，使企业每一道工序的生产都确保产品一次性过关。对生产过程中因设备陈旧或者说技术上的原因造成的产品质量不过关，企业要在技术进步上下工夫，鼓励和激励科研人员或生产一线员工刻苦钻研业务，用各种技术手段改进设备，或者引进先进生产设备，淘汰存在严重质量问题的陈旧设备。

（3）加强企业质量意识。强化质量管理工作的力度。企业应让全体人员，包括从最高管理层到生产一线的每一位员工充分认识到质量管理工作对企业生存与可持续发展的重要性，把质量管理工作由被动转为主动，积极主动地寻求一切切实可行的办法和手段去解决企业中所存在的质量问题。特别是对企业的质量检验工作，要有充分的认识。因为企业的产品一经检验便出厂投入市场与广大消费者见面了。如果质检人员对质量工作的重要性认识不足，在工作中稍有疏忽大意，造成了产品的质量问题，往往小小的质量问题就会给企业带来很坏的影响，有的时候甚至可以毁了一个品牌。所以，企业对质量的检验部门要舍得投资，培养出高素质的质量分析人员与质量检查人员，并且在条件允许的情况下，尽可能完善质检部门的质量检验设备。同时，企业又要对质检部门有着比其他部门更严格、更科学、更规范化的要求和标准，使整个质检部门真正成为企业质量的“守护神”。

（4）狠抓售后服务。售后服务对现代企业来说应该也是一个非常重要的环节。因为售后服务的质量关系到企业的长远利益和企业的形象、信誉度，等等。在现代市场竞争中服务的质量将在很大程度上决定企业的产品的畅销程度。因为市场上竞争对手的产品质量也许并不会相差太远，此种情况下的消费者显然会倾向于售后服务质量高的企业的产品。

（5）重视“人的质量”的培养。现代企业经营活动证明，不管多么好的管理制度，都要由人来执行，来实施，来完成。因而产品的质量在很大程度上取决于“人的质量”。而“人的质量”除了指企业人员的学历高低、学问深浅、知识薄寡等“有形”的“质量”之外，还应包括有经验、技术、进取心、向心力、爱厂心、热心、公德、积极性、尊重消费者等等，这些无形的“质量”，都将组成整个“人的质量”。国外有的专家认为“人的质量是构成产品质量的一个重要因素”“产品的质量不是创造出来的，而是一种习惯”“对产品质量的尊重，等于对消费者的尊重”等。显然，这是把企业质量管理推向了另一个关键部分——对人的管理。其实整个质量管理最关键的部分还是人的管理和培训。当然企业要达此目的，教育、培训、考核是一个方面，最重要还是一种质量文化环境的培育。

六、文化管理

文化是一种潜在的生产力。有人说，文化就是明天的经济。要进一步发展生产，要真正成为世界上第一流的企业，就要借助于企业文化力。目前，国外著名企业普遍采用企业形象战略和建设企业文化，都是以文化力推动经济发展并取得了可喜的成果。实践证明，文化力是企业取之不尽用之不竭的智慧之源。

21 世纪，随着知识经济和经济全球化的发展，企业之间的竞争越来越表现为文化的竞争，企业文化对企业的生存和发展的作用越来越大，成为企业竞争力的基石和决定企业兴衰的关键因素。作为一名高级行政人员，必须充分认识到这种不可忽视的企业精神需求。

1. 企业文化

如果从广义的角度来理解企业文化，它是一个包括三个层次的同心圆结构：外层是企业文化的表层部分，指企业的物质文化，包括厂容厂貌、产品的外观包装、企业技术工艺设备等方面，它是形成制度层和精神层的物质条件。中间层是指企业的制度文化，包括企业的工作制度、责任制度和各种特殊制度等，它集中体现了企业文化的物质层和精神层对员工和企业组织行为的要求。内层是指企业精神，包括企业领导和员工共同信守的基本信念、价值标准、职业道德和精神面貌，它是企业文化的核心和灵魂，是形成企业文化的物质层和制度层的基础和原则。企业的物质、制度、精神三大要素与企业各自的特点和实际相结合，就形成了各具特色的企业文化。

其功能可以归纳为四个方面。

（1）导向功能。强企业文化在企业员工及企业生产经营中起着一个“方向盘”的作用，长期引导员工为实现企业目标而自觉地努力工作。这种功能体现在两个方面：

第一，企业文化对企业目标有质的规定性。特定时期的企业目标是企业行为的航标，因此，企业文化系统中对企业目标的规定可以直接引导员工的性格、心理和行为。如美国电话电报公司曾立志要称霸全美通讯领域，于是提出了“一流服务”的口号，推动整个公司为达到目的而努力，这个口号成为全体员工努力的方向，起着导向作用。

第二，通过整体的价值认同来引导员工。优秀的企业文化能够使员工潜移默化地在本企业的价值概念的熏陶下，自觉地运用到工作当中。丰田公司的员工信奉用最优秀的汽车来造福人类的理想，由于这种观念深深扎根于全体员工的心目中，所以即使没有相应的规定，丰田的职员在汽车消费方面都无一例外地选用丰田公司生产的汽车。

（2）规范功能。企业的规章制度和管理规则是一种刚性的行为控制。企业文化尽管也通过一定的物质层的规章制度体现出来，但这并不是企业文化发生作用的主要方面。企业文化主要依靠全体成员的行为形成一种无形的群体压力来发生作用，这种压力包括舆论压力和感情压力，使成员自觉地产生从众倾向。这样，企业文化带来了无形、非正式和不成文的行为准则，使员工能按照价值观的指导进行自我管理和自我控制，这就在很大程度上弥补了单纯的硬约束带来的不足和偏颇。尤其在员工素质普遍提高和白领员工增多的今天，员工对规章制度的抵触心理更强，员工在领导在与不在时、检查和不检查时的表现往往差别很大，这也需要利用深层次的企业文化来进行约束。

(3) 凝聚功能。可以说，企业文化是一种全体员工的黏合剂。美国学者凯兹·卡恩认为，社会系统的基础是人类的态度、知觉、信念、动机、习惯及期望等因素；在社会系统中，将个体凝集起来的主要是一种心理的力量，而不是生物的力量。倘若企业没有一种被全体内部成员所接受的共同价值观念，企业员工就可能单纯抱着各自的追求从事工作，各种规章制度都不能改变其心态和目的。企业文化则改变了原来的各自为政、以自我为中心的个人价值观念体系，使员工产生强烈的集体意识，形成“顺向全力”。员工通过企业文化建设可以产生对本职工作的自豪感和使命感、对本企业的认同感和归属感，因而把自己的思想、感情、行为融合在整个企业中，从而产生强大的凝聚力，获得整体效应。

(4) 激励功能。在企业文化系统中，由于企业经营哲学明确指出了企业在社会中的作用、社会责任、企业目标等，使企业员工理解到自身工作的意义，在总的目标一致的情况下找到满足自我实现的途径，促进员工的自觉行动。此时，企业员工的行为动力不仅是来自于纪律制度的约束和奖金的诱惑，而且来自于对思想目标的自发追求。

2. 企业文化的建设和管理

企业文化的建设和管理是一项复杂的系统工程，其中企业所处的特定环境对企业文化的形成影响最大，以企业精神为核心的企业文化精神层的建设和培育更是一个微妙的心理过程，并没有统一的或是标准的模式可以遵循。企业文化建设的实践也表明必须因时因地采取相应的方法建设自身的企业文化，这是一个总的原则。

企业文化的建设大致可以分为四个步骤。

(1) 企业经营战略的制定。即规划企业未来一定时期内所要达到的目标以及为实现目标计划采取的基本策略，包括打算进入的业务领域和在竞争中与竞争对手的相对位置等。这是企业文化系统建设的前提和基础。其次制定企业文化系统的核心内容——精神层面中的企业精神，为企业文化建设设定基本框架和努力方向。第三进行企业文化表层的建设，主要指物质层和制度层的建设，从硬件设施和环境因素方面为精神层的建设做准备。最后企业员工进行精神的导入和渗透，这是整个企业文化建设中最为重要的部分，最终要形成共同的价值观。

关于企业经营战略的制定，必须明确企业文化的建设应从属于企业战略的制定。企业文化很可能面临着过时的风险，从而成为企业的羁绊。同时，只有那些在长期经营实践过程中已经形成了自己一套行之有效、独具特色的企业精神的企业，才可能有条件根据其企业文化来制定企业经营战略。而对大多数需要制定和构筑企业文化的企业来说，这个过程应当是倒过来的，他们的企业文化要适应企业战略的要求。所以，尽管企业战略的制定有时也要结合现有的文化观念来进行，但从总体上来说，应当先制定企业长期规划，然后选择并塑造企业价值观念体系。

（2）企业精神的提炼。合理和有效的文化内核一般不会自发地产生，必须进行审慎地抉择。这个过程中，必须注意以下基本原则。

1）从实际出发的原则。现代企业形形色色，从地区性公司到跨国集团，从单一经营到跨行业的多角化经营，从单一文化背景的员工构成到分布于世界各地的员工都有可能。提炼企业精神要结合自身的性质、规模、技术特点、人员构成等因素，从企业实际出发。

2）一体化原则。企业精神是为了提供一种对员工进行更好地协调和约束的软管理手段，因此，良好的企业精神必须从企业整体利益的角度来考虑问题，更好地融合全体员工的行为，而不是仅从个别部门的利益来考虑问题。企业文化的建设者可以展开全体员工的详细讨论，也可以成立中层管理人员协调小组来实现企业精神的一体化。一种企业精神越是从企业员工的整体心态出发来制定，在以后的实施和向员工的“推销”中就越容易、越有效。

3）激励原则。要实现企业文化的激励功能，企业精神的设计就要符合激励原则。优秀的企业精神凝聚着员工的理想和信念，体现着企业发展的方向和目标，是鼓励企业员工努力工作的精神力量。

4）社会责任原则。现代企业作为国民经济的细胞，是社会的一个单元。现代企业已经不能只追求利润最大化的目标，必须兼顾企业的社会责任，这表现在不少企业已经从市场营销观念转变到社会营销观念。这要求企业文化也能体现社会责任。

企业精神确定以后，就是具体的企业文化的树立了。这包括显性层和隐性层的建设。前者主要指物质层和制度层，后者主要指精神层。精神层的深入和确立，相对显性层的建设来说，是一个长得多的过程，因此在企业文化建设的总过程中，一般把显性层的建设放在隐性层的前面。

（3）企业文化物质层和制度层的建设。这一阶段企业文化的建设侧重于硬件的建设和管理，包括制定相应的规章制度、行为准则，设计公司旗帜、徽章、歌曲等，建造一定的硬件设施，如文娱体育场所、员工教育中心。显性层能够为隐性层的建设提供物质的保证，所以必须认真地规划和组织建设，以便更好地实现员工价值观念的培育。

（4）企业文化核心培养。文化核心观念在全体员工中的培育，使他们追求自身效用最大化的自发行为符合企业的规范。人们观念的转化通常要花很长的时间。一般来讲，可以采取以下几种方法。

1）新员工的筛选与培训。企业在招聘新员工时应力求在员工和企业之间具备某种程度上的文化一致性。如果招聘和选择过程局限于强调员工的背景要适合岗位的特点以及其能力要求，而新员工进入企业后却无法适应企业的文化传统，就会造成不必要的挫折。企业在选择员工时就以自身的价值观来衡量候选人，就能为今后企业文化的导入和贯彻带来方便。企业在招聘进新员工之后，应对他们进行适应性培训和教育。具体做法包括对新雇员的培训计划以及在一些重要的举止和思维方式方面进行训练。但在这个过程中，要注意避免老员工利用这个机会滥用权力、过度地强调共同的文化特征而绝对排斥个性以致抑制创造性。

2）员工参与。通过让一般的员工参与企业的经营和管理过程，使他们直接地体会企业的经营理念，增加员工的责任感。

3）信息交流。在群体中，通过同事和合作伙伴之间的信息交流，群体成员在心理上更容易接受企业提倡的价值信念。特别是对新加入的员工来说，老员工的言传身教可以使企业精神无形地渗透到他们的脑子里，变成他们的下意识行为而自然地表现出来。

4）示范性活动。包括对业绩出色的员工举行颁奖仪式，在企业中树立典型；为新员工讲述企业发展历程，示范性地激励企业员工的工作热情。在企业精神的宣传导入过程中，企业的领导人要运用各种内在和外在的方法。具体的途径与领导人的关注焦点、领导人对关键问题的反应以及领导人的示范作用有关。行政管理人员不但自己要身体力行，而且要通过各种场合创造出企业文化的浓厚氛围。

第三节 决策能力

一、决策的概念

决策就是人们为了达到一定的目标，在掌握充分的信息和对有关情况进行深刻分析的基础上，用科学的方法拟定并评估各种方案，从中选出合理方案的过程。

决策是一个过程。也就是说，决策是为达到一定的目标，从两个或多个可行方案中选择一个合理方案的分析判断和抉择的过程。一般认为，决策过程可以划分为三个主要阶段，即：

1. 找出制定决策的理由。

2. 找到可能的行动方案。

3. 对诸多行动方案进行评价和抉择。

二、正确决策的基本要求

为了保证决策的正确和合理，决策过程的每个阶段，都有一定的基本要求。

1. 把握住问题的要害

在决策过程的第一阶段，首先要求找出关键性问题和认准问题的要害。要找出为什么要针对这个问题而不是针对其他问题作决策的理由。关键问题抓不准或者问题的要害抓不准，就解决不了问题，所作的各种决策就不可能是合理、有效的。

2. 明确决策的目标

在决策过程的第一阶段，除了要找出关键的问题以外，还需要明确决策的目标。实践证明，失败的决策，往往是由于决策目标不正确或不明确。犹豫不决，通常也是由于目标很模糊或设立得不合理。

3. 至少要有两个以上的可行方案

决策过程的第二阶段强调要找到几个可能的行动方案。决策的基本含义是抉择。而如果只有一种方案，无选择余地，也就无所谓决策。没有比较就没有鉴别，更谈不到所谓“最佳”。要求多个可行方案的过程，通常是一个创新的过程。每个可行方案都要具有下列条件：

（1）能够实现预期目标。

（2）针对各种影响因素都能做到定性与定量地分析。

（3）对于不可控的因素也能大体估计出其发生的概率。

在制定可行方案时，还应满足整体详尽性和相互排斥性的要求。所谓整体详尽性，是指将各种可能实现的方案尽量都考虑到，以免漏掉那些可能是最好的方案。所谓相互排斥性，是指各种可能实现的方案都有彼此的针对性和侧重点，能凸显差异以便选择最佳方案。

4. 对决策方案进行综合评价

决策过程的第三个阶段是对各个可行方案进行评价和抉择。每个实现决策目标的可行方案，都会对目标的实现发挥某种积极作用，也会产生消极作用。因此行政人员必须对每个可行方案进行综合的分析和评价，即进行可行性研究。可行性研究是决策的重要环节。决策方案不但必须在技术上和经济上可行，而且应当考虑社会、政治、文化等多方面的因素，还要使决策结果的副作用（如环境污染）减小到可以允许的最小范围内。通过可行性分析，确定出每个方案的经济效益和社会效益以及其可能带来的潜在问题，以便比较各个方案的优劣，从中选择最佳方案。

5. 敢冒风险

决策的风险是抉择时始终会遇到的另一个主要困难。因此，对于参与决策的行政人员来说，基本的要求是要敢于冒风险，敢于承担责任，也就是说，要求行政人员要有胆识，要有勇气。管理决策不是赌博，敢于冒险不等于蛮干。行政人员必须清醒地估计到各项决策方案的风险程度；估计到最坏的可能性并拟定出相应的对策，使风险损失不至于引起灾难性的、不可挽回的后果；必须尽量收集与决策的未来环境有关的必要信息，以便作出正确地判断；同时还应考虑到是不是到了非冒更大风险不可的地步。行政人员还应当对决策的时机是否成熟有准确地判断。这些都有助于行政人员将决策方案的风险减至最小。

6. 把决策过程看作是一种学习过程

决策过程的最后阶段是对已实施的抉择进行评价。这是在决策方案已经实施了一段时间后，对其效果进行评价，以检验决策的正确性，及时修正偏离目标的偏差。评价的结果常常导致一个新的决策，也就是决定要不要继续干下去，怎么继续干下去等问题。应当把决策看做是一种学习过程，即在作出最初的抉择之后，还需要不断地对实施的情况进行检查，注意对那些新出现的未曾预料到的情况进行分析和判断，及时补充新的决策。

第四节 领导能力

一、领导的概念

1. 什么是领导

管理学上对“领导”的定义是“影响和推动一个群体或多个群体的人们朝某个方向和目标努力的过程”。领导行为的核心在于影响和推动，其特征在于能够担负目标使命并使其他成员贯彻实施。

也可以这么说，领导是领导者运用权力和影响力引导和影响下属按照组织的目标要求努力工作的过程。在这里，领导是一种职能活动。领导力就是影响力而非操纵力、控制力。任何人都可以使用领导力，只要你能对其产生影响，你就可能是领导。领导力是对他人产生影响的过程，影响他人做本来可能不会做的事情。

领导活动是领导者帮助其下属有效地实现组织目标和个人目标的过程，它既体现在组织目标的确定这类战略性的工作中，也体现在审时度势、用人执事等具体的战术性工作中。

2. 领导的分类

尽管在现代管理中，领导活动往往是由一个团队来承担的，这也称做集体领导。但是在现实生活中，由于大量的领导活动必须落实到个人身上或者由个人来承担，所以在领导方式上就因人而异。概括地讲，大致存在以下三种类型的领导方式。

（1）个人魅力超强型领导。在向员工描绘公司的未来方面：制定公司的发展规划，为公司发展指明方向，为员工描绘公司的发展前景，使公司的发展具有目标性。在激励方面：用个人魅力来激励和吸引员工，通过领导者的言行来激励士气，通过超乎常规的奖励措施来保持斗志，都是这种类型的领导者常用的手段。在企业家个人魅力方面：企业领导者具备坚强的意志、超乎常人的对未来的自信以及近乎于理想化的经营理念和道德观、价值观，能够将自己的这些理念贯彻到企业中去，从而领导自身就成为企业价值观的最好体现。

这种类型的领导风格尤其适合处于创业阶段，或者竞争非常激烈的行业或公司。他们的个人魅力往往造就出强势企业文化和管理方式人性化，个人魅力往往能够弥补企业运作机制的相对个人化、不规范的缺陷。比如某公司一直有拖欠员工 3～5 个月工资的情况发生，但仍然有很多员工选择继续跟随企业走下去。

这种类型的领导风格最大的隐患就是一旦这个精神领袖受到动摇或怀疑，企业的凝聚力就会土崩瓦解，公司受到的打击就是致命的。

(2) 制度规范型领导。在向员工描绘公司的未来方面：规范业务活动，定义目标。喜欢按照专业的方式做事情，将企业的所有业务行为纳入规范运作体系，按照既定目标来设计工作内容。在激励方面：控制员工行为，不希望员工的工作状态大起大落，而是希望通过各种规章的约束，使得员工的行为更加理性、有条理；通过制度化的奖惩措施来调整员工的心态和工作态度。

很多大型企业的高层行政人员属于这种类型。在一个公众型的公司，如股权高度分散的上市企业，或者企业领导处于受聘用的地位，领导对企业的影响力只能通过现有的沟通渠道来贯彻，这时规范化的职业运作风格就比较适合。这些领导行使的职责更多的是管理，而不是领导。

(3) 团队扩展型领导。在向员工描绘公司的未来方面：充分发挥高层管理团队的能力，对高层团队授权，自己充当决策者、协调者的角色。在激励方面：发展组织的能力，相信组织的整体运作能力对企业的长期发展至关重要，因此希望不断提升组织的业务和管理能力。在组织内培养领导型人才：领导的很多时间和精力花费在发现、培养组织未来的领导人，并相信这是领导者的最重要的工作职责。

这种类型的领导适合在大规模、多元化业务的集团企业，往往领导对企业有一定的控制权。他们是从集团中心角度行使战略决策、战略规划、金融控制的职能，因此需要培养、发挥高层管理团队的整体运作能力。

随着集团规模的扩大，魅力型领导的影响力波及范围毕竟有限，波及不到的地方管理漏洞就会引起麻烦，因此魅力型领导需要适时转变管理风格，健全管理机制，向高层团队放权。

无论采取何种类型的领导活动方式，领导活动都是领导者与被领导者关系的动态形式，领导者的指挥、控制和协调，是通过把自己的想法、感受和决策等信息传递给被领导者，并影响被领导者的行为。

现在领导的概念已经改变了，领导不再是高高在上发号施令的人了，而是在员工个人的发展规划和企业保持一致的情况下，努力为员工创造实现个人规划所需要条件的人。这样的领导者的领导力不再是传统的权威，而是威信。

二、领导的效能

1. 领导权力

领导权力是指领导者有目的地影响下属心理与行为的能力。权力是领导的基础，也是领导者发挥领导效能的基本条件。企业各级领导者之所以能够对下级员工施加影响，率领和引导员工为实现企业目标而努力，原因就在于其拥有相应的领导权力。企业内部的领导权力有5种表现形式：

（1）法定权。这是由企业中等级制度所规定的正式权力，它通常因职位而产生，并被企业、法律、传统习惯甚至常识所认可。法定权即职权，其作用基础是职权的权威性。

（2）奖励权。这是给予或取消报酬的权力。领导者对下属人员工资、奖金、提升、表扬等的决定，以及理想工作的安排等都属于奖励权。奖励权建立在利益性遵从的基础上。

（3）强制权。这是一种对下属在精神或物质上进行威胁，强迫其服从的权力。这种权力建立在惧怕惩罚的基础上，实质上是一种惩罚性权力。

（4）表率权（统御权）。这是因领导者的特殊品格、个人魅力而形成的权力，这种权力建立在下属对领导者的感性认同甚至崇拜的基础上。企业领导者公正无私、品格高尚、勇于创新、知人善任、关心下属等，易获得下属的忠诚和依从。一些明星及领袖人物具有这种魅力，他们能影响许多人的行为。

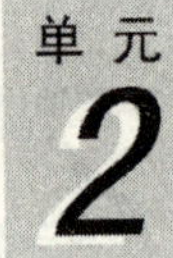

（5）专长权。这是由于具有某种专门知识、技能而获得的权力。这种权力以敬佩和理性崇拜为基础。领导者本人学识渊博、精通本行业务，或具有某一领域的高级专门知识和技能，即获得一定的专长权。

上述各项权力中，法定权、奖励权和强制权主要源于企业组织中的职位，它们是职位和责任结合在一起的制度化的权力。企业各级领导为履行所在职位的职责，就必须拥有相应的权力。当领导者调离所在职位时，其权力也随之解除。因此，这些权力是一种外在性权力。表率权和专长权则是一种与外在性权力截然不同的内在性权力。内在性权力无须外界授予，仅仅来自于领导者本身的素质。内在性权力对权力施受双方均没有强制性的影响力。

无论外在性权力或内在性权力都是领导权力不可缺少的组成部分，其中外在性权力构成领导权力的基础，内在性权力则是提高领导效能的重要方面。一个只拥有外在性领导权力的领导者通常被称为官员；在企业中没有正式职位，但能在群体中行使权力的人，则被称为非正式领导；如一人身兼内在权力和外在权力，则被称之为领导。

2. 领导的作用

领导活动对组织绩效具有决定性影响，具体体现在指挥、激励、协调、沟通四个方面。

（1）指挥作用。有人将领导者比作乐队指挥。乐队指挥的作用是通过演奏家的共同努力形成一种和谐的声调和正确的节奏。在组织的集体活动中，需要头脑清醒、胸怀全局、高瞻远瞩、运筹帷幄的领导者，帮助组织成员认清所处的环境和形势，指明活动的目标和达到目标的途径。领导就是引导、指挥、指导和先导，领导者应该帮助组织成员最大限度地实现组织的目标。领导者不是站在群体的后面去推动群体中的人们，而是站在群体的前列，促使人们前进并鼓舞人们去实现目标。

（2）激励作用。组织是由具有不同需求、欲望和态度的个人所组成，因而组织成员的个人目标与组织目标不可能完全一致。领导的目的就是把组织目标与个人目标结合起来，引导组织成员满腔热情地为实现组织目标做出贡献。领导者为了使组织内的所有人都最大限度地发挥其才能，实现组织的既定目标，就必须关心下属，激励和鼓舞下属的斗志，发掘、充实和加强人们积极进取的动力。

（3）协调作用。在组织实现其既定目标的过程中，人与人之间、部门与部门之间发生各种矛盾冲突及在行动上出现偏离目标的情况是不可避免的。因此，领导者的任务之一就是协调各方面的关系和活动，保证各个方面都朝着既定的目标前进。

（4）沟通作用。领导者是组织的各级首脑和联络者，在信息传递方面发挥着重要作用。领导者是信息的传播者、监听者、发言人和谈判者，在管理的各层次中起到上情下达、下情上述的作用，以保证管理决策和管理活动顺利地进行。

3. 领导的影响方式

在领导活动中，领导者运用权力的目的是对被领导者施加影响，使其心理和行为发生预期的改变。因此，权力是影响的基础，影响则是权力的核心和实施过程。根据权力性质的不同，以权力为基础的影响也分为两类，即外在影响和内在影响。

（1）外在影响。外在影响以领导的外在性权力为基础，对被领导者的影响带有强迫性和不可违抗性。被领导者的心理和行为表现为消极、被动的服从。

外在影响的具体作用方式有以下几种：

1）传统观念的影响。这种影响基于人们在长期的社会生活中形成的传统观念，即承认职位的权威性，认为组织中处于较高地位的人是既定的权威，享有支配他人的当然权力，职位低的人理所当然地应该服从职位高的人。在企业管理中，借助建立在法定权基础上的传统观念的影响，可以使员工对企业领导者产生敬畏感，自动听从其指挥、命令，有助于增强领导者影响的强度。

2）利益满足的影响。人们从事任何活动的目的都是为了获取一定的利益，以满足自身的物质或精神需要。在企业中，当领导者运用奖励权使员工的利益要求在不同程度和内容上得到满足时，可以有效地激发员工的工作动机，形成驱动感，激励他们自觉采取积极的行为方式，提高劳动绩效。

3）恐惧心理的影响。趋利避害是人类的本能之一。当被领导者意识到领导者握有某种惩罚权力，能够使被领导者陷于生理或心理上的痛苦时，便力求迎合领导者的愿望，遵从其旨意，避免受到伤害。建立在惩罚权基础上的影响，使被领导者产生某种恐惧感、强迫感，领导者可以利用这种影响防止员工消极的违抗命令的行为发生。

(2) 内在影响。内在影响建立在领导者内在性权力的基础上，主要着眼于以领导者的良好素质和行为吸引、感化被领导者，通过激发内在动力，对员工心理和行为发生影响。内在影响不带有任何强制、压制性因素，而以潜移默化、自然渐进的方式发生作用。

因此，受到内在影响的员工多以积极、主动、自觉的态度接受领导。具体的影响方式包括以下几种：

1) 理性崇拜的影响。即因领导者个人的品格、能力、知识、专长等因素在企业中赢得稳固的威信或声望，引发被领导者的尊敬、信服、敬佩乃至崇拜感，因而能遵从、接受其领导，甚至以领导者的言行为楷模，加以效仿。在这种方式下，领导者无须发布指示命令或进行说服，即可达到影响的目的，并且能够引起被领导者深层心理活动的变化，产生持久、强大的影响。

2) 感情的影响。感情是联结人与人之间关系的稳固的纽带，也是影响他人心理与行为的有效途径。在企业中，当职工感受到领导者的关心和尊重，并与领导者建立起超越正式组织关系的更为密切的人际关系时，就会产生一种亲密感、知己感，因而从感情上自愿接受、支持其领导。运用感情的力量进行影响，有时可以达到理性力量无法企及的深度。

从以上两方面可以看出，内在影响与外在影响有着完全不同的权力基础和作用方式，因而影响方向和效果也迥然相异。外在影响表现为领导与服从的关系，被领导者仅在无差别圈内被动地受影响。所谓无差别圈，即被领导者忍受和服从命令的界限和范围。在无差别圈内，下级可以不问原因和价值而服从上级的指令，超越这一界限，指令就会失去效力。被动的服从方式和无差别圈的存在使外在影响的效果受到极大限制。

内在影响表现为领导者与被领导者之间的双向沟通过程。被领导者以主动自愿的态度接受影响，并自觉将影响内化于个人的思想和行为之中，从而突破无差别圈的限制，大大扩展了影响的深度和广度。因此，在领导的影响构成中，具有决定意义的是内在影响。内在影响的加强可以弥补外在影响的欠缺和不足，在特定场合甚至可以替代外在影响。因此，明智的企业领导者应特别注意发挥内在影响的作用，通过内在影响与外在影响的合理结合与相互补充，提高领导的影响力。

4. 领导的效果

在企业管理中，领导效果是一个综合性概念，指通过领导活动实现企业预定目标的程度。由于不同企业组织或同一企业不同职位的领导活动内容复杂，形式多样，因而难于用固定、机械的同一标准衡量领导效果的高低。一般而言，一个企业或群体的领导是否有效，可以从以下方面反映出来：

（1）下级的支持。下级员工主动而非被迫地支持领导者，不论这种支持是出自感情还是利益上的考虑。

（2）相互关系。领导与下级员工之间保持密切、和谐的交往关系，并鼓励群体成员之间发展亲密的、相互满意的关系，使企业内部关系处于协调状态。

（3）员工的评价。绝大多数员工都能高度评价所在的企业或群体，并以成为该企业或群体的一员而感到自豪。

（4）激励程度。员工因自身需要获得满足而焕发出较高的工作热情和积极性，个人的潜能得到充分利用。

（5）沟通的效果。领导者与下级员工之间能够及时、顺畅地沟通信息，并以此作为调整领导方式、协调相互关系的依据。

（6）工作效率。在领导者的引导、指挥和率领下，企业的各项资源得到合理配置，生产经营活动得以高效率地进行。

（7）目标的实现。领导活动的效果最终要通过企业的预定目标是否实现，以及实现的程度反映出来，其中既包括经济效益目标，也包括社会效益目标。

三、领导者的素质修炼

1. 正直的品性养成

有些领导人，他们要求用新的头衔、新的职位、一张组织图表，以及一个新的政策，以遏阻不服从的行为。可悲的是，他们永远得不到足够的权威以变得有效。他们舍本求末，他们缺乏权威，因为他们缺少正直。

对于部下来说，领导正直的品性比什么都重要，因为它关系到领导者是否说话算数。一个行政人员在社会环境中成长，由于经历了种种磨难甚至社会的不公正待遇，可以没有钱没有家庭，但不可以没有正直的品性和人格。在企业和团队中，行政人员往往处在仅次于领袖的地位甚或领袖的地位，如果因自己经历过不幸而愤世嫉俗或有某种轻微的人格缺陷，行政人员可以在日常与上下级的工作中，刻意训练自己的心态与性格，比如理性思考，宽以待人，严于律己，凡事多替别人着想，具有公心、克服私欲等。渐渐会纠正自己品格上的偏差，回归到正直可信的品性，这样才会有更多的部下愿意追随自己。

2. 影响力的营造

西方领导学教科书中，有一句名言叫做“领导才能就是影响力。”这说明不论是企业中的领导还是社会其他组织内的领导，领导者的影响力都是至关重要的，它往往是衡量一位领导者人气指数的重要指际。一个拥有影响力的领导者向他的部下发出什么号召，立即就会有许多人群起响应，达到一呼百应的效果，有利于企业上下同心，拧成一股绳，增强凝聚力，使企业员工朝着一个共同的目标奋斗。

领导者影响力的营造可从以下几个方面着手：一是力求作出正确的决策并选择适当的推进方法；二是鼓动推广企业理念或目标时要脚踏实地，不可假大空，丧失民心和追随者；三是运用适度的手段对领导形象进行提升与包装，提高领导人的威望；四是用良好的经营业绩彰显领导者的功勋与业绩，满足人们愿意追随成功者的从众心理；五是设计一些典礼、仪式，强化领导者的权威地位；六是传播领导者的理念，让更高的追随者接受与认同。

3. 让自律成为习惯

行政管理人员作为企业及团队的领导者，应该在日常的经营管理工作中养成自律的习惯。最可怕的是要求部下做到的行为规范而自己却没有做到，当用命令的口吻利用权力向部下发号施令的时候，也许部下为了自己的职位和饭碗会选择默默的服从，但他们从内心是不服气的，久而久之，部下会形成上有政策，下有对策的消极抵抗情绪。

要做到自律一是从自己开始，要求别人做到的自己要先做到；二是从小事做起，包括工作时间安排，工作的程序与秩序等等，都要有条不紊，比如上班时不迟到，开会时不拖延时间，有话则长无话则短，背后不议论其他同事及员工等等；三是训练得越早越及时越好，人们的不良习惯一旦养成，就很难改掉；四是养成自我反省的习惯，每天下班前 10 分钟反省当天自己的行为是否有违背公司制度的地方，如果有就用红色警示笔记录下来，以后不断提醒自己不再犯同类错误，久而久之就会养成自律的良好习惯，成为一名卓越领导。

4. 预见力使领导者具有远见卓识

很多领导人丧失了见识，也因此丧失领导的权力。

(1) 个人拥有见识。见识的焦点必定在领导人身上——有怎样的领导人，就有怎样的下属。追随者找到领导人，然后才是他的见识。领导人找到见识，然后才找到他的下属。

(2) 看你的内在：你感觉到什么。“胡乱吹嘘”通常不是缺乏见识就是想引导别人进入幻想。明确的言语来自天生就有见识的领导人。有见识的人和一个有幻想的人，其间有极大的差异。

(3) 回顾：你学到什么。没有经验的人把见识理想化。对那种人来说，光见识就已足够。这种人天真地将见识投注在他人身上，希望梦想就能发挥作用，未能了解想像还需要支持。有经验的领导人知道人是多变化的，梦想是脆弱的。经验教我们这些关于见识的原则。

1) 见识的可靠由领导人决定。

2) 见识的接受取决于提出来的时机。

3) 见识的价值由它的能量和它的方向决定。

4) 见识的评价由人的奉献水准决定。

5）见识的成功由它的领导人和追随者的所有权决定。

（4）环顾四周：其他人怎么样。对人不耐烦的人，领导能力会有瑕疵。若领导跑在前面太远，就会失去影响的力量。

（5）往前看：企图是什么。这个问题常区别行政管理人员和企业经理。行政管理人员关心组织的基本目的——它为何在此和它应达成什么。

（6）注意旁边：你可以有什么资源。见识的完成，必然是许多人集合大量资源投入工作所得的结果。

5. 领导者活学活用激励术

对群体成员的激励，是提高群体活动效率的根本前提。概括说来，激励作用表现为：一是强化个人动机，从而强化个人行为，使其保持较高的工作效率；二是改变个体行为，使其行为符合领导活动目的；三是提高劳动者素质，使其不断提高思想觉悟，努力增加自己的知识，提高劳动技能；四是密切领导者和被领导者关系，培养团体精神，增强群体内聚力。

激励是调动人们积极性、创造性的一种好方法，作为领导者的一种有目的的领导行为，是有规律可循的。以下介绍七种激励术，供大家参考。

（1）马斯洛的“满足深层需要”激励术。

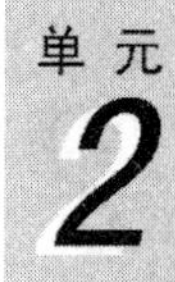

马斯洛提出人类有 5 种基本需要：生理的、安全的、情感的、尊重的和自我实现的需要。

1）生理的需要是维护生存的最基本的需要，包括衣、食、住、行、睡和性的要求等。

2）安全的需要是维护安全，摆脱失业和丧失财产等威胁的要求等。

3）情感的需要可以归纳为归属和社交等。

4）尊重的需要包括自尊和被人尊重。

5）自我实现的需要是一种使人最大限度地发挥自己的潜能并能完成某项工作或某项事业的欲望。许多企业行政管理人员和经理人根据这一理论制定公司分配制度文化、管理方法和以人为本的管理理念，公司总是在设法满足员工的基本需要的同时，满足其情感的、尊重的、自我实现的需求，例如柔性管理、弹性工作制、公司为员工安排生日宴会等。

（2）奥德弗 ERG 激励术。因生存、相互关系、成长三个英语单词的字头 E、R、G 而得名。它是美国耶鲁大学组织行为学教授奥德弗在大量实证研究基础上对马斯洛的需要层次论加以修改而形成的。

奥德弗的 ERG 理论除关于需要的分类外，还包括其他三个基本观点。各个层次的需要受到满足越小，则这种需要越为人们所渴望。如果较高层的需要一再遭受挫折，得不到满足，人们就会重新追求较低层次需要的满足。

（3）赫兹伯格双因激励术。美国犹他大学管理学教授弗雷德利克·赫兹伯格认为，满足需要未必能起到激励作用，要看满足什么样的需要。他在20世纪50年代末提出一种新的"需要层次理论"——双因素论（或"保健——激励论"）。

（4）麦克利兰成就型激励术。美国心理学家麦克利兰提出了成就需要型激励策略。他认为人除了生理需要外，还有三种需要：权力需要、合群需要、成就需要。

1）权力需要。指挥别人和控制别人的愿望。这种人希望支配别人和受到社会的尊重，而极少关心别人的有效行为。

2）合群需要。指追求人与人之间的友谊和密切关系的愿望。合群需要高的人，喜欢合作环境胜过竞争环境，处理冲突时往往倾向于调和折中。

3）成就需要。指一个人完成自己所设置的目标的愿望。成就欲望很高的人，关心成就比关心报酬更重要。

（5）洛克的目标激励术。所谓目标，是指行为的目的或指向物，是与满足一定的需要相联系的客观对象在主观上的超前反映。在组织或企业中，常见的如绩效标准（如产量、质量、定额、任务、期限、预算等）。既有物质或有形的目标，也有技术级别、文化水平等精确或无形的目标。

大量研究表明，从激励的效果或工作行为的结果来看，有目标的任务比没有目标的任务好；有具体目标的任务比空泛的、抽象性目标（如越快越好、越多越好、尽量干好）的任务好；难度较高但又能被执行者接受的目标比没有困难的目标好。换言之，合适的目标，也即具体的、难度较大而又为人们接受的目标所具有的激励作用最大。

当企业行政管理人员运用奖惩手段达到目标时应注意如下几点：

1）必须使组织成员懂得，奖励是随其表现而定的；

2）好的表现如果长期得不到奖励，就会出现劣化趋势；

3）维持激励作用的最有力的强化方式，是所谓"可变比例的强化方式"，即出现一批（而不是一次）好的表现便给予二次奖励，但并不限制一批好表现的数量；

4）当必须惩罚一个人时，不光要责备他，重点在于讲明白错在哪里，怎么改正便可以赢得奖励。

（6）亚当斯公平激励术。美国心理学家亚当斯于1963年前后提出了公平理论。他认为，报酬的多少固然对人的激励大小有关，但人的工作动机不仅受其所得的绝对报酬的影响，而且更重要的受相对报酬的影响，即人们总是进行"投入"与"产出"之比。在比较的时候，如果个人认为"投入"与"产出"相符，就是公平感，从而心情舒畅，努力工作。否则会感到不公平，产生怨气。

（7）信任原则激励术。"信任就是力量"，"信任就是最高的奖赏"。信任是对群体成员价值的一种肯定。人们在受到信任后，便会产生荣誉感，激发责任心，增强责任感。要在下级的心理上建立起一种被信任感，相信上级是信任他们的，为此领导者必须对所有的下级一视同仁，“一碗水端平”，不能有亲疏，有远有近。即使是犯了错误的后进者，也潜在地存在着一种想使自己好起来的愿望。

领导者的信任，就在于利用人们求好向上的心理，加以正确引导，激励他们前进，使下级的积极性能够充分地发挥出来。

6. 领导者在企业中善用 EQ

EQ 即情绪智慧商数，如今已是热门题目了。企业领导学大师都强调企业管理中的 EQ 运用，因为无论在团队合作或提高效率上，EQ 都在扮演着越来越重要的角色。

EQ 不仅可以帮助领导者掌握同事、部下或客户的情绪，同时也可以更进一步地平衡并协调自身的情绪。

一个领导者首先要提升自己的 EQ，这样才能提升一个集体的 EQ，从而使企业或公司得以蓬勃发展，取得更大的业绩。

此外，学习并提升 EQ 可帮助我们掌握同事或客户的情绪，发生争议时能妥善处理，避免恶化，工作时较容易进入松弛状态等。领导不等于压制，而是说服别人共同为一个目标努力的。在谈到个人事业的管理或企划时，最重要的是认清自己对目前工作的真正感受，以及如何让自己对工作更满意。领导者该如何运用 EQ 进行企业管理呢？

（1）利用批评训练部下的行为。一个领导者一定是一个善于用 EQ 而对部下进行批评教育的，员工的工作效率、心理满意度、生产力等都与上司对棘手问题的处理方式有关。

（2）运用宽容的领导者态度打消部下的顾虑。适度的宽容是领导者必须具备的素质。这一切在显示企业必须培养更宽容的文化，即使个人的偏见无法完全消除。

（3）尽可能避免错误的激情。对事的不满往往变为对人的攻击，甚至加上厌恶、讥讽、轻蔑的成分，所引发的反应同样也是自我防卫、逃避责任及冷战，或者因自觉受到不公平待遇而发动消极的抵抗。从 EQ 的角度来看，批评者如果丝毫不顾及听者的感受，那么，这种批评必然会对听者今后工作产生重大的杀伤力。

（4）提出具体的批评，以理服人，以情动人。尽可能批评时对事不对人，要当面提出不可背后批评，要体谅被批评者，要指出正确的方法，让受批评者从中受益。

（5）要摈弃偏见。偏见是一种后天易得的情感，但因早年即已慢慢形成，即使长大后觉得不应该也很难完全根除。另外人们心中自有一套刻板印象支撑他们的偏见，而刻板印象的形成又源自不自觉的思考习惯。

（6）将影响团体 IQ。杜拉克表示，在企业界团体合作由来已久，知识工作的特点是“工作单位是团队而非个人的总和”。这也是为什么在明日的企业界，保持人际和谐 IQ 将日益成为企业资产。

任何具有合作关系的团体可以说都有一个团体 IQ，亦即所有成员才华与技术的总和，IQ 的高低决定团体表现。但影响团体 IQ 高低的主要因素并不是成员的平均智力，而是其EQ，亦即成员的人际和谐程度。

7. 领导者应养成科学而果断的决策习惯

决策是任何一位企业领导或其他组织领导必须面临的课题，一个行政管理人员的职位越高，其决策的影响面、覆盖面以及对企业或组织所产生的作用就越大。决策是否理性、是否科学、是否果断，对企业和组织来说，既意味着工作效率，又意味着企业和组织的发展与倒退，兴盛与衰亡。

科学、理性、果断的决策一般离不开以下几个要素：

(1) 主要决策者领导者具有全面眼光，善于抓主要矛盾，谨慎地考虑决策的前因与后果才做出决断；

(2) 决策者具有系统思考的能力与习惯，在决策出笼之前考虑得比较深刻全面，能够排除一些看似有利的决策信息干扰，做出正确的决策；

(3) 决策者掌握了充分的决策知识和决策技术；

(4) 决策者的经营或管理思想导向正确，没有不良倾向，不急功近利，不好大喜功，不投机取巧；

(5) 决策者不受情绪及环境干扰，能够理智地透过现象看本质并能控制好自己的情绪，避免在动荡、激愤的心境和情绪化的环境中做出错误的决策；

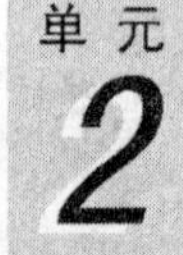

(6) 决策者广泛征求意见，采取民主决策程序，有效地避免“拍脑袋”盲目决策为企业带来灾难性风险。

其实，对于多数领导者来说，他们具备一些决策者所必须具备的要素，但大多掌握两三种要素而不全面，所以决策失误不断。一个卓越的领导者应该在日常的企业经营管理实践中，刻意地培养和提高自己的决策能力与水平，学会自我反省，尤其是当错误的决策给自己带来困难和给企业带来灾难之后更应该好好反省。

8. 领导者的用人艺术

对于一个企业行政管理人员而言，与其他社会组织一样，地位越高，权力越大；权力越大，其工作越不具体，因为上层领导只管宏观的战略；权力越小，其工作越具体而繁杂，因为基层领导者必须天天忙于做事。从这个意义上说，一个善于知才、识才、培才、用才的领导才是一个合格的领导。如果说一些企业高层领导也天天忙着做事的话，那他一定是为发现和有效使用人才而忙碌，而绝不是把自己埋在日常的经营管理事务之中。世界上著名的企业家，被称为“经营之神”的松下幸之助和世界著名经理人，被称为“世界第一CEO”的杰克·韦尔奇都是善于发现人才和使用人才的企业领袖。那么，领导者该如何训练自己的识才、用才本领呢?

(1) 要练就一双识才的慧眼。有的人才比较容易发现和辨别，而有的人才则如同埋在土中的金子，有时候需要领导者具备发现的眼力，领导者要利用开会、听取汇报、商务谈判、培训、视察工作等机会，亲眼去寻找和发现人才。

(2) 要练就一双灵敏的耳朵。一般情况下，高层领导很少有机会从基层遇到并亲自发现人才，而是依赖下级组织、个人或企业外部社会组织或个人引荐，这就要求领导者必须善于倾听，倾听推荐者的建议，同时也倾听旁观者的意见，广泛征求意见、多角度、立体地了解一个人之后，放在一个合适的位置上，这样才会最大限度地发挥人才的作用。当然，在所有的人才举荐形式中，领导者也不拒绝人才的自我推荐。领导者若有偏听偏信的不良习惯，最好通过自醒和多听多交流来改掉这种毛病，以免在用人方面酿成大错。

(3) 要练就一颗公平之心。许多领导者之所以任人唯亲，是因为这些领导者骨子里头充满着自私的理念。而有些领导者能够任人唯贤，哪怕是自己讨厌的人，只要他有才能，能够为企业创造良好或较好业绩，领导者就应该培训、提拔他们，让他们有用武之地，给他们施展才华的机会。这样，才能给自己的部下创造一个良好的、公平竞争的人才环境，否则，任人唯亲只能给自己培养一批拍马屁的高手，并且给企业带来一股腐败的歪风，影响其他层级领导及员工的积极性。

(4) 为人才成长创造一个良好的环境。如果领导者自身具有良好的、正确的企业文化导向和人才观念，就会设法为部下创造一个良好的人才成长环境。让肯干的人会干，让能干的人得以重用，让能者多劳，让劳者多得。

9. 领导者的授权技巧

一个优秀的行政管理人员都善于放权与授权。领导者要给自己的部下创造尽可能多的机会，给他们足够的权力去经营管理企业，不要束手束脚，只要用权出于工作上的公心而非为自己牟私利，这种权力用得越充分越好。有个别领导者名义上为了保护年轻的属下怕他们犯错误，而事实上是不想让部下拥有实权而担心自己手中的权力被削弱或被剥夺。通过日常工作的经验积累，领导者应该练就以下授权原则：

(1) 恰如其分地授权。根据人才的能力和工作的需要授予部下充分的权力。

(2) 适时、适当地授权。选择适当的时机授权，能够产生事半功倍的效果。

(3) 权责一体的授权。当把权力交给部下的同时，把责任和压力一起交给了部下。

(4) 集权是暂时策略，分权是长远战略。权力必须纵向或横向分割才能保持企业具有长久的生命力，企业仅仅在非常时期才需要高度集权，这一时期往往是企业的转折或过渡期。

(5) 权力是有效的指挥，不是利益的私分。权为企业所用，权力下移是因为企业的经营管理决策和市场竞争环境的需要，绝不是私人分割利益的借口。

(6) 所有的权力均应受约束和监督。如果仅有授权而没有监督制约，权力将成为脱缰的野马，不仅害了企业，而且殃及授权者本人。

10. 成为协调与沟通高手

行政管理人员的影响力和号召力往往是有限的，企业组织和军队中的严密组织不同，军队的领导者的命令具有不容置疑的强制性，而企业行政管理人员的指令是否被部下所接受，有时候在于指令本身的合理性、迫切性，有时候还必须依赖行政管理人员的协调与沟通能力。这一点，不论企业组织结构有多少层级，也不论企业有多少部门或多少项业务，行政管理人员的沟通与协调能力决定着自己的团队或企业的效率与效益。这就要求企业行政管理人员成为协调与沟通高手。一个善于协调与沟通的行政人员，要为自己的企业或团队设法营造一个宽松而和睦的工作氛围，当上级的指令贯彻落实过程中遇到障碍时，不轻易地采取打和罚，而是协调与沟通，释然与化解，通过协调把阻力消除，把关系理顺，甚至把执行者的心情整理好，就一通百通，一顺百顺，让自己的部下和团队朝着企业的目标前进，尽快达到理想的彼岸。

四、卓越领导力

真正的领导者是拥有权力、掌握权力的人，但并不是每一个拥有权力、掌握权力的人都能成为真正的领导者。那么要想成为具有卓越领导力的真正领导者，需要注意按要求做到下列几方面：

1. 出主意

具体来讲，就是要为集体和组织选择明确和实际的方向，同时还要确定达到目标的实施战略。对公司而言，就是要为公司设立远景目标，要做到这一点就必须具有眼光。

2. 用干部

不仅要用，更重要的是要善于用、要会用。优秀领导必须选择赞成、支持、坚信他们确定的方向而且能够促进目标实现的团队和员工。优秀领导人深知他们所能行使的权力只能到某个程度，除非他们想办法促使人们甘愿去做最大限度的贡献，否则便算不上实行领导。

3. 严格要求

领导者对于自己的工作和下属要有严格的要求。发挥领导力的方法，最重要的就是在工作方面严格督促，具体而言，是给每一位下属明确的指示目标，严格要求他努力完成该目标。同时必须对工作的品质或浪费、损失等实施严格的查核。

4. 为下属和员工创造条件，赋予他们权力、鼓励他们实干

优秀的领导人都高度重视员工能力的建设和培养。同时，培训应与工作成就而不是与理论相联系，保证学习是在解决实际问题中进行的，采取有计划的、以工作岗位上的经验为基础的学习过程。

5. 逆流而上，从不在困难面前低头，勇敢面对挑战

很多人在顺境中可能会领导得很好，但在困难时期，却束手无策。的确，困难时期，士气低落，员工看不到希望。这个时候更需要领导人站出来为他们指明方向，激励大家的士气，这必须首先是领导者要有勇气面对新的挑战。成功的领导人都知道，挑战

才是领导者成长的关键。懂得如何应对挑战、如何克服困难、如何在挑战中成长，这是领导者与一般员工的重要区别，有时候，这比懂得如何激励别人更能体现一个领导者的能力。

当今世界，无时无刻不在面对着剧烈的变革。要想成功发起变革，必须面对三种挑战：一是是否有时间；二是是否能得到帮助；三是发起变革人的动机是否真诚。任何领导者都会面临这些挑战。成功的领导人与不成功的领导人的区别就在于：成功的领导人很好地去理解了挑战的各个方面，并能有效地应对这些挑战，把挑战当做动力去推动变革。面对挑战而伤心、失望、恐惧，都是人们面对困难时的自然反应，把挑战当作动力不是一件容易的事。

6. 成功的领导人应懂得如何去融合不同的文化

创新者经常成为其他人的敌人。人们很容易对自己创新的想法产生热情，认为自己在用一种不同以往的方法做事，但是，如果不能与团队内的伙伴建立密切的关系，不能让整个组织都了解自己，就容易被孤立。创新者容易产生一种被围困的感觉，认为大众反对自己，认为自己是变革的拥护者而其他人都是反对者。许多组织中发生过如同宗教战争一样的纷争，一些领导人漠视这种纷争，相信创新成果能够证明自己的优秀；另一些领导认为自己才是正确的，而其他人都是愚蠢的。

当然也有一些领导比其他人更能适应这些挑战。有一位曾长期领导多个创新型团队的领导人曾经说过："作为一个创新型团队的领导，我的任务是必须同时生存在两种文化中，一种是创新、学习的文化，这是我认同的文化；但我也要适应更大范围的非学习与创新的文化。我要了解哪些人与自己思维不同，哪些人不理解我的想法，他们还用数字来评价我的业绩。我必须使用他们的语言来与他们沟通。"

第五节　创新能力

一、创新能力的特征

衡量一个行政人员是否优秀，很大程度上取决于其创新能力的高低。一个行政人员可能具有很高的创新能力，但对于一支具有合作与创新能力的行政人员队伍来说，培训和塑造就显得尤为重要，也是必经之路。行政人员必须从观念、技术、素质等方面加强训练，重塑自我，否则就会被时代淘汰。具有创新能力的行政人员，其创新能力应具有如下特征。

1. 自觉性

行政人员要有创新的自觉意识，以创新为目标，以创新为欢乐，以创新为动力。

2. 广泛性

创新创造了新的资源，内容广泛，包括技术、制度、产品、市场和方法等各个方面，所以行政人员要有宽阔的创新视野和创新的切入意识。同时根据心理学和行为学的研究，人们发现知识的形成和创新能力的提高也恰恰得益于知识的广泛以及知识间的相互作用。

3. 应用性

行政人员在理论创新的基础上，应着眼于创新能力的转化，要把理论与实践相结合，特别要注重应用与开发方面的创新。

4. 知识性

创新要讲价值，知识经济时代最具前途的企业是知识创造型企业。行政人员要打造出知识创造型企业，就是要在企业中形成自由平等、轻松活泼的创造性氛围，使企业创新力迸发出来。创新型行政人员只有成为员工的亲密盟友，企业才有生命力。

二、创新能力的基本要求

1. 良好的记忆力

任何创造都不可能凭空产生，人的创造力是建立在人脑中已储存的知识、经验的基础之上的，行政人员的创造力，就是对记忆提供的已有知识进行加工、联结、融会、创新。

2. 敏锐的观察力

行政人员的创造活动是为了解决实践中的问题且探索其规律和方法的，只有通过对现象的仔细观察才能获得第一手资料，经过认真思考，才能发现问题，找到解决问题的方法。特别是在变化多端的竞争环境中，常常会出现许多意想不到的情况和机会。只有具备敏锐的观察力，才能及时地、准确地捕捉到机遇，甚至对微不足道的偶然事件，也能迅速作出反应，取得意外成效。

3. 丰富的想像力

创造性想像不是对现成形象的描述，而是根据一定的目的和任务对已有的表象进行选择、加工和改组而产生新形象的过程。例如，行政人员在行动之前，已经先在头脑中构成的行动结果的“蓝图”；在改革之前，已在头脑中构成的将要创造的新事物的形象，这些都是创造性的想像。创造性想像的特征在于新颖、新奇、独创。

为使创造性想象力得到充分发挥，首先要有积极的思维状态，具有明确的目的性，是创造性的方向和动力；为了培养丰富的想象力，行政人员还应不断积累知识和经验，善于在头脑中形成和保持丰富多彩的记忆表象。

4. 严谨的抽象力

行政人员需要在总体上把握发展时机、发展方向，善于发现主要矛盾、关键因素和问题的要害所在，这样才能拟定创造性行动的方案，并有效地组织实施，而事物的发展方向、主要矛盾和关键因素则需要通过科学的抽象才能发现。一个没有抽象思维习惯和能力的人，对全局就不得要领，发现不了关键，习惯于处理具体事物，批条子发指示，终日辛苦忙碌，也就没有什么新点子、新创见，那么他至多只能做一个辛辛苦苦的事务主义者。

5. 高超的直觉力

要重视自己的直觉感。平时，一旦直觉预感来潮，不管大小，都要把它记录下来，并用以后发生的事实来检验是否正确。从正确的直觉预感中，可以获得经验；从错误的直觉预感中，可以吸取教训。通过这个“预感来潮—记录—检验—总结”的过程，就可逐步提高直觉能力。

要熟悉与本行业业务有关的知识、信息的情况，积累与本行业有关的实践经验。直觉预感与直觉判断，既不是幻想，也不是神机妙算，它的产生必须以基本知识与事实为基础。

要在直觉预感和直觉判断中剔除个人内心深处的愿望和感情，以便尽量减少判断的误差。

6. 轻松的幽默感

企业经营、市场竞争，是“真枪实弹”的火拼，然而具有幽默感的行政人员，同样把幽默带进企业经营领域，把幽默感渗透到经营艺术中去，从而创造出幽默的经营艺术风格。

7. 娴熟的操作力

（1）发现创造课题。行政人员亲自动手搞调查研究，了解的材料更直接、更真实、更利于了解员工的呼声和要求，更容易发现需要解决的最敏感、最迫切的问题。一个高高在上的行政人员，不了解实际、不接触群众，他了解的情况往往是不真实的，做出的决策往往是脱离实际的。

（2）探索。在改革中，行政人员会遇到大量新问题，需要不断探索新问题的解决方法。行政人员如果亲自动手抓一两个典型进行试点、蹲点，从中探索、总结出经验；然后在面上推广，这会大大提高成功率，减少失误。

（3）检验。创造的新方法，作出的新决策是否正确，要经过实践检验。行政人员如果亲自指挥决策实施，就可以及时发现实施过程中出现的问题，或是通过协调各种关系，或是修正原来的计划，使实施中的问题迅速得到解决，保证决策目标的实现。

8. 准确的评价力

评价是创造性的重要环节。为了解决新问题，可能设想出许多新方案、新方法、新措施，这就需要对这些方案、方法、措施进行评估选优。优秀的行政人员往往具有很高的评价能力，敢于决断，善于决断。

三、创新能力的训练

行政人员创新能力训练不仅在实践上是卓有成效的，在理论上也是可行的。根据创造学的基本原理，人人都有创新能力，人的创新能力不是天生的，它可以通过教育、训练而得到提高。

1. 从生理角度看

神经生理学家认为，一般人的大脑潜力仅利用了4%～5%，少数创新者利用了10%左右。如果左右脑同时得到协调开发，那么创新能力就能得到开发。

2. 从心理角度看

许多人的创新能力之所以没有释放出来，是因为存在着严重的心理障碍，特别是因缺乏自信心而不相信自己有创新能力。创新能力中的非智力因素特别是心理素质，也可以通过自我和外界力量得到提高。有研究结果表明，学完创新方面课程的学生与没有学过的学生相比，前者在自信心、主动性以及指挥能力方面都有大幅度的提高。

3. 从教育心理学角度看

作为创新能力训练的对象——行政人员，大多属于成人年龄范畴，他们的学习又有不同于在校学生的学习特点。教育心理学家认识到了正规教育理论的局限性，于是开发了成人学习理论。成人学习理论认为，成人受到内部和外部的激励而带着一定的问题去参与学习。成人已有一定的知识储备，形成了自己的知识结构，而且具有相当丰富的工作经验，这就使得他们能够把理论与实践在高层次上结合起来，一般善于灵活运用理论，强调知识的可操作性和实践性。同时他们也具有一定的人生阅历，对人和事形成了相对固定的思考模式和见解，这就使得对成人的训练并非易事，需要采用多种形式和方法实现最终目的。一旦行政人员掌握了创新的方法、技巧，提升了创新素质，他们就会在应用层次上实现最优化，达到效益的最大化。

从上述三点分析可以看出，创新能力的训练不仅是必要的，而且具有可操作性，正确的训练方法能够实现训练的目的。

四、创新活动的特点、层次

1. 创新的基本特点

创新具有持续动态性特征。创新、技术、知识一般都会在长时间内发展，要持续动态创新，就要掌握创新的一些特点。

（1）概率性。概率性指创新被应用于市场的概率。创新涉及在社会系统首次实际使用的问题，而一些重要的创新往往是在人们没有预料到的市场中首次使用的。据研究显示，一个项目若要获得商业成功，基础或前期应用研究项目成功的可能性一般为1%；后期应用研究项目和前期开发项目成功的可能性分别是5%和20%；后期开发项目成功的可能性是 90%。考虑创新运用概率性，可以节省长期开发费用。

(2) 复杂性和保密性。多数创新都需要由多个有经验的人共同完成，而最富有创新性的组织一般都以专题的方式开展工作并将不同领域的专家召集在一起进行短期、密集的交流和封闭式沟通。其需要的技术是高新的，其组织是复杂的、保密的。

(3) 需求性。创新必须有目的、有需求。研究表明，大约有 70%的重大创新是由已被认识到的市场需求驱动的，而不是一个新概念、技巧或技术出现以后反过来再寻找需求。思科公司认为，他们从来不生产自己想出来的东西，只生产客户需要的东西。

(4) 执著性。只有执著追求，才能有效创新。创新是持续动态的、自觉的、全心全意投入的。创新需要执著于创新的人或创新斗士。

(5) 多变性和不平衡性。创新多变性表现为急进、倒退和不可预见的延迟等现象，并夹杂着随机相互作用，从而导致创新发展的不平衡性。

2. 创新的层次

最常见的创新活动按其层次及有关组织和软件方法，可以分为以下几个方面：

(1) 简单解决方案。简单解决方案是应用熟知的原理，用一个独特的方案解决一个新的问题，是最低层次的创新。

(2) 系统解决方案。有的项目要求采取跨功能部门或者全面质量控制式的团队方案，通过工作计划和界面的规定再加上系统软件来协调，即系统解决方案。

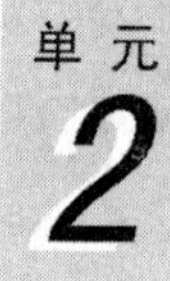

(3) 发明性解决方案。此方案超出了现有学科的既定范围，这种解决方案通常要动员相关的个人和团队参与，主要靠科学规划、系统要求和可选择的软件测试来管理。

(4) 激进创新。此类创新推翻了过去的模式，迫使重新评价旧规则，要求那些与系统有关者改变行为。他们一般要独立合作，靠科学规则、软件模型和系统限制来管理。

(5) 全新现象。创新不是仅仅对现有团队或企业现状做革命性变革，而是创造出一整套全新的规则和角色，在生产执行上产生全新的联结方式，它主要涉及独立合作，靠分类的定义、界面规则、网络和模型软件管理。

3. 行政人员的创新原则

(1) 创新必须从仔细而透彻地思考和分析创新机会做起；

(2) 创新要从多方面了解各种信息；

(3) 创新的实现机理要简单；

(4) 创新需要做一些具体的事，必须从一些细微之处入手；

(5) 创新要以建立领先地位为目标；

(6) 创新要坚持人性化导向；

(7) 创新要坚持各种力量集中于一个目标；

(8) 创新中应该避免轻易否定的倾向。

第六节 参谋能力

参谋工作的开展，是当前社会经济发展，社会现象日趋复杂，社会变化日新月异的必然需要。

参谋工作是行政人员工作努力提高科学化水平和效能的需要，是行政人员提高决策效率质量的需要，是行政机关更好地服务社会的需要，是企业迎接挑战，谋求发展的需要。

参谋工作还是行政部门职能自我完善的需要。各企业行政部门的实践也说明，做好参谋工作，是行政人员工作有所突破的关键所在。参谋工作的突出地位，不是人为地推上去的，而是行政部门的特殊地位与任务所决定的。

一、参谋作用

行政部门的参谋工作具有其他工作无法替代的作用。

1. 对领导思想具有充实完善的作用

领导虽然高瞻远瞩，但是社会发展，信息爆炸，领导个人接受的信息必然有限，再加之通常领导人的年岁一般偏大，接受新事物的速度和效率有限。这时候行政人员的新鲜思想、观点、认识，通过参谋工作与领导思想融为一体，就会对领导者的思想有所帮助。

2. 对领导决策具有辅助取舍的作用

领导决策往往是宏观的、战略性的、方向性的，但是仅有这些大方向是不够的。还必须有更详细的信息来加以充实。这时行政人员的参谋工作往往体现在工作建议、预案等若干方面。提出参谋意见，有利于领导决策的最终形成。就一个问题提出几个参谋意见，有助于领导决策的优选；提出决策方案的优选意见，有助于领导决策的确定。

3. 对领导工作具有提醒的作用

“智者千虑必有一失”，领导决策也可能存在问题。此时行政人员应当主动考虑并提出那些领导者暂时没有想到而需要提出的问题，并且应当每天报送给领导者经过精选的有用信息，这些都能提醒领导者注意某种倾向、解决某一问题，或提醒领导者避免某些失误，促使领导者不断校正工作的运行轨迹。

参谋工作的这三种作用，有时是独立发挥，更多的时候是同时发挥。参谋工作作用的大小，取决于问题的难易程度、解决办法的优劣、提供方式时机是否得当。

二、参谋思维

专家认为参谋思维具有下面三大特色：

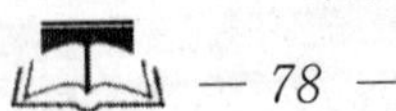

1. 多样性

参谋思维方式的多样性是指参谋思维不能固守某一种方式或某一领域，应该由单一走向多向、多方位、多层次、多领域地进行谋略思维的特性。在社会交往还不是很密切的时代，谋略思维仅仅局限于政治，或外交，或军事等几个有限的领域，运用的技巧也非常有限。随着世界范围内的开放，企业各集团之间的往来十分频繁，而且频繁到一旦失去这种交往、失去与其他集团的联系——这联系也是多方位的，包括政治的、外交的、经济的、文化的、民间的、科技的、劳动力的等——某个集团就难以发展，甚至难以生存。在集团内部，其各个构成部分或要素之间的联系，以及人与人之间的联系，也变得越来越重要了。为此，要求根据不同的对象、不同时间、不同地点，采用具体的参谋思维，把参谋思维应用于日常行为之中。

2. 开放性

参谋思维的开放性是指参谋思维善于接收外界信息，时刻同外界保持联系，以一种开放的心态、公开化的方式进行，而不是封闭思维、闭门造车，或是以隐蔽的方式在背后施计。

人的思维往往可能是有局限的，这种局限是由于参谋者所处的环境的限制或者是由于参谋者能力不够，但是作为好的参谋，势必要求参谋思维具有多样性，为了实现这一点就必须弥补种种局限，就必须做到开放性。只有开放才能兼收并蓄，才能取长补短，才能考虑周全，才能策划周密，才可能真正发挥参谋思维的参谋作用。

参谋思维的开放性同公开性也有联系。过去，人们常常认为谋略就是阴谋，就是欺诈，以欺骗的手法骗取他人的信任和财物，诱导他人走进自己设计的圈套等，这种看法是对参谋思维的误解。参谋思维的开放性，不仅在于思维主体使自己的思维处于开放状态，与外界的情况互动，还在于不同思维主体之间以公开化的方式进行较量。如谈判双方，面对面在同一张谈判桌上斗智斗勇，谈判的结果是双方认可的。而欺诈是单方面的我行我素、施以诡计，对被骗方根本没有公开性可言。

所以，开放性，既是谋略思维的特性，又能为谋略思维洗去冤名。

3. 动态性

谋略思维的动态性，是指谋略思维具有根据事物的发展变化，不断地调整思维程序，思维方向，思维计谋的特性。随着时代的变动性加剧，社会实践的步伐加快，谋略思维的动态性越来越重要。

谋略思维的动态性源于事物生生不息的发展。谋略思维主体在发展、变化，包括其思想、知识、经验、思维能力；社会的各个部门在发展变化，如经济、政治、军事、教育等。因此，面对复杂多变的现实，谋略思维必须动态地反映，并依实际情况调整或更换谋略思维的具体形式。否则，思维就会落后于时代，就会偏离实践，从而导致思维活动和实际工作的失败。

三、参谋要领

1. 重在调查研究

在参谋工作中，调查研究的目的在于掌握信息，先人所知。信息是谋略的基础，谋略以信息为根据。因此，事关谋略的调查研究应是高层次、高水平的，特别讲究深入实际的调查研究。它要求调研讲究实效出成果；应从宏观、政策、对策上想全局，议大事，求上策，使自己的谋略进入领导的决策圈。

2. 善于分析形势

谋略依大局而定，据大势而发。分析客观形势，把握事物发展的趋势，增强预见性，是做好参谋工作的重要一环。对形势不甚了解，对趋势盲无所知，就难以设计定谋，硬闭门造车，只能制造一些空对空的“臭弹”。因此，“要审大小而图之，衡彼己而施之，酌缓急而布之”。数有虚实，形有真假，势有明暗，水无常形，物无恒势，一切客观事物都在变化之中，不能用形而上学的眼光看形势，要用发展的眼光认识形势。因有主次，果有大小，因果相连，相依相存，互为条件，相互转化，要用对立统一的观点看待形势，要用系统、联系、层次的观点分析趋势。

3. 加强组织领导

行政部门聚集了一大批政策性强、素质高的优秀人才，这是行政部门的人才优势。行政部门直接为领导机关服务，经常接触各级领导，有相当一部分行政人员直接为领导者服务，这是行政部门的工作优势。在参谋工作中，要认识和注意发挥这些优势。要利用良好的组织形式，广开言路，集思广益，运用办公室的集体智慧，提高参谋的整体效用。比如，一些办公室开展议政会、“形势分析会”的活动，编发参谋性刊物，都收到了显著的效果。参谋工作弹性较大，尤其在这项工作开创之初，更需要制度做保证。为了完善参谋活动，也很需要建立健全有关的参谋活动安排、组织工作要求、成果评审、奖励等制度，促使参谋工作逐步走向经常化、规范化、制度化的轨道，进而实现科学化。

4. 学会谋略比较

根据需要与可能、目标与信息，拟个方案并不难。难的是拟订几套方案，并掌握不同方案的比较方法，从比较中找出优劣，加以论证，向领导者提出更为可靠的参谋意见与依据。有经验的参谋人员，遇事常思考多种可能，准备好方案。参谋方案应多且好，当然要多得适当，好得可取。利害相依是普遍规律，再好的方案，也必然杂以利害，不可能完美无缺。利有大小，害有轻重，需全面考虑，详加探查，仔细比较，认真权衡。其标准是：“两利相交从其重，两害相交趁其轻，利害相交取其利”。有利无害者最佳，利大害小者可用，利小害大者必舍。不同方案，孰优孰劣，不能妄加评说，要靠计算分析取得根据。因此，设计和比较方案，要多做定性分析与定量分析，做到多算于前，少失于后。

5. 掌握参谋时机

信息科学证明，信息接受者对某一信息最需要时吸收它的可能性最大。一般来说，某一问题迫在眉睫，或决策者正在考虑这一问题，或这个问题解决的条件已经基本成熟，这时出谋献策就容易引起重视。参谋工作的这种规律性要求提供参谋意见，要把握好时机，做到言当其时，不失良机。所谓“机”，通常是指人们对事物所呈现的某种特殊状态的认识和利用。在参谋活动中，如能有效地察机、识机、握机、用机，会以较少的劳动获得较大的参谋成果。如对“机”熟视无睹，麻木不仁，或不懂用机，就会丧失良机，前功尽弃。高明的参谋人员，总是无机时寻机，弱机时强机，有机时乘机，见机时借机。参谋人员不可忘记：机不可失，时不再来，要及时谋划，相机参谋。

四、参谋实务

1. 起草文稿中的参谋作用

这包括建议、意见、预案、方案等。建议指围绕领导工作和所要解决的问题，提出各种工作建议，如工作安排建议、解决某一问题的建议、推广某一经验的建议等。意见：针对实践中亟待解决的问题所提出的参谋意见，如关于纠正不正之风的意见、关于加快农村致富步伐的意见、有关下级请示的批复意见等。预案指为落实某项工作或贯彻领导者的意见而提出的实施办法，如会议组织预案，解决突发性事件的预案等。方案指根据客观要求和实际情况经周密研究后提出的工作路子，如改革方案、调研方案、机构调整方案等。

2. 调查研究和信息工作中的参谋作用

行政人员的调查工作不是随意的，被动的，而是要围绕领导关注的重大问题，主动地、有针对性地调查收集情况。比如，企业重大决策出台前，要深入基层，搞好调查研究，为领导提供一些带有苗头性、倾向性的新情况、新问题。政策出台后，要及时检查政策、信息的落实情况，以及采取的具体措施和出现的新情况、新问题。调查加工处理信息时，要注意从个别到一般、从微观到宏观，发现和揭示它们的内在联系和普遍规律。从苗头性信息中发现倾向性问题。一些重大情况和事件发生前，一般都有先兆，一些苗头性信息非常有价值。因此，行政人员要提高敏锐性，主动去发现和捕捉苗头性信息，通过调查研究，开发反映事物发展的倾向性信息。不仅要反映已经发生或正在发生的事情，而且还要注意发现、预测将要发生的事情。同时行政人员还要加强信息调研，抓住主要信息线索开展调研，实现信息的增值。抓住主要信息线索开展调研，提出具有较强的指导性和可操作性的对策意见和建议，总结经验，形成有情况、有分析、有建议的调研报告，使信息在连续开发中不断地发挥作用。

3. 核稿把关中的参谋作用

文稿是否符合政策、法律，办法是否切实可行，文件应不应当发，以什么方式发都是值得行政人员把关参谋的。

4. 会务工作中的参谋作用

会前应当做好会议计划，是开正式的还是非正式的会议。会议的目的，与会者有哪些，召开会议的最佳时间，会议所需开销，会议的主旨，会议议程及议案，会议参加人数，会场布置，嘉宾和讲话者的座位及次序安排。

5. 公务活动中的参谋作用

公务活动有两个特点：一是多而且频繁，单位越大，事业越发展，领导的这类活动就越多；二是活动的组织者倾向于请领导越多越好，领导的级别越高越好。结果是使得领导人忙于应付，把时间都浪费在不必要的应酬中，缺少时间来考虑单位、企业的发展。这时候行政人员就应当发挥作用了，原则主要是学会“弹钢琴”，分清重要活动和次要活动。对于次要的无益的活动要适当地堵和压，能减则减，能免则免；重要的有益的则参加。还要注意均衡原则，让不同级别的领导都能参加。

6. 查办、督办、催办中的参谋作用

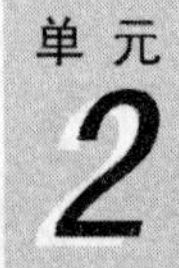

这几项工作中，行政人员的参谋作用主要体现在提供不同策略方法，更好地完成任务。

7. 协调工作中的参谋作用

协调中的参谋作用体现在如何帮助领导出谋划策，争取上级领导的支持和信任。这就要求行政人员在平时的工作中要多注意领会、理解领导意图，力图在思想观点和工作步调等方面与领导保持一致，从而取得领导的信任。在协调各单位关系中要帮助领导和相关部门了解下情，符合政策，预测后果，提出各种合理化建议和意见，并采用恰当的方法。同时，在协调工作的时机方面也要向领导提出好的建议。在协调工作中，能否捕捉有利的时机非常重要。时机掌握得好，协调起来势如破竹，反之，往往事倍而功半。在协调人的选择上，应尽量挑选领导较为欣赏的人去做，以收到较好地效果。对下协调时，要学会顺水推舟。

8. 领导思想方面的参谋作用

帮助领导领会最新的国家政策、法规，提供新的业界动态，当好领导的“充电器”。

9. 领导日常生活中的参谋作用

比如帮助领导解决生活，饮食方面的问题，配置合理的营养午餐，提示领导新的休息、放松建议，使领导可以更好地投入工作。

第七节　办事能力

一、工作汇报

汇报指的是下级向上级领导或监督的群众汇报一定期限内的工作总结。作为企业行政部门的职能代表，汇报是行政人员检查自己工作的重要方式。通过汇报，企业行政部门不仅将本部门的工作与上级保持紧密的联系，而且也通过亲身的交流，拉近了与领导之间的关系。

1. 端正态度

每个人汇报时都是抱着特定的目的，只是有的行政人员从汇报内容本身出发，专心致志地汇报，而有些行政人员却常常想到汇报之外的事情，比如升官、发财。这些不正确的汇报态度常常有以下几种：

（1）怕汇报好了，评上先进，当上典型，树大招风。

（2）汇报时报喜不报忧。只挑自己部门的好话和成绩说，却缄口不提本部门的不足和问题。

（3）汇报的时候，假装平庸，粉饰太平。领导在听取汇报的时候，希望从中多了解一些新鲜的信息，来帮助自己的决策。有的人却生怕哪个陌生的环节出了毛病，被领导责备，所以就因循守旧，把平庸当成大功。

（4）求官心切。为了突出成绩，临时选编汇报的材料等。对待汇报，应该有高度的责任心和集体荣誉感，要从事业、大局出发，坚持实事求是的态度，有一说一，有二说二，有成绩就讲成绩，有问题就摆问题，不歪曲事实，不矫饰问题。这才是应该有的正确态度。

2. 博得赏识

有的行政人员认为汇报工作是件苦差事，临到见领导前总是担惊受怕。其实大可不必这样的。一旦掌握了向上级汇报工作的艺术，就可以轻松地从其中受益。从一定意义上讲，汇报工作是一种比较特殊的回答式对话，既有说话的技巧，也有心理沟通的艺术，是一门综合的知识。掌握了其中的技巧，汇报就变得既清楚简练，又分寸适宜，逻辑性强。倘若说出了领导心中所想之事，那更会引起心理上的共鸣，达到意想不到的效果。

（1）心里有底。所谓心里有底，就是指不仅要对所汇报的事宜了然于胸，还要有清楚的陈述思路。凡是一丝不苟的、严肃认真的领导人是会充分准备汇报工作的。即使来不及形成文字材料，也要先在认真综合分析的基础上，经过详细的思考，拟出提纲，把观点、材料一一书写清楚。这样在汇报时才能思路清晰，不会离题太远，从而取得满意的效果。

特别提示：汇报时要准备好的问题

1）此次汇报的目的是什么？

2）如果不进行这样的汇报，是否能够顺利解决遇到的困难？

3）与汇报相关联的情况是否都清楚了？

4）领导是否准备讨论自己提出的问题？

5）自己对汇报是否有信心？

6）领导可能对自己提出什么样的问题？

7）有哪些问题是汇报前还不能搞清楚的？

（2）掌握汇报的技巧和艺术。经常会遇到这样的情形，有的汇报让人听得头晕眼花，不知所云，有的却相反，听取汇报的人会十分兴奋地投入到汇报中去，简直就是享受一次美妙的演讲。为什么会有这么大的区别呢？重要的原因就是，汇报人要讲究汇报的艺术。这通常有以下几个技巧：

1）条理清晰，讲究逻辑，详细得当。

2）言简意赅，注意修辞，褒贬恰到好处。

3）语言活泼，谈笑风生。

4）用事实说话，事例生动。

5）懂得抓住重点。一个部门、一个行业和一个单位都有许多事情需要汇报。但因为时间所限和实际需要，不能不分主次和轻重，"眉毛和胡子一把抓"，事无巨细地汇报。而应紧紧抓住重点，说话说透，有些可以点到即止，有些甚至干脆不说。

二、行政督查

督查（亦称督办）工作是领导工作的一项重要工作内容和工作职责。它是领导决策与决策实施之间的一个必不可少的重要环节，又是领导人推进工作最常用的有效工作方法和手段，也是行政人员的一项经常性的工作。行政人员督查工作是领导督查工作的重要组成部分，是在领导授权下进行的。

1. 督查范畴

行政人员领导督查工作的范畴是与领导工作的内容、范围紧密相关联的，总体上可分为三大块：文件督促检查、会议督查落实、直接交办或转交办的各类事项的处理落实。

具体可分为以下内容：

（1）上级领导机关制定的有关决策的贯彻落实情况的督办检查。

（2）上级领导人直接交办、批办各具体工作事项的办理落实。

(3) 本单位、本部门领导所制定决策、决定、决议以及工作部署等执行落实情况的督办检查。它同时包括本单位、部门召开的重要会议、制发的重要文件内容的贯彻、落实的督办检查。

(4) 本单位、本部门出现的一些突发事情和急情要事的督办。

(5) 对本单位、本部门各项主要工作、生产、经营的发展情况的督促检查。

(6) 群众反映强烈和突出问题解决情况的督办落实。

(7) 协助领导督办处理那些久拖不决的老大难问题。

(8) 报刊、电台、电话等新闻媒介披露曝光的某些较为突出问题的督办解决。

2. 督查原则

行政人员进行督查工作必须遵循以下五项原则。

(1) 实事求是。督查是跟踪考察，所以必须要紧密联系实际的动态情况。

(2) 分清权限。须明白，督查不是领导，更不仅仅是在一旁观看，而是一种主动积极的监控。

(3) 时间原则。督查工作一般都有个进度表，必须严格执行，并配合相应的奖惩机制进行。

(4) 脚踏实地。督办、督促检查工作本身就是为了防止和克服官僚主义与形式主义，就是为了促进把各项工作落到实处。

(5) 关系融洽。在实际工作中，如何摆正督查者与被督查者的关系是一个很微妙的问题，如果以钦差大臣自居、傲气十足，不仅不能顺利地进行其督查工作，而且还会因此而影响上下级的正常关系，起到消极作用。

就一定意义而言，行政人员督查工作，旨在收集决策指令的反馈信息，促进决策指令的落实，并不具有指挥的权力和责任。行政人员必须谦虚谨慎，平等待人，态度谦和，行为检点。不可乱发议论，随意表态，自作主张。既要刨根问底，了解实情，又要虚心求知，待人以礼。

3. 督查工作技巧

(1) 写作督查报告的技巧

1) 重点要突出。督查报告应该突出督查过程中出现的各种问题，特别是那些普遍性、根本性的问题，便于领导抓住主要问题，及时指导工作。督查报告应当如实地反映以下问题，并将突出的做重点报告，更好地为领导科学决策的正确执行服务。

①所涉事项抓落实的态度及进展情况。态度是影响执行力的首要因素，一些承办单位对决策的贯彻落实不积极不认真，行动不快，措施不力，存在着领导工作作风、态度、方法等问题。

②承办人员未能正确领会所涉事项的决策精神，贯彻落实有偏差，这是承办人工作水平低、能力弱的问题。

③决策执行时的硬性障碍。这通常是决策本身与实际脱轨，造成承办单位难以落实，涉及需要反过来考虑修改决策的问题。

2）要有新的内容。督查报告，除要求实事求是，还要突出新的内容：突出反映决策执行中所出现的新情况、新动态、新思想、新问题、新方法。这就要求督查部门的同志多深入实际，善于发现和认真总结决策执行中创造出来的新做法、新经验，并及时向领导反馈，以便在更大的范围内加以推广和运用。

（2）专项督查的技巧

1）按预定执行，一抓到底。专项查办最基本的要求：一是严格按预定执行，要及时报结（一般不得超过两个月）；二是一抓到底，问题解决得好。办结后，查处单位向上报告办理结果。在案件的办理过程中，要组成调查组开展，并写出调查报告，要按照事实，对照相关的方针、政策及有关规定，提出处理意见和解决方法。

2）督办要清晰适宜。专项督查的解决和处理既要看事实，又要符合政策、法律规定，这样才能取得令人满意的效果。必须做好以下工作：

①调查要深入事实。在调查的材料中，对督查中出现的各种各样的问题都要实事求是地反映出来。

②定性依据要充足，并能严格地按照相关政策、法律做出处理决定。

③各级及有关部门要互相配合，体现专项督查的优势，从而对问题的认识很快得到统一。对处理意见的落实要做到互相配合，迅速及时，从而取得显著效果。

（3）催办的技巧。催办工作应当遵循一般规律和方法，但也有其自身的特点和工作方式。

1）要注意与相关职能部门的配合

①与信息部门的配合。查办工作与信息工作相结合，既可以通过发现督办动向，及时调整工作，又适时发现新的信息，两者相互促进，共同提高，从而不断挖掘督查深度。

②与信访部门的配合。信访部门的主要任务是听取民声，负责处理来信来访工作。它同催办工作在联系群众、提高效率，落实政策等方面是一致的。因此，两者应经常保持联系，可以通过不同渠道了解社情民意，协调动作，联合办理一些重大的、事关全局的信访案、事件。

③与调研部门的配合。催办工作本身要注意调查研究，主动寻求调研查办题目，变被动查办为超前查办。此外，要与各级党政机关调研机构配合，在领导安排下，就某一问题进行调查，综合分析，写出有力度、有情况、有建议的材料，为领导决策服务。

2）坚持原则

①实事求是，严守纪律。查办催办工作必须要坚持严守纪律，依法查办。只有这样，才能保证查办结果事实清楚，证据确凿，处理公允，发挥其应有的作用。

②坚持归口处理，权责明确。归口办理，就是按照组织职能分工的原则和具体内容，根据各单位工作分工，责成办理。做到权责明确，就要对领导批交的案件、事件，以及查办部门无人过问的重大问题，按照问题性质和隶属关系，转由有关部门认真办理，做到层层负责，属于哪一级职权范围的，就由哪些部门办理。

③领导负责制。领导重视是做好查办催办工作的关键。因此，对一些重大问题，要呈请领导亲自批示查办。领导要经常过问工作进展情况，听取汇报，协调解决矛盾，为查办人员正确行使职权撑腰做主。

坚持领导上阵，既能加快办案速度，提高办案质量，又可以增强查办催办工作的权威性，保证查办催办工作的顺利开展。

④注重结果的总结。查办工作的目的是督促落实党的方针政策。所以，督查部门必须严肃对待，按照程序认真查处，并如期上报办理结果。在结报时间上，可根据实际情况控制，给承办部门留有余地，到期不能上报的，承办单位必须说明原因，对拖延压误或顶着不办的单位和个人，要追究责任。

3）督查中要注意的问题

①为便于工作的开展，特别是经常性督促检查的需要，行政人员应注意在平时逐步建立一个督促检查工作网络，疏通上下级渠道。这样有利于督促检查的展开和工作效率的提高。

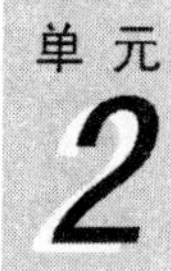

②要注意建立健全督促检查工作制度，明确职责、统一程序，使得督促检查工作有章可循、有“法”可依，逐步实现督促检查工作的科学化、制度化、规范化。

③要注意区分督促检查与监察、纪检工作的不同。首先行政人员不能在督促检查过程中擅自下达指示，而只能遵照领导意图办事。其次行政人员不能直接查处案件，而只能发挥自身的综合协调作用，促进有关单位和部门处理问题。因此在督促检查过程中，行政人员应严格按照督促检查的原则办事，尽可能地发挥自身优势，搞好工作。

三、施政演说

一个有凝聚力的行政人员一定具备一流的演说能力。

1. 施政演说的种类

施政演说从功能上划分，可分为五种。

（1）“使人知”演说。这是一种以传达信息、阐明事理为主要功能的演说。它的目的在于使人知道、明白。它的特点是知识性强，语言准确。

（2）“使人信”演说。这种演说的主要目的是使人信赖、相信，它从“使人知”演说发展而来。它的特点是观点独到、正确，论据翔实、确凿，论证合理、严密。

（3）“使人激”演说。这种演说意在使听众激动起来，在思想感情上与演讲者产生共鸣，从而欢呼、雀跃。

（4）“使人动”演说。这比“使人激”演说更进了一步，它可使听众产生一种欲与演讲者一起行动的想法。它的特点是鼓动性强，多以号召、呼吁式的语言结尾。

（5）“使人乐”演说。这是一种以活跃气氛、调节情绪，使人快乐为主要功能的演讲，多以幽默、笑话或调侃为材料，一般常出现在喜庆的场合。它的特点是材料幽默，语言诙谐。

2. 对行政人员演说的要求

（1）以清楚、动听的方式发表演说；

（2）掌握必要的技巧，以使你的思想和产品让人接受、赢得对新政策和程序的支持、说服他人接受你的建议；

（3）面对听众不拘谨；

（4）给人留下良好而又深刻的印象；

（5）老练地处理难题和困境。

3. 行政人员演说的技巧

（1）善用空间。所谓空间就是指进行演说的场所范围、演说者所在之处以及与听众间的距离等。演说者所在之处以位居听众注意力容易汇集的地方最为理想。让自己位居听众注意力容易汇集之处，不但能够提升听众对于演说的关注，甚至具有增强演说者信赖度和权威感的效果。

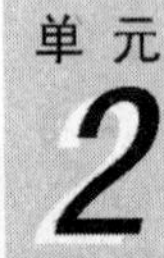

（2）演说时的姿势。演说时的姿势也会带给听众某种印象要让身体放松，不要过度紧张。过度的紧张不但会表现出笨拙僵硬的姿势，而且对于舌头的动作也会造成不良的影响。诀窍之一是张开双脚与肩同宽，挺稳整个身躯。另一个诀窍是想办法扩散并减轻施加在身体上的紧张情绪。例如将一只手稍微插入口袋中，或者手触桌边，或者手握麦克风等。

（3）演说时的视线。在大众面前说话，必须忍受众人的注视。当然，并非每位听众都会对演讲者报以善意的眼光。尽管如此，演讲者还是不可以漠视听众的眼光，避开听众的视线来说话。尤其当演讲者走到话筒旁边站立在大众面前的那一瞬间，来自听众的视线有时甚至会让演讲者觉得刺痛。克服这股视线压力的秘诀就是一面进行演讲，一面从听众当中找寻对于自己投以善意和温柔眼光的人，并且无视于那些冷淡的眼光。此外，把自己的视线投向强烈“点头”以示首肯的人，对巩固信心来进行演说也具有效果。

（4）演说时的面部表情。演说时的面部表情无论好坏都会带给听众极其深刻的印象。紧张、疲劳、喜悦、焦虑等情绪无不清楚地表露在脸上，这是很难由本人的意志来加以控制的。演说的内容即使再精彩，如果表情总显得缺乏自信，老是畏畏缩缩，演讲就很容易变得欠缺说服力。控制脸部表情的方法首先是“不可垂头”。人一旦“垂头”就会给人“丧气”之感，而且若视线不能与听众接触，就难以吸引听众的注意。另一个方法是“缓慢说话”。说话速度一旦缓慢，情绪即可稳定，脸部表情也得以放松，再者，全身上下也能够为之泰然自若起来。

(5) 服饰和发型。服装也会带给观众各种印象。尤其是东方男性总是喜欢穿着灰色或者蓝色的服装，难免给人过于刻板无趣的印象。轻松的场合不妨穿着稍微花哨一点的服装来参加。不过如果是正式的场合，一般来说仍以深色西服、无尾晚宴服以及燕尾服为宜。其次，发型也可塑造出各种形象来。长发和光头各自蕴含其强烈的形象，而鬓角的长短也被认为是个人喜好的表征。

(6) 声音和腔调。音质与措辞对于整个演说影响颇深。根据某项研究报告，声音低沉的男性比声音高亢的男性可信赖度高。因为声音低沉会让人有一种威严沉着的感觉。尽管如此，人们还是不可能马上就改变自己的声音，重要的是让自己的声音清楚地传达给听众。即使是音质不好的人，如果能够秉持自己的主张与信念的话，依旧可以吸引听众的关注。说话的速度也是演说的要素。为了营造沉着的气氛，说话稍慢是很重要的，不过，此时要注意的是，倘若从头至尾一直以相同的速度进行演讲，听众会感觉昏昏欲睡。

(7) “4P” 演讲技巧。演说技巧中的 4P 是指：Plan（计划）、Prepare（准备）、Practice（练习）和 Present（演说）。

1) 计划。演说者应熟悉听众，包括熟悉听众的知识、经验、需求和目的。根据希望听众采取何种行动来确定演讲的目的。这些目的可能包括：通报、说服、销售、教导和培训。

2) 准备。培育形成积极的态度：重视所要传达的信息，想像成功的样子，想像观众的反应，给自己打气。

准备开场白：以一个与观众需求相关的问题为开场白。

事实和证据：统计数据、类比、示范、声明或引用、事件、展示等。

不同话题之间的自然过渡：准备一个令人难忘的结尾并借此引出下一个话题。

通过 3E 的准备，可以为自己建立自信心，确保演讲的成功，3E 包括：为什么获得（Earn）发表演讲的权利或机会、为什么非常喜欢（Excite）这个话题和为什么迫不及待地（Eager）就想与听众分享。

检查演讲用的幻灯片：清晰度、内容相关性、是否非常容易吸引人的注意力、是否能清楚辨认、是否容易给人留下深刻的印象。

3) 练习。在同事、领导面前或对着摄像机练习演说。开场白要强有力，演说要点要清晰、流畅，证据可信，结尾令人难忘以达到目标。

4) 演说。紧扣主题，态度积极，把所传达信息的价值揭示给观众，建立良好的第一印象，目光接触观众，身体语言要镇静、自信和放松，着装正式。

第八节 沟通能力

有效沟通是领导和管理的基础，它既不是自上而下地进行，也不是自下而上地进行，而是一个双向并且持续的过程。沟通就是综合运用不同的媒介和技巧，把适当的信息在适当的时间传达给适当的人。

一、沟通的基本技巧

为了进行有效沟通，行政人员必须了解沟通表达的方法和途径。成功的沟通者需要具备像演员一样的随机应变的素质，而且，同演员一样，行政人员也需要经历培训和实践。

1. 沟通的方法

行政人员必须在适当的时间，通过适当的途径，把适当的信息传达给适当的人。行政人员应当根据自己的爱好、信息沟通的对象和目的来选择沟通的方法，并掌握其技巧。

下面有五种基本的沟通方法可供选择。

(1) 口语化沟通。口语化沟通是用得最多也是最为有效的方法，因为这是一种将行政人员的个性与口头语言结合起来的独特方式。不管听众有多少，都应当用心地运用口头语言与他们进行沟通。

(2) 书面沟通。现在的商务文件包括许多正式或非正式的文章，有简短的记录和电子邮件，也有冗长的报告和演讲稿。不管是出于无意还是刻意，在把自己的目标、想法以及事实写在纸上或键入屏幕时，都应力求能清晰地阐明这些内容，并记得在最后送出文件之前再检查一遍。

(3) 视觉图像沟通。精心挑选和设计的图像具有很强的信息承载力。恰当的图画较之文字更生动且更具说服力，并能帮助听众和读者记住那些信息。

(4) 身体语言沟通。在商务活动中，并不经常使用那些经过事先准备过的手势、声调、表情等进行沟通。然而，无意识地用体态语言进行表达却是普遍存在的，而且很重要。行政人员想表达的意思和对方想表达的意思都有可能被误解，从而给出错误的信号，但如果行政人员懂得如何有效地利用身体语言进行表达，他将能获得更多成功沟通的机会。

(5) 综合沟通。不同的媒介影响大脑中不同的区域，所以沟通时运用的方法越多，效果也越好。在综合运用各种方法时，要注意每种方法都要运用得好，这一点非常重要，否则，一封文字优美的信函的可信度会被糟糕的版面设计所破坏，而模糊的图表将影响一个重要的讲演。

2. 沟通的途径

最为普通的沟通途径就是非正式的面对面谈话，但是，行政人员不可避免地会使用其他一些（甚至全部）重要的沟通途径。应注意，每条沟通途径都有其各自的功能。

（1）电话和电话会议。这是运用得最广泛的沟通渠道。应仔细斟酌用词以避免误解，同时要清晰地表达并且在讲话时注意体态语言的影响。要用微笑给人们一个积极的印象，当行政人员感觉需要更多自信时，可以保持站立。

（2）演讲。可以是正式的或非正式的。充分的准备至关重要。要学会如何应付当场的提问以及如何做好即兴发言。

（3）问答。这种媒介往往没有得到充分利用，然而，它却能为人们提供一个颇有价值的率直的信息和意见交换渠道。行政人员需要掌握良好的即兴演讲技巧，对所谈论的主题有深刻的理解，并愿意面对批评和尖锐的问题。

（4）备忘录和文件。必要的记录与口头交流同样重要。要确保所有的备忘录和文件字迹清楚、表达全面，不要让那些没有必要的内容削弱了沟通效果。

（5）报告和简报。如果组织得好，它们能以一种方便的形式传达重要的信息，而且还能一遍又一遍地被查阅。它们只包括重要的信息，并只给相关的人员传阅。

（6）内部出版物。这些印制出来的出版物具有相当的永久性。出版物可以传播公司的重要信息，或者只是一些关于员工和社会事件的新闻。它能提高士气，但不能让它仅仅成为管理层的传声筒。

（7）电子邮件。超越其他书面沟通的沟通方法，其特点是迅速、非正式、实用。商务电子邮件不能过于非正式，以免令人生厌。所有重要的邮件往来都应做好备份。

（8）网站。一种“即时”的沟通形式，必须定期更新，以确保时效性。网站必须容易被访问且其界面应吸引人。这种沟通渠道值得聘请专家以获得专业化的帮助。

（9）海报、标语和公告。虽然效果不如那些即时的沟通方式，但这些方法也同样有利于信息的传播和宣传公司取得的新进展。

（10）传媒。包括电视、电影、广播、多媒体（都能通过互联网传播）。适当地运用这些方法可以起到很好的效果，并且如果与网站一起使用的话，做得越专业，效果就越好。

3. 面对面的交流

为了进行个人间有效的单独沟通，行政人员必须清楚地知道自己的目的。在哪里和用什么方式沟通，与一人沟通还是和多人沟通，这些对行政人员的信息表达都有显著的影响，不同形式的沟通要求不同的技巧。

（1）一对一的面谈。一对一的面谈是人类沟通的基础，也是所有行政人员应该掌握的必备技巧。行政人员不仅应是一个健谈者，一个好的听众，而且还应对情况的变化作出敏锐的反应。要学会变通，会议很少能够完全按照某一方所要求的方式进行。

（2）小型非正式小组交流。大多数的工作发生在小型组织中。参与者的相互影响在决定接收什么样的信息时扮演了重要的角色。不管是正式组织，还是包括了外来人员，都应遵守正式会议的规则：围绕主题、做好会议记录、传阅有关决议和后续行动的备忘录。

（3）大型会议。一定要重视大型会议这样的正式活动。如果行政人员要发言，良好的准备是很重要的，这会增强行政人员的信心。行政人员将发现公开演讲对提高和锻炼沟通技巧是十分有益的。

（4）远程交流。快速发展的新型沟通渠道，诸如电子邮件、电话会议、网站、短信等，都使得快速沟通在某些方面更为高效。但是，邮件（包括传真）和电话（包括固定电话和移动电话）还是不可替代的，行政人员要懂得如何使用它们。

总之，行政人员可以选择沟通的方式、地点、内容，但不能选择沟通的对象。行政人员将发现自己在任何地点，运用各种方法与不同的人沟通。注意使用的沟通方式应该和要传达的信息相匹配，这才能使沟通更为有效。

4. 非正式沟通的方法

非正式沟通在大多数行政人员的工作生涯中扮演着比正式沟通更为重要的角色。良好的人际关系是有效管理的关键，而良好的人际关系通常建立在非正式沟通的基础上。

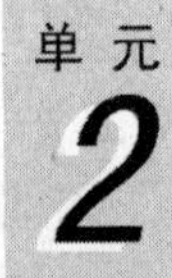

（1）场所的重要性。行政人员传递信息的场所透露着强烈的信号。进入别人的区域本身承认了他们在交流中的重要性；相反地，使别人进入你的区域则突出了你优越的形象。如果你要解决纪律方面或绩效方面的问题，这种方法是非常有用的。

一般而言，你并不想让你的办公室成为令人难以亲近的地方。人们不可能和那些与他们见不着面或者从不与他们交谈的人成功沟通，所以，一定要尽最大可能地实行“门户开放”政策。

（2）非语言沟通。非语言的沟通，是指运用手势、姿态和面部表情等进行的交流，这是获得准确信息的重要途径。在非正式沟通中，体态语言能够帮助你营造一个轻松的环境来进行面对面的交流。

目光的接触和身体的姿势是特殊的信号。适当地直视对方并面带微笑，传递的是积极的信息；而躲躲闪闪的眼神则给人消极的印象。真诚而专注的态度留给人好的印象，而懒散的态度就只能给人留下差的印象。过分接近别人可能使他们感到受到威胁，但是避而远之又会丧失人们对自己的理解。如果谁说了谎话，他的眼睛和手很可能使他露馅。双手应该做一些强有力和支持性的动作，或者索性就不动。神经质地做些小动作会暴露不安情绪。

如果想获得足够的放松和自信，就应当采用适当的体态语言。你应该构建一个体态语言的词汇表，并使之成为你的习性。你可以站在镜子前面练习这些体态语言：微笑、侧着脸，并点头表示赞成；身体向前倾，显示自己的专注；摊开双手，表示需要获得支持。

> **特别提示：**
>
> 请时刻谨记沟通是双向的过程。你不仅需要了解你自己，同时还要尽可能多地从对方的体态中了解其内涵。要学会观察对方的非语言信号，特别是那些令他们看上去不怎么自在的动作，比如：不与你目光相接（警惕）；咬指甲或者铅笔（不安）；交叉双臂（防御）；摸脸（隐瞒真相）。

（3）倾听的技巧。良好的倾听技巧非常重要，特别是在个人的非正式场合。要让自己显得对对方的谈话很专注，而且不能老是打断别人说话，这样能鼓励对方。如果体态语言显示谈话进行得并不好，不妨试一下你的倾听技巧，从而把讨论拉回正轨。问一些开放性的问题（比如：你认为关于某部门的职业培训我们应该做些什么?），以便让你们展开讨论，并使你得以运用你的倾听技巧，其中最关键的技巧是神情投入、分析和综合。要避免封闭性的问题（比如：我们是否可以提升某人?），这类问题只能得到“是”或“不是”的简单回答。

所有的技巧都应以真诚为基础。说出想表达的东西并解释其内容，并且通过非语言的形式来表现。

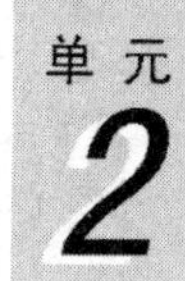

（4）朋友般的交谈。当面对的是非正式的、个人间的讨论时，就需要留出充裕的时间。你要像对最好的朋友那样同人谈话，同时也希望确保谈话的内容真正对朋友有好处。

二、与上级的沟通

对于行政人员与上级领导进行的沟通有如下建议。

（1）随时让领导了解情况，特别是在事情刚露出台面的时候。

（2）切忌越级上报。有意或无意绕过直接上司是触犯直接上司的大忌，现代管理要求下级对上级逐级负责，多头管理和越级管理在现代管理中已被时代所淘汰。

（3）切忌报喜不报忧。报喜是应该的，报忧更是必需的，发现问题苗头，就应火速禀报，以免造成的损失或副作用过大，应把不利因素消灭在萌芽状态。

（4）发生十万火急的事情，应尽快约定时间和领导碰头，事后禀报重大事情，直接上级领导是不会愿意承担重大责任的。

（5）提出自己的观点、建议或意见时，要简明扼要，不应该长篇大论、不着边际。

（6）提供重大情况、汇报重大消息时，最好有书面材料，必要时还应附上支持的证据。

（7）提出问题的时候，应同时拿出自己的解决方案，不要只提问题而不管问题如何解决。

(8) 与上级领导意见相左时，应遵循下级服从上级的原则，先认同上级领导的观点，再寻机表达自己的不同意见，诚恳地请教上级领导，达到上下级观念一致。

(9) 与领导意见相同时，应将功劳归于上级的英明领导，切忌争功或邀功请赏。

(10) 如果对自己的建议或决策有相当的把握时，不妨表现出信心十足的模样，挺直胸膛。否则，应虚心地向别人请教，尤其是向上级领导请教。

三、与同事的沟通

与同事或同级人员沟通须遵循如下原则。

1. 与人为善，以诚相待

同级之间的任何一个领导者，都期望有一个良好的人际环境，期望与其他成员和睦相处，在心情舒畅的情况下工作。而要达到这个境地，就要以诚相待、与人为善，以自己的“诚心”和“善意”去换取他人的“实意”和“友善”。当同级取得成绩、得到发展时，应当真诚地祝贺和欣慰；当同级受到某种挫折或不幸时，应当主动地关心和同情；当同级遇到困难时，应当积极地帮助和支持。而不能对同级的成绩讥讽挖苦，对同级的不幸幸灾乐祸，对同级的困难置之不理。否则，既会伤害对方的情感更会影响彼此之间的关系。

2. 互相补台，积极配合

同级之间应当积极主动地配合，齐心协力地工作，以求得最佳的整体效应。所谓互相补台、积极配合，就是既要有合作精神，又要有补台意识。这是对同级领导者“行为”方面的要求，也是处理同级关系的又一条重要原则。同级领导者应当正确把握“集体利益”与“个人政绩”之间的关系，唯有处理好这个关系，才能真正做积极配合和互相补台。在积极配合的同时，还应强化补台意识，采取行之有效的补台措施。当同级有困难时，应当热情地帮一把；当同级有问题时，应当尽力地挽救一下；当同级出了差错时，应当主动地弥补一下。而不是视而不见、见而不帮、帮而不力，更不能抱着看“笑话”的态度来“欣赏”同级的困难、问题和差错。

3. 见贤思齐，强者为师

处理同级关系，不仅要有“容人之短”的肚量，而且要有“容人之长”的胸怀。强者为师，虚心拜强者为师。这既是对领导者“风度”方面的要求，也是领导者处理同级关系的重要原则。同级领导者处在同一起跑线上，潜存着“竞争”的因素。毋庸讳言，处于同一层次的领导者之间，由于资历、阅历和受教育程度等方面的不同，使其无论是在能力、水平还是气质、修养方面，都存在着一定的差异。对此，应当积极地向贤者看齐，看到别人行的，多想想自己为什么不行、怎么才能行，虚心地拜强者为师；看到别人强的，多想想自己为什么不强、怎么才能强。切忌以己之长比人之短，拿己之优比人之劣；更不能嫉贤妒能，采取不正当的方式和手段“挤”别人，来个“我不行你别行”

"我不强你也别强"。后者既不利于自身提高，又有损于同级之间的关系，甚至还成为受人唾骂的"小人"。

4. 互相尊重，宽容大度

每一个领导者都有明确的分工和职权范围，如果一个领导者擅自超越自己的职权范围插手别的领导者职权范围内的工作，就会使他产生一种被人瞧不起、不被尊重的感觉，甚至会产生一种被人"夺权"的想法，这样就会使领导者的自尊心受到伤害。因此，一个领导者在完成自己的本职工作后，有能力和有必要帮助他人工作时，一定要掌握好分寸和尺度，掌握好时机和方法。在领导关系中，行政人员的宽容水平越高，就越能与人搞好关系。而一个人心胸狭窄，处处不容人，就不会有更多的朋友，也就当不好行政人员。宽容别人偶尔的过失，是必备的素质。

作为一个行政人员要有宽广的胸怀和气量，对于别人的缺点和短处应该持包容和原谅的态度，并想办法用自己的长处去弥补。当然，容忍和原谅并不是无原则的迁就，而是要在相互交往中互相宽容。

5. 学会自制，求同存异

领导者之间在交往过程中，往往因为在某些事情上意见、态度、看法不一致而发生分歧，甚至会出现争吵、发脾气的现象。在这种情况下，学会控制自己，增强自己的自制力是十分重要的。因为每个人都有自己的个性，喜怒哀乐也是人之常情。如果双方在对某一问题交换自己的意见、看法的过程中，不考虑对方的性格，不能很好地控制自己的情绪，就会言辞激烈，伤害对方的感情。一个人经常发怒是很难与人相处的。虽然在相互交往过程中有些事情是很令人生气并引起人们发怒的，例如一些明知故犯的错误，一些不合理的要求，一些背后的"小动作"和造谣中伤等。遇到这种情况，切不可感情用事，要理智。要认识到：尽管都是领导者，但每个人的思想觉悟、修养、水平是不一样的，每个人都有自己的短处，自身也可能有做得不对的地方。

在双方意见不统一，容易产生争论的情况下，领导者首先要想到，自己的激烈言辞和发脾气会给对方带来什么影响，发怒是否会有助于解决问题，发怒会造成什么后果，自己有哪些做得不对的地方，等等。如果能想到这些，就会使自己的情绪冷静下来，从而减少争吵和伤害感情的机会。

四、与下属的沟通

与下属沟通有如下原则。

1. 坦诚相见，平等待人

平等、坦诚是沟通的基础。行政人员做下属的思想工作，不论是一般的交流、谈话，还是了解有关情况，或是有针对性地对其说服、教育、批评、帮助，自己首先要明白一点，即相互间虽有职位高低、权力大小、角色主动与被动等差别，但在人格上是平等的。而且，无论何时何地，说话、办事一定要遵循一个“真”字，说话要说真心话，待人要用真实的感情，绝对不能说那些言不由衷的空话、大话和假话，更不要用不冷不热、矫揉造作的假感情对待下属。要在坚持原则的基础上，放下架子，去掉偏见，与下属交朋友。这样，行政人员在说理时，才会情真意切，从而在和风细雨中打动受教育者的心，增强工作效果。

2. 换位思考，求同存异

在做思想工作时，作为行政人员，要善于换位思考，指出对方想法中合情合理的一面，并表示理解，这样，既体现了对他人观点的尊重，又避免了两种观点的正面冲突。比如，下属犯错误，有时是因为对个人或小集体利益考虑太多，而对他人利益和全局利益考虑欠周到。遇到这种情况，可以说：“允许适当考虑个人利益、小集体利益，但不能因个人利益、小集体利益而损害他人利益和全局利益。”这样去做工作，不仅客观、公正，而且合情合理，往往能使下属产生共鸣，从而使对方在感情上接受行政人员。这时行政人员便可以将自己的信息（教育内容）顺利地传达给对方，以便完成思想工作任务。相反，如果一开始就拿出一些大原则和大道理，直截了当地对号入座批评下属，逼迫其听从自己，就容易使对方产生逆反心理甚至产生抵触情绪。只强调自己的体验，以为“风景这边独好”，就很难走入他人的世界，自然不易为他人所接纳。另外，行政人员在做思想工作时，只要稍微留意观察就一定能发现下属与自己的共同点，如果能够将这些共同点作为谈话的切入点，不失时机地强化认同感，那么交往的境界就会焕然一新。这里最成功的标志是在谈“你”论“我”的过程中，自然地道出“我们”这两个字。认同意识一经产生并能得到强化，双方便容易产生亲近感。当然，这里的“换位思考”不等于迁就错误，坚持原则是做好思想工作的题中应有之义。

3. 讲究技巧，准确表达

谈心是沟通的桥梁。谈心，不仅要把握住准确时机，而且还要语言谦和。一般在谈心时，要根据谈心对象不同的文化素养、性格特点、习惯爱好，使用不同的语言。对内向型的对象，使用的语言要柔和一些；对直爽开朗的，要善于一针见血地指出问题；对文化层次高一点的，语言可以文雅一点，太俗气了他会觉得你不尊重他，而不愿听你谈话；对文化层次低的，语言应该平实一些，太文雅了，他会觉得你装腔作势要弄他；对工龄长、资历深的员工，谈心时哲理可以深一点，引用的例子可以广一些，以理明事；对年轻识浅、思想单纯的员工可以多用些朴实、通俗的语言，深入浅出，并注意有感情、有哲理、有事例，可以讲些浅显的道理，多举一些直接经历过的事例，以事悟理。准确的语言表达在沟通中很重要，善于做思想工作的人，平时十分注重积累词汇，讲话时很注意逻辑性，并注意声音的抑扬顿挫、注重语言的节奏感。

4. 言外之意，巧妙传递

有时候，行政人员面对部属不能直来直去，要懂得迂回、暗示，因为和下属之间的

谈话，有时候并不能说破、说穿，只要点到为止即可。

暗示具有含蓄、间接的特点，巧妙地利用暗示，可使下属积极地接受领导的意志和命令，迅速行动。

运用暗示要注意下属的心理特点。一般来说，年龄小的女性，独立性较弱的人，更宜接受暗示。反之，那些独立性较强的人，暗示的效用则小些。行政人员需根据不同对象，采用不同的暗示语。

把什么事都说得透亮，并非最高明的谈话。要知道，暗示性的话既可以是矛，也可以是盾。

特别提示：应在哪些情况下使用暗示

（1）当行政人员要向下属传达一种信息，而这种信息又只可意会不能言传的时候，暗示便派上了用场。

（2）当和同级领导交换信息，这种信息暂时需要保密而前后左右耳目众多，不宜直接表达，无声的暗示，可解燃眉之急。

（3）告诉下属，你已在上级面前替他挡过不少过失，使他心存感激而接受工作要求时。

（4）故意放出风声说，若是这次工作成效不佳，公司可能有人会被开除，使他因害怕而服从。

（5）先讲一番道理给下属听，如年轻人眼光要放远一点，应好好做事，然后再派工作给他。

5. 沟通障碍，及时化解

产生沟通障碍的原因往往来源于双方的矛盾。矛盾产生对抗，矛盾发展产生冲突，表现在沟通当中，就是目标沟通发展到对抗性的沟通直至发展到攻击性沟通。行政人员只有正确看待矛盾和冲突，才能把握积极沟通的主动权。

（1）沟通时对方打岔跑题怎么办？比如在大家议论某个话题时，有人把内容扯向了不相干的话题。这时，作为行政人员可以彬彬有礼地提醒说，咱们今天要谈的主题是什么，而不是什么。为了表示出愿意考虑下属关心的问题（即使这些问题与手头讨论的主题不相关），还可以补充说，如果谁想讨论哪个问题，我们可以在下次会议上进行，或者在会议结束之后直接找我谈，然后把下属的注意力集中到原来的话题上。当与沟通对象讨论一个他们不感兴趣的话题时，重新集中注意力尤为重要，否则，他们常常会跑题。

（2）沟通时对方情绪激动怎么办？有的人非常敏感，他们的情感很容易外露，当他们的眼中涌满了泪水或者满脸通红时，内心可能会更难受，还有人把眼泪当作是控制别人的手段。他们用“哭”这种方式使对方感觉到很窘迫，从而逼迫对方以最快的速度回避，对他们的想法进行妥协，把谈话无止境地延后（在某些情况下，这正是我们所期望的）。对付眼泪的有效途径是：

1）认同他人的情感。

2）建议稍作休息，留出较短的时间作为间歇，比如“3分钟零45秒”。以秒为限听起来很可笑，但它却有助于压缩感情爆发的时限。

3）快速地重新开始讨论，根据开始设定的时间期限灵活把握。

4）如果这个人又开始哭了，建议再作停顿，这次的时间可以更短，但是必须严格控制。

5）如果在第二次停顿之后沟通对象又开始哭，可以提供两种选择：继续谈话或者停下来，第二天的早些时候重新开始。在大多数时候，人们会选择继续谈话。

要注意：保持冷静非常关键，千万不要让下属的不安情绪感染了自己。当下属之间产生冲突时，情感上的冲动是难以避免的，这种压力使人惶惑而不知所措也是一种普遍现象，这就要求沟通者能够在慌乱中保持镇定，并影响到他人。例如，通过面部表情、声调和态度举止来传达出这种镇定，树立起这种品质可以对付任何一种对抗性的沟通行为。

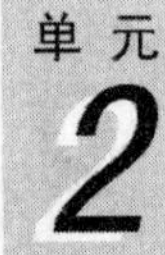

（3）沟通时对方不停地抱怨怎么办？在沟通中，也许有人会抱怨其他同事。这时，可以向沟通对象提几个简单的问题。但习惯性的抱怨者一般不想解决问题，他们只希望领导能扮演一个怜悯者的角色。对于提问，被动的沟通者的答案通常是“不”，因为他们希望领导者听了他们的一面之词后就解决问题。这时就应该把麻烦扔回给他。如果不这样做的话，就会发现这些事情将会占用大量的时间，而这些问题本应由他们自己去解决。所以应该让下属知道，领导者希望他们自己解决或者共同解决问题。

比如“当你们准备解决这个问题时，告诉我一声”或者“我很高兴听取你们关于解决这个问题的建议”。而对于那些重复不断的抱怨者，一定要坚持强调怎样使问题得到解决。

（4）沟通时对方沉默不语怎么办？有一种人不想制造事端，不想惹是生非，也不想去干涉别人，他们不愿意冒险去说一些话、做一些事，以免可能给其他人带来失望和不安。于是，他们几乎沉默不语。即使他开口，通常也是奉行一种很中庸的态度。一旦有人向他们提出问题或者对他们的发言进行攻击，他们立即就会退缩。

要与这种人有效地交流，使他们说出真正的想法，获得双方有实质意义的沟通，中层领导者可以遵循这样几条原则：

1）亲善的态度。用一种适中的音调讲话，显得愉快而有耐心。如果情况允许，可以面带微笑，投射出一种轻松自如的感觉，这样有助于让被动的沟通者也感到放松。

2）寻求共同点。把自己的兴趣与理解沟通者的难处和关心的事情联系起来，使对方感觉沟通者是设身处地为他着想。

3）表达出确信。用这样的语句“你一定……”“我希望你知道你能……”和“我相信……”，使对方增强对自己信心和能力认知。同时，用这样的话来鼓舞对方积极发言，“我希望你知道我欢迎你提出任何问题”或者“我很看重你的意见并且希望听到”，让对方知道自己是受到重视的。

4）问一些开放性的问题。在等待答案时，要显示充满期待之情，身体稍稍靠前一点。如果需要的话，再问一遍问题，“你最喜欢哪种建议?”或者问，“在你认为，哪种意见可能最有效?”

5）表达出责任感。如果对方仍不开口说话，那么可以采取明确的表达方式，强调他们的责任感，“最终应该由你负责”“你不能求助于我”，等等。

另外，对于默不作声者，一定要注意避免以下几点：

第一不要太过强硬。如果自己趋向于一名充满自信、态度果断的沟通者，可以放低语调、语速，刻意地采取一种更为谨慎的方式。

如果自己趋向于一名攻击性的沟通者，那么要控制住这种攻击的倾向。因为沟通行为越具有威胁性，被动的沟通就会变得越难以沟通，沟通的桥梁也就无法搭建。

第二不要采用批评的方式。沉默不语者希望受到别人的喜欢，他们总想取悦于人。如果他们觉得有些话语听起来像在责备或者挑毛病，他们就会感觉到受到了压制。

第三不要太突然或太急促。通常，沉默不语者要花更多的时间来考虑某种意见或思考某个问题的答案。他们想确信这是一个“好”的建议或者“正确”的答案。

（5）沟通时对方产生逆反心理怎么办？逆反心理是下属拒绝执行上级政策和命令过程中的思想、感情等内心活动。如何对待和解决好下属的逆反心理，是行政人员开展好各项工作的关键所在。

1）宽容大度。下属的逆反心理是由多种因素造成的。人的性格各异，任何领导者都不可能把自己与每一个下属的关系都处理得尽善尽美。因此，彼此之间产生矛盾和分歧在所难免。作为下属，对上级的意见和不满又不好直接表露出来，时间长了，便会形成逆反心理。下属的逆反心理一旦形成和出现，作为行政人员，要首先从自身查找原因，属于自己的责任，要主动作自我批评。对于因下属误解造成的，也要耐心解释，细心说服，冷静对待，时刻注意自身形象。要具有超过一般人的容人之量，表现出领导者应有的风度来。

2）谦虚忍让。谦虚忍让是每个成熟的行政人员所必备的一项素质，下属一旦产生逆反心理，就会成为行政人员开展各项工作的“拦路虎”和“绊脚石”。这种事实一旦形成，作为行政人员，在思想和心态上一定要保持最大限度的冷静和克制，在没有造成大量工作失误和恶劣影响的前提下，要做到谦虚忍让，以屈求伸，同时，做好全方位的客观公正的分析，找准问题的症结所在，对症下药。

3）通盘考虑。对问题的处理能否做到通盘考虑，是衡量一个行政人员领导艺术水平高低的重要标准。下属的逆反心理形成后领导者可以采取多种措施来解决，但是，如果不能站在工作大局的角度去考虑，往往会事倍功半。单纯地就事论事和感情用事，或者以权压人，只会进一步加剧自己与下属间的紧张关系，损害自身的形象，带来极为不利的负面影响。

4）进退有度。下属的逆反心理体现在工作中，就是“顶”着领导者的意图干，被动地去干工作，或是故意歪曲执行领导的决策。在对待这一问题上，行政人员任何无原则的忍让都会在思想和工作中给下属造成可乘之机，使他们得寸进尺，使工作出现被动局面，使上下级关系陷入僵局，给以后各项工作的开展带来难以克服的困难。因此，对于那些产生逆反心理的下属，行政人员要从大处着眼，小处着手，视情节轻重，通过多种形式，该退让的退让，该果断制止的也要果断制止。要因人而异，区别对待，防患于未然。

第九节　协调能力

协调艺术体现为关系的融洽能力。行政人员应以公平、公正的态度平衡上下级之间的需要和利益，善于双向沟通，及时解决公众争议和矛盾纠纷。同时，应通过推行民主管理，增加管理透明度，增强企业凝聚力，积极营造和谐的人文氛围。

一、协调与领导的关系

1. 协调与领导关系的原则

（1）服从原则。服从就是遵循指示做事。服从的人必须暂时放弃个人的独立自主，全心全意去遵从所属机构的价值观念。服从决不是下属的专利，每一个领导者也都必须服从。但是对行政人员而言，在这里尤其要注意服从领导。

另一方面，无原则地服从也是十分危险的。譬如，有的家族企业的企业主处处考虑家族成员的利益，而忘了应该对企业的整体利益最大化负责，这必然会影响非家族成员的信任和信心。同样，因为种种原因，过于迁就领导也会影响团队或整体的士气和凝聚力。所以，服从也必须是有原则的服从，总的应该以服从组织的最高利益为根本原则。

作为下级应该认识到，一个部门、一个组织都是通过对上级的服从来建立其秩序的。下级对上级的反抗必然会使各种秩序遭到破坏，因此，这种行为是不能允许的。当然，上级也是人，在许多方面并不比普通人强多少。有出色的上级，有无能的上级，有不爱负责的上级，有大权独揽的上级，有严格的上级，有滑头的上级。上级有各种各样的类型，都难尽善尽美。但不管是什么样的上级，只要在这一部门工作，都必须听从他的命令。

人虽然都有一种不愿服从别人的心理，但对比自己强的人还是能够接受的。因此，要从行动上增加服从的自觉性，有必要从上级的工作方面、人格方面，去寻找比自己强的一方，做出尊敬他、学习他的姿态。凡是尊敬上级、服从上级的部下，即使是最初上级对他一点好感也没有，也会逐渐改变印象。

但是要注意：在对上级说话时不要过分胆小、拘谨、谦恭、服从，甚至唯唯诺诺，要活泼、大胆和自信。

（2）尊重原则。尊重能让领导感到自己的价值得到了体现，尊重领导是协调与领导关系的基础。

跟上级说话，要尊重，要慎重，但是同时要注意不能一味附和。“抬轿子”“吹喇叭”等，只能有损自己的人格，却得不到重视与尊敬，倒很可能引起上级的反感和轻视。在保持独立人格的前提下，应采取不卑不亢的态度。在必要的场合，也不必害怕表示自己的不同观点，只要从工作出发，摆事实，讲道理，领导一般是会予以考虑的。

（3）请示原则。领导是领导，凡事都要做好请示工作，对于这一点不用多讲。不过有的时候尊重领导却不一定要请示，有些事情，下级请示了领导，但领导不便表态，下级请示了，等于给领导出了个难题。到底应该请示还是不请示不能一概而论，需要在工作中慢慢体会。

2. 与领导相处的技巧

要与领导成为朋友，但不能亲密无间，太随便，或是轻视领导；不可涉及领导的私生活，最好的方法是保持中庸之道，既不引人注目，又不默默无闻，让他感到行政人员的存在，但非无所不在。

在日常工作中，要体谅领导的劳苦，分担他的压力，并观察细致，尽可能考虑周到。不急于表功，把功劳让给领导，表面上他可能会谦虚一番，私底下他会对行政人员存有好感。不忙着提建议，行政人员的建议都表明对领导目前工作运作的不满，所以要选择好时间与场合，才会有助于问题的解决。不依靠领导，要保持工作积极态度，主动帮助、辅佐领导，要有相应的独立性。

3. 赞美领导

赞美别人千万不能言过其实，如果赞美过头，会令人生厌，效果必然适得其反。

人人都想被人夸奖，被人赞扬，但夸奖别人并不是一件容易的事，说过了让人感到你虚伪，说得太平淡又引不起对方的注意。如果说“你这人太正直了，这样是会得罪人的”，这既表示了对对方的关心，又夸赞了对方的品性，而且每个人都喜欢听别人说自己正直。如果说“你工作这么辛苦，一定要注意身体，不要把身体搞坏了”。这种夸奖人人都愿意接受，他不但感到你夸奖他，同时感到你关心他。具体说来夸奖的技巧有：

（1）赞美要快。领导某项工作做得好，行政人员应及时赞美，如果拖延数周，时过境迁，迟到的赞美已失去了原有的味道，再也不会令人兴奋与激动，夸奖就失去了意义。

（2）赞美要诚恳。避免空洞、刻板的公式化的夸奖，或不带任何感情的机械性话语，放之领导而皆准，令人有言不由衷之感。

（3）赞美要具体。表扬他人最好是就事论事，哪件事做得好，什么地方值得赞扬，说得具体，见微知著，才能使受夸奖者高兴，便于引起感情的共鸣。

（4）赞美他比别人更好。在表扬时要有对比。在对比中让对方感觉到自己确实不错。当然在与其他人对比时不要指名道姓，只是指某件事，或一般人在某些事上的态度与对方的区别。或者可以把对方与自己做个对比。好是相对的，不比不知道好，而且一般人都愿意自己比别人好。所以只有把对方与其他人相比时，他才能得到一个准确的感觉。如果对方好，别人也好，那就不是表扬了，对方也得不到准确的感觉，就不会相信主管的表扬是真心的。

（5）背后说人的好话。当面夸奖人有时还不能说明行政人员的真心，但若在背后夸奖别人，肯定会收到更好地效果。他会认为行政人员真的认为他好。只要有机会就说，夸奖得多了，对方自然会知道了。而且也要养成一种背后夸奖人的习惯，这样对工作有益。

4. 批评领导

（1）能不批评领导，尽量不批评。领导有了错误，自己能够弥补解决的，尽量自己解决。

（2）让领导自己想出解决错误的办法，行政人员只是旁敲侧击地提示。

（3）批评领导要注意沟通。

（4）批评最重要的是一定要让领导感到下属的用心良苦。

（5）批评尽可能单独进行。

（6）以表扬的话语作为批评的开场白。

（7）批评的是行动，而不是人。

（8）一个过错，一次批评。

（9）以友好的方式结束批评。

（10）以提醒代替批评。

（11）以关心体谅代替批评。

（12）私下批评。有关批评的话要私下说，这样既顾全了领导的面子，又有利于自己本身的形象。

5. 向领导申辩

领导有错误，下属会批评，下属有错误，领导批评更是天经地义。但是如果领导对下属的批评或者评价是错误的有时就需要申辩，申辩时要注意以下几个方面。

（1）申辩的问题应具有价值。也就是说申辩的问题应是重大的，关乎个人的前程，有长久影响的。如果只是领导对下属开开玩笑，就没有必要申辩了。另外对一个人的认识或对一个事实的评判，不可能与实情完全相契相合。小误差或细枝末节的问题不值得大惊小怪，没有必要郑重其事向领导申辩。就是自己遭了不平，受了委屈，也应潇洒以对，大度处之。只有大是大非，意义重大，涉及原则的问题，才应认真申辩一番。

特别提示：如果遇到这样的情况，该不该申辩

（1）有人向领导反映行政人员工作作风有问题，不安心工作，准备跳槽。

（2）领导感到行政人员专业素养不够，须加强进修。

（3）领导认为行政人员性格有些内向，和同事关系不够融洽。

（4）领导不经意地谈到了行政人员的生活上的一些不好地习惯。

分析：（1）是原则问题，应当坚决申辩。（2）是比较重要的问题，在合适的机会可适当申辩。（3）是一般性的小误解，是否申辩，并无大碍。（4）是生活小事，不值得申辩。

（2）申辩的内容应切中实质。虽然反映的是同样问题，但是由于申辩的角度、方式不同，申辩的质量也会不同，申辩的价值各异，所引起的重视情况也不一。所以申辩之前，最好仔细想想，将问题想得比较透彻了，再向领导申辩。而且由于想得透彻，准备充分，语言也会更有说服力，更有针对性，还会用词简练，节省自己的时间，也节省领导的时间。如果漫无中心，不得要领，是不会引起领导重视的。

（3）申辩的时机应当恰当。当确定了申辩的问题和内容之后，就应当选择申辩的时机了。好的时机能够使申辩卓有成效，反之，申辩就可能无功而返。申辩说到底是个人的事情，不是工作的事情，因此，它对于个人来说是重要的，但是对于整个工作来说，却只是一件小事情。所以，选择申辩时机的时候一定要注意不能影响工作，不能在工作紧张、繁忙的时候进行，当然这并不是说不可以在工作的时间中进行申辩，因为是向领导申辩，除了工作时间，下属接触领导的时机并不是很多，那么，就选择在领导工作不忙的时候，或者在领导忙完一件事情之后休息的时机。

除了时间之外，还要充分考虑领导的心情，最好选择领导心情比较愉悦的时候向领导申辩。最好随时做好申辩的准备，再慢慢地等候时机，要有耐心，不可急于求成。

（4）申辩的陈述应巧妙得体。申辩的语言组织和陈述要求简洁明了，不啰嗦不含糊，让领导一听即明，而且要求稳妥得体，不急不躁，不冒失不冲动。

具体采用什么样的申辩技巧一定要视领导的具体的情况而定。有的领导也许很直爽，反而不喜欢拐弯抹角。

另外，在申辩的时候要注意，虽然是领导对下属有错误的认识，但是，绝对不要责备领导。

（5）申辩态度应谦和诚恳。行政人员尊重领导这是起码的工作态度，即使领导有错误的看法，也不能得理不饶人。申辩是由于领导的否认、否定，经过自己力陈事实，达到重新肯定自己目的的方式，它是让自己得到认可和肯定，而不是给人以自我标榜、自吹自擂的印象，从而引起反感，更不该给人以胡搅蛮缠、强词夺理的误解。所以尽管是要申明事实，辨清是非，也应以谦虚为本，诚恳为怀，这是一种美德和姿态，也会让申辩得到接受。

（6）申辩方式应据情求实。申辩说到底是让领导改变自己既有的态度和结论，弄不好也许会丢领导面子，伤他自尊。因此，在申辩的具体方式上一定要灵活，只要能达到申辩的目的，就是成功。首先要弄清具体情况，场合、情境如何；领导性格、脾气怎样；其次要分析这些实情，寻求具体实在的方式，让申辩在最佳时机进行。一定要根据领导的特点对症下药。

（7）申辩表态应容忍慎重。当下属经过合理的申辩，且真相昭然时，总希望领导能给予及时明确的答复，改变以往的看法和认识，给以客观、准确、理想的评价。但实际情况是，领导总是不动声色，迟迟不表态。下属不能急躁，要予以包容和理解。领导表态总是很慎重的，他要反复考虑，慎重思考，不能轻易推翻一个决定，随便改变一个认识。要留出时间，容他三思。

同时，还应当想到，领导实际的改变，比他口头说出来的更重要，所以申辩成功不应当以领导讲出来的话为准，而应当以领导的实际行动为准。千万不要逼着领导表态，否则，领导可能只是勉强表态，心里并不以为然。

（8）申辩结果应冷静以对。据理力争，据情实说，都是应该的，但毕竟也是一面之词，也会因考虑欠周，核查不实而出现误差，这是申辩时应该考虑进去的。如果领导对下属的申辩是十分重视的，经过认真的反省，最终却未能接受或未能完全接受下属的申辩时，当表现什么样的态度呢？

能对结果从容忍和理解的角度予以正确对待，守住方寸，认真分析和反思，对正确结论谦虚接受，对不公正的结论，保留再申辩的权利这才是正确的选择。

事后应既往不咎。经申辩之后，问题得到了解决，也就万事大吉，一切都结束了，如果在澄清问题的过程中，暴露出对下属的某些不公、不平、偏见、亏待，难免会产生激愤情绪。但这也是成之有因、形之有由的，过去的事都应让它过去。应当经常地检讨自己，看看出现这样的误会到底是为什么。

信奉既往不咎，与有隙的对方自然交往，表现出厚道的做人态度。正常地处关系，做工作，而且吸取往日经验教训，避免同类问题再次发生，并以此显示、表白自我。

6. 如果得罪了领导

由于种种原因，行政人员可能得罪了领导。不管谁是谁非，“得罪”领导无论从哪个角度来说都不是件好事，只要不想调离或辞职，就不可陷入僵局，就必须想出办法来缓解。

（1）反省原因。有的时候，往往是在不经意中得罪了领导，在当时是浑然不觉的，

事后才从领导的态度，言行中发现自己可能得罪了领导。这时候先不要难过，不要垂头丧气，因为这都是没有用的，当务之急是反省一下原因，俗话说“解铃还需系铃人”，一定要找出原因。回想一下领导态度的改变是从什么时候开始的，再由此往前推导，回忆自己和领导交往的种种事件、场合。如果回忆的方法还不能找出原因，可以向一些知情人打听，但是打听的时候一定要讲究策略，一是要向了解领导的人打听，二是不要闹得满城风雨。必要的时候，还可以直接向领导打听，采用诚恳的、开诚布公的方式。

总之，一定要找出原因。因为有原因，才有对策。

(2) 不要表现出来。一方面，不要让领导看出已知道得罪了他，并已经由此对领导产生了隔阂，应当一如既往地做好自己的工作，而且应当做得更好。尤其是不知道是因为什么原因得罪了领导，没有取得领导的谅解的情况下，更应当如此。否则，一不小心，就又得罪了领导。另一方面，不要让同事看出来，最好在同事知道之前就很好地弥补了个人和领导的关系，这样有利于自己的将来。

(3) 不要寄希望于别人的理解。无论何种原因“得罪”领导都会感到苦闷，人在这个时候比较脆弱，往往会想向同事诉说苦衷。但是这种方法并不可取。

因为，如果失误在于领导，同事对此不好表态，也不愿介入别人与领导的争执。假如的确是自己造成的，他们也不会再说自己的不是，往伤口上撒盐，更有居心不良的人会添枝加叶后，反馈回领导那儿，加深自己与领导之间的裂痕。

所以最好的办法是自己清醒地理清问题的症结，找出合适的解决方式，使自己与领导的关系重新有一个良好的开始。

(4) 找个合适的机会沟通。要消除自己与领导之间的隔阂，最好是主动伸出“橄榄枝”。如果是自己错了，就要有认错的勇气，找出造成自己与领导分歧的症结，向领导作解释，表明自己在以后以此为鉴，希望继续得到领导的谅解。假若是领导的原因，在较为宽松的时候，以婉转的方式，把自己的想法与对方沟通一下，也可以自己的一时冲动或是方式还欠周到等原因，无伤大雅地请求领导宽容，这样既可达到相互沟通的目的，又可以替其提供一个体面的台阶下，有益于恢复与领导之间的良好关系。

(5) 找个合适的人充当和平使者。如得罪了领导最好是自己独立处理，但是如果得罪的情形已经比较严重，自己和领导沟通起来已经非常的困难，这个时候就不妨主动找出一个人做和平使者，调节自己和领导的关系。不过这个人要慎重选择，首先，他应当和领导的关系非同一般，对领导有点说服力，或者领导至少会给他面子。其次，自己和这个人的关系也要不错，至少能够请得动他，因为这样的事情很多人会因为怕麻烦而不去做。最后，就是这个人本身愿意帮助去做。

要注意找人调停，应在自己多次向领导请求原谅而没有成功的情况下。否则，领导会认为你自己的事情不自己出面是缺乏诚意。

(6) 利用一些轻松的场合表示对领导的尊重。即使是开明的领导也很注重自己的权威，都希望得到下属的尊重，所以与领导产生冲突后，最好让不愉快成为过去，不妨在一些轻松的场合，比如会餐、联谊活动等，向领导问个好，敬一下酒，表示对领导的尊重，领导自会记在心里，排除或是淡化彼此之间的敌意，也同时向人们展示自己的修养与风度。

7. 对领导说“不”

行政人员应当服从领导的安排，但是有时候，领导吩咐干一件事，但是这件事情或许是应该别人做，或许超过了本人的负荷，是无法完成的，或许是超出了个人的能力，是不能做的，这时，如果硬着头皮答应下来，可能一时令领导高兴，但是从长远来看，自己会很苦闷，而完不成任务，领导也会非常生气。而且明明是已经应承下来的事情却完成不了，领导对他的看法恐怕会加倍不好，所以应该敢于对领导说“不”。当然，还必须善于说“不”。因为，说“不”是一种拒绝，会令领导感到受挫折，进而感到不高兴。所以说“不”和批评领导、赞美领导、向领导申诉一样，应当讲究策略和技巧。

二、协调领导之间的关系

一个单位或公司的两位主要上级闹矛盾，作为行政人员没有必要介入到上级领导们的矛盾中去，更不能说三道四，扩散这种矛盾。因为把上级间的矛盾向外界散布，会助长这种矛盾，使之公开化、表面化。另外，还会损害整个上级领导班子的声誉，对做好工作是极为不利的。所以，身为行政人员，一定要学会守口如瓶，保守秘密。但是，守口如瓶，并不等于什么都不说，别人一问三不知、装聋作哑也不好，正确的方法是，注意加强自己的修养，采取积极的态度，谨慎地去对待。

（1）公平公正，忌有亲有疏。面对上级间的矛盾，作为行政人员必须以实事求是的精神，站在客观公正的立场上，将一碗水端平，决不能凭个人好恶、感情亲疏、“势力大小”，亲一方疏一方，维护一方反对一方。只要不违背原则，两位上级领导说的话都要听，布置的任务都应完成，即使工作很忙，一时难以完成，也要根据轻重缓急合理安排，做到统筹兼顾，不可厚此薄彼。当遇到两位上级安排的工作彼此矛盾时，要善于动脑，通过认真分析，对原则错误或虽无原则错误但在实践中行不通的事情，不能盲从，是哪位上级布置的，就要坦诚地向其说明情况，解释清楚，提出自己的看法和建议，当好参谋。解释时，只谈自己的看法，不可透露出另一领导的不同意见和其要自己完成的工作。

（2）超然事外，忌卷入是非。通常两位主要上级矛盾较深的单位，都不同程度地存在着矛盾双方都想在自己周围拉一帮人的现象。个别素质不高的上级，为达到个人目的，还可能会在一个人面前说别人的“不是”，指责挑剔，评头论足，有的为讨好拉拢下属，甚至可能在下属面前说丧失原则的话。遇到这种情况，只能“洗耳恭听”，守口如瓶，恪守“三不”：一不多嘴多舌，添油加醋，介入矛盾，参与“派仗”；二不当传话

简，这边说说，那边讲讲，通风报信，两面讨好；三不在下属中嘀嘀咕咕，乱发议论。当某一上级领导主动征求意见或要求表态时，要对事不对人，只谈自己的看法，不要涉及上级间的是是非非，更不能趁机挑拨离间，无原则地吹捧和投靠。总之，要超然矛盾之外，方能明哲保身。

（3）巧妙沟通，忌隔岸观火。作为企业行政人员，无论于情于理，还是从维护整体利益出发，都要做到既超然事外，又不隔岸观火，坐山观虎斗，要尽自己所能，做些沟通协调、化解矛盾的工作。一是当上级之间产生误会时，要主动从维护团结的大局出发，巧妙间接地提供一些有利于团结的情况和信息，帮其解除误会，缓解双方的矛盾。在提供信息时，要置自己于主动地位，不要卷进矛盾的旋涡。二是当上级间的矛盾激化时，要当“灭火剂”，善于从下属的立场，客观如实地反映大众的一些看法、要求和建议，并晓之以理，动之以情，但要注意不评判你是我非。三是当上级的矛盾发展到不可收拾的严重地步、下属不可能协调时，可主动向上级有关部门反映情况，使矛盾得到妥善解决。

（4）善于补事，忌添油加醋。作为行政人员，不能在上级领导之间有意见分歧或矛盾的情况下再从中搬弄是非，但采取冷眼旁观的态度也不对。正直聪明的行政人员，要善于从中补事，多做补台、促进团结的工作。这需要从以下两方面入手：一是不做“长舌妇”。听到某上级领导对其他领导不满或贬低其他领导的话，绝不可把话传给对方。二是善于“熄火”。上级在气头上，可以自然巧妙地把话题引开，谈点能使他高兴的事，也可拉他下盘棋或打打扑克，让他消消气。通常情况下，一个人冷静时认识问题和在气头上做出的判断是不一样的。

三、协调与同事的关系

（1）不要和同事距离过近。“距离产生美感”，同事之间应当保持适当的距离，这样有利于赢得同事的尊敬，也能令同事感到彼此之间有自己的空间，平时不探听同事的隐私，而且和同事保持距离有利于公事公办。其实，和同事保持恰当的距离，首先会令同事感觉到对他的尊重，因此他也会对对方表示尊重，因为尊重是互相的。

对人际距离的把握应注意以下几个方面：

1）要尊重别人的隐私。

2）要有容纳意识。

3）要懂得运用距离效应。距离效应是指由于时间的阻隔，彼此间有了距离；一旦把距离缩短，重新相聚，双方的感情就能得到最充分的宣泄。

应当培养自己拉开一定距离看他人的习惯，同时也不要时时刻刻把自己的透明度设置为百分之百。内心没有隐秘足显自己的坦荡，但因此也会失去应有的人际距离，无形中为以后的人际矛盾种下祸根。

(2) 不要给别人一个现成的托词。同事之间相处，尤其是在工作合作的时候，难免会出现问题，有可能同事干活比较偷工减料，这时候，如果为了赢得同事的好感，而给对方找托词，可能不但得不到同事的好感，他反而可能认为你比较软弱，好欺负，而毫无尊敬之情。在办公室，赢得好感是很重要的，但是赢得尊重，是赢得好感的第一步。

(3) 提出合理要求时不要表示歉意。同事之间工作合作，相互之间提出一些要求是自然而然的事情，但是要注意提要求的时候口气要委婉，自己和同事是平等的关系，提要求的时候，不能用上级对下级的命令口吻。

但是，同时也要注意，当自己提出一个合理要求后，不要同时表示歉意。例如：让同事负责任地完成他应当承担的工作，并且让他及时完成，因为他的进度，直接影响到自己工作的进度。同事听了过后，很不高兴，没有好脸色，或者同事感到很委屈，难受，于是又于心不忍，几个小时后就对他说："刚才不好意思，我的语气也许有点重，但是你知道我只是想让我们两个人的工作完成得更好。"做完一件事之后表示的歉意，通常是心有内疚或忧虑的结果。用这样的方式来取消一个坚强的声明，会使自己丧失尊严。

(4) 不要过分宽限分派的任务。例如，千万不要对同事说诸如此类的话："我要在星期五看到那份报告，不过我可以等到下星期。假如事情顺利的话，也许再迟一点也无妨。"一项清楚说明自己希望那份报告什么时候完成的直截了当的声明，既能防止误解，又可以使报告有可能及时交付。

(5) 不要把自己的责任推给别人。与同事合作的时候，如果出现了问题和错误，绝不要把责任推给别人，一定要敢于面对自己的错误，并且勇敢承担，甚至恰当的时候，还可以适当分担别的同事的责任，一个"敢作敢当"的人是很能赢得别人的尊敬的。所以不要害怕犯错误，关键是要勇敢承担后果和责任。大家都喜欢勇敢承担责任的人。

四、协调与单位、部门之间的关系

前面所讲的如果还只是行政人员个人的协调问题，未关乎行政人员职能，那么下面将要谈到的协调就是行政人员的基本职能之一了。当然，要是已经掌握了上面的协调的方法和艺术，那么做好单位、部门之间的协调也就简单了。

1. 部门协调的难度

部门之间协调的高昂成本，不仅存在于大规模组织内，同样也困扰着成长中的中小型公司。这是因为：

(1) 职能部门未能将各自的目标有效地整合在组织目标之下，尽管各自制定的目标似乎都无懈可击。

(2) 组织内部资源的紧缺与竞争环境的压力，导致各部门之间沟通的代价日益增加。

(3) 组织所倡导和形成的文化氛围及员工的互动方式，决定了沟通效率的差别。在公司里，员工和中级行政主管花在内部沟通的时间大约占其工作时间的 40%～50%，而对于高层行政主管，这个比率会更高。

2. 跨单位协调的难度

跨单位沟通有难度是因为单位之间存在着利益的不同，加上不同单位属于不同的系统，单位的工作方式、工作习惯和单位的企业文化都不同，所以单位之间的协调往往存在难度。

但是，也要看到不同单位都是处在同一个社会系统中的，有相同的利益点，有合作的必要，这也就决定了跨单位协调的可能性。

行政人员在做好跨单位协调的时候，一定要注意抓住这些利益结合点，采取博弈的方法。所谓博弈的方法就是指寻找单位利益的最大结合点。

3. 部门之间的协调

(1) 部门的协调内容

1) 计划协调。计划协调是指行政人员在制定实施计划过程中的协调。行政人员在制定计划的时候应当考虑本单位的长远发展，要考虑本部门和其他部门的协调发展的问题。要考虑到工作的轻重缓急问题，要将人力、物力、财力用到最急需的，最重要的地方。计划协调要胸有全局。

2) 政策协调。政策协调就是政策本身具有的协调性，保持政策的一致性，注意政策横向矛盾，前后政策的割裂等。政策的制定与办公室有密切的关系，应当注意政策的全面性，针对性，既要有原则性，又要有灵活性。注意政策的继承性、配合性。

3) 事务协调。事务协调是部门工作量最大的一项协调。它主要包括：

①公文协调。包括草拟公文的协调，发文协调等。

②会议协调。包括会议召开（是否召开、时间、地点等）的协调，会议议题的协调，会议纪要的协调，会议决定事项落实的协调。

③其他日常事务的协调。

(2) 协调工作的原则

1) 从属原则。也就是说行政人员协调必须按照领导的意图、要求去协调，领导让协调才协调，不能越权。

2) 调查研究的原则。只有调查才能在协调工作中抓住矛盾，找到关键，使协调工作有效地进行。

3) 政策性原则。进行协调工作的时候一定要把握好政策的尺度，不能以感情代替政策。

4) 灵活性原则。协调的时候既要按照政策办事，但是同时又要注意灵活性，这主要表现在，协调的方法可以多种多样，协调过程中要讲究技巧。

(3) 协调工作的艺术

1) 抓住时机。做好协调工作一定要注意掌握好时机，只有这样才可能使协调工作事半功倍。相反，错过了时机，工作起来难度可能就会很大。比如对上级协调要抓住领导心情比较好地时候进行，对下级协调则要注意顺水推舟。

2) 态度冷静。所谓有协调就表明可能有冲突，因为有冲突才要求协调，而冲突使事情复杂，人际关系、部门关系紧张，因此行政人员做协调工作的时候一定要注意态度冷静。只有这样才可能做好协调工作。

3) 利用非制度因素。也就是说在协调的过程中，不完全利用制度、政策方面的因素，而是借助以前培养起来的人际关系的资源，利用人们之间的感情因素。

4) 高超的语言艺术和灵活的应变能力。协调中语言的作用很大，所以行政人员必须具有高超的语言艺术，同时面对不同的情景，还必须有灵活的应变能力。

第十节　行文能力

一、常用文书拟制

文书拟制是一项群体工作，需要履行一定的程序，对于一般性的文书，这一程序一般分为准备、撰拟、审核修改以及签发、缮印四个阶段。

1. 准备

(1) 选择文种。在公文中正确标明文种有利于维护公文的权威性、有效性，并且方便公文的写作与处理。选择文种的主要依据是：企业关于公文处理法规中有关文种的规定；与主要受文者之间的工作关系；行文目的。

(2) 调查研究，收集材料。材料是公文写作的基础，在明确行文的目的与要求、选定文种之后，就应进行深入地调查研究，收集和占有材料。调查研究可以综合运用会议调查、访问调查、统计调查、文献调查等方式。

(3) 选择表达方式。公文一般兼用说明、叙述、议论三种表达方式。在写作前，应依据公文性质与行文目的来确定表达方式。

2. 撰拟

(1) 安排结构

1) 确定公文的组成。公文的结构除去必须具备的基本组成部分外，还应根据每件公文的特殊需要正确选取其他组成部分。

2) 确定正文的表述次序。在安排表述次序时，要照顾不同文种的特点，根据其反映信息的角度、方式以及信息容量而采用不同的排列形式。如陈述性公文，通常根据工作活动的发展变化过程安排次序，要求来龙去脉清楚，因果关系分明，前后连贯完整。

3）安排层次、段落间的衔接与转换。衔接转换的方法一般是在正文内容与表述方法发生变化的时候，在上下文之间使用关联性的词、词组或者句子，以使段落前后衔接。在公文中更多的是使用承转词，如“据此”“基于上述”“综上所述”“总而言之”等。

4）写好开头与结尾。公文的开头通常采用下述形式：简单交代制发公文的根据与目的；概述有关情况，使读者了解制发公文的背景；以简要文字揭示全文主题，引起读者注意；阐明基本观点，使读者在开头处即获得明确的认识；直接点明结论，以启发读者的思考，增强公文的鲜明性；表明批准、批转或转发公文的通知；表示祝贺、敬意、谢意等，多用于文函与讲话稿。公文的结尾通常采用下述形式：使用公文结尾词语，强调行文目的，如“特此报告（函复、通知、函告……）”“此令”“专此”等；概括与深化主题，帮助读者进一步理解全文；陈述具体要求，如“上述要求，请予批准”；发出号召，提出希望与要求；说明公文生效、施行时间。

（2）起草正文。所有发文都要先拟草稿，待领导审核签发后才成为定稿。依成稿顺序可以将草稿按顺序称为一稿、二稿、三稿等；依稿件性质分为讨论稿、征求意见稿、送审稿、报批稿等。

草稿的撰拟与保管都不容忽视，起草时，一定要按既定的提纲逐层展开，根据原来构思的路子组织材料，加工成文。拟稿时，思路要畅通，眼界要开阔，写不下去时，要清醒头脑，整理思路，进一步充实材料，待成熟时一气呵成。

3. 审核修改

（1）审核。为了更充分地体现发文意图，实现发文目的，在初稿完成之后要由部门负责人或有关人员进行核稿，这是定稿的必经之路，是成文的重要环节。核稿就是从内容、文体形式和语言文字等方面进行把关。

思想内容要充分体现发文意图及本企业的工作实际；提出的任务范围、措施要适合、适度、适时且明确、具体、切实可行。

文体形式的审核，一看以何种名义行文，是否需要联合行文，切忌出现两个部门同时就同一问题向领导请示的现象；二看文种选用是否正确；三看发送范围、秘密等级、急缓程度等项的确定是否妥当，是否与文书的体例相符。

语言文字的审核主要是指实用语体的运用，也就是看业务术语的运用是否恰当，事务语体（如称谓语、经办语、引述语、表态语、征询语等）的运用是否得体，格式语（如开头、结尾用语，缩略语，介词等）的运用是否合体。

（2）修改。核稿人发现问题后，及时将稿件返还撰稿人进行修改。尽管撰稿人在动笔前已经深思熟虑，但在完成由“意”到“文”的转化过程中，仍难免会出现“文不达意”的遗憾，很难尽善尽美。这就要求文书人员在草稿完成后，主动向领导和同事征求意见，从内容、结构形式、语言表达等方面认真斟酌、推敲，反复锤炼、完善。

(3) 定稿。经过反复修改后才能最后定稿。定稿后，拟稿人最后要用企业统一的16开单面固定格式的稿纸誊写清楚。一定要书写工整规范，文面整洁美观，同时，还要特别注意行文格式。

4. 签发、缮印

(1) 签发。签发是决定文书定稿与批准发出的关键一环，是领导人行使职权，使文书生效的行为。签发是一项非常严肃的工作，经签发的公文，签发人必须对其负完全责任，签发前必须认真阅读，全面审核，逐字逐句推敲、斟酌、修改，确定无误后，在签发栏内签注意见并签署姓名及日期，切忌马虎从事，随意签发。

(2) 缮印。缮印指誊抄、缮写和排版、印刷。缮印是文书办理的重要组成部分，它直接关系到文书办理工作的时效性和准确性，所以，缮印要做到：格式规范，版面布局合理，美观大方，装订整齐、牢固，便于收文企业传阅、办理和保管，字迹要工整清晰，字体大小有别，条理分明有序，图表排列得当。印刷过程中还要爱护原稿，不要涂抹或污损，以备归档保存。

(3) 校对。校对是保障文书质量的最后一道关口，必须认真仔细，一丝不苟。如果把关不严，发生错误，哪怕是一字之差，也会给工作带来重大损失。

(4) 用印。印章是权力的象征，文书加盖印章是文书生效的标识，这是公文制作完成的标志，必须按照公文的标准格式在固定的位置加盖公章。

二、常用文书写作

1. 行政文书

(1) 决定

1) 什么是决定。决定是党政机关、社会团体、企事业单位对重要事项或重大行动作出决定或安排，是向所辖范围制发的指挥性公文。

2) 如何写作决定。决定一般由首部、正文和尾部三部分组成。

第一部分，首部。一般包括标题和成文时间两项内容。

决定的标题有两种构成形式：一种是由发文机关、事由和文种构成，如《中共中央关于建立老干部退休制度的决定》。另一种是由事由和文种构成，如《关于严惩严重危害社会治安的犯罪分子的决定》。

成文时间指发布决定的时间。有的在标题正下方注明成文的年、月、日，也有的用括号注明该决定什么时间、经什么会议通过等内容。

第二部分，正文。决定正文的结构一般由开头、主体和结尾组成。开头主要交代决定的缘由或根据；主体部分说明决定事项；结尾部分提出希望、要求或关于执行决定的有关说明。

有的决定的正文部分只有前两项内容，主体写完，全文就结束。

决定正文内容的布局安排，大体有两种写法：

段落表述法：段落表述法是用一段或者几段文字表述决定内容。

标序列述法：标序列述法，是用序号依次来表述正文内容的方法。有时序号后面可以设小标题，提示每部分内容。这种方法一般用于表述内容比较复杂的决定。

有的决定需要带附件。有附件的决定，应当于正文之后、发文机关署名之前注明附件的名称或依据，并将附件附在主件之后。

第三部分，尾部。即发文机关和日期。

例文：

××厂关于授予×××、×××
先进工作者称号的决定
××××年×月×日

××车间技术员×××、×××在自己的工作岗位上，不怕困难，刻苦钻研……为全厂的技术改造工作做出了重大贡献，是全体职工学习的榜样。为此，经研究决定：授予×××、×××先进工作者的称号，并颁发证书。

希望全厂职工，向×××、×××同志学习，为超额完成今年的生产任务而努力工作。

(2) 通知

1) 什么是通知。通知是知照性公文，是上级机关用来批转下级机关的公文、转发上级机关和不相隶属机关的公文，发布规章，向下级机关和有关单位传达需要周知或者共同执行的事项，以及用来任免和聘用干部的。

2) 如何写作通知。通知一般由标题、主送机关、正文、落款和日期五部分构成。

第一部分，标题。主要由发文机关、事由和文种组成。有些情况特殊的通知，在标题中应写明性质，在“通知”前加上说明词语，如“紧急通知”“补充通知”“联合通知”等。

第二部分，主送机关。在标题下、正文前顶格写受文的单位或个人。

第三部分，正文。包括通知的缘由、通知事项、通知要求三部分。

第四、第五部分，落款和日期。发文机关如果已经在标题中写明，这里可以不写；成文时间如果在首部写了，这里也不再写。落款和日期写在正文右下方。

例文：

××地区行政公署办公室通知

各县（市）人民政府：

经行署领导研究决定，定于×月×日在行署召开各县（市）人民政府办公室主任会议三天，传达省政府关于公文处理的有关指示，请各县（市）人民政府办公室主任或副主任一人参加。

××××年×月×日（盖公章）

（3）通告

1）什么是通告。通告是国家机关、社会团体、企事业单位在一定范围内向社会公众或者有关单位、人员公布应当遵守或者周知的事项的知照性公文。

2）如何写作通告。通告一般由标题、正文和落款三部分组成。其各部分的格式、项目内容和写法如下：

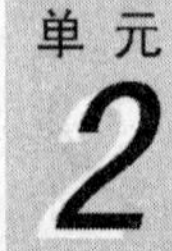

第一部分，标题。通告的标题有四种构成形式：一是由发文机关名称、事由和文种构成；二是在文种前面冠以发文机关名称，如《中华人民共和国公安部通告》；三是事由和文种构成；四是只写文种“通告”。实践中，前三种形式用得较多，而最后这种形式比较少见。

第二部分，正文。通告正文的结构一般由开头、主体、结尾和结语四部分组成。

开头主要交代缘由、根据。要求概括说明发出通告的原因和目的。法规性通告一般还要求写清法律依据，以增强通告的法律效力。缘由后面常用习惯用语“通告如下”“特作如下通告”等过渡到下文。

主体即通告事项部分，主要说明通告具体内容。这一部分由于事项比较多，常常采用标序列述的方法来写。要求做到主旨鲜明，事项具体，条理清晰，简洁通俗，便于理解执行。

结尾提出执行要求或号召。有的通告没有结尾段。

结语一般单独设段，用“特此通告”作结，以体现通告的规范性和严肃性。

第三部分，落款。通告的落款与标题有关系，标题有发布单位的，后面则无落款；标题没有发布单位的，落款是注明发布单位。发布通告的时间，写在标题之后，内容之前；或写在落款后面都可以。

例文：

关于 ICP 补办审批和备案登记手续及 BBS 专项审批事宜的通告

各互联网业务经营单位：

根据国务院令第 292 号《互联网信息服务管理办法》和信息产业部相关文件规定，我局正在进行对互联网信息服务业务（ICP）核发经营许可证和备案登记工作，对其中的电子公告服务（BBS）将实行专项审批。现将有关事宜通告如下：

一、即日起我局开始对 BBS 栏目进行专项审批工作。有关申办程序见网址：www. bca. gov. cn。

二、北京地区 ICP 经营许可证及备案登记的补办工作截止日期为：××××年×月×日，目前补办工作仍在继续。相关程序见网址：www. bca. gov. cn。少数仍未办理经营许可证或仍未履行备案登记手续的 ICP 请尽快办理相关手续。

三、ICP 经营许可证及备案登记的补办工作截止后，我局将组织力量对未按规定办理相关手续的 ICP 进行清查，关闭相关网站。各计算机信息网络国际联网业务经营单位不得为未获 ICP 经营许可证或未办理备案登记手续的 ICP 提供接入服务。否则，将依法承担相应责任。

北京市通信管理局

××××年×月×日

（4）请示

1）什么是请示。请示是下级机关或个人向上级机关请求决断、指示、批示或批准事项所使用的呈批性公文。

2）如何写作请示。请示由标题、主送机关、正文、落款四个部分组成。

第一部分，标题。标题有两种写法：一种写法是只标明请示的事由和文种。另一种写法是在标题的事由和文种之前，还加上发出请示的机关或个人的名称。请示的标题要明确标明请求批示（批准）的问题是什么。

标题要写明制发机关名称（如有版头，也可省略），事由与文种。如《国家税务局关于加强批发扣税工作的请示》《×××局关于召开 2003 年城市管理工作总结表彰会议的请示》。

文题一定要写“请示”，凡写“申请”“要求”“请求”都不对，上级机关可不予受理。

第二部分，请示的主送机关。这是指请示报送的直接的上级主管机关，要写机关全称或者规范化的简称。

第三部分，正文。正文是请示的主要部分，从称呼的下一行空两格开始写起，正文内要写清楚请示什么问题，目的是什么，有什么要求。如果请示的内容比较简单，用一段文字写出即可，假如内容较多，可分几段文字写。正文内容写完以后，另起一行写上一句简单的结束语，如“以上报告是否妥当，请批示”。

第四部分，落款。要写明请示的单位或个人和时间，并加盖公章。

例文：

××电视机厂关于引进彩色电视机生产线的请示

××市电子工业局：

随着人民生活水平的提高，当前市场上的彩色电视机供不应求，黑白电视机销售不畅。我厂由于设备陈旧，所生产的××牌黑白电视机大量积压，工厂面临亏损的局面。

为了迅速扭转上述局面，根据中央电子工业部有关规定精神，我厂拟从日本松下电器株式会社引进一条目前较先进的彩色电视机生产线。所需资金 120 万元（美元，下同），由我厂自筹 50 万元，其余 70 万元可向中国工商银行贷款解决。引进后，第一年即可试生产彩电 20 万台。第二年正式投入生产后，年产可达 50 万台。两年内还清银行贷款，此后每年上缴国家税利人民币 200 万元。

当否，请批复。

××电视机厂（印章）

××××年×月×日

（5）批复

1）什么是批复。批复是答复下级机关或个人请示事项的公文，是上级对下级来文所提出的请示而表明的态度或作出明确回答的公文，是一种下行文。

2）如何写作批复。批复的内容由标题、主送机关、正文、结尾四部分组成。

第一部分，标题。由制发机关、事由、文种三要素组成。

第二部分，主送机关。批复只主送请示机关，即谁请示批复给谁。

第三部分，正文。由两部分组成，一是引据，也就是正文的开头部分，写明是针对何文所作的批复；二是答复为来文的请示事项所作的答复；三是正文结尾部分，多用“此复”“特此批复”来结束全文。

第四部分，结尾。写上批复的机关和日期，标题中有制发机关的可以不写机关。

例文：

关于同意生产口服新药×××的批复

××市经委：

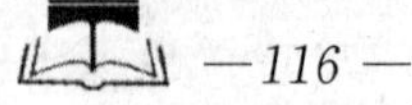

你市×××厂20××年×月×日“关于生产口服新药×××的请示”收悉。根据《药品管理法》的有关规定，我们于20××年×月×日会同××地、市医药和卫生部门，联合对×××厂进行了检查验收，认为该厂已基本具备生产条件，同意正式生产。请你委转告该厂，抓紧投产的准备和办理药品审批手续。

此复

××省医药总公司　（章）
××省卫生厅　（章）
××××年×月×日

抄报：卫生部、国家医药管理局、卫生部生物制品检定所，省政府办公厅、省经委。

抄送：省工商局、药检所、医药经营公司，××地区医药分公司、卫生局、药检所，××市医药公司、卫生局、工商局、×××厂。

（6）通报

1）什么是通报。通报是国家机关、社会团体、企事业单位用于表彰先进、批评错误，传达重要精神或者通报有关情况的公文。

2）如何写作通报。通报一般由首部、正文和尾部三部分组成。其各部分的格式、内容和写法要求如下：

第一部分，首部。通报的首部主要包括标题和主送机关两个项目内容。

标题通常有两种构成形式：一种是由发文机关名称、事由和文种构成；另一种是由事由和文种构成。此外，有少数通报的标题是在文种前冠以机关单位名称；也有的通报标题只有文种名称。

主送机关除普发性通报外，其他通报应该标明主送机关。

第二部分，正文。通报正文的结构通常由开头、主体和结尾等部分组成。开头说明通报缘由；主体说明通报决定；结尾提出通报的希望和要求。

第三部分，尾部。尾部应写上发文机关和日期。

例文：

中共××市××区委员会、××市××区人民政府
关于对×××同志秉公办事不受礼给予表扬的通报

×××同志是区政府修复××城办公室负责人之一，工作一贯积极努力。

2002年5月15日晚上，外地某砖厂负责人到他家谈城砖问题，客人临走时说：“平常您对我们工作很支持，工作挺辛苦。我们买了两瓶酒、一条烟，小意思，请您收下。”

客人见×××执意不收又从提包里拿出一叠东西塞到一本书底下，转身就走。×××一看是人民币，急忙追出门说："你的东西和钱我不能要。"客人说："这事没外人知道，您收下没关系。"×××怎么给他，他也不收，急急忙忙地走了。×××回到屋里一清点，共有人民币5 000元整。第二天上午，×××拿着钱和东西向领导汇报了这件事，明确表示钱和东西不能收。

×××同志平时对自己要求很严格，并常对周围的同志们说："大家做事一定要秉公无私，要敢于抵制社会上的不正之风。"他这样说，也是这样做的。

在这之前，砖厂负责人几次请他下饭馆，都被×××拒绝了。原定城砖每块九角，×××严格质量要求，凡是不合格的，他都坚持退货，前后两批共退了2 600多块。对于修建城墙、城门的施工队，×××要求也很严格，常叮嘱大家，修复××城国家投了那么多资，因此质量一定要保证；凡是不合格的一定要返工。有的队因此返工数次，直到合格了才验收。

×××同志工作兢兢业业，一丝不苟，不吃请，不受礼，秉公办事，体现了一个共产党员的高贵品质。区委、区政府决定给予通报表扬。

希望全区广大干部、职工学习×××同志的这种精神，为我区的"小康"建设多做贡献。

中共××市××区委员会

××市××区人民政府

××××年×月×日

(7) 决议

1) 什么是决议。决议就是公布经过会议讨论通过并要求有关单位和个人贯彻执行的一种公文。会议一作出决议，就要求有关单位或个人，必须遵照执行。决议具有指导和指示作用。

2) 如何写作决议。决议一般由三个部分组成：标题、通过的会议和日期、正文。

第一部分，标题。标题要写明发文机关或会议的名称和文种。发文机关或会议名称，要写全称，不要省略。文种也不能省略。标题有两种写法：

完整标题法使用频率最大，因为这种标题最能体现决议严肃、郑重的特点。

事由加文种或会议加文种的标题法的表现形式一般是：××××会议批准×××××的决议。

第二部分，通过的会议和日期。即在标题下面，注明该决议由什么会议、于什么时间通过，并用括号括上。

决议的时间，不能写在决议的正文之后，而是写在标题之下、正文之前，通常用括号注明是什么时间，在什么会议上通过的，表示生效时间。如果标题中未写明通过决议的会议名称，那么此处时间之后，应加上某会议通过字样。

第三部分，正文。正文的写法因决议类型不同而有些差异。决议的正文，一般写三个内容：

对被批准的议案等，给予充分的肯定和恰当的评价；对报告中提出的工作要点表明支持态度；对下级干部和群众发出号召。

例文：

第十届人民代表大会关于政府工作报告的决议

××省第十届人民代表大会第二次会议审议了×××省长代表省人民政府作的《政府工作报告》。会议认为，报告实事求是地总结了过去一年的工作，对 2004 年工作的安排思路清晰，目标明确，切合实际，措施积极可行。会议决定批准这个报告。

会议认为，过去的一年，是我省改革发展过程中极不平凡的一年。在党中央、国务院和中共××省委的领导下，全省人民按照“开好局，起好步”的总体要求，紧紧围绕发展这个党执政兴国的第一要务，团结拼搏，开拓进取，经受了“非典”疫情和特大洪水灾害的严峻考验，全省国民经济持续快速健康协调发展，人民生活水平进一步提高，各项社会事业全面进步，较好地完成了省十届人大一次会议确定的主要目标任务，成绩确实来之不易。

会议指出，2004 年是我省全面建设小康社会起步阶段至关重要的一年，也是实现“十五”计划的关键一年。面对新形势、新任务，我们必须树立全面、协调、可持续的科学发展观，进一步解放思想，增强发展意识，抢抓发展机遇，加大改革力度，加快开放步伐，以工业化为核心，以结构调整为主线，以全面实施“861”行动计划为重点，巩固农业基础地位，推进产业升级，统筹城乡协调发展，大力发展社会事业，努力改善人民生活，维护社会稳定，促进社会主义物质文明、政治文明和精神文明的协调发展。为此，必须统筹兼顾，突出重点，认真抓好事关全省经济社会发展全局的各项工作。要围绕农民增收，做好新形势下的“三农”工作；打造产业基地，加速产业结构化升级；扩大对外开放，提高招商引资水平；加快体制创新，增强经济发展内在潜力；继续扩大投资，夯实经济增长基础；加强分类指导，推动区域经济协调发展；坚持以人为本，改善人民群众生活；强化统筹意识，促进社会全面进步。

会议强调，完善社会主义市场经济体制，对加强政府自身建设提出了更高要求。要进一步推进政府职能转变，提升依法行政水平，提高机关工作效率，加强勤政建设，保持良好精神状态，认真贯彻实施《中华人民共和国行政许可法》，努力形成行为规范、运转协调、公正透明、廉洁高效的行政管理体制。

会议号召，全省人民要更加紧密地团结在以胡锦涛同志为总书记的党中央周围，坚持以邓小平理论和“三个代表”重要思想为指导，深入贯彻党的十六大、十六后三中全会和省会七届五次全会精神，在中共××省委的领导下，同心同德，奋发图强，与时俱进，开拓创新，全面完成本次会议确定的各项目标任务，为加快发展、富民强省，全面建设小康社会而努力奋斗！

(8) 指示

1) 什么是指示。指示是一种指导性文件，是领导机关对下级机关布置工作，阐明工作活动的指导原则的下行公文。

2) 如何写作指示。指示的内容一般由首部和正文两部分组成，有的指示还有尾部。各部分的格式、内容和写法如下：

第一部分，首部。主要包括标题和成文时间两项内容。有的指示还要写主送机关。

标题多采用完全式标题，即由发文机关、事由和文种构成，如《国务院关于加强电子政务工作的指示》。

成文时间用括号注明年、月、日，标在标题下方正中位置。

除部分针对普遍性问题而发的指示外，其他指示大都有主送机关内容。这一项目的格式与一般公文相同。

第二部分，正文。其结构一般由开头、主体和结尾三部分组成。开头部分交代指示缘由或者根据；主体部分说明指示事项；结尾部分提出执行要求。在指示缘由后面，用“为此，特紧急指示如下”或者“特作如下指示”等语提起下文。

指示的缘由主要用以阐明发出指示的原因、目的、根据、意义等。

指示的事项是指示的主体部分。包括工作任务、指导原则、具体步骤、措施方法等项内容。其写法一般采用标序列述的方法。要求论述完整、层次清晰，表述具体明白，以便执行。

指示的执行要求是为保证指示得以贯彻执行，必然要向受文者提出希望和要求。

第三部分，尾部。有的指示公文，标题中没有发文机关，标题下也没有设时间项，要在尾部写上发文机关的全称和年、月、日期。如果标题中已有发文机关，可以只写时间一项。

例文：

××防汛总指挥部关于加强防汛工作的指示

自7月3日起，长江上中下游普降大雨，16日沙市水位最高达43.43米，超过危险水位1.13米。荆江大堤曾因獾洞发生漏洞，经抢堵后幸未成灾。长江下游皖南、苏南地区，因遭特大的暴雨（安庆三天降雨量曾达416毫米），部分地区曾发生山洪及内涝灾害。淮河流域及苏北沂、沭河区，7 月中旬，亦曾发生连续暴雨。除淮河南岸的潢川专区和六安专区的部分地区曾发生山洪及内涝灾害以外，其余各地情况尚平稳。

截至现在，我们的防汛工作虽已取得初步胜利，但按一般规律，今后的一个多月内，是全国防汛工作最紧要的阶段，各地区各流域水利机构和防汛机构都应继续提高警惕，加紧堤防检查和防汛准备工作，以期战胜洪水，保障今年的农产丰收。

（一）曾经一度涨水或正在涨水的河流，如长江、珠江，沂、沭河和淮河流域，应用一切力量加紧防汛，战胜水灾。同时要抓紧洪水间歇期间，检查修补堤防，并对内涝地区进行有系统有领导的排水工作。各级防汛领导机关，对这些工作，要掌握水情的变化，了解各地实际情况，及时进行具体的指导。

（二）黄河及华北、东北各河，目前水情虽尚平稳，个别地区甚至有干旱现象，但须知既入汛期，随时有发生暴雨的可能，以上地区及流域水利机构应切实检查群众的防汛组织与沿河堤防，以防止麻痹大意。部分河流如黄河、永定河等，河槽冲积变化较多，因初汛水量不大或尚未涨水，河槽尚未冲开，当地防汛机构尤其必须估计到骤然涨水时可能发生的险恶情况，严加防范，以保安全。

××××年×月×日

（9）函

1）什么是函。函是不相隶属机关之间相互商洽工作、询问和答复问题，或者向有关主管部门请求批准事项时所使用的公文。

2）如何写作函。公函由首部、正文和尾部三部分组成。其各部分的格式、内容和写法要求如下：

第一部分，首部。主要包括标题、主送机关两项内容。

公函的标题一般有两种形式，一种是由发文机关名称、事由和文种构成；另一种是由事由和文种构成，如《关于报送全国政府部门机关事务工作座谈会材料的函》。公务实践中，前一种标题式样用得比较多。

主送机关即受文并办理来函事项的机关单位，于文首顶格写明全称或者规范化简称，其后用冒号。

第二部分，正文。其结构一般由开头、主体、结尾、结语等部分组成。

开头主要说明发函缘由。一般要求概括交代发函的目的、根据、原因等内容，然后用“现将有关问题说明如下：”或“现将有关问题函复如下：”等过渡语转入下文。缘由部分讲了两层意思：一是发文目的；二是发文根据。复函的缘由部分，一般首先引叙来文的标题、发文字号，然后再交代根据，以说明发文的缘由。

主体是函的核心内容部分，主要说明致函事项。函的事项部分内容单一，一函一事，行文要直陈其事。无论是商洽工作，询问和答复问题，还是向有关主管部门请求批准事项，都要用简洁得体的语言把需要告诉对方的问题、意见叙写清楚。如果属于复函，还要注意答复事项的针对性和明确性。

结尾一般用礼貌性语言向对方提出希望。即或请对方协助解决某一问题，或请对方及时复函，或请对方提出意见或请主管部门批准等。

结语部分通常应根据函询、函告、函商或函复的事项，选择运用不同的结束语。如“特此函询（商）”“请即复函”“特此函告”“特此函复”等。有的函可以不用结束语，如届便函，可以像普通信件一样，使用“此致敬礼”。

第三部分，尾部。一般包括署名和成文时间两项内容。

署名写上机关单位名称，并加盖公章；成文时间写明年、月、日。

例文：

卖方降低原报价函

×××先生：

贵方×月×日还价函获悉。贵方不能接受我方的报价，非常遗憾。

我厂加工的一级君山毛尖茶品质优良，且价格也合理，因此，贵方的还价我方实难接受，我方最多只能将原报价降低5%。

盼复。

××茶叶厂

××××年×月×日

2. 事务文书

（1）制度

1）什么是制度。制度作为一种公务文书，不是指在一定条件下形成的政治、经济、文化等方面的体系，如政治制度、经济制度等，而是指一个系统或单位制定的要求下属全体成员共同遵守的办事规程或行动准则，如工作制度、财务制度、作息制度、教学制度等。

2）如何写作制度。制度的内容由标题和正文两部分组成。

第一部分，标题。标题由发文机关、事由和文种三部分组成，但很多时候标题中省去发文机关，只写事由和文种。发文机关、发布日期写在标题下用括号标注。

第二部分，正文。一般分三部分写：

写明制发制度的缘由，用“特制定本制度”一语承上启下；

写明各种具体条文，即制度的具体规定是什么；

写实施范围、生效日期、修订权、解释权等内容，并且视其内容决定是否分章写。

写作制度的文字必须明白易懂、具体准确，切忌重复和写无用的话。

例文：

××厂标准化管理规则

1. 总则

（1）企业标准（含规章制度，下同）是企业内部法规；是稳定企业正常生产秩序、提高产品质量、降低消耗、增加经济效益，实现科学管理的重要保证，也是全厂职工生产、工作的行为依据。全体职工必须严格执行遵守。

（2）企业标准以技术标准为主体，包括管理标准和工作标准，并联各部门，应密切协作，各级负责人要加强领导，共同搞好企业标准化工作。

（3）企业标准化是以贯彻上级标准、制订和实施企业标准为主要内容的全部活动过程，收集要齐全，制订要全面，实施要坚决，执行要严格，奖惩要兑现。

2. 标准化工作机构和职责

全厂标准化工作由总工程师全面主管。在技术资料室设专职技术标准管理员，企管办设专职管理标准、工作标准管理员，各部门指定专（兼）管人员，形成标准化管理体系网络。

标准化机构成员的任务是：

（1）贯彻执行上级的标准化工作方针、政策，编制标准化工作计划，开展标准化宣传和教育培训；

（2）组织制订、修改企业标准，组织贯彻国家标准、部（专业）标准、地方标准和企业标准，监督各类标准的实施，处理标准执行中的问题；

（3）对产品设计引进要提出标准化要求，并参与工作和进行标准化审查；

（4）统一归口，管理各类标准资料，建立档案，收集国内外标准化情报资料；

（5）做好标准化的统计与效果分析，总结经验；

（6）承担上级委托的标准化工作任务。

3. 建立完整的标准档案

（1）有关超前标准（包括国际国内正在拟议中的高标准）是企业开发新产品，占领市场形成拳头产品的重要标准化情报资料。不仅专职人员应尽力搜集，各部门收集的也要迅速送到标准化资料室汇集备用。

（2）有关国际标准是企业产品打入国际市场，参入国际市场竞争的依据，标准化资料室归档应全面收集成龙配套。

（3）现行有关国家、部、省标准是企业生产经营的依据，凡只有一册的正本由标准化资料室归档，部门使用副本，资料室要做到收集齐全，管理科学，实施严格。

(4) 企业内控标准是实现上述标准化的保证措施，要求全面具体，针对性、实用性强，能解决实际问题，汇编成册，下发全厂执行。

4. 企业标准的制订与发布程序

(1) 企业标准一般由职能部门拟定提出，技术标准由技术资料室审定编号报总工程师批准发布；管理标准、工作标准由企管办审定编号报厂长批准发布，否则一律无效。

(2) 企业标准的编号（略）。

5. 标准的实施与考核

(1) 凡正式发布的标准一律从实施起始日开始严格实施，直至有新标准出来才终止，再执行新标准。

(2) 各类标准执行情况按规定严格考核，并与经济责任制挂钩，奖惩兑现。

6. 附则

本规则从发布之日起正式执行。

××厂

××××年×月×日

(2) 规程

1) 什么是规程。规程是对某一事项或操作在一定范围内要求人们遵守的统一的要求和程序，其目的是规范人们的行动，以便有一个正常的生产和活动的程序。

2) 如何写作规程。规程的基本格式一般由标题、正文、署名和日期三部分组成。

第一部分，标题。一般采用"××操作规程"、"××活动规程"的形式。

第二部分，正文。分条写出规程的各项具体内容，一般要包括整个活动的每个环节。

第三部分，署名和日期。一般写在正文的右下方。有的也可不要署名和日期。

写作规程时要注意以下几点：

第一，各项要求和程序要以科学为依据，不能脱离实际。

第二，内容要具体、准确。要按逻辑顺序，分清条理。

第三，语言要通俗，文字要简洁，并且要易懂易记，便于操作。

例文：

电工安全操作规程

一、工作前必须穿戴好工作服、胶鞋、胶皮手套等，一切防护用品必须正确使用。

二、一切电气设备在未经检查、证明无电之前，应一律以为有电。作有无电试验时须用试电工具或仪器进行。不论在任何条件下，绝对禁止用手摸导电部分，或试验设备等。

三、电盘配电箱、母线干线及其他电气设备的安装和修理工作，不得少于两人，工作时检查是否有电之后，断电部分各项必须短路或接地，作短路或接地时必须戴胶皮手套、穿胶鞋，接地线首先要接接地端，然后与要接的部分相连。

四、在设备断电部分上开始工作之前必须在设备断电部分送电的刀闸上标明“禁止合闸”“有人工作”等字样的标志牌。

五、电动机运转时绝对不允许修理电动机及启动设备，在低压电气设备上进行安装或修理工作时，必须切断电源。

六、进行修理工作时，拆下的电动机与电路的接线头、灯座插销座等所有线头，均该用绝缘胶布仔细包好。

七、修理一切电气设备时，如中途因故需要重新工作时，必须查明各项设备的变化，待充分了解后方可进行工作。

八、登杆作业时应首先检查杆子是否牢固，传递工具或材料时不得抛掷，必须用绳子系牢提上；禁止在电线拉紧的方向工作，以防断线伤人。

九、各开关等附近绝对禁止放置导电性、爆炸性物品或易燃品。遇发生火灾时，应立即切断电源，电气设备起火仅可使用四氯化碳灭火器或砂扑灭。不可用水或泡沫灭火器。

十、任何电气发生意外事故，值班人员必须迅速截断其电源，正确处理。保护好现场，并立即报告领导。

十一、各种电气设备所需之熔丝必须按照规定容量安装，严禁用铜丝或过大容量物代替，如果熔丝熔断必须查明原因，及时排队故障。

十二、在特殊情况下，必须带电工作时，要保证带电作业绝对安全，禁止单独一人进行，必须有一技工随同监护指挥，负责安全责任。

（3）计划

1）什么是计划。计划，是机关内部的部门或个人为完成一定时期的特定工作事先所作的书面安排和打算。

所谓计划是一个统称，即常见的“规划”“部署”“安排”“设想”“打算”“工作纲要”“工作要点”“工作意见”等等，都属于计划。但规则、部署、安排、方案更加具体，约束力较大，规定性较强。

2）如何写作计划。计划的内容一般由标题、正文、落款三部分组成：

第一部分，标题。标题即计划的名称，可分为全称式标题、简称式标题和文章式标题三种。

全称式标题，包括制定计划的机关或单位名称、计划的适用时限、计划的内容及计划的种类四项，如《××省“九五”期间经济和社会发展规划》。

简称式标题，包括计划的适用时期、计划的内容和计划的种类三项。

文章式标题，一般按计划的主题或要达到的目标拟定，多用于政府及主管部门作计划工作报告使用，如《团结起来，为实现我市“九五”计划而奋斗》。

第二部分，正文。正文是计划的主干和核心。一般包括目的和依据、目标和任务、措施和步骤、执行希望四个部分：

目的和依据即计划的前言。一般不设小标题。

这部分篇幅不宜太长，实际上是写明“为什么做”“依据什么做”“能不能这样做”，这是计划的纲领。

目标和任务实际上是明确“做什么”“做到什么程度”。

这是计划的核心。可设小标题，也可用序数分条列项，具体写明计划的目标、任务和各项主要指标。要求在行文上条理清楚、层次分明，根据目标、任务、指标的地位和关系，分出轻重、主次、详略。特别是常规性、综合性计划，更要注意突出重点和特点。

措施和步骤要求具体回答“怎么做”“什么时候完成”。应详细说明实现计划的各种措施和步骤安排，即如何执行计划、如何分工配合、如何检查考核等。可分条列项，逐一表述。

这部分要注意操作性，措施要实在，职责要分明，安排要具体，以便执行和检查，要坚决避免用原则和一般要求代替具体措施和步骤。

执行要求即计划的结语。一般用一个段落，篇幅不宜太长。

在这部分简明扼要地提出执行本计划的希望、要求和注意事项。要有针对性和鼓动性，以激发执行者的热情和信心。

有的计划没有结语，目标任务、措施步骤写完就结束全文。

第三部分，落款。多数计划有落款。落款包括制定计划的单位名称或个人姓名、计划定稿的日期。需要上报的计划，特别是经济计划，通常还要加盖印章。有的计划没有落款，而把署名和日期放在标题下。

此外，在考虑计划的结构格式时还应注意与计划有关的材料、图表，如果在正文中不便表达，可作为计划附件放在正文之后。

例文：

2002年第一季度工作计划

根据省农业厅与专署的指示，为了适应农业生产大发展的需要，种子工作要迎头赶上去。为此，特制定今年第一季度计划如下：

一、任务与要求

第一，随着农业生产的大发展，种子工作必须跟上去。在今年第一季度初，要立即开展一项以县为领导，以乡为单位，以种子站和农业技术推广站为指导的群众性的种子普查活动。具体要求是：

1. 通过普查要发动农民就地挖潜力、掀起镇与镇、乡与乡之间的种子串换高潮。重点解决缺少水稻、高粱、玉米种子问题，加强种子保管工作。普查时发现问题要及时解决，在时间要求上，基本执行省的规定，一月末普查一次，以后半月查一次。

2. 利用冬季时间，认真组织力量，在合理解决报酬的基础上，开展室内种子精选工作，以提高品种质量和纯度。

3. 要求未搞良种评选的县，在种子普查运动中，查清各种作物品种分布情况。掌握品种适应地区，推广新品种，从而补上良种鉴评工作。

4. 加强国家粮库贮备种子的检查，加强防寒保温措施，保证种子发芽率。

第二，积极解决水稻种子问题。今年水稻种子除各县自行解决外，需要外地调入的 6 085 吨，现已调入 2 392 吨，尚缺 3 693 吨。其解决方法：（1）组织每个县积极挖潜力，并保管好现有的种；（2）积极进行外调工作，除在牡丹江地区调回一部分外，还要继续向内蒙求援。

第三，为了适应农业生产大发展，必须抓住良种增产这一关键，搞好推广良种工作。争取今后三年内普及良种。2002 年普遍推广阳河县良种繁育网的经验，增强良种繁育速度，以发挥良种增产的作用，为每亩几百斤粮食而奋斗。

二、实现措施。

1. 于三月中旬召开一次种子工作会议，参加人员有各县农业局长，种子站长，重点研究全区种子情况、确定必要措施，解决种子的不足，给今年和以后提高种子工作打下良好基础。

2. 加强对各级种子工作的领导，并协助和支持县种子站开展种子工作。

3. 抽调 80～100 名各县种子站或其他部门的干部去外地搞好调种工作。

4. 充分解决和各部门的关系问题，如粮食、检疫以及铁路等部门。

×××种子管理站

××××年×月×日

（4）规划

1）什么是规划。规划是一种用以制定比较全面的、长远的，带有发展性计划的文体。

2）如何写作规划。规划的内容由以下几部分组成：

第一部分，标题。由制订单位、内容和文种构成。如《上海市 2001— 2005 年市政建设规划》。

第二部分，正文。包括现实情况的分析、前景的规划、对策和措施等三个部分。

现实情况的分析要切实、充分、实事求是。

前景的规划是正文的中心内容，要写得详细、具体，要提出指标。

对策和措施，要在原则上提出实现这一规划的对策和具体做法。

第三部分，结尾。在正文右下方写制订规划的日期，日期也可写在标题的下方。

例文：

××厂经济发展十年规划
(2001 年至 2010 年)

一、基本任务和总目标

遵照集团总公司关于从 21 世纪初前十年“力争使全集团的年总产值翻两番”的要求，根据本厂的实际情况，制订 2001 年至 2010 年的远景规划，为全厂的高速发展打好基础。十年内的奋斗目标和重点是：研制尖端产品，赶上国际先进水平；进行部分产品的更新换代；新建和扩建部分生产车间；大量培训工人，促进技术进步；提高企业经营管理水平和经济效益，为加速集团的现代化建设作出贡献。

二、十年内的发展规划

（一）企业发展规划：新建××车间，发展××产品的生产；扩建××车间，使××产品的生产，到 2010 年比现在提高×倍，年产量达到××万只。增加工程技术人员、技术工人和部分管理人员，使之从现有的××人，增加到××人。

（二）产品发展方向：与××研究所合作，积极研制××、××等新产品，其中××新产品要达到国际先进水平。以提高质量为中心，对现有××等几种产品进行技术改造，以符合国内和国际市场的需要。

（三）主要技术经济指标：

(1) 提高劳动生产率：随着新设备、新技术的应用和工人生产技能的提高，到 2001 年全年劳动生产率比现在提高××左右。

(2) 增加总产值：在××车间的扩建和××车间的新建工程完成投产后，年总产值可达××万元，比现在提高×倍。

(3) 降低可比产品成本：通过提高劳动生产率，节约原材料、燃料等消耗，使可比产品成本到 2001 年比现在降低×%左右。

(4) 加速资金周转：在产品增加的情况下，做到不增加流动资金，使流动资金的周转天数从现在的××天，降低到××天。

(5) 提高盈利水平：在增加生产、降低消耗的基础上，力争 2010 年的利润从现在的××万元，增长到××万元。

三、为实现目标而采取的措施

（一）举办各种文化班、学习班，提高职工文化水平，学习先进技术，改善队伍素质，使之适合“四化”的要求。

（二）加强思想政治工作，正确贯彻经济责任制。严格执行奖惩制度，切实做到权、责、利相结合。克服平均主义倾向，以调动全体职工的积极性，不断提高生产技术和经营管理水平，实现各项技术经济指标。

（三）改善劳动组织，开展劳动竞赛。在保证产品质量的基础上，结合企业整顿，加强劳动纪律开展劳动竞赛，以不断提高劳动生产率。

（四）认真执行财经纪律。在处理经济业务和财务活动中，坚持以财政经济方面有关的法规、行政命令和规章制度为准则，充分发挥财会人员的内部监督作用，严肃财经纪律，提高经济效益。

××××年×月×日

（5）调查报告

1）什么是调查报告。调查报告是通过对典型问题、情况、事件的深入调查，经过分析、综合，从而揭示出其本质或客观规律的书面报告。

2）如何写作调查报告。一般来讲，调查报告的结构，是由标题、引言、正文和结尾四部分组成的。

第一部分，标题。调查报告的标题分单行标题和双行标题。典型的标题由调查对象、调查主题、文种三部分构成。

单行标题，如《对我省20家民营企业人事用工制度的调查》，“我省20家民营企业”标明调查对象，“人事用工制度”标明调查主题，“调查”标明文种。

双行标题，如《用公款请客送礼为何愈演愈烈？——来自我省部分县市的调查》。正题标明主题，副题标明调查对象和文体种类。

有时标题可以省略文种，如《××县小型国有企业改革试点的主要做法》；有时标题可以不点明主题，如《农村调查》《××开发区考察》。

第二部分，引言。调查报告的引言也叫前言、概述、开头。

典型的引言是说明性文字，位于全文开头，独立成段，包含调查的缘由、目的、对象、过程、方法等基本信息，有时还包含中心思想、结论等关键信息。

引言的主要作用是向读者提供背景材料，并导入正文。

第三部分，正文。正文是调查报告的主体，占全文2/3以上篇幅。作者调查得来的材料和材料的理性分析都集体中在这部分。

由于调查报告具有文章的特性，因此，正文的结构方式较为灵活，但在正文结构方面就形成了一些常用模式，主要有以下三种：

纵式结构即按情况发生发展的时间顺序组织材料、安排内容。

横式结构即按调查研究中获悉的情况或得出的结论，冠以小标题或序号组织材料，安排内容。

纵横结合式结构即兼有纵式和横式的特点。

具体的调查报告要采用何种结构，应视写作目的和调查报告的功能而定。情况反映调查报告的正文通常采用纵式结构，便于读者清楚了解情况的发生、发展和变化过程，获得对调查对象完整、客观的认识。典型分析调查报告和探讨研究调查报告则多采用要横式结构或纵横结合式结构，将调查研究所得出的结论或发现的问题分别具体阐述和说明。

第四部分，结尾。调查报告的结尾位于全文最后，常常独立成段。它的基本作用是收束、归结全文。它可以概括全文的中心思想，也可以提出结论或点出问题，还可以补充与调查有关的信息，或仅让读者获得结束语感。

结尾不是调查报告必备的部分，在一些情况下，正文结束，全文也就嘎然而止。

例文：

对川、陕、甘等地市场销售的调查报告

为了适应市场变化，了解市场信息，进一步搞好我厂销售工作，我们从×月×日—×日分别到四川、陕西、甘肃等 3 省 11 个市（县）纺织站分别进行市场调查和产品推销，开辟新用户。通过市场调查和产品推销，使我们进一步了解了市场，了解了上述各站的进货、销售情况，现汇报如下：

一、市场情况

从我们走访调查的这十几个站的情况看，总的来说：

1. 资金紧张，库存大。……

2. 很多站库源充足。……

3. 质量价格也可取胜。……

4. 有些站提出延期半年付款，甚至提出售后付款，这些条件我们根本无法答应，也只能善意讲明企业的困难，婉言不给定货。

二、想法和建议

到这些站推销，我们进一步了解到市场饱和、资金紧张给销售带来的困难，我们认为：

1. 目前开辟新用户，特别是大的二级站，困难特别大，也不太现实。……

2. 对这次我们走访、推销过的单位，可采取不断写信的方式，随时了解各站情况。……

以上是我们这次调查市场所看到、听到、想到的一些情况，仅供领导参考。

××装饰织物总厂销售部

××××年×月×日

(6) 总结

1) 什么是总结。总结，也叫总结报告，是单位或个人对发生于某一时段的情况或问题进行概括和分析后撰写的文书。简要的总结也叫“小结”。

2) 如何写作总结。总结的内容一般由标题、引言、正文、结尾四部分组成：

第一部分，标题。总结的标题有单行标题和双行标题两种。典型的标题由对象名称、时限、主题、文体种类四部分构成。

第二部分，引言。引言，也叫前言或开头。常规性总结，如年度工作总结，对一项具体工作或一个阶段的一般性小结，引言都很简单，主要目的是引出正文。这类总结有时甚至可以不要引言。专题性总结则常常在引言中介绍某些背景材料或提出基本观点。

第三部分，正文。总结正文应占全文 2/3 以上篇幅。典型的总结正文有以下几个部分：

基本情况部分要求全面、简要地说明某一时期所做的各项工作（综合总结）或某项工作的各个方面（专题总结），可分项逐条表述。但不能“记流水账”，应该着眼于大事，并要清楚反映出工作的开展过程。

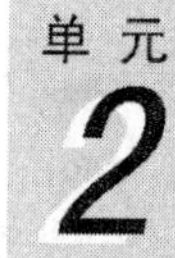

取得的成绩部分要对应基本情况，有重点地概括介绍工作中取得的主要成绩或经验。这部分充分体现总结的评价性，主观评价与客观真实的材料结合起来。

存在的问题，总结工作中的问题与总结成绩一样，也应有重点、有主次。一般而言，成绩总是主流，但提到成绩与问题时，仍应本着实事求是的原则，具体问题具体分析，一是一，二是二。

今后的打算，总结和回顾过去的工作，是为了把下一阶段的工作做得更好。总结中谈到今后的打算时，既要与常规工作、中心工作和长远计划相结合，又要与本阶段存在的问题相对应。但总结毕竟不是计划，在谈今后打算时宜粗不宜细，宜简不宜繁，宜大不宜小。

第四部分，结尾。总结的结尾通常用简短篇幅作出结论或说明努力的方向、今后的打算等。如果这些内容很重要，需详写，可纳入正文中。结尾不是总结报告结构的必需部分。

例文：

中国××××促进会 2002 年工作总结

2002 年是不平凡的一年，是中国加入世贸组织的第一年，是党的十六大召开，提出全面建设小康社会奋斗目标的一年。在这一年里，中促会把握新形势，抓住新趋势，调研新情况，反映新问题，紧紧抓住提高大型企业集团国际竞争力这个主题，在服务功能、服务手段上有了新的进展。全年工作概括为“三、三、二、一”，即组织了三个课题研究，召开了三次重要会议，举办了二期培训班，编辑出版了一本书。三个课题是：《大型企业实施“走出去”战略研究》《大型企业集团投资审批制度改革研究》和《母子公司关系研究》。三次重要会议是：博鳌高层研讨会、中促会成立15周年庆祝大会、两网工作会。两期培训班是：中外企业对标讲习班。一本书是《国有企业改革政策演变》。现分述如下：

一、为大型企业集团提高国际竞争力，争取公平竞争的外部环境，发展具有国际竞争力的大型企业集团，是党中央、国务院做出的重要部署，是一项对我国经济发展具有重大战略意义的工作。……中促会根据调研情况，选择了企业普遍关心的两个问题，运用不同的形式组成了课题小组；并将研究成果上报国务院有关领导，引起了领导的重视，并做了重要批示。

1. 关于《大型企业实施“走出去”战略研究》课题。大型企业实施“走出去”战略是提高国际竞争力，发展跨国经营的重要战略选择。中促会的专职研究人员对这个课题比较生疏，于是采取将企业组织起来，请权威的研究部门合作的形式进行研究。该课题由中促会牵头，宝钢、中化进出口、华能、华源、兖矿、首钢、上广电、万向、中兴通讯和中集等10家大型集团公司自愿参加，委托国务院发展研究中心对外经济研究部进行研究。2001年7月启动研究工作，2002年上半年完成了对10家企业和政府相关部门的调研，并在吸纳国际经验的基础上由国务院发展研究中心对外经济研究部完成了课题主报告和5个分报告，由中促会完成了10个企业的调研报告和5个企业开展境外投资的典型案例。

2. 关于《大型企业集团投资审批制度改革研究》课题。……

3. 博鳌高层研讨会。……

二、为大型企业集团提高国际竞争力，促进企业内部机制转换服务

1. 适应企业制定提高国际竞争力方案的需要，举办两期对标讲习班。……

2. 组织了《母子公司关系研究》课题。……

三、加强自身建设，不断培育、提高服务功能

1. 总结15年，展望21世纪。……

2. 不断增强“研究与咨询协作网”“信息与宣传网”的活力。……

3. 编辑出版《国有企业改革政策演变》。……

四、工作中的体会和不足

1. 只有遵循开拓进取，不断创新的精神，强化沟通、交流的功能，才能更好地为大型企业服务。中促会一切工作的出发点和落脚点都是竭诚地为大型企业服务，这个宗旨

是坚定不移的，但服务只靠良好的愿望是不够的，还要多方面培育服务的功能。2002 年进行的课题研究取得较好成效，我们在三个环节上有新的突破：一是选题准确。既要从宏观上把握住新的发展趋势，又要深入了解企业的难点，三个课题有两个接受了国家计委、国家经贸委、国务院法制办的委托，得到企业的积极响应。二是提高了研究咨询能力。中促会专职人员的研究力量有所加强，企业的研究人员形成了一批骨干，与社会上研究单位的合作更广泛深入，三股力量的结合，提高了课题研究成果的水平，引起国务院领导的重视。三是充分运用并发展研究成果。“走出去”战略及“投资体制改革”的政策建议，经国务院领导批示后，我们并没有满足现状，而是组织力量推动领导批示的落实，不断扩大成果。

2. 面对经济全球化，中促会着力拓展国内大企业与跨国公司交流的功能。中外大型企业集团的交流与合作，是国有经济结构调整，实施“引进来”和“走出去”相结合战略的需要，也是跨国公司进入中国市场的需要，中促会拓展中外企业交流的功能，是时代赋予我们的使命。……

3. 服务领域需拓展，服务功能有待增强。……

2003 年 1 月 16 日

(7) 声明

1) 什么是声明。声明是告启类文书的一种。它是作者就有关事项或问题向社会表明自己立场、态度的应用文体。

政党和国家的领导机关及其领导人可以发表声明，机关单位、社会团体、企事业单位可以发表声明，其他组织或公民个人也可以发表声明。发表声明是我国法律赋予上述主体参与民事法律活动的权利。

2) 如何写作声明。声明的内容由标题、正文和尾部三部分组成。

第一部分，标题。一般有三种形式：

①只写文种“声明”，并且比较常见。

②由事由和文种构成，如《关于维护本公司注册商标权的声明》《遗失声明》等。

③采用发布机关名称、授权事由、文种三项结构形式，如《××有限责任公司授权常年法律顾问×××主任律师声明》。

此外，有的在“声明”前面还加修饰词“郑重”，以表明自己是严肃对待声明事项的，多用于为保护合法权益而发表的声明。

第二部分，正文。简明扼要地写明发表声明的原因，表明对有关事件的立场、态度。

第三部分，尾部。包括署名、时间和附项三项内容。写完正文，于右下方由声明单位署名，并于其下写明年、月、日。

例文：

就××牌化妆品被侵权仿冒案的严正声明

最近，发现××、××省等地的一些厂商，无视国家工商管理法规，大量仿冒××牌化妆品的包装，生产低劣产品，在辽宁、河北、河南、安徽、山东、湖南、湖北、山西等地以低价销售，尔后又被一些商贩混同真品，高价零售，严重侵犯了本公司的合法权益，为此，特声明如下：

一、××牌系列化妆品商标为本公司于1997年高薪聘请国际著名设计师设计，1998年3月呈××市工商行政管理局上报国家工商行政管理局审批，1999年2月10日公告全国，其专有权属本公司所有，不容侵犯。

二、××化妆品与仿冒产品有明显的差别。

1. ××化妆品采用新一代产品含6倍的深层保湿修护素，能显著增强细胞膜通透能力，给予肌肤深层更多水分与养分，持久保湿，美白滋润不干燥，经卫生部门检验合格，对皮肤不起副作用；而仿冒的化妆品，经抽样检查，含有对皮肤不利的化学成分，严重损害了消费者的皮肤。

2. ××化妆品是经过压缩的产品，经济实惠，有较强的防阳光紫外线的作用；而仿冒产品却很稀，用过后脸部还起斑点。

3. ××化妆品的包装都是精装的，包装图案精美，有清晰的明星照印在包装上；而仿冒的包装图案和明星照都模糊不清晰。

4. ××化妆品包装的封口处有本公司的举报电话，符合国家有关商标的管理规定；而仿冒化妆品无上述资料。

三、本公司要求有关部门采取得力措施，制止生产、销售仿冒化妆品，维护广大消费者的切身利益和本公司的合法权益，维护国家商标管理法规的严肃性。同时，欢迎消费者检举揭发仿冒厂家，一经查实，将给予奖金1 000元或等值奖品。

中日合资×××联合化妆品有限公司
总经理：×××
××××年×月×日

3. 会议文书

(1) 会议方案

1) 什么是会议方案。会议方案是召开大中型会议之前，对会议如何召开所作的预想性方案，是一种书面文字材料。

2) 如何写作会议方案。会议方案一般包括标题、主送机关、正文、落款，有的还有附件。

第一部分，标题。有两种类型的标题。一是由开会机关名称、会议名称和文种组成；二是由事由和文种构成。

第二部分，主送机关，即写上报批的领导机关。有的也可以不写主送机关。

第三部分，正文。一般由开头、主体和结语组成。

开头，写召开会议的依据（原由）、单位、会议名称、会议时间、地点、会期等，然后用"特制定会议方案如下"，作承上启下的连接语。

主体写会议宗旨（目的）、会议规模（参加会议人员）、会议议程、会议日程、会议开法、会议的准备工作、经费预算等。有的还把邀请上级主管部门参加会议的名单写上，如果请某位领导讲话或作报告，也要注明。其讲话稿如何准备，必要时也要说明。

结语，写"以上方案，当否，请批示"。

第四部分，落款。写上召开会议的单位名称，或写会议领导小组，也有写会议筹备小组的。写上拟定此方案的时间。

例文：

××厂关于召开职工教育工作会议的方案

××市机械局：

为了贯彻落实中共中央、国务院《关于加强职工教育的决定》，我厂拟定于 5 月 10 日至 15 日，在厂招待所召开职工教育工作会议，特制定会议方案如下：

一、会议目的。认真学习中共中央、国务院《关于加强职工教育工作的决定》，传达省市教育工作会议精神，结合我厂实际情况，制订加强职工教育的规划，研究落实中青年职工的"双补"教育工作。

二、会议规模。主管教育工作的厂党委书记、厂长；厂部有关科室负责人、工作人员；各分厂主管教育工作的负责人；各车间主管教育工作的主任；工会、共青团各级主管教育工作的负责人，共 58 人。

三、会议日程。5 月 10 日，传达省市教育工作会议精神，学习中共中央、国务院《关于加强职工教育工作的决定》。大会传达后，分组讨论，吃透上级精神，提高认识，端正态度。5 月 11 日至 17 日，结合我厂实际情况制订加强职工教育规划，研究落实"双补"教育任务，解决"双补"教育中的各种实际问题。

四、会议。采取大小会相结合的方法进行。10 日上午举行开幕式，大会传达上级会议精神及中央文件，由党委书记×××作动员报告。15 日下午举行闭幕式，宣读我厂加强职工教育规划，部署开展"双补"教育任务和措施。其余时间主要是自由活动。

五、会议准备工作。厂里准备抽调十名熟悉教育工作的同志，用半月时间通过调查研究，上下结合，写出一份加强我厂职工教育工作特别是开展"双补"教育工作的实施方案，并制订出加强职工教育工作五年规划（草案），拿到会议上讨论修改。

六、会议经费。为了集中精力开好会，所有参加会议人员一律在招待所住宿。其各项开支见附表。

七、请局领导参加我们的会议，并请分管教育工作的×××局长在开幕式上讲话。关于讲话稿的撰写，将派专人面谈。

以上方案，当否，请批示。

××厂（公章）

××××年×月×日

附：会议各项开支预算表（略）

（2）会议记录

1）什么是会议记录。会议记录是一种在会议中记录人员把会议的基本情况（如时间、地点、出席人数、主持者）、研究和讨论的问题、报告、发言的内容、形成的决议等如实记录下来成为书面材料的一种文书。

2）如何写作会议记录。会议记录通常采用专用记录稿纸记录，一般由标题、会议组织情况、会议内容和会议结尾四个部分组成：

第一部分，标题。即记录的名称。一般由单位名称、会议名称（含届、次）加上“记录”组成。

第二部分，会议的组织情况。会议记录的第一部分包括会议名称、时间、地点、出席人数（人数较少的可以直接记下出席人的姓名）、缺席人数、列席人、主持人以及记录人。

第三部分，会议内容。包括议题、讨论过程、会议发言或讲话的内容、传达的问题或作出的决议等。

会议记录结束时，一般无特殊规定，习惯上另起一行写“散会”“完”“结束”字样，以为标示。

会议记录的基本要求是真实、准确，记录人耳灵手快、会后及时整理。

第四部分，会议结尾。会议内容记完，转行，空两格。写“散会”或“结束”。记录完毕在会议记录的右下方，由会议主持人和记录人签名，以示负责。

例文：

×××矿区行政办公会议记录

时　间：××××年×月×日

地　点：矿区办公楼会议室

主持人：程××主任

参加人：矿区副主任刘××、劳资科科长赵×、财务科科长刘××、安全科科长熊×、人事科科长范××、办公室主任张××

会议议题：

(1) 二季度奖金发放办法；

(2) 自然减员招工方案；

(3) 有关人员的调动问题；

(4) 对违反劳动纪律人员的处理问题。

会上达成的协议：

(1) 矿区二季度奖金按××总公司××××年 1 月制订的《奖金发放办法》(试行草案) 第六条、第七条执行。

(2) 这次自然减员招工，招收 1965 年以前参加工作的职工的子女，并实行文化统考、择优录取的办法 (详细规定由劳资科负责制订)。

(3) 同意刘×同志以父母身边无人为理由，调往××容器厂工作；同意陈×同志与硫铁矿吴才明对调，解决其夫妻长期两地分居问题。

(4) 对矿工盛利无故旷工三天的行为，责成劳资科在全矿区内给予通报批评，并扣发旷工工资及当月奖金。

×××矿区办公室 (盖章)

(3) 会议简报

1) 什么是会议简报。会议简报是以书面形式写出的关于会议的情况。简明扼要的报告，是党政机关、人民团体、企事业单位广泛使用的一种比较特殊的文种。

2) 如何写作会议简报。会议简报通常由报头、报身 (正文)、报尾三部分构成。

第一部分，报头。报头多有一套专门设计的固定版式，上面正中用醒目大字标明简报名称，报名下面标明编印机关、印发日期、编号。简报名称可由会议全称和文种 (简报) 组成，也有的只标"会议简报"字样。编号常用括号标在标题正下方靠近标题的地方。

第二部分，报身。报身又称正文，是会议简报的主体。通常的写法有三种：

综述法：即由编者采集各方面的言论、意见加以概括而成，相当于会议的综合报道，将会议的进程、出席情况、会议的发言和议程一一加以反映。

重点报道法：重点反映会议的某个重要报告的内容，小组讨论情况或一个与几个人的发言等。

摘要法：摘录代表发言的概要，供与会者参阅。

第三部分，报尾。报尾写在简报最后一页的下方，注明主送单位或个人姓名、抄送单位、增发单位和印发份数。

会议简报的编写，要求及时、简明，要抓住有指导意义、能引导会议健康发展的内容加以报送。涉及各级机密事项的内容不应报道。

例文：

××市政协六届×次会议简报
（第 24 期）

呼吁、建议今年政府应办几件实事

××委员说：建议市长要有相应的短期目标，要像×××那样一年办几件实事，年终总结，有哪些完成，有哪些没完成，为什么。

……

改“三公开一监督”为好

×××委员认为：报告在谈到廉政建设时，提出实行“两公开一监督”，我们认为应改为“三公开一监督”，即再增加公开市、县两级主要领导的经济收入，以便接受人民群众的监督。

……

主送：××××

抄送：××××、××××

印数：10 000 份

（4）会议纪要

1）什么是会议纪要。会议纪要是一种记载、传达会议情况及议定事项的纪实性公文。它用于党政机关、社会团体、企事业单位召开的工作会议、座谈会、研讨会等重要会议。

2）如何写作会议纪要。一般来说，会议纪要由版头、标题、正文和落款四部分组成：

第一部分，版头。版头都是固定的。

日常工作会议、办公会议的纪要一般都有固定的版头。如：

工程会议纪要

第×期

北京市城乡建设委员会办公室　200×年×月×日

有的版头把制发机关名称放在会议纪要前面，如：

首都规划建设委员会办公室会议纪要

第×期 200×年×月×日

如果会议纪要用报告的形式上报或用通知的形式印发，则用公文版头。

凡用专门版头的会议纪要，只标注“第×期”，用报告、通知形式上报、下发的，用报告、通知的文号。

用专门版头的会议纪要，成文日期在版头的右下角。其余会议纪要的成文日期放在会议纪要的末尾处。

第二部分，标题。会议纪要的标题有多种写法。

只写机关部门名称或与会人员身份和会议纪要。例如，《中国电影艺术家协会书记处会议纪要》《××市人民政府常务会议纪要》《××局局长办公会议纪要》。

只写会议性质和会议纪要。例如，《全国农村工作会议纪要》《北京市成人高校工作会议纪要》。

用制发机关名称，有事由，有文种，没有“关于”关联词和纪要。例如，《广播电视局电视剧创作座谈纪要》《化工局安全生产工作会议纪要》。

“三要素”齐全的标题。例如《关于灯市东口煤气调压站工程协调会议纪要》《关于研究杜家坎铁路立交方案问题的会议纪要》。

如果会议纪要在报上发表，则可以用主标题和副标题。例如：《进一步贯彻〈关于党内政治生活若干准则〉，坚决纠正不正之风——中央纪委召开第三次贯彻〈准则〉座谈会纪要》。

第三部分，正文。会议纪要通常不写主送机关。如随报告、通知行文，则依报告、通知的主送机关。会议纪要标题以下即是正文。会议纪要的正文由以下四部分组成：

会议概况写会议的时间（如会期超过一天，则写明起止日期）、地点、主持人、参加人、列席人、领导同志参加情况、会议议题等。

会议精神主要写明对会议需要解决的问题、会议的重要性、会议所取得的成果等进行分析与评价，使会议纪要带有一定的说理性。这种对会议精神的概括，要十分准确，语言要精练。

一般的办公会议及工作会议，不用写这部分，只有规格较高的重要会议才写。

会议议定事项：办公会议及工作会议常常通过会议作出某些决定，这些决定可按会议研讨顺序归纳整理、扼要写出。如“经研究，议定事项如下：”，下面用序码标示写出若干事项。

座谈会纪要，可按会议座谈内容的逻辑顺序分列成若干问题，再按发言顺序分别叙述。

重要的专题性工作会议，可按会议讨论和议定事项的内容分成若干层次，每个层次可冠以小标题或序码，使之条理清楚，内容主次有序。

结语：一般性会议纪要可不写结语，重要的工作会议和讨论会、座谈会纪要有结语，多数写一段对会议的评价，对工作提出希望、号召、要求等。

结语有三种写法：

第一，以会议名义向本地区、本系统发出号召，要求广大干部和群众认真贯彻执行会议精神。

第二，突出强调贯彻落实会议精神的关键问题，指出应注意的问题。

第三，对会议做简要评价，提出希望、要求。

第四部分，落款。署名和日期均写在正文的右下方。署名写会议主办单位名称，用全称。成文日期一般以会议结束的日期为准。公开发表的会议纪要，其日期写在标题下方正中。

落款之后应有抄报、抄送及印刷说明等。

例文：

关于审批××镇商业服务业网点现场办公会议纪要

2003年8月8日，区委常务副书记×××、区政府常务副区长×××，在××镇召开了审批商业、服务业网点现场办公会。区长×××、副区长×××等区政府领导同志参加了会议。区委、区政府有关委、办，区人大城市工作调研室，区经济改革办公室，各有关局、公司及××镇党委和办事处的负责同志参加了会议。

会上，听取了××镇党委书记×××同志“关于××镇200×年至200×年第三产业发展规划”的汇报。然后，区委、区政府的领导同志赴现场查看了商业服务业网点建设用地情况。

会议经讨论决定事项如下：

一、同意×××至×××街地段建设商业街，×××地段现在即可施工，×××街地段因有移树问题，待春季再动工。

二、同意将×××街至×××地段西侧建成商业街。有关事宜要与邻近单位协商好，建设网点临时设施要让开地下管道，保护好路旁树木。同时对×××街商业摊车也要整顿。

三、原则同意在×××街北段西侧建设商业街，新建商业服务业网点临时设施，待公路修好后施工。

四、同意将×大街建成便民服务街，可采取城乡结合，以××镇与×××农工商联合公司联合兴办的形式进行建设，此事请×××同志牵头，做好城乡双方的谈判工作。

会上，×××同志指出××镇党委在发展第三产业工作上，思想比较解放，规划比较现实。在指导思想上既注意了抓好物质文明建设，又注意了抓好精神文明建设。如在发展第三产业的同时，注意美化市容、加强居委会建设等想法是值得肯定的。今后在修改“规划”时，要根据××镇的地位和我区分区规划的要求，着重考虑体现长远的总体设想问题，也要实事求是地根据本地区实际适当发展第二产业。

×××同志肯定了××镇党委发展第三产业的指导思想：“方便群众，美化市容，便利交通，增加收入。”肯定了他们建设商业街讲求速度的精神。如：×××、×××街这两条商业街的建设，要在春节前后开业，这种快速度兴办第三产业的精神是值得提倡的。

他还指出：我们要贯彻整党精神，做到边整边改，未整先改，积极发展第三产业，全心全意为人民服务，为基层服务，不断提高工作效率。今后仍要坚持现场办公会的工作方法，同时带领基层一起改进工作作风。今后现场办公会，各部门、各有关局、公司，要出席能决定事情的负责人。有关执法的综合部门，在发现某个企业的某些方面不符合法规或规定时，不但要执行政策指出问题，还要帮助分析原因使其改进，达到要求，不要轻易下令停产。今后凡下停产令要通过区经济改革办公室。今天，对各有关部门再一次提出要求，凡现场办公会上决定的事情，大家都要切实地积极地支持。我们要齐心协力迈大步，共同把我区发展第三产业的工作做好。

××区×××办公室
××××年×月×日

4. 合同文书

（1）合同

1）什么是合同。合同，是指两个或两个以上当事人为共同达到一定目的，按照法律规定，就确认各自的权利和义务关系而达成的一种协议。

2）如何写作合同。根据《合同法》的规定，合同除即时清结外，必须采用书面形式。书面形式的合同主要有条文式和表格式两种，其内容一般由以下几部分组成：

第一部分，标题。合同的标题即合同的名称，需要写明合同的性质，如“借款合同”“财产租赁合同”。有的标题中还需写明标的物，如“××产品购销合同”“农副产品购销合同”等。

第二部分，双方当事人的名称。书写签订合同双方当事人的名称，应当按营业执照上核准的名称写，要写全称，不能写简称，更不能写别人不了解的代称、代号。当事人的名称也可以简称甲方和乙方，但这种称谓以便于行文表述而且也不易引起歧义为前提，应统一按照合同文本格式的规定书写。如“工矿产品购销合同”中，称当事人为供方和需方；“财产租赁合同”中为出租方和承租方；“仓储保管合同”中则为存货方和保管方，等等。

第三部分，正文。合同的正文一般包括以下几方面的内容：

双方签订合同的依据和目的。首先交代签约的目的，说明签约的原则。行文要简明扼要，一目了然。

双方协商一致的内容。这是正文最核心的部分，应写明根据法律规定的或按合同性质必须具备的条款，以及当事人的一方要求必须规定的条款。这些条款是合同成立必不可少的内容，也是当事人双方履行合同的依据，根据合同法及有关条例的规定，合同应该具备以下主要条款：

第一，标的。标的是合同当事人双方权利义务共同指向的对象。

第二，数量。数量是指标的在量的方面的限度，是对标的的计量，是以数字和计量单位来衡量标的的尺度。

第三，质量。质量是指合同标的的内在素质和外观形态优劣程度的标志，是标的适应一定用途、满足人们一定需要的特征。这是合同中一项重要的条款。

标的质量的衡量标准，应根据合同标的的不同而区别对待。产品和工程质量可以根据其自身的物理、化学、机械和工艺性能等特性，以及形状、外观、色彩、气味等方面特征来判断。对产品、包装和工程质量，一般均制定技术标准。有国家标准的按国家标准执行；没有国家标准的按专业标准执行；国家标准、专业标准都没有的，可按批准的企业标准执行。劳务质量可根据劳务成果的优劣、服务态度的好坏等来判定。有的可以按照行业性的规定执行，有的可由当事人双方商定。

实行抽样检验质量的产品，合同中应写明抽样标准或抽样方法及抽样比例。有些产品在商定技术条件后需要封存样品的，应由当事人双方共同封存，分别保管，以作为检验依据。为确保产品质量，还应根据需要，规定产品的检验、检疫方法。

第四，价款或酬金。合同中的价款或酬金，是取得合同标的的一方当事人向对方支付的用货币数量来表示的代价。

价款，一般是指对提供财产的当事人支付的与所提供的财产相当的货币。

酬金，是对提供劳务或完成一定工作的当事人所给付的报酬金额。

第五，履行期限、地点和方式。履行期限，是指一方当事人履行合同义务，另一方当事人接受履行，合同双方当事人实现权利，履行义务的时间界限。它是确定合同当事人是否按时履行的客观标准。当事人只有按时履行合同，才能及时满足对方的需要，达到订立合同的预期目的，保证社会经济生活的正常进行。

合同的履行期限应根据各类合同的不同特征而确定。如购销合同供方的履行期限是指交货日期，建筑安装工程承包合同承包方的履行期限是指工程开工到工程竣工交付使用的起止日期等等。在订立合同履行期限条款时，必须明确具体，要写明月份，有条件的和有季节性的，要规定得更具体，如月、日等。文字表述要准确，不应使用容易引起歧义的字句。

履行地点，是指当事人一方按照合同约定履行义务，另一方接受履行的地方。

第六，违约责任。违约责任是指当事人一方或双方，由于自己的过错造成合同不能履行或者是不能完全履行，应按照合同约定而承担经济制裁。在合同中规定违约责任，目的是为了维护合同的严肃性，督促当事人严格履行合同，加强当事人履行合同的责任心。

第七，根据法律规定或按合同性质必须具备的条款，以及当事人一方要求必须规定的条款。

凡法律明确规定合同必须具备的条款，在签订合同时必须明确订立。如借款合同，有关法规要求在合同中必须明确规定贷款用途，目的是为了按计划使用贷款，把有限的资金用到急需的地方去，防止把银行贷款用于弥补企业亏损或者垫交被挪用的税款和利润，以及用于职工福利和其他财政开支及基本建设支出等。

第四部分，尾部。合同的尾部一般包括：双方当事人签章；签订合同的日期；如果需要双方主管部门证明或需要公证、鉴证的，要由有关单位写明意见，并加盖公章；合同的正、副本份数及合同的有效期限。

例文：

订货合同

本合同订立于××××年×月×日，以××进出口公司为甲方，以××贸易有限公司为乙方。

本合同规定：

甲方为考虑乙方对其所作承诺（详情备载于后），特与乙方达成定议及同意，由甲方负责于今年 6 至 12 月，在××市交付国产钢材 4 000 吨，保证质量并可在工业市场行销，并按下列特定期限，分批交货：8 月 6 日以前，交 2 000 吨；10 月 20 日以前，再交 1 000 吨；至 12 月 31 日前，全数 4 000 吨全部交清。

乙方为考虑甲方迅速履行本合同，与甲方达成定议及同意，对上述钢材支付每吨人民币×××元之价格，货到立付。

如订立合同的任何一方未履行协议，根据本合同规定并经双方同意：违约一方应向对方赔款人民币×××元，作为议定之损失补偿。

以昭信守起见，订约双方签名于下：

订约人：××进出口总公司（经理）×××
××贸易公司（经理）×××
公证人×××、×××

（2）借款协议

1）什么是借款协议。借款协议是当事人一方将一定数额的货币借给另一方当事人，另一方当事人到期返还本金并支付利息的合同。

2）如何写作借款协议。借款协议的内容由以下几部分组成

第一部分，标题。多为“借款协议”。

第二部分，正文。正文包括：借款种类；用途；数额；利率；期限；还款方式。

第三部分，尾部。包括双方当事人的名字、盖章及日期。

例文：

借款协议

甲方（借款人）：________ 地址：________

乙方（贷款人）：________ 地址：________

甲乙双方就下列事宜达成一致意见，签订本协议。

一、乙方贷给甲方人民币________元，于________年____月____日前交付甲方；

二、贷款利息。……

三、借款期限（写明具体的年、月、日）。……

四、还款日期和方式。……

五、违约责任。……

六、本协议自×年×月×日起生效。本协议一式两份，双方各执一份。

甲方：________（签字、盖章）

乙方：________（签字、盖章）

××××年×月×日

5. 社交文书

（1）介绍信

1）什么是介绍信。介绍信是介绍被派遣人员到其他单位联系工作、学习经验、出席会议、磋商问题、了解事情时所常用的一种专用书信。

介绍信除了起介绍作用外，还有证明的作用。

2）如何写作介绍信。介绍信由标题、称呼、正文、落款四部分组成。

第一部分，标题。可在首行印（或写）明“介绍信”三字。

第二部分，称呼。可在信件开端处，顶格书写受文单位或受文人的名称，也可将受文单位名称写于信件的最后一行（顶格）。

第三部分，正文。空两格起写被介绍人的姓名、身份以及前往接洽的事项和向接洽单位提出的希望和要求。正文写完，另起一行，空两格写“此致”下一行顶格写“敬

礼”，表示对对方的感谢。如使用受文单位在文尾的格式，则“此致”的下一行顶格要写受文单位的名称。

第四部分，落款。另起一行，写出介绍信的单位名称、加盖公章。署名下面写清有效期和年、月、日。

例文：

介　绍　信

××省委党校：

现有我院×××同志（副院长、党委副书记）前往贵校参加政治体改学习班，请接洽。

此致

敬礼

××××学院（公章）

××××年×月×日（有效期　天）

(2) 证明信

1）什么是证明信。证明信是用可靠的证据证明有关人员或事项真实情况的专用书信。

写证明信时，要持慎重、严肃的态度。

2）如何写作证明信。证明信由以下几部分组成。

第一部分，标题。“证明信”，写在第一行正中位置。

第二部分，正文。开头顶格写送达机关名称；接着写要证实的具体事实，说明材料来源等。

第三部分，结束语。一般用“特此证明”。有的开头没写送达机关名称的，可用“此致××单位”。

第四部分，落款。证明制发机关、日期，加盖公章。

总的说来，证明信的写作要实事求是，简明扼要，要有明确的结论，用词准确。

例文：

证　明　信

×××大学：

×月×日来函获悉。现根据函中要求，将贵校×××同志的有关情况介绍如下：

×××同志××××年×月至××××年×月在我院工作，曾任基础部主任。该同志工作认真负责，能以身作则，团结同志，成绩突出，××××年、××××年两次被评为我院先进工作者。

特此证明。

××××学院（盖章）

××××年×月×日

（3）表扬信

1）什么是表扬信。表扬信是对某些单位或个人的先进思想、模范事迹用书信形式表示赞扬时所使用的一种文书样式。

表扬信，可以寄给报社，在报上发表；可以寄到或亲自送到受表扬者的所在单位；可以自己用红纸抄出，贴于公共场合。

2）如何写作表扬信。表扬信的内容由如下几部分组成。

第一部分，标题。正中写“表扬信”三个字。

第二部分，称谓。写被表扬的单位、个人的称呼。如果是写给个人的，应在姓名之后加上“同志”、“先生”等字样，后边加冒号，顶格写。

第三部分，正文。另起一行，空两格写表扬的内容，交代表扬的缘由。重点叙述人物事迹的发生、发展、结果及其意义。叙述要清楚，要突出最本质的方面。事实本身就具有很大的说服力，因此，要让事实说话，少讲空道理。

第四部分，结尾。如果是写给被表扬者的所在单位或领导者的，可提出建议：“在×××中加以表扬”，“×××同志的优秀品德值得大家学习，建议予以表扬”等。如果是直接写给本人的，则要适当谈些“深受感动”“值得我们学习”等方面的内容。

第五部分，最后要写上表示祝愿的话，如“此致敬礼”“祝好”“谨表谢意”“向你学习”等等。但“此致”“祝”“谨表”“向你”等字写在末尾，其余的字，要另起一行，顶格写。

第六部分，署名。单位名称或个人姓名。如果以个人名义写的表扬信，应在后边详细写明发信人的地址，签上自己的姓名，并在下方注明年、月、日。

例文：

表　扬　信

××公司：

×月×日下午，我公司业务员××到市百货公司购买物品，不慎丢失皮包一个，内有人民币五千余元、工作证一个及发票单据若干张。当我们发现后正在焦急寻找时，贵公司职工×××同志主动将拾到的皮包送到我公司。我们再三感谢并表示要赠送纪念品，×××同志却说："这是我应当做的"，一再表示不能接受纪念品。

×××同志的高尚品德，对我们全体工作人员是一次很好的教育。在此特致函贵公司，深表谢意，并建议对×××同志拾金不昧的行为予以表扬。

此致

敬礼！

北京××公司

××××年×月×日

(4) 感谢信

1) 什么是感谢信。感谢信是受到帮助的单位或个人对于帮助、关怀、支援过自己的单位或个人表示感谢的专用书信。感谢信除有感谢的意思外，还有表扬的意思。

2) 如何写作感谢信。感谢信的结构同一般书信相近，由标题、称呼、正文、署名和日期等组成。

第一部分，标题。标题多是文种，即写上"感谢信"。

第二部分，称呼。这主要是写上对自己帮助、关怀或支持过的单位或个人或者他们的上级单位的名称，也有的因为人数众多而不写称呼的。

第三部分，正文。感谢信的正文多半分为三个方面：

一是为何事向对方表示感谢。

二是所感谢对象的先进思想和模范事迹，这里要写得既概括又确切，字里行间满怀感激之情。叙述中要交代清楚时间、地点、人物、事件、原因、结果。

三是热情赞扬对方的可贵精神及其影响，并表示自己对此事所持的态度。

第四部分，署名和日期。写上自己的姓名或单位名称及写作感谢信的时间。

例文：

感 谢 信

我公司于×年×月×日在南京举行隆重开业典礼。此间收到全国各地许多同行、用户以及外国公司的贺电、贺函和贺礼，上级机关及全国各地单位领导、世界各地的贵宾、国内最著名的电缆线路专家等亲临参加庆典，寄予我公司极大的希望，谨此一并致谢，并愿一如既往与各方加强联系，进行更广泛、更友好的合作。

××电缆有限公司

董事长：×××

总经理：×××

××××年×月×日

(5) 贺信

1) 什么是贺信。贺信也称祝贺信，是某一集体或个人向取得重大成就、新的胜利的集体或个人表示祝贺时的专用书信。当某个单位、部门举行重大会议或庆祝活动时，别的单位或个人向他们表示祝贺时，也用贺信的形式。

2) 怎样写作贺信。一封贺信一般由如下几部分组成。

第一部分，标题。贺信的标题多用“贺信”或“祝贺信”标出。标题多用花边装饰，以示祝贺。标题的字要大一些，要工整、大方。

第二部分，称呼。写在标题下，空两行，顶格写。要写全称，要亲切。称呼之后加冒号，表示有话向对方说。

第三部分，正文。这一部分，一般由三段组成。第一段，结合当时的形势，热烈赞扬对方所取得的成就及其重大意义。第二段，分析对方取得成就的原因，进一步表示祝贺。第三段，向对方提出希望及自己表示虚心学习的决心。

第四部分，署名、日期。写在正文右下方，占两行，写全名。

例文：

贺 信

××计算机公司：

贵公司落成开业，是商界也是企业界的一件大喜事。在此谨向你们致以热烈的祝贺！

贵公司拥有一支由软件专家组成的庞大队伍，技术力量相当雄厚，必定能够开发出具有竞争力的软件系统。对于满足用户的需求，活跃我国的电脑市场，定会起到重要作用。

祝贵公司开业大吉，宏图大展！

××公司全体员工同贺

××××年×月×日

(6) 欢迎词

1) 什么是欢迎词。欢迎词是指在接待或招待客人的正式场合中，主人发表的表示欢迎之意的致词。

2) 如何写作欢迎词。欢迎词的内容分以下几部分。

第一部分，标题。第一行正中写标题，字体略大，可写“欢迎词”三个字或写“×××在欢迎×××会上的讲话”。

第二部分，称呼。第二行顶格写称呼，称呼要讲究礼仪，姓名要写全，要用尊称，可根据主客之间关系的疏密在姓名前面加表示亲切的修饰词语，如“尊敬的”“敬爱的”

"亲爱的"等，因人而异。

第三部分，正文。正文要表达三层意思：

第一层，开头要对客人表示热烈的欢迎，诚挚的问候和致意。

第二层，阐述来访的意义，赞颂客人各方面取得的成就，也可回顾双方之间的交往与友谊，赞扬双方之间的友好合作。

第三层，最后表示良好的祝愿或希望。

第四部分，结尾。再一次对客人表示热烈的欢迎和良好的祝愿。

第五部分，署名、日期。正文右下方署名，如标题有名称，可不署名。署名下一行标明日期。

例文：

欢 迎 词

女士们、先生们：

值此×××厂 30 周年厂庆之际，请允许我代表×××厂，并以我个人的名义，向远道而来的贵宾们表示热烈的欢迎。

朋友们不顾路途遥远专程前来贺喜并洽谈贸易合作事宜，为我厂 30 周年厂庆更添了一份热烈和祥和，我由衷地感到高兴，并对朋友们为增进双方友好关系作出努力的行动，表示诚挚的谢意！

今天在座的各位来宾中，有许多是我们的老朋友，我们之间有着良好的合作关系。我厂建厂 30 年能取得今天的成绩离不开老朋友们的真诚合作和大力支持。对此，我们表示由衷的钦佩和感谢。同时，我们也为能有幸结识来自全国各地的新朋友感到十分高兴。在此，我谨再次向新朋友们表示热情欢迎，并希望能与新朋友们密切协作，发展相互间的友好合作关系。

"有朋自远方来，不亦乐乎"。在此新朋老友相会之际，我提议：

为今后我们之间的进一步合作，

为我们之间日益增进的友谊，

为朋友们的健康幸福，

干杯！

(7) 祝酒词

1) 什么是祝酒词。祝酒词是祝词的一种。

祝酒词是党和国家领导人或者是机关单位的负责人，在吉庆佳节、外宾初到或举行宴会前所发表的表示热烈欢迎和诚挚感谢的讲话。我国人民逢年过节遇有喜事，以招待亲朋好友时所讲的表示热烈欢迎客人光临的讲话，也称为祝酒词。

2）如何写作祝酒词。祝酒词一般由标题、称呼、正文三部分组成。

第一部分，标题。写法有两种：一种是只用“祝酒词”三个字标明，另一种用“××的祝酒词”（或“宴会上的讲话”）来写，表明“祝酒词”是什么人致的，他是什么职务。

第二部分，称呼。在标题下第二行，顶格写对到会者的称呼，后面加冒号。称呼要热情、友好、亲切；还要全面，把到会者都能包括进去。

第三部分，正文。祝酒词的正文多由四到五个层次组成。

第一层，写致祝酒词者在什么时候代表谁向到会者表示欢迎感谢和问候。这一层一般用一段文字表达。如果到会者面比较广，而又需要分别表欢迎、感谢和问候的，则用二三段文字构成。如果到会者中有外宾，要把欢迎外宾的内容放第一段，而后根据不同情况再写第二、三段。

第二层，写回顾、总结过去一年或者前一个时期所取得的成就。这层中的每项成就只用一句话加以概括表达，一般不用分析。

第三层，写在新的一年里或今后一个时期，所面临的光荣而艰巨的任务。一般分项提出不作阐发。

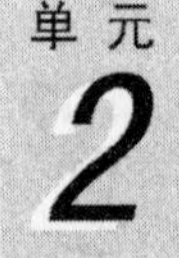

第四层，写致词者提议为什么而干杯。“为……干杯”的内容要与招待会内容和参加招待会的人有密切的关系。

例文：

祝　酒　词

女士们、先生们：

晚上好！“中国国际××展览会”今天开幕了。今晚，我们有机会同各界朋友欢聚，感到很高兴。我谨代表中国国际贸易促进委员会××市分会、中国国际商会××分会，对各位朋友光临我们的招待会，表示热烈欢迎！

“中国国际××展览会”自上午开幕以来，已引起了我市及外地科技人员的浓厚兴趣。这次展览会在上海举行，为来自全国各地的科技人员提供了经济技术交流的好机会。我相信，展览会在推动这一领域的技术进步以及经济贸易的发展方面将起到积极作用。

今晚，各国朋友欢聚一堂，我希望中外同行广交朋友，寻求合作，共同度过一个愉快的夜晚。

最后，请大家举杯，

为“中国国际××展览会”的圆满成功，

“此致”，再另起一行顶格写“×××人民法院”。

签名盖章：具状人在右下方签名盖章。

书状时间：在具状人下一行写年、月、日至末格。

附项：写明：

第一，本状副本________份；

第二，物证____件；

第三，书证____件。

例文：

经济纠纷起诉状

原告人：×××铝厂。地址：××省××市。

法定代表人：姓名：××；性别：男；年龄：53 岁；职务：科长。

诉讼代理人：姓名：××；性别：男；年龄：41 岁；职务：科长。

被告人：××矿。地址：××省××市。

诉讼请求：

请求××城区人民法院根据《经济合同法》有关规定，追回××矿欠我厂货款 96 300 元和银行利息及有关损失，依法维护我厂的合法权益。

案情的诉讼理由：

××××年×月×日和×月×日，我厂采购员××先后两次与××矿签订购销合同。第一个合同购买铝土矿石 40 吨，每吨 963 元，第二个合同购买 60 吨，每吨仍然是 963 元。两次共订购 100 吨，总价 96 300 元。我厂严守信誉，分别在两份合同签订后的一周内，将货款分文不差地汇到××矿的账号上。

但是，××矿却不守信用，在第一批款到后的第 21 天，才给 20 吨，其余至今未供应我方。我方虽多次要求退款，但他们玩弄拖延、欺骗等手段，一直不给退款。两份合同都规定，款到后 10 日内不发货，罚供方货款的 10%。而到现在，已经过了 62 天，他们既无货供应，又不退款。鉴于××矿严重违反合同规定的情况，为维护我厂的合法权益，特请求法院依法予以处理。

此致

××区人民法院

起诉人：××厂

（盖章）

××××年×月×日

附项：1. 本状副本 3 份；2. 书证 3 份；3. 物证 1 份。

7. 宣传文书

(1) 广告

1) 什么是广告。广告是一种应用性的说明文，是企业事业单位或个人向消费者或服务对象介绍商品、报道服务内容或文娱节目的一种宣传手段。

2) 如何写作广告。广告的内容一般包括标题、正文和落款三部分：

第一部分，标题。标题是广告的“眼睛”，必须精心提炼，一定要有吸引力。

第二部分，正文。正文是提供商品信息细节的部分，一般包括商品的性能、用途、价格、效果、信誉以及使用方法和售后服务等。常见的广告形式有：

陈述体：用平直的语言，明白地说出商品的名称、用途、规格、价格等情况。

问答体：它利用人们的好奇心和求知欲，用提问的形式来激发顾客的购买欲，生动活泼，具有较强的吸引力。

证书体：将产品获得过什么奖毫无保留地告诉给人们，利用人们对政府力量评比的信任，间接赞誉本产品。

幽默体：动用生动的语言和形象进行商品宣传，比如借助文艺表演的形式，如相声、动画、木偶、漫画等。

例文：

泰柚贴面板

泰柚贴面板木质细腻、木纹飘逸清晰、高贵典雅，糅合了传统与现代的气息，脱俗于一般的装饰板材而成为国内外宫殿、大厦、楼宇及家居室内装修设计的首选。我厂引进德国精密刨切设备和技术，采用上乘的进口柚木，大量生产泰柚贴面板，板面光洁油润，胶合力强，可与国外产品相媲美，部分产品远销日本、新加坡及欧美地区，是国内柚木贴面板的生产基地。

本企业可供 3～18 mm 各种规格进口、合资胶合板、水曲板、榉木（银榉、白榉、红榉）等各式贴面板及各款宝丽板，并有大量进口柚木（方材、原材）批发零售，欢迎各界人士垂询。

地址：××市利丰胶合板厂

（××市××街南庄大道×号，邮政编码：××××××）

电话：××××××××　××××××××　××××××××

传真：××××××××

联系人：×××　××

(2) 启事

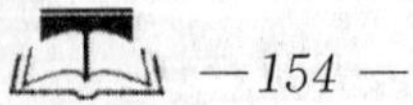

1）什么是启事。启事又叫启示，是机关团体、企事业单位、公民个人有事情需要向公众说明，或者请求有关单位、广大群众帮助时所写的一种说明事项的实用文体。

2）如何写作启事。启事有许多种类，其格式大体差不多，主要写法如下：

第一部分，标题。首行的正中写标题，要用大字醒目地写出，如“招聘启事”“寻人启事”等；有时在“启事”之前加上“重要”等字样；有时将“启事”两字省去，只写“招聘”“寻人”。

第二部分，正文。标题下一行空两格开始写正文。正文的内容一般包括目的、意义、原因、要求、特征、待遇、条件等。正文是主体，它决定了启事的效果。因此，这部分要写得具体、明白、详细，连细节也要写得清楚，不能有半点含糊。

第三部分，署名。落款处要署名，要署全名，如果是单位，最好盖上公章。在署名之后，要写上发启事的年、月、日，并附上联系地址和电话号码等，有时还要把乘车路线写明。

例文：

更换商标启事

我厂生产“海鸥”牌木工圆锯片，历史悠久，用料考究，工艺先进、质量优良。1980 年荣获辽宁省优质产品称号，畅销全国，远销伊拉克、巴基斯坦等二十几个国家。

现发现“海鸥”牌商标混同使用，经工商管理部门批准，自 1983 年 8 月 1 日起改为“沈木”牌商标。本厂所产各种产品，也随之启用新商标，特此声明。

附图：作废商标（图略）

　　　启用商标（图略）

××市木工工具厂

××××年×月×日

(3) 海报

1）什么是海报。海报是适用于一定范围的告示。它可以用于文艺演出、展销、比赛、各种会议等消息的公示。它的传布形式常常是用大纸张、大字体醒目地写出内容，张贴于闹市、人多的地方，也有的直接刷写在墙壁上，也有的刊登在报纸上。

2）如何写作海报。海报没有严格的格式规定，一般来说，海报的内容分为以下几部分。

第一部分，标题。标题是海报的主题，是内容的焦点。因此，标题必须醒目、新颖、简洁，能把一瞥之间的人的兴趣和注意力紧紧抓住，激起人们踊跃参加的热情。

一般的写法，是上方正中间写出标题，如“海报”“精彩球赛”“填补国际空白的科技成就报告会”等。标题的字一定要大而醒目，大到占一张纸的大半都可以。

第二部分，正文。正文的内容，不同的海报差别很大，但概括起来，大约有以下三个方面。

活动性质：如演出、赛事、会议、商品销售等，要明确写出。

情况介绍：活动的具体情况要有简明介绍，如球赛：是什么球队，水平如何；演出：有哪些演员、什么剧种、剧目；报告会：内容、报告人情况。

商品销售：货物、价格和质量如何等情况要让群众心中明白，那才能更好地吸引群众。

第三部分，时间、地点、票价。举行活动的时间，一定要写得明白而具体。

第四部分，结尾。在正文之后，另起一行可用稍大的字书写“莫失良机”“欢迎参加”等作结语。结语后另起一行，稍右写落款。即举办单位的名称，在名称的下一行的右下位置写出书写海报的年、月、日。

例文：

讲　座

题目：果树的栽培与管理

主讲人：县农科站技术员卢××

时间：×月×日下午2点

地点：村会议室

××村学习小组

××××年×月×日

（4）消息

1）什么是消息。消息，是新闻文体的主要形式之一，是传播媒体向社会输出新鲜信息的重要载体，也是公众获取新闻的主要来源。

2）如何写作消息。消息内容由标题、导语、主体、结语四部分组成。

第一部分，标题。消息一般为多行标题，容量很大，消息除了正题以外还有引题和副题。

引题又可以称为“眉题”或者“肩题”，其位置在正题之上，字号比正题小。它的作用在于或交代形势、说明背景，或揭示事件意义，或烘托气氛，以引出正题。

副题又称为“子题”或者“辅题”，其位置在正题之下，字号也比正题小。它的作用在于补充正题的事实或说明正题的来源和依据，或挑明意义，展示效果，往往起提要的作用。

第二部分，导语。写作方法多种多样，常见的有以下七种：

概述式：用凝练的语言，扼要叙述出消息中最主要的事实。

摘要式：摘取主要事实，对消息内容进行高度概括，也是导语常用的方式。

描写式：对事实发生的环境、时间，或人物的态度作形象、扼要的描述。

结论式：即先将从事实中得出的结论端出，然后再作进一步阐述。

引语式：引用诗词、民谣、谚语、警句、格言或人物的话语、各种条文等作为开头，然后引出事实。

提问式：响亮地提出问题，引起读者的好奇或兴趣，促使其将消息读下去。

评论式：对导语中的简要事实明确表态，正确与否，表示鲜明的倾向。

第三部分，主体。主要有两种结构：

以时间为顺序：以时间的顺序来安排材料，即开始怎样，如何发展，怎么结束。

依据事物的联系：也就是根据主次、因果等逻辑关系，或先重后轻、或有点有面、或并列安排结构层次。

第四部分，结语。是事实表现后的自然结束，结尾要干净、自然、不造作、不拖沓，尽量起到画龙点睛的作用。

例文：

用商业行为拯救亏损企业
——深圳出现托管公司

本报讯（记者×××）　完全以一种市场行为、专门接受亏损国有企业的委托管理，并使托管部分的国有资产增值的全国首家专业经营托管业的企业——深圳广发源企业托管有限公司创立。

有资料显示：全国40%国有企业的效益在“零”线以下，大批企业面临困难，效益低下，它们急需一种运营机制的改变，不仅是资金方面，更重要的是一种管理上的突破。委托管理的根本原则就是在不突破现有产权关系的框架中，调整盘活企业内部的存量资产。托管行为能避免当前兼并和破产等引起的较大社会震动，可以有效化解“企业行为政府包揽”的现象，既体现经济效益，又体现社会效益的企业托管，是一门全新的行业。企业托管的程序是：在接到企业要求托管的申请后，首先对企业进行诊断分析，然后双方签订托管协议，托管期限一般为3～5年，合同期内若企业资产保值，托管公司收取8%托管保值费，若盈利，则收取40%税后利润。假如出现经营亏损，托管公司将抽取资金予以补偿。托管期内，托管公司除注入部分资金外，更主要靠高水平的管理输入和高素质的市场预测情报输入。在一段时间内，被托管企业将从“保姆”那里得到资金、管理、技术乃至市场信息，而付出的则是全部或部分经营管理权。

广发源企业托管公司是由全国最大的地方性商业银行××省发展银行和××证券咨询公司等单位组建，注册资金 3 150 万元。

第3单元

行政实务

不同类型的企业对企业行政管理人员实施行政的要求有所差异。本章从“日常事务”“人事管理”“信息管理”“会务工作”“商务公关活动”“后勤服务”等几方面入手，就企业行政师带有普遍性、程式化的工作内容予以介绍。当然，对于企业行政师尤为重要的是在行政实践中，结合自身条件，取众家之长，不断摸索、不断积累、不断总结。

第一节　日常事务

一、环境管理

办公室环境（简称办公环境）有广义和狭义之分。广义上是指一定组织机构的所有成员所处的外部大环境；狭义上是指一定组织机构内的部门所处的环境。它包含人文环境和自然环境。人文环境包括文化、教育、人际关系等因素；自然环境包括建筑设计、室内空气、光线、颜色、办公设备和办公室的布局、布置等。

1. 办公环境管理的内容

（1）办公室的空间设计。所谓办公室的空间管理是指组织为节省成本，有效地利用空间、缩短工作流程、迅速处理信息等提供良好工作环境，并促进行政人员与其他工作人员的沟通与协调所作的办公室内的布置。办公室空间管理的内容包括：各职能部门的场地设计、工作中心的设计等。

（2）办公室的听觉环境管理。行政人员经常要思考问题或起草文件，需要安静。因此，办公室最好不要临街，也不宜靠近生产车间或门市部，以免外界噪声干扰。办公人员都应养成轻步走路、轻声说话的习惯，尤其是在大办公室。办公室内不许嬉笑喧闹。

（3）办公室的视觉环境管理。整洁能给人秩序感和舒适感，使人的情绪安定而愉快，有助于提高工作效率。

（4）办公室的保健与安全环境。办公室要求光线适度，空气清新，温度适宜。白天办公当然最好是自然采光，但应以太阳光不直接照射办公桌为宜，以免影响视力。人体感受最舒适的温度一般是在 20～25℃。办公室的色调要简单柔和，使人感觉平静和舒适。

2. 办公环境管理的原则

办公环境的管理是指对办公室环境加以合理地设计、组织和控制，达到适应工作需要、提高工作效率的目的。

（1）方便。办公室的布局应该力求方便省时，如相关部门及设备应尽可能安排在相邻的地方，以便于工作的协调和同步进行。

（2）舒适整洁。无论是办公室、办公桌椅，还是抽屉等，都不要放置与办公无关的东西。办公文具的摆放要井然有序。

（3）和谐统一。办公桌椅、文件柜、办公自动化设备等的大小、格式、颜色等协调统一，这不仅能增加办公室的美观，而且能强化成员之间的平等观念，创造出和谐的工作环境。

（4）安全。布置办公室时要留意附近的办公环境和办公室存放财物的安全条件；信

单元 3

息（如纸质文件）、存储在计算机里的资料等的安全和保密能否得到保障；电器的电源、电线及器物的摆放是否存在安全隐患等。

二、印信管理

1. 印章管理

印章具有代表性、法定性和效用性。所谓代表性，是指印章一经刻制启用，就代表一个单位或个人。在一定场合下，单位权威的实现是以印章为鉴证的，是单位权威的象征。所谓法定性，是指我国党政机关都是依法成立的，印章经过依法批准才合法。所谓效用性，是指盖有具备上述两点的印章发出的文件、公函才被承认和执行。

印章是企事业单位在被正式批准成立后，经批准到当地公安部门指定的刻章单位刻制的。经过验收合格的印章应登记、盖好印鉴，以备查考。颁发印章时，应严格履行颁发手续。特别是颁发正式印章时，要安全可靠；颁发其他印章，也要按程序办理。

单位印章具有法定权威性。凡单位的公务印章，一律不得私自刻制。伪造印章或使用伪造印章将受到法律的惩处。单位中如果印章管理使用不当，会给本单位乃至社会造成危害。所以印章的管理制度要健全，并要严格审批程序。

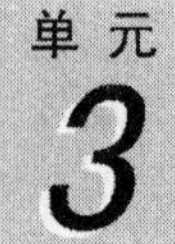

各类印章均应由专人妥善保管，印章管理人员对保证印章正常使用和防止印章被滥用、盗用负有责任。按保密法要求，印章管理人员不得委托他人代取代用，如临时外出，应报请秘书部门指定专人代管；每次用印后应将印章放入带有保险装置的抽屉内并随手锁好，不能随意放置。对于印章保管不善而发生被盗用并产生严重后果的，管理人员负有行政责任与法律责任。公章由单位主管指定专人（一般为行政人员）保管使用。公章应放置在机要室或办公室装锁的抽屉或保险箱内，钥匙由保管员随身携带。

印章的使用应注意以下问题：

（1）各级单位都应制定印章的使用规定。印章管理人员须严格按照规定使用印章。

（2）原则上，使用单位印章，要由本单位的领导人审核签字。经过审批、登记后，即可按要求加盖印章。印迹应端正、清晰。

（3）印章管理人员用印前要认真审核，明确了解用印的内容和目的。对需留存的材料应在加盖印章后，留存一份立卷归档。

（4）不得在空白凭证上加盖印章。确因工作需要，由业务部门以领导机关名义颁发的凭证，需要事先加盖机关印章或套印然后填发的，经过领导批准可以盖印。

（5）单位撤销、更名或因其他原因而停用印章时，应由印章颁发机关及时收回封存或销毁。

2. 信函管理

开具或拟写各种信函文件，是行政人员日常工作之一。常开具的信函有：介绍信、证明信，常拟写的信函有慰问信、邀请函、聘书等。其中介绍信的管理最重要，办公室行政人员尤其应加以注意。

介绍信是机关团体、企事业单位的人员与其他单位或个人联系工作、了解情况、洽谈业务、参加各种社会活动时使用的一种专用书信。正式介绍信通常专门印制并有编号，如联系一般事务也可用单位信笺代替。介绍信一般和公章一起由同一人保管并使用，与公章须同等重视，不可缺页或丢失。

特别提示：介绍信的使用注意事项

凡领用介绍信者须经主管批准，任何人不得擅自发放。开具介绍信时应由行政人员自己填写领用人的姓名、身份、去往何单位、联系何业务、领用日期、有效期等项，正本和存根必须一致，应于落款处及骑缝线处加盖两次公章。行政人员不得委托他人或让领用人自己填写盖章，尤其不得将空白介绍信或单位信笺加盖公章后交给领用人。否则，出了事故行政人员要负责任。

三、办公自动化

1. 办公自动化的主要功能

（1）日程管理。包括办公日历管理、管理者活动安排和会议日程等内容。办公日历管理用来安排企业的工作日程。管理者活动安排用来安排管理者每周的工作，包括办公、出差、接待、主持、参加会议等。日程一经确定，即刻使日程表通过电子邮件传送给各相关管理者。一般来说，该模块还有提醒功能，以便提前提醒管理者。会议日程包括会议议题、时间、地点、主持人、参加人等内容。

（2）事务处理。包括公文的登录、发送、处理、催办、内外部人员通讯录的管理和备忘录的生成管理。公文的类型有：会议纪要、报告、上级批示、值班日记、工作简报、上级部门的文件等。

（3）文字处理。包括使用计算机起草、修改、编辑、打印和储存文字资料，可以大量节省人力、物力和时间。一些常用的会议通知、标准报表可常存在机器中，一旦需要，只要调出来填写具体日期和内容就可以了。

（4）文档管理。包括对各类文件档案资料进行收发登录、处理领导批示、签阅登记、分类存储、建立目录、主题词索引等，方便查询，并有行文追踪的随机查询和自动提示的功能。

（5）统计报表。包括报表的生成、数据的统计分析和报表的打印等功能，有各种通用和专用的报表处理软件可供选择。

（6）行政事务。包括企业内部的财务、人事、工资、车辆调度、各种办公用品的领用等日常行政事务管理。

（7）综合查询。综合查询也称为总经理查询系统，是办公自动化的一项重要内容，

可以为决策提供有力的支持。综合查询系统覆盖的范围应尽可能地广，以便为决策提供尽可能全面的、准确的、及时的信息。

2. 办公自动化的主要特征

办公自动化是信息化社会最重要的标志之一，它具有以下特点：

（1）办公自动化是当前国际上飞速发展的一门综合多种技术的新型学科。办公自动化的理论基础是行为科学、管理科学、系统工程学、社会学、人机工程学等，它的技术基础是计算机技术、通信技术、自动化技术等，其中计算机技术、通信技术、系统科学、行为科学是办公自动化的四大支柱或称四大支撑技术。综合起来看，办公自动化是以行为科学为主导，系统科学为理论基础，综合运用计算机技术和通信技术完成各项办公业务的。办公自动化不是简单的自动化科学的分支，而是信息化社会的产物，是一门综合的学科技术。

（2）办公自动化是一个人—机信息系统。在办公自动化系统中，“人”是决定因素，是信息加工的设计者、指导者和成果享用者；而“机”是指办公设备，它是办公自动化的必要条件，是信息加工的工具和手段。信息是办公自动化中被加工的对象，办公自动化综合并充分体现了人、机器和信息三者的关系。一个典型的办公系统应包括信息采集、信息加工、信息传递、信息保存四个基本环节。

（3）办公自动化使办公信息实现了一体化处理。办公系统把基于不同技术的办公设备用联网的方式联成一体，以计算机为主体将各种形式的信息组合在一个系统中，使办公室真正具有综合处理这些信息的功能。

（4）办公自动化的目标十分明确，是为了提高办公效率和质量。办公自动化是人们产生更高价值信息的一个辅助手段，是一种智能的综合性工具。

办公自动化将许多独立的办公职能一体化，并提高自动化程度，从而提高办公效率、方便办公工作，获得更大效益。

3. 办公自动化系统的信息处理范围

办公自动化的信息处理范围很广，可将下列办公信息实现一体化处理：

（1）文字。指各种文件、信函、档案、手稿等。

（2）语言。电话、声音传递、声音文件等。

（3）数据。包括数据文件、报表、记录等。

（4）图像。电视会议、电视监督等动态图像。

（5）图形。包括样品照片、统计图表、传真图像等静态图形。

信息被一体化处理后，呈现出如下特征：

第一，文字、数据、语言、图像等信息的一体化。

第二，人、机器、信息资源三者一体，人机相融。

第三，信息采集、加工、传递和保存四个基本环节一体化。

一体化处理后，信息以合适的方式重新集成，从而提高办公效率、方便办公工作，获得更大效益。

4. 办公自动化系统的工作事务

（1）利用办公自动化系统进行文档管理。文书档案管理是行政办公不可或缺的组成部分，这些工作繁琐而枯燥，但却又马虎不得。利用办公自动化管理系统，问题就简单多了。

如收发文管理工作，收发文管理主要包括公文的拟定、收发、审批、归档、查询检索和打印等工作流程的全过程处理。通过利用办公自动化管理系统，可先由起草人起草公文，之后通过网络发送给审批人，审批合格后签发。当收到一份公文时，先进行收文登记，然后发送给公文拟办人，在拟办人指定批办、承办人后，公文将自动发送到批办、承办人处，最后由专人将公文归档。各类公文拥有相应的安全机制，具备相应的保密级别，通过指定不同级别人员具有的不同权限，还可以实现网上公文查询。发文管理用来实现内部文档从拟稿、批阅、签发，到最后的整理、归档的发文流程的计算机自动化控制，达到文档收发文自动化。

再如档案管理工作，办公自动化系统可实现交互式的劳资人事管理。把员工资料与考勤制度、工资管理、人事管理相结合，可有效提高工作效率，降低管理费用，实现高速、实时的查询管理。

（2）利用办公自动化管理系统进行事务性日程安排

1）对个人日程的安排。个人用户工作台用于对本人各项工作进行统一管理，例如安排日程、活动，查看处理当日工作，存放个人的各项资料、记录等。

2）考勤与差务管理。主要是通过电子公告板方式实现对外出人员进行登记管理。外出人员利用此公告板公告自己的外出事由、外出时联系方法、外出时间以及外出期间指定的工作代办人和代办事项，还可以将自己外出的消息通知有关人员。外出归来后再通过网络撤销外出通告。

3）对领导者行程的安排和提示。主要负责办公室对领导的工作和活动进行统一的协调和安排，包括一周活动安排和每日活动安排。相关人员可据此安排日程，以便安排相应工作，不至于发生冲突。

4）对企业重大活动和日程的公示。这种功能又称为企业论坛，类似于现实生活中的公告牌，用于系统内部人员在上面发布相关公开信息。论坛主要负责对这些信息进行管理，比如信息分类、更新等。公告牌可以用来发布各种通知或其他公用信息。可在内部开通电子邮件，并具备和系统外部乃至国际互联网信息交流的功能。各级领导和业务人员可以在统一的图形化环境里，方便地得到几乎所有与其工作相关的资料、信息和其他数据，即使是在家中或出差也可不间断地工作。

（3）利用办公自动化系统进行信息搜集。通过内部的局域网和外部专业网、互联网，可以搜集大量的信息。随着政府上网工程的启动，可以轻松搜集政府政策信息；随着文本资料数字化，可以查阅大量原来属于图书、报刊、杂志、影像、专业资料等其他介质的资料。招聘可以查询招聘信息，销售产品可以查询客户信息等公共信息服务，不仅能使本单位内部共享其他信息资源的信息，也使社会各界能查询企业可公开的信息，如产品发布、企业形象宣传等。

办公自动化系统还有其他一些功能，如定制服务。通过网络定制国内外主要报纸杂志的查询和特定信息检索，彻底改变传统的以手工为主的工作方式。整理、提炼、保存政府和企业的各类有用信息，为用户提供共享信息的环境。提供信息查询、统计、分析功能，协助领导决策咨询。

（4）利用办公自动化管理系统远程办公。企业发展到一定阶段，随着规模扩大，跨区域经营的问题便突现出来，很多企业都有驻外分支机构、分公司、子公司、办事处、协作单位或紧密层企业，或者当一个普通的工作人员远离办公室，而又非常需要了解单位的某些数据信息时，这时地理上的距离往往带来沟通上的不便，从而影响经营效果。采用办公自动化管理系统可轻松解决此类问题。

在日常，可使用电子邮件系统完成信息共享、工作批阅流程、文档传递等功能。此外个人用户还可以通过电子邮件与其他单位或个人交流意见、讨论问题及传送材料。想要即时沟通，可通过电话网、DDN专线等连接的远程计算机，完成所有的有关办公的功能。

远程办公还有一个重要的功能就是远程会议。在传统方式下，召开会议时需要的大量文件让人头痛不已，而在办公自动化方式下则要轻松得多，可实现网络远程实时会议控制，图文、影音在线传输，并可通过浏览器安排、管理会议。

四、值班工作

一般的政府机关、企事业单位的行政部门都是实行8小时工作制，我国还实行每周双休日制。这样，一年365天，约有116天是非工作日。可是交通、生产、医疗、安全等部门都是每天24小时连续工作的，业务联系、人来人往、信息传递、自然变化也不可能都限制在工作日之内，这些就需要行政部门采取补充办法、实行值班制度。

1. 值班工作的任务

值班工作是保障组织及时获得准确信息，进行正确决策，以及出于安全防范的需要而开展的经常性工作。总体说来，值班人员要做好以下工作：

（1）来访接待。作为办公时间以外和节假日接待工作的补充，值班室为完成此项工作必须配备司机、车辆值班。

（2）通信联络。接听并记录电话、接受并登记紧急文件、收受并转送电报等。值班室应保证各种通信器材畅通无阻，应备有各部门、各领导人和交通、公安、消防、急救等常用电话号码表，应密切保持与机关、单位负责人的联系。

(3) 处理突发事件。如遇火灾、暴雨、地震及其他突发事件，值班人员要遇事不慌，沉着、冷静、机智地加以处理。如立即向领导汇报，就近组织人力或依靠临近机关、单位、部队抢救抢险，紧急转移机要文件和贵重物资等。

(4) 安全保卫。主要是负责夜间和节假日机关内部机密文件资料和器材等的保护。

具体要做到：

第一，记好值班电话记录。主要包括来电时间、来电单位、来电人员姓名、来电内容。

第二，记好值班接待记录。主要记录来访人员的姓名、单位、来访事由、联系方式等。

第三，记好值班日记。主要对外来的信函、电报、电话等进行认真登记，使接班人员保持工作的连续性。

第四，做好信息传递。及时将重要或需紧急处理的信息向有关人员通报。

2. 值班工作的规则

(1) 明确公务接洽的职责范围。传达、承办本企业电话指示、通知和其他联系事项；负责下属企业的电话请示、报告的传递和答复；负责同各方面派来的办事人员接洽；负责转办或落实领导临时交办的事项等。

(2) 按照接洽事项的性质采取适当的办法处理。对电话或来人商洽的简单事项所涉及的问题，现行方针、政策、法律有明确规定，并且情况清楚，在值班人员掌握之中的，企业值班人员可给予答复；不能给予简单及时答复的值班人员根据各部门的职责范围，把相关问题转给相应部门处理，同时，向来电来人说明办理的途径和方法，以免在转办过程中出现纰漏；对于那些事关重大、涉及问题复杂、需要领导直接出面处理或领导决策的事项，值班人员应先请示领导，领导作出安排后，再根据领导意见处理。

(3) 建立健全公务接洽制度

1) 岗位责任制度。明确公务接洽的职责范围、任务、要求。

2) 请示汇报制度。明确什么性质的问题必须向领导请示，什么性质的问题必须向领导汇报，同领导保持必要的联系。

3) 登记、记录制度。建立《公务接洽记录本》等登记册、记录册，明确公务接洽的登记内容、记录形式等。要坚持记录，对其中有保存价值的材料应立卷归档。

3. 对突发事件、紧急情况的处理规则

在值班工作中遇到突发事件或紧急情况时应掌握如下处理规则：

(1) 要快。企业值班人员必须反应灵敏，办事迅速，并及时向领导报告。另外，要对值班室的常用通讯设备定期进行维护、保养，如对讲机平时要充好电，专用交通工具平时要加好油，交通图册、重要联络电话以及手电筒、雨伞等，要作为值班室的基础装备。

（2）要准。要对突发事件或紧急情况的时间、地点、影响范围、损失大小等了解得十分清楚，否则就会贻误工作。要想达到办事准确，必须通过各种渠道把情况尽可能了解清楚，了解情况时要努力听清、记准，对听不清楚或搞不准确的要逐字问清，如地名、人名、数字等，绝不能满足于“大概”“差不多”。

（3）要加强预测，积极主动。有些突发事件、紧急情况是不可预知的，而有些则可以通过日常工作了解情况、掌握信息、综合分析，对事物的变化发展进行预测，做到防患于未然，使损失减少到最低限度。作好预测，就要求值班员平时要注意积累经验，遇到情况时要善于思考分析。

五、接待工作

接待是行政人员的一项重要工作，是沟通内部各方的“桥梁”，是联系外部的“窗口”。从某种意义上说，行政人员的接待工作就是单位的门面、喉舌，是单位形象的缩影。接待工作对行政人员的综合素质要求相当高，除了掌握接待工作的技巧外，还必须具备个人的素质，如精神状态、言谈举止、着装打扮等。

1. 接待工作的内容和种类

（1）按照来宾的来访意图，可以将接待分为公务接待、会议接待、视察与检查接待、参观接待、经营活动接待、技术考察接待和其他接待。

（2）按照接待的对象不同，可以把接待分为外宾接待和内宾接待。内宾接待又可分为对上级单位来人的接待、对平行单位来人的接待、对下属单位来人的接待、对新闻单位来人的接待和对本单位来人的接待。

（3）按照来访者有无预约，可以把接待分为预约来访者接待和未预约来访者接待。

2. 接待方式

行政人员应掌握并熟练运用的接待方式主要有以下几种：

（1）迎送式。迎来送往是接待客人最基本的方式，根据客人的重要程度和不同情况而有不同的形式。对于来访的客人，行政人员应从座椅上起身迎接，招呼致意；客人离开时，行政人员应离座相送；重要一些的应送至办公室门口或者电梯门口；对老人或带儿童的客人则应送至大门口；接送贵宾，行政人员应坐在前排司机旁的助手座，而让客人坐在后排席位；行政人员还应主动敏捷地开关车门，照顾贵宾上下车。对远道而来的客人，行政人员应随车提前到车站、码头或机场迎送。

（2）引见式。领导愿意会见的客人，行政人员应加以引见。领客人去领导办公室时应走在右前侧；穿越走廊、拐弯、上下楼梯时均应回头招呼客人；到达领导办公室时，行政人员先敲门进入通报，然后侧身示意请客人进入。行政人员为宾主作介绍，请客人就座，敬上茶水，便可告退；会见结束，行政人员仍应代领导或上司将客人送至办公室门口道别。

（3）参与式。有些主宾会见或会谈，应领导要求，行政人员也参与。行政人员除了尽招待礼仪之外，主要任务是在领导身旁陪同，准备会谈数据，做好会谈记录以及现场服务等。除非领导授意，通常不发表意见，切不可喧宾夺主。

（4）陪同式。有些外地来的贵宾，主方安排参观、游览，需要行政人员陪同，此时行政人员又充当“导游”角色，应提前到宾馆等候；陪同过程中要处处照顾，还要对参观的交通路线、用餐和休息地点等做好事先联络安排，并对参观内容和游览景点作适当介绍。这就要求行政人员熟悉本地的建设概貌、发展特色、历史演变、人文自然景观乃至风土人情等，既有丰富的知识，又有生动幽默的口才。

（5）完全式。有些重要的宾客，领导会要求行政人员承担完全接待。即从事先联络、制定计划、做好准备、迎接、参与会见、陪同访问，送别客人直至事后小结、汇报，全过程都由行政人员负责进行。这就要求行政人员应有丰富的经验并对工作做周到细致的安排。

3. 接待的基本要求

（1）接待准备工作

1）环境准备。会客室要清洁、明亮、整齐、美观，让来访者一进来就感到这里的工作有条不紊，充满生机。

2）物质准备。会客室应准备好座位、茶水，还应有一部电话。

3）心理准备。待人接物应该热情开朗，温存有礼，和蔼可亲，举止大方而灵活。

（2）接待中的要求

1）亲切迎客。对于预约的来访者，之前要有所准备，事先记住对方的姓名，当来访者应约而来时，要热情地将其引入会客室，立即向上司通报。

有些来访者事先并未预约面谈时间，而是临时来访，作为行政人员也应热情友好，让客人感觉是受欢迎的。然后询问客人的来意，再依当时的情况，判断适当的应对方法。

如果接待的是已确定好的来访团组，则通常应根据领导意图拟订接待工作方案，按照接待方案做好迎客工作。

2）热忱待客。客人到来，行政人员应立即放下手中工作，亲切问候，请客人入座，并端茶倒水热情接待，认真记录客人所反映的问题和要求。根据实际情况，能回答的当即回答，如不能回答需说明，请有关领导或部门处理。

3）礼貌送客。通常当客人起身告辞时，行政人员应马上站起来，主动为客人取下衣帽，帮他穿上，与客人握手告别，同时选择最合适的言词送别，如“希望下次再来”等礼貌用语。尤其对初次来访的客人更应热情、周到、细致。

4. 接待工作的原则

（1）文明礼貌。行政人员的接待态度和效果会影响来客对这个机关、单位的看法甚至工作的进展。因此，对任何来客都应以礼相待，而不计其职务高低、衣着服饰、是否熟悉情况等。行政人员应熟练地运用礼貌动作和礼貌用语，放下手中的工作，专心听取对方讲话并做必要的记录，如姓名、单位、职务、来访意图、要求等。交谈时应注视对方，不要左顾右盼，心不在焉，也不要随意打断或接对方的话茬。如果来客要见领导，领导也同意，应加以引见。如果领导暂时不能会见，应请来客到接待室稍候，敬上茶水，然后，一边继续去做自己的工作，一边等领导通知。会见结束时，行政人员应送客道别。对经常联系或领导约请的来客，行政人员应主动招呼，问候对方，及时通报或引见给领导，并视需要送上茶水或咖啡。

（2）负责。行政人员在接待来客时既要对本单位负责，也要对来客负责。对初次来访者，首先应查看介绍信及身份证明，仅仅看介绍信是不够的，名片更不可靠。确认身份后可进一步交谈，交谈中注意必要的内容和范围，即使是熟悉的客人也要防止无意中泄密。在明确了客人来意之后，应负责地办理，或提请领导解决，或转交有关部门处理，或记下要求日后答复，不能故意推诿、拖延或敷衍了事。

（3）与人方便。行政人员应尽可能给来客提供方便，对来人或是引见，或是转告、转办，或是记录下来以后办理，或是介绍情况、提供数据等。对外地来客，还应帮助办理食宿以及指点交通路线，或代办车、船、机票等。

（4）讲求实效。行政人员接待时应注意既不浪费客人的时间，也不浪费自己的时间，更要节省领导的时间。与客人交谈，除了必要的礼貌交际用语和实质性内容之外，应避免无边际地闲聊。如果对方言谈反反复复，则可以适时地插上一句："我能不能说一句我的理解，你的意思是……"，及时结束谈话。如确认对方的事无关紧要，或是无理要求，自己又实在太忙，可以站着与客人谈话，或者干脆说："对不起，我还有些急事要办。"如果同时有几位来客，可先简要问明来意，然后决定接待的先后次序。行政人员还要善于在领导会见客人出现尴尬局面或受到无理纠缠时替领导解围。

（5）按制度办事。行政人员在接待工作尤其是规模较大、时间较长的会议接待和团体接待中应严格按制度办事。比如财务制度，不要搞超标准接待，避免计划外的开支，更不可把开支转嫁给下级单位、部门。有时领导不熟悉有关财务规定，任意批条子，行政人员有责任加以提醒、监督。

（6）遵守纪律。接待工作中，行政人员外出机会多，自由度也比较大，尤应注意自觉遵守纪律，比如保密纪律等。接待外宾时，既要热情、大方、友好，又要注意内外有别，不泄露各种机密。不得利用职权之便牟取私利，如：不私受礼品，不饮酒过量，不用公车办私事，不与外宾私下做交易等。

六、文件处理

1. 收文处理

（1）主要程序。包括签收、登记、分发、拟办、批办、承办、催办、查办、立卷、归档、销毁。应重点熟悉前七个环节。

（2）收文

1）签收。签收是文件处理的第一个环节，是文件进入必经的“关口”。签收文件要注意“四查”：

一查来文封套上所注的收文机关是否与本机关名称相符。

二查来文封套有无拆封或破损现象。

三查来文封号是否与递送人签收簿上所登记的封号相符。

四查所列文件总件数与实有件数是否相符。

2）登记。登记的主要作用是：便于管理和保护文件，防止积压丢失；便于查找和检索文件；便于文件的统计和催办工作；作为核对与交接文件的依据。

文件登记的方式有三种：簿册式登记、卡片式登记和联单式登记。

3）公文的拟办。拟办是指对来文按照其内容、性质和办理要求提出初步的处理意见。拟办的作用有：可以及时准确地将收来文件分送给有关领导、有关部门和有关人员处理；提高办文时效；供领导人在批办时参考。

4）传阅。传阅是指对拟办的需送有关领导同志和部门阅知的文件组织传递和阅读，以利于文件的及时处理，提高办文效率。供传阅的文件主要分两种情况：一种是阅知文件，另一种是需要办理的文件。

5）批办。批办是对收文处理所作的批示。批办的作用有：使机关或部门的领导人及时阅读重要的文件，掌握有关的文件精神；便于加强对文书工作的领导；便于向承办人及时交代意图和要求；合理分工，提高效率；是决定收文承办责任、原则、方法的关键。

6）承办。承办指机关有关部门根据拟办和批办的意见对文件进行具体的处理和办理。在具体承办时应注意：收到交办的公文后应及时办理，不得延误、推诿；紧急公文应按时限要求办理，确有困难的，应及时予以说明；对不属于本单位职权范围或不宜由本单位办理的公文，应及时退回并说明理由；对有领导具体批示的文件，要准确领会领导意图，严格按批示意见去办，不能加进自己的想法；没有具体批示的文件，要请示清楚，或先拟出计划方案，请示领导同意后再办；对于联合承办的文件，主办部门要主动联系协商。协商时要注意相互尊重，协办部门也要积极配合，不能相互推诿；工作要分轻重缓急，急件先办；承办工作结束或告一段落后，应向原交办的领导人、负责人汇报办理结果；承办中，要遵守有关制度。

7）催办。催办是指对那些需要办复的文件，根据承办时限和要求，对承办情况进行督促和检查，防止文件积压，从而加速文件的运转速度。催办分对内催办和对外催办两个方面。

（3）流程。文件接收（包括各部门直接接收的文件）→机要秘书登记编号→办公室负责人拟办→主管领导批示（必要时企业领导传阅）→机要秘书按拟办批示意见分发→有关部门承办→机关秘书催办（必要时提请负责人催办）→承办部门将办理情况和意见反馈至办公室，办复、归档。

2. 发文处理

（1）主要程序。包括拟稿、审核、签发、缮印、校对、用印、印记、分发、传递、归档、销毁。重点熟悉前七个环节。

（2）发文

1）拟稿。拟稿是根据领导的交拟意见或批办意见撰拟文稿的过程，一般分为交拟、拟议、撰写三部分。

2）审核。公文审核是指将文稿送领导人签发前，对文稿进行全面的检查和修正。对公文进行审核首先是为领导简政，其次是为了贯彻集中统一的原则，再有是利于下级机关的贯彻执行。公文审核的重点是：是否确需行文，行文方式是否妥当，是否符合行文规则和撰拟公文的有关要求，是否符合有关的格式规定等。文稿审核时应着重注意以下方面：

▲是否需要行文，以什么名义行文。

▲有无矛盾抵触。

▲要求、措施是否明确具体，切实可行。

▲处理程序是否完备。

▲文字表达有无问题。

▲文件体式有无错误。

3）签发。签发是形成文件的最后一个关键性环节，文稿经过领导人核准签发即成为定稿，可以据此打印正本。签发文件的原则：以本机关名义制发的上行文，由主要负责人或者主持工作的负责人签发；以本机关名义制发的下行文或平行文，由主要负责人或由主要负责人授权的其他负责人签发。

4）复核。复核应重点检查的内容是：文件审批、签发的手续是否完备，附件材料是否齐全，格式是否统一、规范等。

5）缮校。缮校是指对发文的缮印和校对工作。

6）用印。严格按印章管理规定执行。

7）封发。封发是文件形成的最后一个环节，是指文件的封装和发送。

8）传递。现行文件的传递途径有机要通信、专人递送、文件交换、普通邮寄等途径。

（3）流程。领导或部门负责人交拟→拟稿人拟议、撰拟→拟稿部门负责人修改、审核→相关部门负责人会签→文字秘书核稿→办公室负责人审阅→主管领导签发（按规定提交领导办公会议讨论的事项须经讨论后签发）→文字秘书编号→文印室打印→拟稿部门校对→行政秘书用印并登记→机要秘书发送。

七、档案管理

1. 档案管理的内容和任务

（1）档案管理的基本内容。档案管理的基本内容包括档案的收集、整理、鉴定、保管、统计和提供利用等六项工作。这六项工作内容是一个统一的有机整体，各个环节之间互相制约、互相促进。它们的基本关系是：收集、整理、鉴定、保管、统计等各项环节都贯穿着社会需要和提供利用工作的要求，同时，前面诸环节又都直接地影响着档案的提供利用。因此，收集、整理、鉴定、保管、统计等工作是整个工作的基础，基础工作为利用工作提供物质前提，没有基础就无法开展工作。

（2）档案管理的基本任务

1）坚持集中统一管理档案的原则，建立企业档案工作制度。

2）科学地管理档案，大力开发档案信息资源。

3）逐步实现档案管理的现代化，使档案工作更好地为企业的总任务、总目标服务，为建设社会主义物质文明和精神文明服务。

2. 档案管理原则

档案管理也称档案工作，就是说用科学的原则和方法管理档案，为企业的各项工作服务。档案管理原则包括：管理性、服务性、政治性和机要性。

（1）管理性。档案工作是一项科学的管理性工作。它与其他管理工作的区别，是对历史文献的科学管理工作，属于一种独立的专业，是企业管理的组成部分。

（2）服务性。档案工作通过提供档案文献资料来为各项工作服务。档案部门管理档案的日的，就是为了满足企业对档案利用的需要，为各项工作准备资料。服务性是档案工作赖以生存和发展的基础，离开了服务性，档案工作就失去了存在的意义。

（3）政治性。在阶级社会里，档案主要产生于一定阶级的思想、言论和行动，体现着一定的社会制度和阶级关系，具有很强的政治性。当前，为建设现代化的高度民主、文明的社会主义强国服务，是档案工作的一项政治任务，也是档案工作政治性的表现。

（4）机要性。档案工作涉及国家的政治和各种利益，有些在一定的时间和范围内需要适当保密，以维护企业的安全和员工的利益。因此，档案工作者必须树立保密观念，采取各种措施保护企业的机密。

3. 档案管理工作实务

（1）归档的文件材料范围。凡是单位及各部门在一个工作年度中办理完毕、具有保存价值的文件材料，都需进行立卷归档。主要有两大类：

1）收到的各类公文、电报、电话记录及本企业工作活动中形成的重要文件等。

2）未经发文渠道形成的机关内部各类文件材料、出版物、照片、录音带、录像带、影片、计算机软件等（如会议记录、会议文件、调研报告、工作计划和总结、统计报表、合同协议书、移交清册等，以及机关工作人员外出开会带回的与本单位主管业务有关材料等）。

具体包括：

1）会议纪要、领导人讲话、典型发言、会议简报、会议记录、录音带、照片等。

2）上级机关发来的与本企业主管业务有关的决议、决定、指示、命令、条例、规定、计划等文件材料。

3）代上级机关拟制并被采用的重要文件的定稿。

4）机关对外的正式发文，包括命令、决定、决议、指示、条例、规定、通报、通知等文件。

5）本企业的请示与上级机关的批复、下级机关的请示与本机关的批复。

6）本企业反映主要职能活动的报告、总结。

7）本企业与有关机关协商工作的来往文书。

8）本企业的各种工作计划、统计报表。

9）本企业党委、团委、工会的工作计划、报告、请示、批复、会议记录、重要的统计材料。

10）信访工作材料。

11）本企业与有关企业签订的合同、协议书等文件材料。

12）本企业干部任免的文件材料以及关于职工奖励、处分的文件材料。

13）本企业职工劳动、工资、福利方面的文件材料。

14）本企业及下属机关成立、合并、撤销、更改名称、启用印信的文件材料。

15）本企业的历史沿革、大事记及反映本机关重要活动的剪报、照片、录音、录像带等。

16）本企业财产、物资、档案等交接凭证。

17）本企业编辑的出版物。

18）本企业外事活动中形成的材料。

19）同级企业和非隶属企业颁发的非企业主管业务但需要贯彻执行的条例、规定、通知等文件。

20）下级企业报送的各种报告及统计报表。

（2）不归档的文件材料范围

1）本企业的重份文件，除特别重要的文件可保留二三份以外，其他文件均只保留一份，同一文件的草稿、定稿、正本不算重份文件。

2）无查考利用价值的事务性、临时性文件等。

3）未经签发的文电草稿，一般性文件除定稿外的历次修改稿，铅印文件中除主要领导人亲笔修改稿和负责人签字的最后定稿以外的各次校对稿。

4）无特殊保存价值的信封，一般性表态、询问一般性问题、提出一般性建议或意见的人民来信。

5）企业内部互相抄送的文件材料。

6）本企业负责人兼任外企业职务形成的文件材料。

7）为参考目的从各方面搜集的文件材料。

8）参加非主管部门召开的会议带回的不需要贯彻执行和无查考价值的文件材料。

9）下级企业任免、奖惩非机关工作人员的材料。

10）越级和非隶属企业抄送的一般的不需要办理的文件材料。

11）下级企业送来的不应抄报或不必备案的文件材料。

12）外企业送来的征求意见的文件。

（3）文件的组卷。归档文件的整理单位，一般以每份文件为一件。文件正本与定稿为一件，正文与附件为一件，原件与复制件为一件，转发文与被转发文为一件，报表、名册、图册等一册（本）为一件，来文与复文可为一件，一个会议的文件可合订为一件。具体来说：

1）在归档的文件中，应当将同一问题、同一会议、同一事情的文件以及每份文件的正件与附件、印件与原件放在一起组卷，不得分开。

2）会议形成的文件，召开会议的请示、批复、会议通知、领导人讲话、报告总结、纪要、典型材料等均作为会议文件组卷。

3）会议正式通过印发的文件，按会议的决议（决定）单独组卷。

4）上级机关要求承办的文件，应与承办结果的文件放在一起组卷。

5）几个部门联合的发文，归入主办部门组卷。

6）所有归卷文件均应按不同的保管期（永久、长期、短期）分别组卷。

（4）文件的排列及整理。文件排列时，正本在前，定稿在后；正文在前，附件在后；原件在前，复制件在后；转发文在前，被转发文在后；来文与复文作为一件时，复文在前，来文在后；调查与结论，结论在前，调查（包括证明材料）在后；案件文件，结论、决定性文件在前，依据材料在后。

文件整理内容包括对残破、起皱、纸张过大过小、字迹不清的文件进行修整；卷内文件放置整齐，不得反放倒放；拆除文件中的所有金属物，避免金属物受潮后腐蚀文件；依次编写页码，在有文字的正面右上角、背面的左上角用铅笔编写，无字无图的空页不编页。

（5）归档文件的整理方法

1）装订。归档文件应按件装订。一方面从实体上最终确定以件为单位的形态；另一方面固定文件的页次，有效地保护文件，并方便保管和利用。

2）分类。归档文件可以采用“年度—机构（内容）—保管期限”或“保管期限—年度—机构（问题）”等方法进行分类，同一全宗应保持分类方案的稳定。

3）排列。通过排列可使归档文件进一步系统化。

4）编号。将归档文件在全宗中的位置加以确定，并以归档章的形式在归档文件上注明。

5）编目。编目是指编制归档文件的目录。编目可以反映全宗内归档文件的内容体系，为档案的保管、鉴定、检索和利用等方面提供便利。

6）装盒。将归档文件按编号顺序装入档案盒，并填写档案盒封面、盒脊及备考表项目。

八、信访工作

信访是指公民、法人或其他组织采用书信、电子邮件、传真、电话、走访等形式反映情况、提出建议、意见或者投诉请求，依法由行政机关或行政人员处理的活动。

信访工作是企业单位的一项群众工作和政治工作，是维护和实现人民群众民主权利的重要手段，是各级领导机关及其负责人密切联系群众，进行民主协商对话，了解民间信息的重要渠道。

1. 信访工作的作用

（1）联系群众。尽管企业联系群众的渠道多种多样，但信访工作有其他渠道不可替代的特殊作用。通过做信访工作，可以为群众排忧解难，满足群众合理要求，增强群众对企业的向心力。

（2）民主监督。在我国，人民群众享有广泛的民主权利，群众性的信访活动是人民群众对执政党和政府、企事业单位及其工作人员实行自发的、直接的、公开的、有效的民主监督的重要形式之一。通过信访工作，可以及时发现领导机关及其工作人员存在的各种问题，查处违法乱纪，纠正不正之风，克服官僚主义。

（3）调节矛盾。从总体上来讲，信访活动是社会各种矛盾直接或间接的体现。通过做信访工作，可以及时有效地调整人与人、人与组织、人与社会之间的关系，减少和消除不安定因素，促进社会的安定团结，促进生产力的发展，促进生产关系和上层建筑的协调和改善。

（4）反馈民意。信访是一种简便、直接、迅速地反映群众意愿的形式。来信来访中的社情民意是一种宝贵的社会资源，是各级领导机关及领导人从各种会议、资料和调查中难以得到的重要信息。通过这条渠道，可以广泛地了解社情民意，掌握群众的情绪及群众对各项政策的态度，便于有的放矢地调整有关政策，进行合理决策。

（5）决策参谋。来自信访的信息直接真实。通过做信访工作，可以及时对涉及中心工作的有关热点、疑点进行分类分析、综合研究，为决策层指导工作提供资料，从而起到拾遗补缺的作用。

(6) 综合协调。对一个地方来说，涉及各有关部门的一些疑难问题往往通过信访渠道流向该地的党委和政府。通过处理这些因职责不清、政策规定不明等原因形成的疑难信访问题，可以起到综合协调作用。

2. 信访工作的原则与要求

信访工作的基本原则是：以事实为依据，以党和国家的政策法律为准绳，实事求是地处理人民群众来信来访中所提出的各类问题，按地区、按部门分级负责，归口办理，做到件件有着落，案案有结果。

(1) 对正确意见和合理要求的处理。对于群众来信来访中所提出的正确意见，要热情欢迎，虚心采纳；对于重要意见和建议，应当予以鼓励、表扬；对于群众反映的困难和问题，凡政策允许而有条件办到的，一定要及时地千方百计地帮助解决。

(2) 对不符合政策，但确有实际困难的问题的处理。对这类问题，既要体谅、同情来信来访者的实际困难，又要恳切地讲清国家和单位的困难，使他们能顾全大局。同时，对政策允许而又有可能解决的实际困难，应积极创造条件协助解决。

(3) 对群众申诉、控告和检举的处理

1) 对于申诉信访应深入了解，弄清事实，分清是非，认真负责处理。凡事实确凿、处理正确的案件，应在维持原处理决定的同时积极做好思想工作；对处理不当的案件，有关部门要认真负责地核查，做出恰当处理。

2) 严禁被控告人或被检举的部门及相关领导对控告或检举者采取报复行为，凡对控告、检举人采取报复行为者应予严肃处理。凡动机正确但了解情况片面而误告者，应予解释说明。凡出于不良动机而诬告、陷害同志或意在挑拨离间者，应严肃处理；对造成严重后果者，按法律规定交送司法部门处理。

(4) 对无理取闹者、诈骗分子和其他不良人员的处理。无理取闹是指来信来访者没有正当理由，企图借来信来访达到某种目的；或来信来访者所提要求在政策允许范围内和条件许可的情况下已给予合理解决，但依然纠缠不休影响公务。对这些人要在弄清事实的基础上适当批评进行民主权利和法制教育。劝说无效者，可会同有关部门予以教育制止。若其行为属违法者，可送公安机关处理。对假借人民来信、来访名义进行诈骗活动或从事其他违法活动者，应送司法机关依法惩处。

(5) 对匿名、化名来信来访的处理。对此类来信来访要弄清所提出的问题真相，根据情况区别处理，不得搁置不理。检举、揭发的情况属实，可根据事实对被检举者进行处理，不必也不准追查来信来访者的真实姓名。对匿名的诬告、诽谤、诈骗者，在查明其犯罪活动的同时，报请领导和司法部门批准后，追查其真实姓名和身份，并追究其法律责任。

3. 信访工作的基本方法

（1）受理。信访工作的第一步是对信访件进行区别和分流，该受理的受理，不该受理的也应负责地转到有关单位与部门去。对于来访者，要热情、礼貌地打招呼、接待，问明来意；如果属于受理范围，应请来访者填写登记表，然后详细接谈。对于来信，应小心拆封，仔细阅读；必要时摘出要点，并将信封、信笺、附件等以左上角为准对齐装订。

信访登记有簿式、表格式、卡片式。登记内容分四部分：

1）来信来访者的姓名、性别、年龄、民族、工作单位、职业、通信地址、电话、信访次数等。

2）信访的内容摘要：事情的时间、地点、当事人、起因、过程、结果、性质、人证、物证，信访人的要求或建议以及有关部门的意见等。

3）领导批示处理意见。

4）处理结果、答复情况、接待人、接待时间等。

（2）立案、呈批。有些信访件内容比较简单，性质程度轻微，行政人员可按照有关规定自行处理，如进行劝说、调解、解释、答复等，处理结果填好后留档备查。凡重要的信访件，行政人员要加以初步核实，提出拟办意见，写成报告，正式立案，并将立案报告呈上级主管批示后再做办理。

（3）承办、交办、转办。主管领导对重要信访件的批示，通常解决两个问题：一是谁办理，二是怎样办理。经批示后的信访件，由办公室按分级、归口的原则进行分流，即承办、交办、转办。

1）承办。有些信访件原来就属于自己职责范围，行政人员要责成专人办理，调查取证，提出处理意见，经领导批准后将处理结果直接答复信访人。

2）交办。有些信访件的处理属于下级或基层单位职责范围内，本着尽量把问题解决在基层的原则，将这些信访件交给下属单位或部门处理。注意要有交办函，函内简要写明信访件的主要内容、性质及办理要求，但原件不可一并交出。交办还要求下级将办理结果回告原受理单位，由交办单位审查后将处理结果答复信访人。

3）转办。行政人员把不属于自己单位职责范围的某些信访件转至对口的单位或部门办理叫转办。转办也必须具函，并要把原信一起转去。转办的信访件可以要求回告，如同交办件的处理方式，也可以不要求回告，而由被转办单位直接答复信访人。

（4）调查、处理。调查处理是信访工作的中间阶段，也是最关键的阶段。承办信访件的人必须认真负责地对待，严格遵循原则，严格遵照制度办事。

1）调查。查清事实是信访处理的前提，行政人员要按照原件提供的线索和上级批示的意见，采用适当的方法进行调查。如用实地观察、访问当事人和知情人、查阅文献资料等手段查明事实真相。调查必须客观、公正、耐心，要排除一切干扰。调查重要的事实必须要做笔录，要有证据。

2）处理。查清事实、得出结论后，才能以党的方针政策和国家的法律去衡量，提出具体的处理意见。应遵循区别情况、实事求是的原则，既要考虑到合法性、合理性，也要考虑到合情性和可能性。

（5）催办、回告。催办的形式可以是通过电话，可以发文，也可以直接派人去。间隔的时间可长可短，但应以信访件的重要和缓急程度而定，一定要锲而不舍，务必在规定的时间内催出结果来。

行政人员交办信访件的单位、部门，应在期限之内将信访件调查结果和处理意见予以回告，然后，应按转来单位的意见或要求，或回告原受理单位，或直接答复信访人，或留做参考。

（6）审查、结案。行政人员收到处理意见后，应进行认真审查，审查的要点包括：事实是否清楚，证据是否确凿，定性是否正确，结论是否恰当，处理意见是否符合政策、法律、法规，手续是否完备，对处理意见信访当事人是否接受，意见怎样。审查后，信访件即可终结，重要信访件要写出结案报告，呈报给主管部门并抄送有关单位、部门，以通报情况。

（7）复信、督查。为了保证信访“事事有结果，件件有着落”，行政人员进行督查是处理信访过程中必不可少的一个环节。督查的着手点在于三个：信访件是否及时的处理，信访处理是否保证了质量，信访处理结果是否真正落实。

（8）总结。与其他工作一样，信访工作也要及时进行经验教训总结，以求不断改进和提高。重大信访件应进行个案总结，一般信访件可定期进行综合性总结。总结应写成书面报告，向上级机关汇报。

（9）立卷。信访工作中产生的多种文字材料，既有原始材料，如信件、来访登记表、记录、电报稿、各种票据、照片、图纸等；又有办理过程中形成的文字材料，如立案报告、转办与交办单、调查记录、结案报告；还有综合性材料，如总结报告、信访简报、分析研究报告等，这些材料和其他公文一样，也应选择其中有查考价值的进行系统的分类、整理，立卷归档。

九、调查研究

1. 调查研究的内容

（1）围绕领导各个时期的中心工作开展调查研究。

（2）为贯彻执行政策或决定而进行调研。

（3）为起草文件而进行调研。

（4）为解决突发性事件和倾向性问题进行调研。

（5）对一些容易被遗漏的问题进行调研。

2. 调查研究的作用

(1) 收集原始信息，支持领导决策管理。

(2) 取得反馈信息，作为修订或重新决策的依据。

(3) 解决常规问题、处理突发事件的必要手段。

(4) 提高行政人员自身素质的重要途径。

3. 调查研究的种类和方法

(1) 调查研究的种类

1) 普遍调查，简称普查。它是指对总体对象中每一个具体的单位无例外地进行调查。适用于重大的基本情况调查。

2) 典型调查。指从总体或不同类型的对象中选择个别有代表性的单位进行调查。其调查结果用来推断、推广到总体或同类对象。

3) 个案调查。指对个别的对象进行调查。此类型调查针对性很强，主要用于社会的反常个体或新生事物，侧重于调查其存在状况和社会背景。

4) 重点调查。指对调查对象总体中部分起主要作用的单位进行调查，其结果推及其他一般单位。

5) 抽样调查。指从总体中抽取部分样本进行调查，以其结果推断整体。

(2) 常用的调查方法

1) 文献法。即通过查阅书面资料获得信息。查阅文献一般遵循先近后远、先大后小、先具体后抽象、先简单后复杂、先正面后反面的顺序，可以采用做记录、复印、翻拍等方法。

2) 观察法。通过调查者直接观察而进行的调查。此方法侧重于调查对象的外观、形态或变化特征及过程。

3) 访问法。通过与对象进行交流讨论而获得较深层次信息的方法。访问法既可以表现为个别访谈，也可以表现为开座谈会的形式。

4) 问卷法。将需要了解的问题设计成书面问卷的形式，由被调查者书面作答。可以表现为开放式问卷，即采用填空、问答的形式，答题者自由回答不受限制；也可以是封闭式答卷，即采用选择、是非题的形式，只能有限选择。

4. 调查问卷

(1) 调查问卷的内容

1) 被调查者的基本情况。主要有姓名、性别、年龄、民族、文化程度、工作单位、职业、住址、家庭人口等。调查这些项目便于对收集到的资料进行分类和具体分析。

2) 调查内容。它是调查问卷的核心部分，是所需调查的具体项目。

3) 问卷填写说明。指填写问卷的具体要求和方法，包括目的要求、项目含义、调查时间、被调查者填写时应注意事项、调查人员应遵守事项等。

4）编号。有时问卷还必须编号，以便于分类归档和计算机管理。

（2）设计调查问卷的注意事项

1）必要性。所提的问题应直接为目的服务，没有价值或无关紧要的问题不应列入。

2）可行性。应尽量避免列出令人难以回答的问题，注意使用适合被调查者身份、水平的词句或用语。

3）准确性。提问要简单明确，切忌模棱两可或难以理解。

4）艺术性。提问要讲究艺术，有趣味，使被调查者乐于回答。

例文：

汽车市场调查问卷

尊敬的客户：

您好！请您抽出宝贵的时间看一下我们的调查问卷并填写，您的意见对我们很重要，非常感谢！

性别________　年龄________　学历________　职业________

1. 您现在是否已有汽车：

A. 有　B. 无

2. 如果您买车的话您会选择哪种车：

A. 轿车　B. 越野车　C. 商务车　D. 其他

3. 您所能承受的汽车价格在：

A. 5 万～10 万　B. 10 万左右　C. 10 万～15 万　D. 15 万以上

4. 您在购车时关注的车辆信息是：

A. 安全性　B. 经济性　C. 环保性　D. 性价比　E. 舒适性

5. 您已知的国产越野车品牌：

A. 北京吉普　B. 长城赛弗　C. 上海万丰　D. 大迪

6. 影响您买车的因素有：

A. 造型　B. 油耗　C. 品牌　D. 价格　E. 性能　F. 其他

7. 您买车的用途：

A. 私人用　B. 商用　C. 两者都有

8. 您是通过何种途径了解汽车信息的：

A. 报纸　B. 电视　C. 广播　D. 展销会　E. 网络　F. 朋友介绍

9. 如果您出游，您将选择的方式有：

A. 跟旅行团　B. 自驾车　C. 个人探险

10. 如您购买越野车，您是否希望厂家为您提供个性化改装服务：

A. 希望　　B. 不希望

11. 如您购买了越野车，您所能承受的油耗的范围在（百公里油耗）：

A. 5 升左右　B. 5～10 升　C. 10～15 升　D. 15 升以上

1____ 2____ 3____ 4____ 5____ 6____ 7____ 8____ 9____ 10____ 11____

以上资料，绝对保密！再次感谢您的参与！答案请发至××××@sohu. com。

十、安全保密工作

安全保密工作是维护企业经济利益的需要。

任何一个企业的经济情报，特别是重要的经济情报，都不同程度地反映了该企业的实力，如果被竞争对手掌握，就会使企业在竞争中处于不利地位，在经济活动中遭受损失。因此，企业必须十分重视经济保密工作，以维护自己的经济利益。

1. 办公室安全管理

办公室安全、保密工作的主要职责是：负责办公室财产的安全；负责文件、资料、档案的妥善保管，防止失窃、泄密；负责各种办公自动化设备的安全使用；加强网络安全管理，保证信息安全。具体要求是：

（1）文件、资料要整齐堆放在文件橱内或办公桌上，严禁随意堆放，防止偷窃或其他原因造成遗失。

（2）领导办公室、文印室、档案室、库房等重要场所，无关人员不得随意进入。办公室工作笔记本、信笺纸、信封、档案袋不得随意给外人使用。

（3）领导办公和活动场所、家庭住址、办公室和家庭电话号码，不得向无关人员透露。

（4）一般情况下，办公室行政人员不得在办公室内接待与工作无关人员。办公室无人时，禁止非办公室人员在内逗留。

（5）办公室行政人员离开办公室或下班时，要关锁好门窗，关闭电器设备。

（6）做好办公室网站信息发布的保密工作。要指定专人负责网站日常管理工作，不得擅自将部门口令及密码透露给其他人员。

2. 网络安全管理

在网络技术不断发展、互联网使用不断普及的同时，网络安全问题也越来越值得重视。互联网上有我们需要的资源、信息，也有令人头痛的病毒、黑客攻击、不良网站等。必须时刻警惕，避免自己的计算机遭受侵扰。

目前，常见的网络侵害主要有病毒侵害、黑客程序侵害、恶意攻击等。预防网络攻击的常用方法有：

（1）在计算机上安装网络防火墙（例如天网防火墙），并使用其实时监控功能。

(2) 不要轻易访问一些自己并不十分知晓的站点，否则往往不经意间就会遭受网页恶意代码的侵害。

(3) 把 Internet 浏览器的安全级别设置为“高”。

(4) 在 Internet Explorer 中，将 ActiveX 插件和控件、Jave 脚本等全部禁用，可以大大减少被网页恶意代码感染的几率。但是，这样做在以后的网页浏览中有可能会使一些正常应用 ActiveX 的网站无法浏览。

(5) 锁定注册表，避免注册表被更改。

(6) 不要打开来历不明的电子邮件。很多病毒都是通过邮件传染的，例如求职信病毒等。

(7) 使用病毒防护软件。

(8) 了解常见病毒发作症状，及时发现并清除病毒。

3. 计算机的安全管理

反病毒软件可用于病毒的检测和清除，除此之外还有各种防病毒卡。这些卡直接插在计算机的扩展槽中，就可以检测已经侵入的病毒，也可以防止病毒的侵入，从而使计算机系统得到有效的保护。从根本上说，对计算机病毒应首先立足于预防，堵塞病毒的传染渠道。预防计算机病毒的措施主要有以下几个方面：

1) 不使用来历不明、无法确定是否带有病毒的磁盘。

2) 慎用公用软件和共享软件。

3) 计算机启动时尽量不用软盘引导。

4) 对系统盘应写保护，系统盘中不要装入用户程序和数据。

5) 不做非法复制。

6) 尽量做到专机专用，专盘专用。

7) 对重要程序或数据要经常做备份，以便一旦感染上病毒能够尽快得到恢复。

8) 条件允许时，可安装防病毒卡。

4. 会议保密工作

会议保密工作是各企业行政办公室安全保密工作的一个重要环节。

会议保密工作的措施主要有以下几个方面：

(1) 首先要在会前认真研究具体的安全保密措施，规定保密纪律，对与会人员和工作人员进行安全保密教育。同时，对列入会议讨论的议题，以及提交会议讨论研究或传达贯彻的文件材料，都要注意保密，不要向无关人员泄露。

(2) 秘密会议的场所要选择在周围环境安全的地方。

(3) 秘密会议的与会人员入场时，要按参加会议人员名单验证入场，并由本人签到。严禁与会议无关的人员进入会场。对需要列席会议的人员，也要事先提出名单，报经领导人批准，不允许与会人员随意带领其他无关人员进入会场。对参加会议的实到人员要记录在案。

（4）秘密会议要指定专人认真做好记录。对会议记录要妥善保管和存放，严防丢失和泄露。未经同意不得携带录音设备进入会场录音。

（5）秘密会议的文件、资料印发要有专人管理，统一标明密级，统一编号，登记分发，严格控制范围。会后需要收回的，要及时核对清收。严禁滥印乱发会议秘密文件、资料。

（6）秘密会议结束后，企业的行政人员或安全保卫人员要对会议场所和人员住址进行认真检查，看有无遗失文件、资料、笔记本等，防止因疏忽泄露秘密。

（7）做好会议记录的保管工作。秘密会议记录要视同秘密文件一样保管，未经批准，不得私自查阅、抽抄、复印，不得与普通会议记录混放，要有专门保险柜，由专门人员负责保管，并建立健全相应的管理制度，定期立卷归档。

5. 文件保密工作

秘密文件是企业秘密的一种主要存在形式，因此，做好文件的保密工作是整个保密工作的重要内容之一。

企业行政办公室主要应从以下诸方面采取必要的措施，以加强管理，确保文件安全。

（1）准确地标明文件密级。秘密文件在交付印制的原稿上要标明文件密级，即在文件首页上端明显位置标注秘密等级或加盖秘密等级印章。有的秘密文件还有附件（单独装订），在附件首页也要相应标明其秘密等级。

（2）限定文件阅读范围。对所有秘密文件要实行限级发文，规定明确的阅读级限和阅读范围，如“此件传达到董事会”等。

（3）加强文件印制管理。秘密文件要由专门的印刷厂或一般印刷厂的保密车间负责印制，份数较少的可由机要人员专门打印。印刷份数要严格按照领导批准的份数印制，不得多印私留。印刷完毕之后的原稿、重要修改稿及印刷清样必须与正式文件一同妥善保存，或者把它们同废页、废件、铅版、胶版或蜡纸、衬纸等一同及时销毁，不得随意堆放或任其散失。绝密文件要逐份打上印刷序号，以便更加严格地进行管理。

（4）控制文件的印制权限。对秘密文件的复印，要严格履行审批手续，并进行登记。翻印件和复印件要按原件要求进行管理，以防造成泄密。

（5）严格文件封发管理。秘密文件封发要使用专门封袋，封袋的封面上要显著标明适用于所装文件的秘密等级，封口要贴密封条。特别是绝密文件，要使用双层牛皮纸封袋套装，袋内所装文件要由发件人员逐件填写清单，以便收件查核。

（6）严格登记制度。秘密文件必须指定专人负责收发、分送、传递、借阅、移交、销毁等各个环节，并且各环节都应建立严格的登记制度，履行签收手续。

（7）秘密文件传阅要有专人负责。阅读文件要在办公室或阅文室进行。

(8) 借阅秘密文件要有严格的制度。未经批准，不得将文件借给知密范围以外的人员阅读，更不得随意带出机要室或长期存放在个人手里不归还。

(9) 秘密文件的保管要有专门保险柜，机要室门窗要有安全设施，并经常检查安全情况，严格控制进入机要室的人员。

(10) 外出工作必须携带秘密文件的员工，须经领导批准，并办理登记手续。不准携带秘密文件逛商店、买东西、参加娱乐活动等。参加外事活动时未经批准不准携带秘密文件。

(11) 建立秘密文件的清退制度。对分散在各部门和个人手里的秘密文件，要定期清理、收回，并及时核清文件份数，注意有无少篇短页。核对无误后，要造册、登记。如发现丢失现象，要及时追查。

(12) 选编、汇编秘密文件不得擅自降低密级、解除密级和扩大发放范围，不得将秘密文件与普通文件混编成册，更不得将秘密文件登载在内部或公开的刊物上。

(13) 办理完毕的秘密文件要及时按要求立卷归档，认真鉴定分类，该上缴的及时上缴。对秘密文件档案也要建立查阅审批制度，未经批准，不许查阅，不许公开，不许复制。

(14) 销毁秘密文件要严格手续，登记造册，不准擅自处理。销毁时应派两名以上专人监销，现场严密监护，直到销尽为止。

6. 涉外保密工作

企业在对外交往中必须严格做好保密工作，这要求涉外企业的行政办公室不断研究新情况、新问题，总结新经验，改革和完善各项保密工作，切实做好以下儿个方面的保密工作：

(1) 在涉外活动中，总的要求是要提高警惕、积极防范。友好归友好，保密归保密，要防范各种可能的情报收集活动。

(2) 凡企业有涉外接待活动，要严格划分密与非密、核心秘密与非核心秘密的界限，要规定统一的对外口径和保密范围。

(3) 参加外事活动和进入外国人住处时，不得携带秘密文件、资料及物品，如确需携带的，应事先履行批准手续，并严加保管。

(4) 未经领导批准，禁止将属于企业秘密的文件、资料和其他物品携带、传递、寄运出境。

(5) 涉外工作人员要严守纪律，时刻提高警惕，不能随便许诺，不拿原则做交易，严格执行外事工作的各项规定和保密守则，并要学习掌握必要的反间谍、反窃密知识和技术，以适应工作需要。

(6) 在对外交往中，凡尚未公开的事项、各种统计资料的保密数字、自然资源、传统工艺、技术诀窍等，均不得向外国人提供和泄露。

7. 宣传报道保密工作

宣传报道工作形式多样，传播迅速，若稍有不慎，将企业的秘密通过宣传报道泄露出去，就会造成不可挽回的损失。在宣传报道时要做好以下工作。

（1）首先要弄清企业应当保密的事项及范围，准确地划定密与非密、一般秘密与核心秘密的界限。对于不宜公开宣传报道的事项或介于密与非密之间的事项，原则上都不能宣传报道。必须公开报道时，应按程序报请企业领导批准，不得擅自行事。

（2）要树立正确的全局观念和保密观念，既要搞好宣传工作，适应改革开放的需要，又要确保企业秘密的安全。不能只顾宣传企业的成绩和优势而不顾保密，更不能为了个人的名誉、利益而泄露企业秘密。

（3）凡内部会议、活动等形成的秘密文件、讲话、资料及情况等，未经审查批准，一律不得擅自公开见报。公开发行的刊物、书籍不得登载秘密文件、内部资料等。

（4）企业行政经理要负责宣传报道稿件的审查工作，重要的、涉及全局的宣传报道稿件，要由企业主管领导负责审查批准。

8. 经济保密工作

（1）经济保密工作要划定一般经济情报与秘密经济情报的界限，防止将秘密经济情报作为一般经济情报传递而造成泄密。

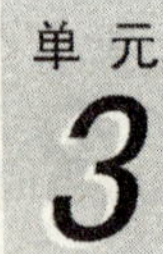

（2）企业经营的重要政策和重大的改革措施，如物价、工资等方面的调整，在讨论酝酿阶段直到出台之前，一定要严守秘密，在保密期间不得泄密。

（3）凡企业未公布的发展计划、统计资料等，任何人都不得擅自对外提供或公开发表。

十一、行政经费管理

1. 行政经费管理的原则

（1）合理原则。企业行政经费管理应以合理安排资金、及时供应、保证部门需要为原则。在企业有限的财力下，正确处理财务收支活动中所体现的各种经济关系，做到重点突出，协调发展，把有限的资金用到最需要的地方，充分发挥效用，保证企业任务的完成。

（2）节约原则。节约预算经费，首先要抓好企业行政经费的节约，减少纯消耗性支出，以降低行政管理成本。控制预算也要抓好业务性支出的节约。这种节约主要不是减少业务性支出的绝对数，而是以满足企业发展的需要为前提。节约业务经费的办法主要是提高资金使用效率，即在同等的财力下，通过科学合理的运筹，完成更多的事情，取得更大的业务成果。

（3）监督原则。监督主要是对经费活动的合法性、合理性和有效性进行监督，保证和支持正常经营活动的开展。经费监督应从编制预算开始，整个资金活动要严格按程序进行管理，健全和完善各个环节的财务管理制度，做到办事有计划、拨款有预算、收支有标准、信息有反馈、分析有资料、监督有要求和处理问题有结果。

2. 各类资金的管理

(1) 预算资金管理。预算资金管理是企业行政经费管理的重要内容。要做好这项工作，必须首先进行经费预算编制，上报企业领导审批，并对拨款后的资金进行使用管理。对预算资金的管理应从以下两方面进行。

1) 编制年度预算，报请上级领导批准，形成正式预算。各部门在申请领取经费时，应根据所批准的年度经费预算，编制全年分季度用款计划，报呈上级领导批准。上级领导一般根据各部门的季度用款计划和上月会计报表，并结合各部门的具体业务和资金结存情况予以批准拨款，并按月拨付，但不允许办理超出预算计划的拨款。

2) 各部门领取拨款后，应按资金的性质分别设立"经费存款"和"其他存款"账目。其中，"经费存款"是办理预算资金结算的账目，"其他存款"是办理预算外资金结算的账目。

(2) 业务费管理。业务费包括差旅费、办公用品费、水电费、取暖费、邮寄费和行政设备维修费等项目。业务费管理应注意以下几点。

1) 应用并管理好各项业务费。业务费是公用经费中的一项，并在其中占有较大的比重，伸缩性也较强，审核业务费时应请有关领导把关，并由各业务部门具体掌握。有条件的企业还可以制定合理的定额，进行定额管理。对于大宗业务费用，应实行专款专用，以保证该项业务工作的正常进行。

2) 明晰各类账目，专项管理。业务费涉及面较广，各类专门经费所需的资金都集中在一起，因此必须分清明细账目，专款专用。

①专人负责，监督使用。业务费的使用与管理还必须由财务部门专人负责，并设立相关监督机构与机制。

②增收节支，发挥最大效能。业务费的使用应依据节约原则，拓展新的渠道及开展新的业务时，都应从发挥最大效能的角度出发来考虑问题。

(3) 勤俭节约，认真做好节支工作。对公务会议费、业务费等专项开支，要从严控制，做到量入为出，精打细算，绝不浪费。

十二、危机事件的处理

1. 危机事件的含义

危机的形态多样，既有像"非典"疫情那样影响面极大的公共卫生危机，也有美国"9·11"事件那样的国家安全危机；既有像格兰仕被误称为"假世界名牌"这样的品牌危机，也有康泰克含 PPA 这样的产品危机。

虽然对不同的组织来说，所面临的危机五花八门，但是归纳起来，可以这样定义危机事件：干扰事务一般流程的突发事件，而且如果没有及时、正确地处理，将会严重危害到一个组织的生存和利益。突发事件又分为良性与恶性两种，危机事件指的是恶性突发事件。

2. 危机事件的特点

所有危机事件都具有以下三个基本特征：

(1) 突发性。突发性是危机事件在其显现或发生时表现出来的重要特征。它表现为在事件发生前没有明显征兆或不易被人们觉察到，事件的发生突然而迅猛，令人猝不及防。尽管有的危机事件可能有很长的潜伏期，但它的表现形式必然是带有突然爆发的特点。像"非典"疫情，在不到半年时间内，就在全国众多省市发现了感染者。又如南丹矿难，瞬间就发生了，更加突然。

(2) 扩散性。扩散性是危机事件在其发展过程中表现出来的重要特征。它是指突发事件所形成的危机会由某个局部逐步扩展开来，甚至扩展为全局性的危机。

例如，2001 年发生了南京冠生园用隔年陈馅制作月饼一事，经新闻媒体曝光后成为突发事件。事件发生后，首先是该企业的月饼在市场上碰壁，随后扩展到该企业的其他产品在市场上受冷遇，之后又使其他城市冠生园的产品销售受阻，最终波及全国的月饼销售市场，致使当年的月饼销量出现了大幅度全面滑坡。

由于危机事件的这种动态扩散性能够引发连锁性危机，而且会很快地动摇公众对组织的信任，所以其后果往往极为严重。因此，企业必须尽快采取有效措施，防止危机扩展蔓延，把危机所造成的危害降到最低程度，并设法挽救组织信誉和组织形象。

(3) 危害性。危害性是突发事件在其结果上表现出来的重要特征。它是指危机事件会造成较严重的损失和危害。

3. 危机事件的预防

危机的预防工作可以具体从以下几个方面进行。

(1) 设立应付危机的常设机构。应当有一个应付危机的常设机构，它可以由以下人员组成：决策层的负责人、行政经理、公关经理、人事部经理、保卫部经理等。应保证这些人员之间联系渠道的通畅，日常应考虑的问题是：

1) 组织的应变能力如何。

2) 对于最有可能产生的危机是否有相应的准备。

3) 如果所预测的危机爆发，有无一些具体的应付措施。

这个常设机构最主要的功能之一就是，一旦危机发生，他们应当对新闻媒介发布目标的信息。之所以必须这样，是因为对公开发布消息一定要控制，这并不是由于组织害怕坦率发布真实情况，而是因为情况在得到证实之前不能乱讲，等有了正式结论才能发布消息。

(2) 注意企业危机的症状。这类危机多由于企业内部的自身原因造成，如果这样，危机的出现必定有一个积累过程。俗话说："冰冻三尺，非一日之寒。"所以，在危机爆发之前，企业必定显示出一些征兆来。一般来说，当行政人员在工作的过程中发现企业存在如下一些特点时，就有必要提醒决策部门注意，而自己也应进一步加强监测。

1）伤害企业或企业决策人形象的舆论越来越多。

2）企业特别受到政府、新闻界或特定人士的"关注"。

3）企业的各项财务指标不断下降。

4）企业遇到的麻烦越来越多。

5）企业的运转效率不断降低。

还有一种类型的危机，一般呈现以下特点：

1）问题处于模糊阶段，认识到问题的存在，但未加注意。

2）对问题的性质和原因开始在社会上形成意见，公众通过新闻媒介的影响形成了自己的态度。

3）解决问题的方案出笼。社会上各种解决方案纷纷提出，最后集中到少数方案上。

4）提出并颁布法规。如企业破坏了社区公众的安宁，最后导致环境保护法规新条例的颁布。这时，企业已不可能控制危机的发展。

5）根据法律或司法检查进行调整。也就是服从法院的判决，并在大众传媒上向公众道歉、赔偿，而企业的不良形象已铸成。

（3）制定问题管理方案。对于一个企业来讲，有效的问题管理可以防止危机的出现或改变危机发生的过程。制定问题管理方案时，应考虑以下几方面的情况：

1）检查所有可能对企业有影响的问题或趋势。

2）确定需要考虑的具体问题。

3）估计这些问题对企业的生存和利益的潜在影响。

4）确定企业对各种问题的应付态度。

5）决定对一些需要解决的问题采取的行动方针。

6）实施具体的解决问题的行动计划。

7）不断监控行动结果，根据需要修正具体方案。

企业越早认识到存在的威胁，越早采取适当的行动，越可能控制住问题的发展。如果等到问题公开或爆发为危机后再采取行动，就为时已晚了。

在问题的管理方面，还可将问题和趋势分为三种类型：

1）现有的问题。即现在正对企业发生影响的问题已经形成。

2）正在出现的问题。这种问题可能在 2～5 年以前已露出端倪，但现在还未完全形成，也没有确定应付它的态度。它正处在不断发展的阶段，需要及时影响并加以控制。

3）社会趋势。这类问题涉及人们的态度、行为的变化，最难以影响或改变。它们包括人口、资源、政治、经济、技术、社会等各个方面，及早估计这些趋势的性质、方向及影响是解决问题的关键。

企业的危机其实是与企业平常的经济活动共存的，是不可避免的，它在潜移默化地影响着企业的发展。对于危机，一定要以一种高度的警惕性去对待，对危机的错误处理会给企业带来灾难性的损失。

4. 处理危机事件的基本方针

无论发生的是什么性质、什么类型、什么起因的危机事件，企业在处理时都要遵循以下基本方针。

（1）承担义务，控制局势。危机事件的主要起因和责任可能在企业一方，也可能在受害者一方，还可能一时搞不清楚。即使主要责任不在企业一方，企业首先要做的也不是去追究责任，更不能抱怨、责怪甚至推诿。因为这样只会延误处理危机事件的时机，使危机事件的直接危害进一步扩大，造成更加被动的局面，形成更为严重的危机。

在危机事件发生后，企业的基本方针就是主动承担义务，积极采取措施，努力控制局势，减少伤亡损失。也就是要以积极的态度来赢得时间，主动迅速地采取措施来控制事态的发展和局势的恶化，承担起救死扶伤、减少损失的义务，尽力把危机事件的直接危害降到最低程度。

（2）以诚相待，公开事实。以诚相待是指危机事件发生后，无论社会公众站在什么立场上、持有什么态度甚至出现过激行为，企业始终都要以诚相待。

危机事件发生后，很快会出现一个公众情绪的高峰阶段。这对于本来就处在险境中的企业来说无异于雪上加霜。在这个阶段，公众（特别是受害者及其家属）会出现强烈的不满情绪、过激言辞甚至过激行为，企业的舆论环境也会因此而迅速恶化。对此，企业如果不能正确对待和处理，就会进一步激化矛盾、扩大事态、加剧危机。在这种情况下，企业必须保持冷静和理智，既不要感情用事，也不要为自己做辩解，更不能与公众发生对立和争执；而是要站在公众的立场上理解和谅解他们的态度与行为，用真诚和负责的行动去感化对方，使他们的情绪逐渐稳定下来。

企业一旦度过了公众的情绪冲动期，就要本着实事求是的态度与公众进行全面沟通，并主动与新闻媒体联系，公开事实真相，以争取公众的理解和信任。

（3）提前行动，注重后效。任何事物都有一个发生、发展的过程，突发事件也不例外。由于危机事件具有突发性，在发生的时候会让企业猝不及防，但是一旦发生，企业就会直接面对事件本身了。这时，企业就可以通过调查来进行分析研究，根据它的发展规律以及企业所采取的应对措施来判断它的发展趋势。根据这种判断，企业可以提前采取必要措施，防止局势进一步恶化。这样就改变了企业在危机事件中的被动地位，逐步由被动承受危机打击转变为主动控制危机的危害。

注重后效就是在处理当前危机事件的同时，着眼于今后的企业形象重塑。也就是说，在处理危机事件时要有长远的和全局的眼光，使当前的措施和行动与今后的企业形象重塑结合起来；不能只为了应付当前的危机而采用权宜之计，甚至只为了解决眼前的问题而饮鸩止渴。

危机事件虽然不是一件好事，但看待任何事物都要用辩证的眼光，要一分为二。危机事件固然使企业处在危机之中，但在危机出现的同时也意味着机遇的存在。也就是说，当危机事件给企业造成了危机时，企业处理危机事件的过程也为企业重塑形象提供了机会。因此，正确处理危机事件本身也就是在重新塑造企业形象。

5. 处理危机事件的基本程序

处理危机事件有以下五个基本步骤：

(1) 成立机构，处理危机。企业在危机事件的初期，首先要成立一个临时的专门机构，这个机构一般称为危机处理小组。它由企业的主要行政领导、有关部门负责人和公共关系部门负责人组成，负责突发事件的处理工作。

成立危机处理小组的目的是为了有序和有效地开展危机处理工作，防止由于危机事件头绪繁多而造成责权不清、工作不明的混乱无序状态。

为了避免突发事件发生时由于危机处理小组未成立而造成的指挥混乱，企业在平时就要确定好该小组的基本成员，明确小组成员的基本职责和基本工作程序。一旦出现危机事件，小组成员立即进入岗位，启动工作程序。

(2) 查看现场，隔离险境。危机事件发生后，不要盲目救险。首先要到现场初步查看情况，对险情有了基本了解之后再实施救险。

有些危机事件会持续不断地对生命和财产安全构成威胁或造成危害，对此，危机处理小组必须采取果断而有效的措施来控制或消除危害源，防止进一步扩大危害，尽力减少人员、财产等方面的损失。

有些危机事件虽然没有对人员或财产安全构成威胁，但如果不对当前局面加以控制，就可能使事态扩大，使局势恶化。例如，员工与公众之间出现了争吵、纠纷，这时，就要立即使矛盾各方脱离接触，避免矛盾升级、事态扩大。

(3) 深入调研，制定对策。在隔离险境或使矛盾各方脱离接触并初步控制了局势之后，危机事件也就进入了稳定期。这时，危机处理小组就要迅速组织有关人员，如专家、专业技术人员和其他有关人员深入现场进行深入细致的调查工作，收集第一手资料，全面掌握情况，以便分析突发事件的原因及发现新问题。

调查之后，还要对收集到的各种信息（如各种数据资料、事实资料及物证等）进行认真核对与统计，以保证其完整和准确无误。然后再进行相应的分析研究工作，发现问题、分析原因、作出结论。最后再制定出相应的对策并形成具体的实施方案。

(4) 发布信息，协调关系。企业通过调查研究了解了突发事件的真相后，就要尽快向外界发布信息，把事实真相以及企业在处理突发事件中所持的态度和所做的努力如实地向社会公众公布。在发布信息时要做到真实、准确、客观和公正，既不隐瞒、歪曲，也不猜测、误导，以建立公众对企业的信任感。向外界发布信息时，要充分发挥大众传媒的优势，特别是要利用权威性强、影响力大、覆盖面广的新闻媒体；尽量不采用人际传播的方式，以避免多级人际传播所造成的信息严重失真。另外，利用新闻机构及时向外界发布信息还可以削弱并消除“小道消息”的影响。

在向外界发布信息的同时，企业要根据危机处理小组制定的对策和行动方案开展公众关系的协调工作。首先要协调与危机事件相关的公众之间的关系，做好公共关系工作；然后再协调与其他公众之间的关系。协调关系的基本目标是使公众了解危机事件，理解企业对危机事件所采取的策略和具体措施，谅解企业在处理危机事件中存在的问题，以争取公众在态度上的合作。

(5) 做好善后，全面总结。完成以上工作内容之后，危机事件开始进入后期。后期工作主要有两个方面：

第一方面是善后工作。善后工作也包括两个方面：一个是对危机事件中的受害者和所涉及的公众进行赔偿、抚恤、关怀和安慰等工作；另一个是对企业内部受到破坏或损坏的设施、设备进行恢复、修理工作。

第二方面是总结工作。全面总结危机事件的起因、发展过程、造成的后果和企业在处理危机事件过程中的经验与教训，最后形成书面材料并存档。

6. 处理危机事件的基本对策

危机事件会涉及企业不同方面的公众对象，企业在处理危机的过程中需要针对不同的公众对象和不同的情况采取不同的方法和措施。

(1) 员工对策

1) 与全体员工直接进行沟通。在危机事件初期，由于对事件的情况并没有完全搞清楚，所以不可能马上使员工全面了解事件的真相。因此，首先要向员工说明企业发生了什么问题，使他们对有关情况有一个基本的了解；其次是使员工了解企业处理危机事件的基本方针、原则、程序和对策，以统一认识和行动；然后要动员员工与企业同舟共济。待事件调查清楚后，再向员工说明事件的真相。

2) 如果有企业人员伤亡，要对伤员进行救护，对罹难者进行善后处理。通知伤亡者的家属，并尽可能满足伤员及罹难者家属的正当要求。

3) 如果突发事件是由不合格产品所引发的，要组织专业人员对这类产品逐一检验。如有必要，则不惜一切代价予以收回或销毁，并通知有关的经销商、零售商停止出售这类产品。

4) 对突发事件中的有功人员和责任人员分别进行奖惩，并将奖惩情况通报全体员工。

(2) 受害者对策

1) 由专人负责与受害者及其家属联系和接触，如果没有特殊情况不要随便更换负责人。

2）向受害者及其家属表示同情、慰问和道歉。不要为企业辩解，避免与受害者及其家属进行争辩或发生纠纷。

3）实事求是地承担责任，听取受害者及其家属的意见和赔偿要求。答复受害者及其家属的意见，制定、公布赔偿方案并按方案进行赔偿。

4）向受害者提供尽可能的服务，尽力做好善后工作。

（3）新闻界对策

1）设立临时的记者接待机构，并由专人负责向新闻界发布信息和回答记者的提问。

2）向新闻界发布信息、公布事实真相，并借助新闻媒体向公众道歉及表示承担责任。

3）要确保所发布的信息准确无误，并对所发布的信息负责。

4）不对突发事件的任何可能性做推测或判断，不说假话。

5）向新闻界表明企业的立场和态度，使新闻界了解企业为处理突发事件所做的努力。

6）回答记者提问时要有根有据，不能凭主观猜测，也不要似是而非。

7）对不便发表的情况要正面说明理由，以求得新闻界的理解和同情，不要简单地加以拒绝。

8）对新闻界不符合事实的报道，要向其指出，提出更正要求，并提供全部与事实有关的材料；保持冷静，避免因情绪冲动而与新闻界产生矛盾和对立。

9）对所有记者要一视同仁，不要有亲有疏。

10）留下记者的姓名和电话，以便在必要时与其联系。

（4）流言与谣言对策。流言就是没有事实根据的传闻或捏造的消息，通常是对社会上已经发生的事情所做的缺乏依据的描述或解释。谣言则是怀有恶意的流言。它们都是以口耳相传的方式进行传播。每当危机事件发生时，都会有大量的流言或谣言四处传播。

流言和谣言不仅混淆人们的视听，让公众无所适从；而且会引起种种对企业不利的猜疑，加剧公众对企业的不信任感，甚至会引起骚乱并使事态进一步恶化。因此，企业必须在处理危机事件的过程中有效地对付流言和谣言。其主要对策如下：

1）分析流言或谣言的起因、动机、范围和影响。

2）与受到流言或谣言影响的人们沟通。在沟通中要保持真诚，让他们感受到企业上下制止流言或谣言的信心。

3）提供全面、准确的事实真相。

4）动员企业员工对外说明事实真相，并向新闻界公布事实真相。

5）争取政府人士、社会名流、专家、舆论界的权威人士和其他有影响的社会人士的帮助和支持，请他们帮助企业向社会澄清事实真相。

6）在公布事实真相时，不要重复流言或谣言。

由于流言或谣言一旦出现就会不胫而走，传播速度十分惊人，而且其内容经过多次传播后会变得越来越夸大，所以要阻止流言或谣言的蔓延极为困难。了解真相是对付流言或谣言最有效的方法。因此，在哪里发现流言或谣言，就要在哪里公布事实真相。

第二节 人事行政管理

一、人事行政管理的含义及具体内容

企业人事行政管理是指通过对本企业的人才招聘、任用、奖惩等所进行的计划、组织指挥和协调活动。人事行政管理是企业行政管理最重要的组成部分。按照企业经营目标实行的人事行政管理，就是将劳动者与劳动工具或劳动设备结合起来，作用于劳动对象，生产出劳动产品或者为消费者提供某种服务。

人事行政管理的基本要求是：任人唯贤、量才任用，做到公平、公正、公开，严明劳动纪律，奖惩分明，奖励先进，鞭策后进。

企业人事行政管理涉及企业内部与外部、员工个人与企业、员工之间以及每个员工精神层面与物质层面等诸方面的关系。因此，企业管理人员必须理清这些关系，把握企业人事行政的基本情况，坚持原则，做好企业人事行政管理。

1. 企业人事行政管理的特点

（1）时效性。

（2）计划性与针对性。

（3）利益诱导性。

（4）以人为本。

2. 企业人事行政管理的基本制度

（1）岗位责任制。为每一个岗位明确规定职责和职权，即通过定岗位、定人员、定责任及定职权，把企业经营、管理、业务和技术等方面的工作落实到具体部门，具体到人。做到分工细致，职责明确，充分调动全体员工的积极性，把整个企业的活动有效地管理起来。

（2）考核、监督制度。要建立和严格坚持考核、监督制度，并制定对员工工作业绩进行评估的制度。

（3）劳动工资制度。工资与奖金是劳动报酬的主要形式，工资制度是有关分配关系、分配原则、分配形式、分配办法和相关规定的总称。

（4）奖惩制度。利用激励机制和处罚机制，给员工以动力与压力，最大限度地调动员工的工作积极性和创造性。奖励制度主要是对超额完成劳动任务、工作积极努力、工作成绩突出的员工予以奖励的一系列规定及标准。

（5）劳动保险制度。企业为保证各种工作及活动有序地进行，必须建立劳动保险制度。另外，员工在生育、养老、疾病、伤残时，国家通过员工所在单位给予必要的物质帮助，以解决员工在暂时或永久丧失劳动能力时的基本需要。劳动保险是社会保障的重要形式之一。企业人事行政管理应根据国家的法律法规，制定失业保险制度、退休制度和公费医疗制度，因工或非因工致伤、致残待遇制度，员工死亡丧葬和抚恤金制度等。

二、员工招聘

1. 员工招聘程序与招聘计划

员工招聘的程序大致分为招聘（此处为狭义的招聘，指以公告方式公布组织招聘要求，吸引应聘者）、选拔、录用和评估四个阶段。

人员招聘的主要目的在于吸引更多的人来应聘，使得组织有更大的人员选择余地，避免出现因应聘人数过少而降低录用标准或随意、盲目挑选的现象；同时也可使应聘者更好地了解组织，减少因盲目加入组织后又不得不离职的可能性。有效的人员招聘可提高招聘质量，减少组织和个人的损失。

人员招聘的内容主要包括：招聘计划的制定与审批、招聘信息的发布、应聘者提出申请等。

（1）招聘计划的制定与审批。招聘计划是用人部门根据部门的发展需要，根据人力资源规划的人力净需求、工作描述的具体要求，对招聘的岗位、人员数量、时间限制等因素做出详细的计划。招聘计划的具体内容包括：

1）招聘的岗位、人员需求量、每个岗位的具体要求。

2）招聘信息发布的时间、方式、渠道与范围。

3）招聘对象的来源与范围。

4）招聘方法。

5）招聘测试的实施部门。

6）招聘预算。

7）招聘结束时间与新员工到位时间。

招聘计划是招聘的主要依据。制定招聘计划的目的在于使招聘更趋合理化、科学化。由于员工招聘直接影响到人力资源开发与管理的其他步骤，招聘工作一旦失误，以后的工作就难以开展，组织也将得不到最优秀的人力资源，组织的生存与发展则受到威胁。

招聘计划由用人部门制定，然后由人力资源部门对其进行复核，特别是要对人员需求量、费用等项目进行严格复查，签署意见后交上级主管领导审批。

（2）招聘信息的发布。招聘信息发布的时间、方式、渠道与范围是根据招聘计划来确定的。由于需招聘的岗位、数量、任职者要求不同，招聘对象的来源与范围不同，以及新员工到位时间和招聘预算的限制，招聘信息发布时间、方式、渠道与范围也是不同的。

特别提示：发布招聘信息应注意的问题

1）信息发布的范围。信息发布的范围是由招聘对象的范围来决定的。发布信息的面越广，接收到该信息的人就越多，应聘者也就越多，这样可能招聘到合适人选的概率就越大。相应地，招聘的费用则会增加。

2）信息发布的时间。在条件允许的情况下，招聘信息应尽早发布，这样有利于缩短招聘进程，而且有利于使更多的人获取信息，使应聘人数增加。

3）招聘对象的层次性。招聘对象处在社会的某个层次上，要根据招聘岗位的要求和特点，向特定的人员发布招聘信息。

（3）应聘者提出申请。应聘者在获取招聘信息后，可向招聘单位提出应聘申请。应聘申请有两种方式：一是应聘者通过信函向招聘单位提出申请；二是直接填写招聘单位应聘申请表。无论是采用哪一种方式，应聘者都应向招聘单位提供以下个人资料：

1）应聘申请函（表），且必须说明应聘的职位。

2）个人简历，着重说明学历、工作经验、技能、成果、个人品格等信息。

3）各种学历、技能、成果（包括获得的奖励）证明（复印件）。

4）身份证复印件。

2. 招聘方式与招聘渠道

招聘方式是指吸引招聘对象所使用的方法。人力资源部门在招聘过程中必须因地制宜地选择招聘方式。

根据招聘对象来源渠道的不同，可将招聘分为内部招聘与外部招聘，它们各自采用的招聘方式也不同。现代人事行政管理与传统人事管理的一个重要区别是“内”与“外”的区别。前者注重组织内部人力资源的开发利用，注重从组织内部发现、挖掘人才，而后者则不注重组织内部人力资源的开发利用，往往把重点放在从组织外部寻找人才。

（1）内部招聘。从现代人事行政管理的角度上看，当组织中出现职位空缺时，人事行政管理部门应采取积极的态度首先从组织内部中寻找、挑选合适的人员填补空缺。

1）内部招聘对象的主要来源

①提升。即从内部提拔合适的人员填补职位的空缺。

②工作调换。工作调换也称“平调”，它是指职务级别不发生变化，而工作的岗位发生变化。

③工作轮换。工作调换一般用于中层管理人员，且在时间上往往可能是较长的，而工作轮换则用于一般员工，它既可以使有潜力的员工在各方面积累经验，为晋升做准备，又可减少员工因长期从事某项工作而产生的枯燥、无聊感。

④内部人员重新聘用。一些组织由于一段时期经营效果不好，会暂时让一些员工下岗待聘，当组织情况好转时，再重新聘用这些员工。

2）内部招聘的主要方法

①布告法。布告法是在确定了空缺职位的性质、职责及其条件等情况后，将这些信息以布告的形式，公布在组织中一切可利用的墙报、布告栏、内部报刊上，尽可能使全体员工都能获得信息，号召有才能、有志气的员工毛遂自荐，脱颖而出。

②推荐法。推荐法是由本组织员工根据组织的需要推荐其熟悉的合适人员，供用人部门和人力资源部门进行选择和考核。

③档案法。人事行政部门都有员工档案，从中可以了解到员工在教育、培训、经验、技能、绩效等方面的信息，帮助用人部门与人力资源部门寻找合适的人员来补充职位。

（2）外部招聘。内部招聘虽然有许多优点，但它的明显缺点是人员选择的范围比较小，往往不能满足组织的需要，尤其是当组织处于创业初期或快速发展的时期，或是需要特殊人才（如高级技术人员、高级管理人员等）时，仅有内部招聘是不够的，必须借助于组织外的劳动力市场，采用外部招聘的方式来获得所需的人员。外部招聘的主要来源与方法有：

1）广告。招聘广告是外部招聘常用的方法。它通过新闻媒介向社会传播招聘信息，其特点是信息传播范围广、速度快，应聘人员数量大、层次丰富，组织的选择余地大。

2）学校。学校是人才资源的重要来源，每年学校有几百万的毕业生走出校门，进入社会。学校毕业生已成为各组织技术人才和管理人才的最主要来源。

3）中介机构。随着人才流动的日益普遍，人才交流中心、职业介绍所、劳动力就业服务中心等就业媒介应运而生。这些机构承担着双重角色：既为组织择人，也为求职者择业。借助于这些机构，组织与求职者均可获得大量的信息，同时也可传播各自的信息。这些机构通过定期或不定期地举行人才交流会，供需双方面对面地进行商谈，增进了彼此的了解，并缩短了招聘与应聘的时间。

4）信息网络。近年来，随着计算机通信技术的发展和劳动力市场发展的需要，出现了通过信息网络进行招聘、求职的方法。由于这种方法信息传播范围广、速度快、成本低、供需双方选择余地大，且不受时间、地域的限制，因而被广泛采用。

5）特色招聘。电话热线、接待日等特色招聘形式能吸引更多的人来应聘。通过电话，招聘对象可非常迅速、方便地了解到组织及职位的信息；在接待日，通过对组织的访问、与部门领导及人力资源部门管理人员的交谈，可深层次地了解组织与个人，便于组织与个人做出决策。

3. 招聘面试

由于人员资格审查与初选不能反映应聘者的全部信息，组织不能对应聘者进行深层次的了解，个人也无法得到关于组织的更为全面的信息，因此需要通过面试使组织与个人得到各自需要的信息，以便组织进行录用决策，个人进行是否加入组织的决策。面试是双向选择的一个重要手段。

面试是供需双方通过正式交谈，使组织能够客观了解应聘者的业务知识水平、外貌风度、工作经验、求职动机等信息，应聘者能够了解到更全面的组织信息。与传统人事管理只注重知识掌握不同的是，现代人力资源管理更注重员工的实际能力与工作潜力。进一步的面试还可帮助组织（特别是用人部门）了解应聘者的语言表达能力、反应能力、个人修养、逻辑思维能力等；而应聘者则可了解到自己在组织的发展前途，能将个人期望与现实情况进行比较，判断组织提供的职位是否与个人兴趣相符等。

（1）面试类型

1）从所达到的效果分类，面试可分为初步面试和诊断面试。

①初步面试。初步面试用来增进用人单位与应聘者的相互了解。在这个过程中，应聘者对其书面材料进行补充（如对技能、经历等进行说明），组织对其求职动机进行了解，并向应聘者介绍组织情况、解释职位招聘的原因及要求。初步面试类似于面谈，比较简单、随意。通常，初步面试由人力资源部门中负责招聘的人员主持，不合适的人员或对组织不感兴趣的应聘者将被筛选掉。

②诊断面试。诊断面试则是对经初步面试筛选合格的应聘者进行实际能力与潜力的测试，它的目的在于帮助招聘单位与应聘者双方补充深层次的信息，如应聘者的表达能力、交际能力、应变能力、思维能力、个人工作兴趣与期望等，组织的发展前景、个人的发展机遇、培训机遇等。这种面试由用人部门负责，人力资源部门参与，它更像正规的考试。对于高级管理人员的招聘，则由组织的高层领导参加。这种面试对组织的录用决策与应聘者是否加入组织的决策至关重要。

2）从参与面试过程的人员分类，面试可分为个别面试、小组面试和成组面试。

①个别面试。个别面试是一个面试人员与一个应聘者面对面地交谈，这种方式的面试有利于双方建立亲密的关系，双方能深入地相互了解，但这种面试的结果易受面试人员主观因素的干扰。

②小组面试。小组面试由 2～3 个人组成的面试小组对各个应聘者分别进行面试。面试小组由用人部门与人力资源部门的人员共同组成，从多种角度对应聘者进行考察，以提高面试结果的准确性，克服个人偏见。

③成组面试。成组面试也称为集体面试，它是由面试小组对若干应聘者同时进行面试，在集体面试过程中，通常是由面试主考官提出一个或几个问题，引导应聘者进行讨

论，从中发现、比较应聘者的表达能力、思维能力、组织领导能力、解决问题的能力、交际能力等。集体面试的效率比较高，但对面试主考官的要求较高，主考官在面试前要对每个应聘者都有大致的了解，在面试时要善于观察，善于控制局面。

3）从组织形式分类，面试可分为结构型面试、非结构型面试和压力面试。

①结构型面试。结构型面试是在面试之前，已有一个固定的框架（或问题清单），主考官根据框架控制整个面试的进行，严格按照这个框架对每个应聘者分别进行相同的提问。这种面试的优点在于，对所有应聘者均按同一标准进行，可以提供结构与形式相同的信息，便于分析、比较，同时减少了主观性，且对考官的要求较低。但缺点是过于僵化，难以随机应变，所收集信息的范围受到限制。

②非结构型面试。这种面试无固定的模式，事先无需做太多的准备，主考官只要掌握组织、职位的基本情况即可。在面试中往往提一些开放式的问题，如“谈谈你对某件事情的看法”“你有何兴趣与爱好”等。这种面试的主要目的在于给应聘者充分发挥自己能力与潜力的机会。由于这种面试有很大的随意性，主考官所提问题的真实目的往往带有很大的隐蔽性，要求应聘者有很好的理解能力与应变能力。

非结构型面试由于灵活自由，问题可因人而异、深入浅出，可得到较深入的信息。但是这种方法缺乏统一的标准，易带来偏差，且对主考官要求较高，需要有丰富的经验与很高的素质。

③压力面试。这种面试给应聘者提出一个意想不到的问题，往往是在面试的开始时就给应聘者以意想不到的一击，通常是具有敌意或攻击性的，主考官以此观察应聘者的反应。一些应聘者在压力面试前显得从容不迫，而另一些则不知所措。用这种方法可以了解应聘者承受压力、调整情绪的能力，可以测试应聘者的应变能力和解决紧急问题的能力。压力面试一般用于招聘销售人员、公关人员、高级管理人员。

4）行为描述面试。行为描述面试又称 BD 面试（Behavior Description Interview），是近年来的研究成果。这种面试是基于行为的连贯性原理发展起来的。面试主考官通过行为描述面试要了解两方面的信息，一是应聘者过去的工作经历，判断他选择本组织的原因，预测他未来在本组织中发展所采取的行为模式；二是了解他对特定行为所采取的行为模式，并将其行为模式与空缺职位所期望的行为模式进行比较分析。

5）能力面试。能力面试是继 BD 面试法之后的又一研究成果。与注重应聘者以往取得的成就不同，这种方法关注的是他们如何去实现所追求的目标。在能力面试中，主考官要试图找到过去成就中所反映出来的优势。要确认这些优势，主考官要寻找 STAR——即情景（Situation）、任务（Task）、行动（Action）和结果（Result），其大致过程如下：先确定空缺职位的责任与能力，明确它们的重要性；然后，询问应聘者过去是否承担过与空缺职位类似的职位，或是否处于类似的“情景”，一旦主考官发现应聘者有类似的工作经历，则再确定他们过去负责的“任务”，进一步了解一旦出现问题时他们所采取的“行动”，以及“行动”的“结果”究竟如何。

（2）面试提问技巧。在面试过程中，主考官常常向应聘者提问，若加之以适当的提问技巧可帮助主考官获得更多的信息，提高面试的质量。下面是常用的提问技巧：

1）简单提问。在面试刚开始时，通常采用简单提问来缓解面试的紧张气氛，消除应聘者的心理压力，使应聘者能轻松进入角色，充分发挥自己的水平和潜力。

2）递进提问。在用简单提问提出几个问题以后，谈话的气氛往往开始轻松下来，这时可采用递进提问方式使问题向深层次前进一步。递进提问的目的在于引导应聘者详细描述自己的工作经历、技能、成果、工作动机、个人兴趣等。提问应采用诱导式提问，如“你为什么要离职”“你为什么要到本公司来工作”等，而要避免使用肯定/否定式提问，如“你认为某事情这样处理对吗”“你有管理方面的经验吗”等，因为前一种提问方式能给应聘者更多的发挥余地，能更加深入了解应聘者的能力与潜力。

3）比较式提问。比较式提问是主考官要求应聘者对两个或更多的事物进行比较分析，以达到了解应聘者的个人品格、工作动机、工作能力与潜力的目的。如“如果现在同时有一个晋升机会与培训机会，你将如何选择”“在以往的工作经历中，你认为你最成功的地方是什么”等。

4）举例提问。这是面试的一项核心技巧。当应聘者回答有关问题时，主考官可以让其举例说明，比如引导应聘者回答解决某一问题或完成某项任务所采取的方法和措施，以此鉴别应聘者所谈问题的真假。

5）客观评价提问。这是主考官有意让应聘者介绍自己的情况、客观地对自己的优缺点进行评价，或评价曾在主考官身上发生的某些事情，以此引导应聘者回答比较敏感的问题，借此对应聘者进行更加深刻的了解。

（3）影响面试效果的因素

1）过早地做出录用决策。主考官常在见面后的几分钟内，凭印象确定录用决策的意向。

2）过分强调面试表中的不利内容，以致不能全面了解应聘者。

3）主考官对所缺岗位的任用条件不了解，无法掌握正确的标准来衡量应聘者。

4）面试过程中，主考官讲得太多，应聘者没有机会表达，失去了招聘面试的意义。

5）主考官受前一位应聘者的影响，并以此作为标准衡量后一位应聘者。

（4）面试过程中应注意的问题

1）面试进程的控制。由于面试时间最多不超过几十分钟，为使应聘者在这段时间里，能根据主考官的要求提供更多的信息加以判断，一般要求应聘者先简单介绍一下自己的情况，此间便于主考官观察一下对方，浏览一下应聘者的材料，认真倾听，然后进入正式面试阶段。

2）结构式面试。正式面试阶段，一般要按照结构式面试的方式展开。所提问题可根据求职申请表中发现的疑点，先易后难地逐一提出。

①多问开放式的问题。如“为什么”“怎么样”，目的是让应聘者多讲。

②面试中不要暴露主考官的观点和想法，不要让应聘者了解主考官的倾向并迎合主考官，而掩盖自己的真实想法。

③所提问题要直截了当、语言简练，有疑问可马上提出，并及时做好记录。

④不要轻易打断应聘者的讲话，待对方回答完一个问题后再问第二个问题。

⑤面试中，除了要倾听应聘者回答的问题，还要观察他的非语言行为，如面部表情、眼神、姿势、讲话的声调语调、举止，从中可以反映出对方的一些个性、诚实度、自信心等情况。

⑥传统的面试往往集中问一些信息，十分注意求职申请表中所填的内容，加以推测分析，同时还询问应聘者过去做过的工作，据此来判断他将来能否担任此职位，这是完全必要的。但有时应聘者也会编造一些假象。为了克服这一点，在考察应聘者工作能力和工作经验时，可针对应聘者过去工作行为中特定的例子加以询问，从而能较全面地考察一个人。

⑦面试中还可提出一些案例，这些案例均是与应聘职务有关的，从中可观察应聘者的分析、判断能力，也可提出一个话题让应聘者讲述，从中判断他的表述能力。

⑧面试中非常重要的一点是了解应聘者的求职动机，这是一件比较困难的事，因为一些应聘者往往把自己真正的动机掩盖起来。但主考官可以通过他的离职原因、求职目的、个人发展、对应聘职位的期望等方面加以考察，再与其他的问题联系起来加以综合判断。如果应聘者属于高职低求、高薪低求．离职原因讲述不清或频繁离职，则须引起注意。

3）面试结束阶段

①面试结束时要给应聘者留出提问的机会。

②不管录用还是不录用均应在友好的气氛中结束面试。

③如果对某一应聘者是否录用有分歧意见时，不必急于下结论，还可安排第二次面试。

面试结束后，根据面试记录表对应聘人员进行评估。评估可采用评语式评估，也可采用评分式评估。评语式评估的特点是可对应聘者的不同侧面进行深入的评价，能反映出每个应聘者的特征，但缺点是应聘者之间不能进行横向比较。评分式评估则是对每个应聘者相同的方面进行比较，其特点与评语式评估相反。

三、员工培训与开发

企业员工的培训与开发是指企业组织为改变本企业员工的价值观、工作态度和工作行为，使他们在自己现在或者将来的工作岗位上的工作表现能达到组织的要求而进行的一切有计划、有组织的努力。

对于企业内部来说，培训与开发两者既有区别又有联系。培训是开发的基础，员工培训的范围比企业人力资源开发的范围要宽，培训主要面向企业的全体员工，而开发一般只涉及企业的科技、工程专业技术人才以及主要的管理人员。开发是在培训的基础上进行的有针对性的知识的更新或者技能的提高。

1. 员工职业培训

（1）培训的分类。对员工职业培训进行分类可为企业确定培训目标和对象、制定培训计划和课程标准、组织与实施教学和评估等提供依据。由于各企业培训的要求和目的、学习的形式和方法均各不相同，故而其分类形式也不尽一致，但是大体有以下几种分类：

1）按培训类型分类。按培训类型分类，员工职业培训可分为成人学历教育、继续教育和岗位培训等。

①成人学历教育。成人学历教育是相对于青少年全日制正规教育而言的，主要是为社会成人创造的，为使成人的知识、观点、价值、技能产生根本性变化而设置的一种系统的、正规的、持续的学校学历教育活动。成人学历教育的组织形式和课程及教材标准、设置都是按一定的学科体系设计并充分考虑成人的状态和特点。

我国目前所开办的成人学历教育主要有职大、夜大、函大、成人高考、自考等几种。随着科技进步和信息产业的飞速发展，一种新的教育方式——网络或远程学历教育也已开始形成和发展。随着人们对人力资源开发的重视，许多崭新的教育内容和形式还会不断出现。

②继续教育。严格地说，继续教育也应属成人教育的范畴。因此，对继续教育的概念应从广义和狭义两个方面进行理解。

广义的继续教育泛指在劳动者的整个职业生涯中，为提高劳动者的知识、技能和整体素质而进行的教育与培训活动。狭义的继续教育是指采用多种教学形式，对具有一定学历的各行各业、各级各类的专业技术人员、管理工作者进行有目的、有计划、有组织的教育培训活动。继续教育的教学组织形式和方法是根据各行各业接受教育的对象的范围、学历层次、技能水平、专业类型、岗位职务发展需求、社会及组织的需要来确定的。其主要内容包括：新知识、新技能、开发智力、发展能力、提高业务技能及水平，使学习者更好地适应飞速发展的社会和本职工作的需要。目前主要通过离职进修、在职自学和各种类型的培训班、研修班等进行。

③岗位培训。岗位培训是继续教育中一种最为具体、普遍应用的教育形式，主要是针对不同工作岗位的人员应具有履行该岗位职责所必备的知识、能力为目标进行的职业培训。在现代社会职业生活环境中，对各行各业从事任何岗位职务工作的人来说，他们的专业知识需要不断地补充、扩展和加深，业务水平也需要不断提高和发展，才能适应

时代的发展。对于从一个岗位转到另一个新的工作岗位的人来说，原有的知识就意味着过去，为胜任新岗位工作的需要，就必须参加岗位培训。

特别提示：岗位培训的三个特点

实用性。即干什么学什么，学习的目的要体现学以致用，并在工作上很快得到反馈结果。

灵活性。即学习方式、内容灵活多样，以岗位职责要求为中心，针对不同岗位的需要和实际，选择不同的教学内容和组织培训方式、方法。

定期性。即各行各业的全体员工，无论岗前、岗后，职高、职低，均需在规定的时间内定期接受规定学时、规定内容的教育培训。

2）按培训方式分类。按培训的方式分类，员工职业培训可分为在职培训、脱产培训、半脱产培训和替补培训等。

①在职培训。在职培训常指不脱产的培训，即受训者不脱离工作岗位，利用业余时间或抽出少量的工作时间接受各种形式的教育培训活动。在职培训的主要学习内容有：结合工作实际进行以岗位技能为主要内容的教育培训以及个人利用业余时间进行以提高个人学历及其他技能为内容的教育培训。

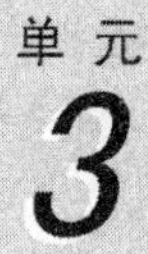

②脱产培训。与在职培训相反，脱产培训是指受训者在一定时间内脱离工作岗位，到专门的培训机构或学校集中学习。

③半脱产培训。半脱产培训指受训者不完全脱离工作岗位，到专门的培训机构进行学习。

④替补培训。替补培训一般指预先为准备转到其他工作岗位的员工进行的培训活动，又称转岗培训。替补培训还有一项职能，就是培养员工一职多能，除熟悉本岗位工作外还可以胜任其他岗位的工作，一旦其他岗位出现空缺，参加过替补培训的员工就可立即补缺。

3）按培训对象分类。按培训对象分类，员工职业培训可分为普通员工培训、班组长培训、管理人员培训、专业技术人员培训和决策者培训等。

①普通员工培训。普通员工培训一般泛指企业对工人及其他员工进行以岗位基础和基本技能为主要内容的培训活动。普通员工培训又包括新招收工人培训、转岗培训和以提高职业技能为主要内容的普通人员的培训。

②班组长培训。班组长培训主要是针对最基层的生产管理骨干进行的培训活动，旨在促进其掌握和运用提高生产效益的领导方法，并学会如何协调、发挥班组内各在岗人员的作用和技能，掌握各种直线部门与职能部门的关系等。这种培训一般在专人的指导下进行，学习各种基本的管理原理并将其运用于实践。

③管理人员培训。管理人员培训主要是针对中层以下的各类管理人员所进行的培训

活动，旨在提高其管理能力与技巧，改善上下级关系，了解与处理管理上存在的各类问题，并提高其洞察力、人际协调能力。管理人员培训可根据企业的需要采用挂职、短训、考察等多种方式。

④专业技术人员培训。专业技术人员培训主要是针对具有专业技术资格的人员进行的以学习新知识、新技能，了解本专业发展动态为主要内容的继续教育。其学习培训形式及内容相当广泛，旨在提高其专业技能和水平，以使企业在未来的竞争中保持或提高其技术上的优势。

⑤决策者培训。决策者培训主要指针对企业高层管理人员的培训。旨在提高高级管理者的决策水平和经营管理能力。主要内容有解决和处理问题方法的训练、市场经营洞察力训练、市场及经营运作技能的训练、人际关系与组织协调能力的训练等。常见的学习方式有“MBA”学习以及代职、观摩和研究型学习等。

（2）培训计划与培训效果评估

1）培训计划的内容。培训计划作为培训的组成部分，决定了整个培训过程的成败。制定一份合格、详细且实用的培训计划可以确保培训工作的顺利开展和培训质量的提高。

为什么要培训？谁接受培训？接受谁的培训？学习些什么内容？如何培训……这些都是企业培训计划要回答的问题，正是这诸多问题，构成了企业培训的主要内容。具体来说，一份完整的企业培训计划应包括以下内容。

①培训目的。培训目的主要体现和回答为什么要进行培训的问题。无论何种类型的培训计划设计，都要围绕培训目的进行。明确的培训目的可以将培训计划乃至培训过程导向成功。

②培训目标。培训目标主要解决培训要达到什么标准的问题，它是在培训目的的基础上确定的。培训目标的确定还可以有效地指导培训者找到复杂问题的答案，进一步了解自己和自己在组织中所起的作用，以及今后发展和努力的方向，为今后的工作制定切实可行的计划。

③培训对象及培训类型。即确定为谁培训和进行何种类型的培训。这项内容一般在培训需要分析中通过对工作任务的系列调查和综合分析便可确定。有时候企业的决策者出于对某一项特殊的培训内容的兴趣，往往不过多地依赖培训需要分析的技术性指标。因此，在确定培训对象及培训类型时需要充分考虑这一因素。

④培训的组织范围。培训的组织范围一般包括五个层次，即个人、部门、组织、行业和公共。

⑤培训的规模。培训的规模受很多因素影响，如人数、场所及培训的性质、工具、费用等。如果培训只针对个人，则不需组成专门的教学班，只需提供培训设备、方法、程序、教材及其他教学条件和指导教师即可。如果接受培训的学员较多，且时间长，则

就要考虑培训场所、食宿、师资、教材、方法、程序，并制定出必要的考勤制度、作息时间表和组建临时的学员社团及组织管理机构等。一般情况下，技术要求较为专业的培训，其规模都不很大；请名人做演讲的培训，可扩大规模；采用讲授、讨论、个案研究、角色扮演的培训方式，则培训规模要控制在一个适度的水平上。

⑥培训的时间。培训的时间安排受培训的内容、费用、生源及其他与培训需要有关的因素影响。如专题报告一般安排半天到一天即可；较为复杂的培训内容一般则要集中培训，其时间因培训内容而定；有些以提高岗位技能为特点的继续教育常常安排在双休日或分阶段进行。

⑦培训地点。培训地点指学员接受培训的所在地和培训场所。如只针对个人的岗位技能培训一般都安排在工作现场或车间；其他类型的培训可以安排在工作现场，也可以安排在特定城市和培训机构的实验室、微机房、教室等地。

⑧培训费用。不同的培训方式对培训费用的计算是不一样的。常见的预算是将培训分成几大块来计算，如教师、教具、管理费等，再将各部门的直接费用加在一起，虽然精度不高，但简单且易于操作，可作为制定培训的费用估算。

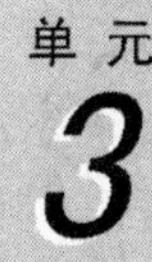

⑨培训的方式和方法。培训的方式和方法主要是指培训过程中将要采用的方式和办法，以便更好地完成培训目标，如集中培训还是分散进行、边实践边学习、在职还是离职。培训方式和方法的采用主要根据培训目的、目标、对象、内容、经费及其他条件决定。如独立的小型组织部门的培训常采用分散的、一个单位一个单位的方式进行培训；高层培训、管理培训、员工文化素质培训、某些基本技能培训等常采用集中的方式进行；专业技能培训主要采用边实践边学习的方法。

⑩培训教师。通常企业培训能否选择到合适的教师直接关系到培训结果的好坏。因此，企业培训计划的制定一定要根据相关内容考虑教师问题。如果是个人自我发展训练，选择具有工作经验的同事或上司作为指导教师即可。其他培训一般均要聘请专职教师或经验丰富的管理者、技师、相关专家作为教师。

⑪培训计划的实施意见、措施。通常包括：选好培训班的负责人及管理人，选好教师，做好相关部门的协调工作，让受训者明确培训目的、要求、内容、程序，确保培训时间，定期总结评价，改进培训工作等。

2）制定培训计划的步骤。培训计划的设计也是一个较为复杂的分析研究步骤。下表列出了制定培训计划的一般步骤，供参考。

3）培训效果评估

①确定评估的项目。因企业培训的范围很广，内容很多，因此，培训工作的具体项目也较多、较细。无论采用什么方法对培训进行评估，都很难保证面面俱到，相反，如果评估所关注的项目太多、太泛，也很容易让很多十分重要的问题在众多一般性的信息中淹没。因此，只有根据评估的目的，选择重点项目进行评估，才能确保评估重点的突

出，并获得更为理想和有价值的评估数据及结果。

制定培训计划的一般步骤表

顺序	步骤	目标	方法
1	培训需求分析	明确员工现有技能水平和理想状态之间的差距	评测现有成绩，估计其与理想水平的差距
2	工作说明	收集有关新工作和目前工作水平要求的数据	查阅有关报告文献
3	任务分析	明确工作对于培训的要求，预测培训的潜在困难	对将要涉及的培训进行分类和分析
4	排序	排定各项学习内容或议题的先后次序	界定各项学习内容或议题的地位及其相互关系，据此进行排序
5	陈述目标	编制目标手册	回顾任务说明和有关摘要，润色、加工说明文字
6	设计测验	选择或编制测评工具并用其来评估培训规划	设计测验以获取或模拟目标规划的成绩
7	培训战略	挑选能够适应培训要求和学生特征的方法	回顾任务分析结果以界定必须适应的条件和采取的措施
8	设计培训内容	将策略转化成具体的培训	创制或选择有关培训工具、技术或培训类型、培训内容
9	试验	通过试验发现优、缺点，并进行改进	规划试验，对规划进行诊断和修改

②选择评估的模式。由于评估本身是一项较为复杂的系统工程，故用于评估的项目及指标也较多。为获得真实有价值的评估结果，采用适当的评估模式就显得非常必要。在实践中，用于不同目的的评估模式较多，常用的模式有：CSE评估模式、学习分级评估模式、重要因素评估模式。

③制定评估目标。培训目标是培训微观评估或局部评估的主要依据。培训是使人的思维与行为方式变化、改进的过程。诸多的思维与行为方式的变化即是培训目标，评估的过程也就是看这些目标实际上达到的程度。因此，在某种程度上，培训目标与评估目标是一致的。如果两者脱节，就必然导致评估偏离正确的方向。

在企业培训中，不同时期、不同班次的培训确定的具体培训目标是不同的，评估就

应根据不同的目标来实施。实践中，对培训教学质量或学员学习质量的检测和考察都是以培训目标为评估标准来衡量和判断的。离开确定的培训目标的检测和考察，只能是盲目的、不客观的、不全面的。例如，单纯以学员学科成绩的高低作为评估的标准，显然同培训目标不一致。所以，培训内部进行的评估活动应坚持以培训目标为客观标准，这既是保证评估科学化的必要条件，也是评估工作的根本指导思想。

④设计评估指标体系。培训效益评估指标体系由受训人员合格率、合格人才培训费用、人才需求的满足程度和受训人员的社会贡献等指标构成。

⑤选择评估方法。确定培训效益评估的标准是开展评估工作的前提条件，而科学、可行的评估方法或手段的运用，则是搞好评估工作的主要条件。关于培训评估方法或手段，需要从评估过程的两个阶段分别研究。

在资料收集阶段的方法主要有：

a. 调查法。评估主体深入到培训实践中，面向参与培训教学活动的领导、管理者、教师、学员进行调查，或查阅培训机构的有关总结、报告，听取管理部门及群众的反映，以取得可作为评估的资料和证据。这种方法对培训宏观评估是不可缺少的。

b. 抽样法。即抽样调查，依据评估的项目，对若干局部或个体培训教学活动效果进行剖析，俗称“解剖麻雀”。

c. 问卷法。即以书面的形式，拟定若干题目请有关人员填写和回答。

d. 测验法。即以笔试和口试的形式进行考试和考核，对结果评定分数。实践中，对学员学习效果的评估经常采用这一方法。

e. 总结法。即由培训工作者和学员自己进行工作总结或学习总结，评估者可从中获得信息和数据。

f. 追踪法。即对评估对象在不同环境、不同时间里的状态连续不断地考察。例如，对某一学员返回工作岗位后，进行定期或不定期的走访、询问、测试等。

上述所列的多种方法在实践中多是被综合运用的。随着培训实践的不断丰富，现代培训评估测量得到了科学的发展，特别是模糊数学和电子计算机的引入，为获取培训信息和数据提供了更为科学的手段及方法。

在具体评估阶段的主要方法有：

a. 终结性与形成性评估法。终结性评估法是对培训实践结果，或对教师、学员教学与学习效果最终判定。它的目的在于对被评估对象做出某种“资格”或“等级”的认定。如学员能否结业，教师能否被确定有较高教学水平。再如，通过判定，对培训机构领导、管理水平加以辨认等。

形成性评估方法是一种对培训教学过程状态及效果影响的评估方法。目的在于利用反馈机制调整或促进教学过程的优化。例如，评估教学内容、教学方法等是否得当的方法就是形成性评估方法。

实践表明，将上面两种评估方法结合起来运用，可以更有效地发挥评估的作用。

b. 纵向与横向评估法。纵向评估法是指对被评估客体自身历史发展不同阶段的前后变化进行比较和判定。如某一培训机构当年培训管理水平与前一年相比有多大程度的提高；学员经过该培训机构的培训，在原有基础上有何发展或变化等。

横向评估指在一定的时空条件下，对培训机构与培训机构之间、学员与学员之间进行比较和分析，以判定某方面的差异或共同之处。

c. 单项与全方位评估法。单项评估即侧重或集中在某一方面对评估对象进行分析和判定。例如，对一个培训机构办学条件、办学水平或办学方向的评估就属于单项评估；对一名学员的学科成绩、思想道德品质和某方面能力的评估也属于单项评估。

全方位评估即从不同角度、不同方面对被评估对象进行综合的、全面的评估。

d. 定性与定量评估法。培训过程及结果有许多因素是难以用量来衡量或测定的，如作用于人的某些高级认识领域的思想、品德、态度、情感、意志、品格、个性特征、兴趣爱好、创造意识等，就需要从性质上给予分析和判定。培训实践中对学员思想觉悟、作风修养等方面所做的“鉴定”“评语”均属定性评估。而对作用于人的知识认识领域的学业成绩，如掌握和理解、运用知识的程度则可以以量的形式（如分数高低）进行评定。实践表明，定性与定量评估结合起来运用，有利于保持评估的全面性和评估结果的准确性。

总之，培训评估是一项严肃而复杂的实践活动。评估中不但要有明确的目的和客观依据，同时应根据评估对象的性质、特点，选择恰当的手段和方法，以保证评估的效率和结果有较高的可信度。

⑥问卷编组。根据评估的需要，针对各种不同的对象设计问卷（包括测验和调查提纲）是评估中经常使用的方法和技术。在培训评估实践中，让受训者、教师、领导者及其他人员针对培训中的各类问题（包括对个人）进行问卷调查是评估中不可缺少的收集第一手资料和信息的手段。

⑦形成评估方案。评估方案是实施评估的依据，它决定评估结果的可信度。虽然在评估实践中还没有一种评估能保证评估结果的绝对准确，但是评估者还是应该努力制定尽可能严谨的评估方案，以排除评估结果的歧义或偏差。严格意义上说，一个优秀的评估方案应该包括培训评估程序中所涉及的全部内容。评估的项目、对象、目的等的不一致性必然导致评估方案的差异性。

⑧实施评估。评估方案一旦形成，就必须按评估方案及计划中预先设定好的标准进行评估。在正常的情况下，规范化的评估至少能带来以下三个方面的好处：

第一，不论在组织内还是在组织外，评估的可信度都会很高。特别是当评估的结果要面向社会公开时，它的优势就明显地显现出来。

第二，规范化的评估会使评估制度化，因而会大大减少因学员变化而使培训计划偏离初衷、改变培训目标的可能性。

第三，规范化的评估可以有效地保证评估的彻底性和信息资料的准确性。

⑨撰写评估报告。评估后的分析结果要写成报告，报告的格式常因培训计划不同而异，内容也各有侧重，但结构形式大体一致，包括评估的概要、评估过程及方法、结果及讨论、分析与建议。

2. 员工职业发展

(1) 员工职业发展在人力资源开发中的重要作用。员工的职业发展又称员工的职业生涯，它是一个人一生中从事的所有工作活动与经历按编年的顺序串接组成的整个过程。

员工的职业发展在人力资源开发中起到以下两个重要的作用。

1) 职业生涯管理可以为员工提供平等的就业机会，对促进企业持续发展具有重要意义。

职业生涯管理考虑了员工的不同特点和需要，并据此设计不同的职业生涯发展途径以利于不同类型的员工在职业生涯中扬长避短。年龄、学历、性别差异带来的不是歧视，而是不同的发展方向和途径，这在企业中提供了更为平等的就业和发展机会。

2) 职业生涯管理是企业留住人才的关键。人是企业最重要的资源，在日益激烈的市场竞争中，拥有比对手更优秀、更忠诚、更有主动性与创造力的人是构建企业差异竞争战略优势的最重要的要素，是企业立于不败之地的最重要保证。然而，在人才竞争中仅以工资待遇、职位福利、企业实力等要素构建的人才高地，并不一定就能成为人才市场竞争的制高点，因为它忽视了人自身发展的需要，以及人的事业感、成就感的需要。所以，进行职业生涯管理实际上是营造了一个培训人才、吸引人才的氛围。

职业生涯管理可使企业的人才稳定而不致流失。而职业生涯管理就是针对组织和员工的特点“量身定做”，同一般奖惩激励措施相比具有较强的独特性和排他性。只有员工的人生发展目标与组织的发展目标相一致、相吻合，才能发挥其作用，产生其效力。

(2) 职业类型与职业发展阶段

1) 职业类型。职业一般可以归纳为以下五种类型：

①技术型。技术型职业的重点是工作的实际技术内容和职能内容，如工程技术工作、财务工作、教育工作、艺术工作等。从事这类职业的人一般仅在本专业范围内向高层次纵向发展。

②管理型。以管理型职业为最终目标时，具体的技术或职能工作可能仅成为通向更高管理层的一个必经阶段。当一个人具备了一定的技术和管理工作经验时，他便可以横向跃升为管理职业者。管理型职业要求择业者具备管理能力、分析能力和人际关系能力。

③安全型。安全型职业能够提供较稳定的职位、较好的工作环境和足够维持生活的

收入。追求这类职业的人员以较稳定安全为首选的择业目标，其行业通常较规范，对组织的依赖性也较大。

④创造型。这类职业与管理型和技术型职业有一定程度的重叠，但尤以冒险与开拓为特点。这类职业的选择者喜欢新的项目和计划，喜欢开拓新的领域，因而流动性较大。

⑤独立型。这类职业的选择者不喜欢组织的约束，倾向于按个人的意愿办事，大多为自由职业者。

2）职业发展阶段。员工的职业发展可以分为四个阶段，即职业预备期、职业初期、职业中期和职业后期。

①职业预备期。这一时期主要是接触和分析有关职业信息，形成择业意向，并为择业做好准备。

②职业初期。在这一时期正式做出职业选择，成为组织的成员，并且使自己逐步适应职业的要求。同时，还要了解并掌握组织内部的有关信息，尝试发挥自己的专长。某些难以使自己与职业要求相适应的人，应该进行调整，重新选择职业。职业初期的特点是适应和调整。

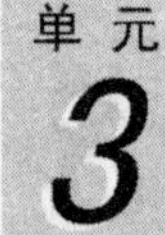

③职业中期。处于职业中期的员工已完成了与职业的适应和调整工作，成为组织较稳定的成员。这一时期，员工会出现纵向提升、横向调动等情况，成为某一方面的熟练人员，从而为组织做出的贡献也最大。在职业中期，员工的职业生涯面临两个发展的问题：其一是如何充分利用自己的专业技能，并更新这些专业技能，保持职业的竞争优势；其二是如何确定自己进一步发展的生长点，并谋求新的发展。

④职业后期。处于这一时期的员工体力和精力下降，但经验阅历丰富。员工将面临退休，结束职业生涯，故开始考虑退休后的问题。

3）员工职业发展计划的制定。组织对员工职业发展进行的管理包括两个方面：一方面是员工个人根据一生中不同时期的特点，安排自己在不同时期所要达到的职业目标和奋斗方式，做出个人职业发展计划。另一方面，组织要根据组织的总体发展计划和员工的不同特点，将员工的发展与组织的发展结合起来，为员工发展提供条件和机会，并据此做出组织的有关人力资源计划。

将组织的人力资源开发及其计划与员工职业发展及其计划进行匹配的过程是组织人力资源管理活动的重要内容之一。通过这种有效的匹配，实现了组织对员工的职业发展管理，提高了组织的效率，可以保证组织的管理和技术优势。

四、员工激励

1. 激励的含义

激励是一个心理学术语，是指激发人的行为动机的心理过程。激励这个概念用于管理，是指激发员工的工作动机，也就是说，用各种有效的方法调动员工的积极性和创造性，使员工奋发努力，完成组织的任务，实现组织的目标。

激励对管理特别是人力资源管理具有特别重要的意义。

人力资源管理的基本目的有四个：吸引、保留、激励与开发企业的人力资源，其中激励处于核心地位。通过激发员工工作的积极性，使他们安心高效地工作，就能留住企业所需要的员工（特别是企业的核心人才），降低离职率。通过提供有吸引力的报酬、良好的工作条件和广阔的发展空间等激励措施，自然能够吸引高质量的人力资源。而人力资源开发的本身就是一种重要的激励手段。

激励不仅在短期内能使员工安心和积极地工作，而且还具有使员工认同和接受本组织的目标与价值观、对组织产生强烈归属感的长期作用。

2. 员工的行为与需求

激励最大的障碍在于领导者并不清楚员工的真正需求，只有了解员工的需求和由此产生的动机，才能够通过满足员工正当合理的需求，有效地激励员工。

激励的中心问题是满足人的需求，如果一个人的需要已经被完全满足，他将安于现状，不求改变，而一个不满足的人通常能自我激励。世界上没有任何人的需求完全得到满足，只要员工还有未被满足的需求，领导者就能通过提供其需求的东西进行激励。领导者了解了员工的需求，并满足其中合理的部分，就能激励员工做组织希望他们做的事。

（1）需求层次理论的内容。人的需求由低到高分为以下 5 个层次。

1）生理需求。生理需求是人类最原始的基本需求，指衣、食、住、行、性等维持生命的基本需要，如果这些需求不能满足，人类就无法长期生存下去。

2）安全需求。安全需求包括人身安全、职业安全、财产安全、避免灾难等。当一个人的生理需要得到满足之后，就会产生安全、自由和防御实力的欲望。

3）社会需求。人是社会的动物，没人希望自己孤立地生活，总希望有些知心朋友，希望和同事们保持友谊，并得到他们的信任与友爱，希望有所归属，希望相互关心和照顾。

4）尊重需求。人有自我尊重、自我评价和尊重别人的愿望与需求。此外，尊重的需求还包括地位、成就、权威、自信心以及来自别人的尊重、赏识等方面的渴望。满足自我尊重的需求会使人产生信任和力量，而这种需求受到阻挠时将产生自卑感和无能感。

5）自我实现需求。自我实现需求是指人们希望完成与自己能力相称的工作，使自己的潜力能够充分地发挥出来，成为自己期望的人物。自我实现是需求层次中最高的一种需求。

上述需求也可归纳为三个层次：一是生存需求，包括生理需要和安全需求；二是社会需求，包括文化娱乐、爱与归属和交往的需求；三是发展需求，包括知识、技能、尊重、理想和成就的需求。

(2) 需求层次理论的应用。人的需求层次理论为领导者提供了难得的工作视角，即针对人的不同需求分别给予满足，就可以更好地调动起人们的积极性。

1) 一个人的需求是多方面的，是由低级向高级发展的。一般来说，人们初始追求的是低层次的、生存的需求，在较低层次需求基本满足以后，便向更高层次需求过渡。

2) 任何一个人都有其主导性需求，处在不同地位、条件、环境中的人，其追求需求的方向是不同的。

主导性需求左右人的意识状况，决定人的行为方向。比较之下，非主导性需求的作用就表现得较弱。在没有人启发、没有外在压力的情况下，甚至会被完全忽视。

决定一个人主导性需求的，除了企业、单位的各种因素外，还包括其本人的意识状况、经济状况、业务状况等，因而领导工作一定要有针对性。

主导性需求在人的需求结构中占有特别重要的地位，领导者除了满足员工的需求外，更主要的是进行正确的引导，使员工需求层次由低到高不断发展。

3) 人的低层次需求较容易满足，层次越高的需求社会性越强，满足的难度越大。生存需求是基本的，社会需求是必需的，而发展需求又最能创造财富、创造效益，因此，领导者应该花大气力做好有成就需求的人的工作。任何一个组织，如果缺乏追求成就的人，这个组织也就没了生气和发展前景。

3. 目标与激励

(1) 目标制定的原则与目标管理

1) 目标制定的五原则——SMART

①明确具体（Specific）。

②量化可测（Measurable）。

③共商一致（Agreed）。

④现实可行（Realistic）。

⑤时间限制（Time Bound）。

2) 目标管理及其特点。目标管理（Management by Objectives，缩写为 MBO）的实质就是上下级共同讨论和制定下级在一定考核周期内所需要达到的绩效目标，经过贯彻执行后，到规定的考核周期届满，由双方共同对照原定目标测评实际绩效，找出成绩和不足，然后再制定下一个周期的绩效目标，如此不断循环。

目标管理是 20 世纪 50 年代中期出现于美国，以泰罗的科学管理和行为科学理论（特别是其中的参与管理）为基础形成的一套管理制度。这种制度可以使组织的成员亲自参加工作目标的制定，实现“自我控制”，并努力完成工作目标。由于有明确的目标作为考核标准，因此，对员工工作成果的评价和奖励能做到更客观、更合理，可以大大激发员工为完成组织目标而努力。由于这种管理制度特别适用于对主管人员的管理，所以被称为“管理中的管理”。目标管理在美国应用较为广泛。

目标管理的内容和特点有以下几点：

①目标管理是参与管理的一种形式。目标的实现者同时也是目标的制定者，即由上级与下级共同确定目标。首先确定出总目标，然后对总目标进行分解，逐级展开，通过上下协商，制定出企业各部门、各车间直至每个员工的目标。用总目标指导分目标，用分目标保证总目标，形成一个“目标—手段”链。

②强调“自我控制”。大力倡导目标管理的德鲁克认为，员工是愿意负责的，是愿意在工作中发挥自己的聪明才智和创造性的。如果控制的对象是一个社会组织中的“人”，则必须控制行为的动机，而不应当是行为本身，也就是说必须通过对动机的控制达到对行为的控制。目标管理的主旨在于用“自我控制的管理”代替“压制性的管理”，它使管理人员能够控制他们自己的成绩。这种自我控制可以成为更强烈的动力，推动他们尽自己最大的力量把工作做好，而不仅仅是“过得去”就行了。

③促使权力下放。集权和分权的矛盾是组织的基本矛盾之一，唯恐失去控制是阻碍大胆授权的主要原因之一。推行目标管理有助于协调集权和分权的矛盾，促使权力下放有助于在保持有效控制的前提下，把局面搞得更有生气。

④注重成果第一的方针。采用传统的管理方法评价员工的表现，往往容易根据印象、本人的思想和对某些问题的态度等定性因素来评价。实行目标管理后，由于有了一套完善的目标考核体系，就能够按员工的实际贡献大小如实地评价一个人。目标管理还力求将组织目标与个人目标更密切地结合在一起，以增强员工在工作中的满足感。这对于调动员工的积极性，增强组织的凝聚力起到了很好的作用。

当然，目标管理法在实施中也存在一些问题，主要是重结果、轻行为，因人而异地设定目标易出现“苦乐不均”，整个过程费时费力等。

（2）现实可行的目标才具有激励作用。做任何事情都应该有目标观念，有了鲜明的目标，才有方向感、希望和期待，才能充满热忱、唤起力量。有了目标人生就有了意义。目标是价值的尺度，人们只有在接近目标，实现自我价值的过程中，才会获得成就感和满足感，才会激励自己努力、努力、再努力。

因此，目标本身就具有激励作用。按照佛隆（V. H. Vroom）的期望理论，激励强度的公式可表达为：

$$激励强度=期望值\times效价$$

式中　期望值——人们对达到目标可能性的主观判断；

效价——达到目标对个人需求的满足程度，即目标价值。

期望理论的启示：

1）设定的目标要切实可行，以提高目标的期望值。

2）目标应该与员工的物质和精神需求相关联，使目标有尽可能大的效价。

3）及时奖励，强化激励。

4. 表扬与批评

（1）表扬的作用。表扬是奖励的一种形式。表扬是领导工作方式中最富魅力的方式之一，是打动人的心灵、激发人的情感、鼓励人的热情的极佳手段。

表扬也有多种形式，如当众表扬、个别表扬、直接表扬、间接表扬。采用多种形式的表扬可扩大表扬的内容和范围，增强表扬的效果。表扬的作用有：

1）表扬可以强化人的长处。每个人都有自己的优势和特长，领导者对员工进行表扬的这种正面强化可以使员工增强自己的优势动机，发挥扬长避短的作用。

2）及时的表扬会产生及时的行动，评价越快，进入行动越早。因此，表扬有速度效益。

3）表扬可以使人的偶然行为变成持久行动。人对自己的优势和特长，包括许多具体细微的长处和特点，并不是都很清楚的，而且有些优势和特长可能尚处在萌芽阶段。领导者一旦发现便予以肯定可起到提示员工增长优势和扩大特长的作用。通过多次、反复地表扬激化，人的外在行为会变成内在素质，产生持久的行动。

（2）表扬的技巧

1）表扬（奖励）表扬者期望的行为。经过强化的行为趋向于重复发生，而这种行为应该是表扬者要求和期望的。

例如，如果领导者想提高顾客满意度和顾客保持率，就应该及时奖励导致顾客满意的员工行为，使这种行为趋向重复发生。

2）注意实施不同的强化方式。有些正强化是连续的、固定的。例如，对每一次符合组织目标的行为都给予强化，或每隔一固定的时间都给予一定数量的强化。尽管这种强化有及时刺激、立竿见影的效果，但久而久之，人们就会对这种正强化有越来越高的期望，或者认为这种正强化是理所应当的。除非管理者不断加强这种正强化，否则其作用会减弱甚至不再起到刺激行为的作用。另一些正强化的方式是间断的，时间和数量都不固定，亦即管理者根据组织的需要和个人行为在工作中的反映，不定期、不定量地实施强化，使每一次强化都能起到较大的效果。实践证明，后一种正强化更有利于组织目标的实现。

实施负强化的方式与正强化有所差异，应以连续负强化为主，即对每一次不符合组织要求和期望的行为都应及时予以负强化，消除人们的侥幸心理，减少直至完全避免这种行为的重复出现。

3）要依照强化对象的不同采用不同的强化措施。人们的年龄、性别、职业、学历、经历不同，需要就不同，强化方式也应不一样。如有的人重视物质奖励，有的人重视精神奖励，应区分情况，采用不同的强化措施。

4）及时反馈。所谓及时反馈就是通过某种形式和途径，及时将工作结果告诉行动者。要取得最好的激励效果，就应该在行为发生以后尽快采取适当的强化方法。一个人在实施了某种行为以后，即使是领导者表示“已注意到这种行为”这样简单的反馈，也能起到正强化的作用。如果领导者对这种行为不予注意，这种行为重复发生的可能性就会减小至消失。所以，必须利用及时反馈作为一种强化手段。强化理论并不是对员工进行操纵，而是使员工有一个最好的机会在各种明确规定的备选方案中进行选择。因此，强化理论已被广泛地应用在激励和人的行为的改造上。

5）正强化比负强化更有效。斯金纳经过大量的科学研究明确地指出：正强化会起到很好的作用，而负强化即惩罚往往会带来员工的不满、反抗甚至敌意。因此，正强化比惩罚有效很多，管理者应尽量减少或避免采用惩罚的手段。

所以，在强化手段的运用上，应以正强化为主，必要时也要对坏的行为给予惩罚，做到奖惩结合。

5. 薪酬制度

（1）薪酬的概念与内容

1）薪酬的概念。薪酬是企业因使用员工的劳动而支付给员工的货币或实物，包括对员工实现的绩效、付出的努力、时间、学识、技能、经验与创造所支付的相应的回报或答谢，其实质是一种公平的交换或交易。凡是具有下列两大要素的报酬都属于薪酬的范围：

①基于对组织或团队的贡献。

②该报酬被认为是具有效用的。

2）薪酬的内容。薪酬分为直接薪酬和间接薪酬，直接薪酬包括基本工资、奖金、津贴、补贴和股权等，间接薪酬即福利。

①工资。一般而言，工资是根据劳动者所提供的劳动数量和质量，按照事先规定的标准支付给劳动者的劳动报酬，也就是劳动的价格。工资可以进行如下分类：

a. 基本工资。基本工资指员工只要仍在企业中就业，就能定期拿到的一个固定数额的劳动报酬。基本工资多以小时工资、月薪、年薪等形式出现。基本工资又分为基础工资、工龄工资、职位工资等。

b. 激励工资。激励工资指工资中随着员工工作努力程度和劳动成果的变化而变化的部分。激励工资有类似奖金的性质，可以分为两种形式：一是投入激励工资，即随着员工工作努力程度变化而变化的工资；二是产出激励工资，即随着员工劳动产出的变化而变化的工资，如计件工资、销售提成等。

c. 成就工资。当员工工作卓有成效、为企业做出突出贡献后，企业以提高基本工资的形式付给员工的报酬就是成就工资。

成就工资是对员工在过去较长一段时间内所取得成就的认可，而激励工资是与员工现在的表现和成就挂钩的。成就工资是工资的永久性增加，而激励工资是一次性的。

②奖金。奖金是指对员工超额劳动的报酬。企业中常见的有全勤奖金、生产奖金、不休假奖金、年终奖金、效益奖金等。

③津贴与补贴。津贴与补贴是指对员工在特殊劳动条件、工作环境中的额外劳动消耗和生活费用的额外支出的补偿。通常把与工作联系的补偿称为津贴，把与生活相联系的补偿称为补贴。常见的有岗位津贴、加班津贴、轮班津贴等。

④股权。以企业的股权作为员工的薪酬是一种长期激励的手段，能够让员工为企业长期利润最大化而努力。

⑤福利。福利是对员工生活的照顾，是劳动的间接回报。从本质上讲，福利是一种补充性报酬，但往往不以货币形式直接支付，而多以实物或服务的形式支付，包括带薪的节假日、医疗、安全保护、保险、各种文化娱乐设施等。

(2) 薪酬的作用。薪酬的作用与人力资源管理的功能是一致的，就是吸引、保留和激励企业所需的人力资源。其实，吸引、保留、激励三者是一致的，归结起来，就是薪酬的激励功能，即激发起员工的良好工作动机，鼓励他们创造优秀绩效。

从薪酬的激励作用来看，分为有短期的、直接的激励作用和长期的、间接的激励作用。

1）薪酬的短期激励作用。短期激励作用是指薪酬能使员工做好当前工作，实现优良的绩效。当人们通过工作行为满足了某种需要时，心理上便会体验到一定程度的满意感。薪酬的激励功能正在于它具有满足员工需要的作用。

2）薪酬的长期激励作用。薪酬不仅表现了企业对其员工利益的关心和重视，而且体现了企业对员工的价值与地位的认识，员工能敏感地从企业的薪酬政策与制度中感觉到这一点，而这对于培养员工对企业的认同感与归属感、忠诚与责任心是很重要的。

(3) 公平理论与薪酬管理。企业中的员工都希望自己被公平地对待。这里的公平是指员工对自己在工作中的投入与自己从工作中得到的结果两者之间的平衡。员工的投入包括教育、工作经验、特殊技能、努力程度和花费的时间，员工得到的结果包括薪酬、福利、成就感、认同感、工作的挑战性等。公平理论认为，员工要估计自己的收益与投入的比率与别人的收益与投入的比率是否相等，以此来确定自己是否被公平地对待，因此，把公平理论应用于薪酬管理实践时，可以得到公平的三种表现形式，即内部公平、外部公平和员工个人公平。

薪酬分配的公平性有如下特点：

1）主观性。薪酬分配完全凭当事者主观判断，不存在统一的客观标准，与当事者的需要、动机、经历、个性、价值观等个人性因素关系很大。因此，对同一种分配，不仅公平判断可能因人而异，即便是同一个人在不同的时间、地点，或因涉及的人物不同，都可能会有所不同。

2）相对性。公平是比较出来的，公平感是人们通过纵向或横向的，自身不同状况间的或人际的比较而产生的。

3）保健性。保健性是指人们在对自己及参照者的收获与贡献之比进行对照后，若觉得对方的比值低于自己的比值，自己占了便宜时，往往心安理得，当之无愧；但若觉得对方的比值高于自己，自己吃了亏时，便十分不满，情绪低落。

4）扩散性与行为倾向性。这是指一旦某一员工对某项分配产生了不公平感，他便会气愤、焦虑、心理失衡，影响他在工作和生活各方面的情绪和态度。不仅如此，他还会产生改变他认为不公平根源的意向，如怠工、故意出废品、对设备不爱护等，以减少自己的贡献或制造“负贡献”；与领导争吵，要求增加自己的薪酬以增加自己的收获；或要求把参照者所获薪酬降下来与自己一样，以减少对方的收获等。

特别提示：如何保证企业薪酬分配的公平性

①企业的薪酬制度要有明确一致的原则指导，并有统一的、可以说明的规范作为依据。

②薪酬制度要有民主性与透明性。当员工能够了解和监督薪酬政策与制度的制定和管理，并能对政策有一定参与和发言权时，猜疑与误解便易于冰释，不平感也显著降低。

③领导要为员工创造机会均等、公平竞争的条件，并引导员工把注意力从结果均等转到机会均等上来。如果机会不均等，单纯的收获与贡献之比相等，并不能代表公平；实际上，机会大者占了便宜而机会小者吃了亏。

（4）薪酬方案设计原则

1）支付相当于或高于劳动力市场一般薪酬水平的薪酬，使企业的薪酬对外具有一定竞争力。

2）支付相当丁员工工作价值的薪酬，使薪酬在企业内部具有公平性。

3）适当拉开员工之间的薪酬差距，使薪酬分配起到激励员工的作用。

4）薪酬水平以企业的经营效益为基准，薪酬水平提高的幅度应低于企业经济效益的增长速度，从而保证企业的可持续发展。

5）企业的薪酬要遵循“既反对平均主义，又要防止过分悬殊的分配形式”的原则。基本工资强调保证员工与当地社会经济水平相适应的生活水平。浮动工资也应设立一定范围的基准，不能差距过大，防止员工心态失衡，起不到激励的作用。

6）企业的薪酬水平要较及时地反映企业的经营状况，适当拉开不同岗位之间的收入差距，向技术、管理、创新等要素倾斜。

7）对经营管理者采用灵活的分配制度，以最大限度激发其经营管理的积极性和创造性为出发点，分配方式要视企业的具体情况而定。

(5) 薪酬的日常管理

1) 薪酬调整

①工资定级性调整。工资定级是对原来没有工资等级的员工进行工资等级的确定，具体内容包括：对试用期满或没有试用但办完入职手续的新员工的工资定级，对原来没有的岗位或没有在企业中聘任的军队转业人员的工资定级，对已工作过但新调入企业的员工的工资定级等。

②工龄性调整。如果企业的薪酬构成中包含了工龄工资，那么这样的企业普遍采取的提薪方式就是工龄性调整。随着时间的推移和员工在本企业连续工龄的增加，要对员工进行提薪奖励。工龄性调整是把员工的资历和经验当作一种能力和效率予以奖励的工资调整方法。

③物价性调整。物价性调整是为了补偿物价上涨给员工造成的经济损失而实施的一种工资调整方法。企业可以建立员工工资水平与物价指标自动挂钩的体系。在保持挂钩比例稳定的同时，实现工资水平对物价上涨造成损失的补偿。但是在设定挂钩比例时，要注意时滞问题，即加薪总是在通货膨胀之后，所以它们之间总是有一定的时间差距。员工工资水平与物价指标自动挂钩设计的好坏决定了这个时间差距的大小。

④奖励性调整。奖励性调整一般是用在当一些员工做出了突出的成绩或重大的贡献后，为了使他们保持这种良好的工作状态，并激励其他员工积极努力、向他们学习而采取的薪酬调整方式。奖励的办法和形式多种多样，有货币性的，也有非货币性的；有立即给予的，也有将来兑现的；有一次性支付的，也有分批享用和终身享用的。

⑤效益性调整。效益性调整是一种当企业效益提高时，对全体员工给予等比例奖励的薪酬调整方法，类似于不成文的利润分享制度。但是，由于它在分配上的平均主义原则，使得它对员工的激励作用十分有限，特别是对企业发展做出了巨大贡献的关键员工，他们的积极性会受挫，而贡献较少或没有贡献的员工却可以“搭便车”，因此这种调整不宜经常进行。

⑥考核性调整。考核性调整是根据员工的绩效考核结果，每达到一定的合格次数即可以提升一个薪酬档次的调整工资的方法。

2) 奖金的形式与支付

①奖金的形式。奖金是按当前绩效支付的，易波动，但较具激励力。奖金的性质接近于计件酬金，属于奖励范畴。奖金额可按超过定额标准产量的多少计，或按超过定额工时的数或产值计（如 8 小时完成了定额 10 小时的工作量）。

②奖金的支付。

a. 现金支付，定期（按月、季、半年或全年）发放。这种方式既方便了经济较拮据或急需现款的员工，又易使员工及时了解企业现阶段经营状况的好坏及自己和别人贡献的相对大小。

b. 延迟支付，把奖金存入一笔信用基金，积累到一定时候，如退休、患病、事故、伤残、购房等，再一次或部分取出本息。此法对一些工资较高、不急于获得大笔现金的较高层干部较为适宜，不但他们本人欢迎，而且国家的许多税收政策也鼓励延迟发放，因为企业还可以利用此基金进行投资增值，于个人及社会两利。这种方式还有能挽留人心、使员工难萌去意的作用。

c. 混合支付，既有部分奖金，及时用现金发放，又有一部分延迟支付，暂供积累；现金部分通常占奖金的三分之一，但也可任员工选择其比例，此方式兼有前两种方式的优点。

3）福利的种类与支付。福利是一个庞大的体系，员工福利可以分为社会保险福利和用人单位集体福利两大类。

社会保险福利也称公共福利，是为了保障员工的合法权利，由政府统一管理的福利措施，主要包括基本养老保险、基本医疗保险、失业保险、工伤保险等。

用人单位集体福利也称个别福利，是指用人单位为了吸引人才或稳定员工而自行为员工采取的福利措施。根据享受范围的不同，用人单位集体福利可以分为全员性福利和特殊群体福利两类。全员性福利是全体员工都可以享受的福利，如工作餐、节日礼物、健康体检、带薪年假等；特殊群体福利是指提供给特殊群体享用的福利，如高层经营管理人员或具有专门技能的高级专业人员等，这种福利是对这类人员的特殊贡献的回报，常见的特殊福利有高档轿车服务、出差时高级宾馆饭店住宿、股票优惠购买权、高级住宅津贴等。

根据福利本身是否涉及金钱或实物，用人单位集体福利又可以简单地分为经济性福利和非经济性福利两种形式。企业提供非经济性福利的基本目的在于全面改善员工的工作和生活质量，促进企业文化建设，增强企业的凝聚力。

五、优秀人才的特点与识别

1. 认识优秀人才

要想形成优质人力资源管理，就必须首先了解人才的特点、类型等基本特征。

凡是有某种特长，或是具有一定的专业知识，在实际工作中有一定的创造能力，做出较大成绩者都是人才。人才具有以下主要特点：

（1）特长性。人才都有一定的特长，或有一技之长，或具备一定的专业知识，或擅长做某项工作，或有某一种爱好和兴趣。他们最希望发挥自己的特长。

（2）进取性。人才都有强烈的建功立业意识，总想施展自己的抱负才能，干一番事业。他们最高兴的是做出应有的成绩和成就，最忌讳的是受到压抑，不能发挥才能。

（3）开拓性。人才大多思想活跃，对事物的认识有独到之处，不因循守旧，没有保守思想。总爱找出新问题，琢磨新思想，发表新见解，追赶新潮流，探索新技术，开拓新局面。

(4) 独立性。他们喜欢独立思考问题，对上不愿唯命是从或按照别人眼色行事；对别人不随声附和、人云亦云，注重事实，追求真理。

(5) 求知性。人才热烈盼望有学习的机会，有好学的习惯，善于在工作的过程中随时提高自己，注意捕捉专业工作方面的信息。

(6) 自信性。他们注重信任和荣誉，对自己的劳动成果非常珍惜，不愿干扰他人工作，更不希望别人干预自己的事务，对完成任务总是充满信心。

2. 识别优秀人才

人才难得亦难知，知人善任是对领导者的基本要求，也是领导者的基本责任。识人之难难在：一是人的思想丰富，感情多变，有的内向，有的外露，有的忠厚老实、言行一致，有的奸诈狡猾、善于伪装巧饰。二是识人者的视线也往往受到遮掩和限制，不同的人对人才的标准、作用的认识有很大的差别。人才虽难以识别，但也有规律可循，识别人才应掌握下面几条原则。

(1) 全面地识别。识别人才既不能一俊遮百丑，也不能只看不足而忘记长处，应全面观察，综合衡量。具体说来要注意以下两点：

1) 不要以点带面。对人才要全面识别，最忌讳的就是以点带面。看人才要综合地看，立体地看，交叉地看，全面地看，不能一叶障目、不见泰山。

2) 不可以短掩长。任何人才，有其长必有其短。识别人才要全面，其中重要的一点就是不可以短掩长。倘若识人者不是全面地识别人才，只注意人的缺点或短处，就武断地下结论，那么，这种识才方式是非常危险的，大批优秀的人才将被抛弃。

(2) 历史地识别。不能只看一个人的一时一事，而要看一个人的全部历史和全部工作。历史是一面镜子，通过看一个人的过去，就可以清楚他的现在，预见他的将来。只有对一个人所走过的道路、所处的社会环境和社会关系，都做认真的考察和历史分析，才能对一个人有一个基本的估计。

(3) 发展地识别。任何一个人的思想觉悟、性格作风、学识水平、专业能力等方面，都是不断发展变化的。有的越变越好，小才可以变大才，歪才可以变天才，坏人可以变好人；有的则由好变差，或由风华正茂变为江郎才尽。

3. 做到人尽其才

企业人事行政管理人员对人才要知人善用。知人，即了解所用之人的特长、短处、能力强弱、个性特点；善用，即能根据不同人的特点，扬长避短，化短为长，安排适宜发挥其特长的工作，这样就能人尽其才。

(1) 注意年龄与能、位的关系。在能质相同的情况下，能与位的情况有三种：

1) 能等于位。即人才的能级与岗位、职位相等，这种安排使用人才的方式稳妥可靠。不过完全相等的情况是极少数的。

2）能大于位。就是说人才的能力级别超过了岗位、职位的要求。出现这种情况，从表面上看，力大担子轻，工作应该干得非常出色。但是现实生活中的事实却表明，尽量不要出现这种情况，因为每个人都有实现自己价值的强烈愿望，当能力大大超过职位、岗位的要求时，因余力发挥不出来，不能充分显示自己的才华，积极性受挫，工作反而往往做不好。

3）能小于位。即人才担任的工作超过了他的能力级别。如果人才的能力稍微小于工作职位要求，对人才的成长发展有利，因为压力会变成鞭策其前进的动力。多数人才的成功都是这种压力不断变为动力的结果，但是如果能与位相差太大，超过了极限，不但会因为“担子”太重使身体“伤筋动骨”，而且也会给事业带来损失。

上述三种情况，对不同年龄的人来说作用不一样。一般来说，能等于位，适合于中年人，一方面中年人年富力强，堪当重任；另一方面，中年人一般处于比较稳定的状态，其能力的弹性相对减少。能大于位，适合于老年人，老年人争胜好强之心日弱，且大多有甘做人梯的精神，其能力几乎没有弹性且日渐萎缩。能小于位，有利于培养青年人，青年人处于工作的起点，前途无量，正在长知识增才干的年龄阶段，并且上进心极强。上面所说的年龄与能、位的关系，主要是着眼于人的生理状况而言，另一方面，从现实生活中看，真正做到能、位相匹是极不容易的，多数情况下是相对的合理，当然不合理的情况也是到处可见的。既然不可能完全做到能、位相匹，从年龄上来看，也只有“以小合理代替不合理，以大合理代替小合理”了。

（2）注意业务适应性与位的关系。人的能力既然有能质和能级的分别，那么在安排使用人才时，就要通盘考虑。例如，有的人善于辞令，讲话极富有说服性、鼓动性和吸引性，有的则“茶壶煮饺子——倒不出来”，这是人们口头表达能力的差别。单就这一点而言，前者适宜于安排在企业的宣传、公关、推销等岗位上，后者适宜于安排到科研、统计、设计等岗位。企业在对新员工进行能力判别时，一方面可在试用期给予试验性的工作，另一方面可运用科学方法进行测定。

（3）注意非智力能质与位的关系。对人才的能质，不仅要考察反映人才业务素质的智力和技能等因素，而且要考察非智力因素，如某些个性心理品质、气质类型和性格特点。之所以要这样，是因为任何一个人能力的实际发挥都不仅仅取决于人才所具有的具体知识和技能，还与人才的许多非智力因素有密切的关系。同样，每一个工作岗位对人才的能质要求也不仅仅是智力方面的，还要包括非智力方面的。

1）分配工作时要考虑人的兴趣。人们常说，兴趣和爱好是最好的老师。因为当兴趣引向活动时可变为动机，当人产生了某种兴趣后，他的注意力将高度集中，工作热情将大大高涨。人一旦产生了广泛的兴趣，就会眼界开阔、想像丰富、创造性增强。总之，兴趣将使之明确追求、坚定毅力、鼓足勇气、走向成功。因此，企业在使用人才时，在讲究专业对口的大前提下，也要适当考虑个人的兴趣。因为任何人的兴趣都是变化着的，只是程度和速度不一样罢了。例如鲁迅、郭沫若由学医转而当了作家；钱学森原是学机电工程的，后搞空气动力，又研究控制论；李四光学的是机械专业，后来却搞起了地质。

2）分配工作要注意气质类型。心理学将人的气质分为胆汁质、多血质、黏液质和抑郁质四种，不同气质的人对工作的适应性不同。例如，精力旺盛、动作敏捷、性情急躁的胆汁质人，在开拓性工作和技术性工作岗位上较为合适；性格活泼、善于交际、动作灵敏的多血质人，在行政科室或多变、多样化的工作岗位上更为适宜；深沉稳重、克制性强、动作迟缓的黏液质人，适合安置在对条理性和持久性要求较高的工作岗位上；性情孤僻、心细敏感、优柔寡断的抑郁质人，适合安排在连续性不强或需要细致、谨慎性的工作岗位上。

（4）注意能、位之间的静、动关系。在安排员工工作时，一方面要保持相对的稳定，特别是生产员工和业务、技术人员。但是另一方面，由于企业中各个部分对人才能质能级的要求在不断提高，同时，人才自身的各方面状况也在不断变化。所以又要求厂长、经理不断调整有关人员的工作。从岗位要求来说，岗位的能质能级要求不断提高，要求调整和补充相对应的能质能级的人员，淘汰不适应的人员。从人的角度来说，每个人的能质能级都在变化，需要换另一种工作才能充分发挥其潜力，或者能级提高，大大超过原来岗位的能级，需要调到较高能级的岗位上方能充分发挥其积极性。

第三节　信息管理

一、信息的内容

1. 经济性信息

主要指经济发展的速度、状况以及市场竞争及消费情况等。对企业来说，它的经营目的就是为了生产适销对路的产品，以取得最佳的经济效益。因此，就必须组织专门力量对市场进行调研，运用科学的方法和手段，系统地、有目的地收集与产品有关的信息，对影响生产经营的各种内部因素作出评价，做到知己知彼，趋利避害，及时地采取对策。

2. 政策性信息

主要指党中央、国务院公布的方针、政策、法规性文件，上级机关或领导部门发布的直接与生产、工作有关的指导、指挥性文件，如指示、决定、决议、批复等。当前，我国正大力发展社会主义市场经济，一些新的改革措施不断出台。企业对这方面的情况掌握得及时，吃得透，就可以有针对性地制定自己的行动计划，这是关系企业发展方向的大事，必须予以重视。

3. 经验性信息

这类信息是指反映企业重要经验的信息。包括本企业和所属各部门的机构、人员、财务、物力、工作、生产等情况，以及生产计划、指标、统计数据、改革状况、科技发展、典型经验、工作总结等。

4. 科技性信息

主要指与本企业业务未来发展有关的科技新成果以及先进的经验、方法等信息资料。当今世界，科学技术正在成为提高劳动生产率的重要手段和发展生产力的决定性力量，特别是高新技术，竞争激烈，作用巨大。因此，科技信息必然成为企业信息工作的重点。

二、信息的分类

1. 全局性信息

主要指近期工作的指导思想和工作中心，各级主要领导的讲话和活动，关系全局的重大情况。

2. 突出性信息

主要指已经发生或可能发生的，直接关系到企业生存、人民生命财产安全和社会安定的突发性事故。

3. 方向性信息

主要指改革开放和两个文明建设中带方向性的新情况、新经验、新知识与新问题，对实际工作有见解的新看法与新建议。

4. 反馈性信息

主要指上级重大决策与部署在各部门后贯彻落实的情况。

5. 预测性信息

主要指能预见未来发展变化趋势、为领导决策提供超前服务的信息。

三、信息的主要特征

1. 真实性

信息强调的是客观存在的一切事物通过物质载体发出的有关内容，因此，任何信息都要求能如实反映客观的事实，凡不符合事实的东西只能称为讹传，不具有任何使用价值。

2. 价值性

信息强调的是各种事物通过物质载体发出的一切有价值的内容，因此，信息总会或多或少地对完成某项工作有所帮助。当然，信息的价值有高有低，凡具有较高价值的信息往往是在对大量原始信息进行加工处理后才取得的，那些未经过正确取舍与筛选的信息往往比较分散，其价值也要降低很多。

3. 多变性

由于客观事物的复杂多变，反映其状况的信息也会随之变化，加上信息具有总是滞后于事实的特点，因此，有价值的信息总是处于不断地更新、矫正、扬弃、变化的过程中。

4. 共享性

信息资源与其他物质资源不同，物质资源在使用时具有一次性的特点，信息则不然。当信息的拥有者把信息传递给他人时，他仍保有信息的使用权。可见，除了需要保密的少量信息外，其他一切信息都不具有独占性。

四、行政信息管理的特点

行政部门的职能不同于其他业务部门，它是各级、各部门的综合办事机构，是沟通上下、联系左右的中心枢纽。各级行政部门的信息，不仅带有各自地区、部门的职能与业务性质的特色，而且还相对地具有一些区别于其他部门信息的特点。

1. 相对的全局性

一个大的信息系统，一般都由母系统与子系统或主系统与分支系统构成。各级办公部门在不同的系统之内都处于一定的管理层次上。从纵向上看，对上，它是母系统的子系统；对下，它又是若干子系统的母系统。从横向上看，如果说本级的各个业务部门是分支系统，那么，企业行政部门则是本企业信息沟通的中心枢纽，或者称为主系统。因此，各级行政部门在收集、传递和处理信息的过程中，都应当从宏观效益出发，扩大视野，纵观全局，尽可能地多为领导提供综合性的高层次信息。

2. 广泛的社会性

行政部门的信息工作不同于其他业务部门，相对而言，它的信息渠道多，来源广，具有广泛的社会性。行政部门开展信息工作的目的，不只是为了沟通系统内部上下之间的联系，而且还应当广泛收集、及时传递来自社会各个方面和不同层次的信息，并对所获取的各种信息进行纵向、横向多角度的分析、比较，然后整理出较为系统、完整的信息资料，使领导者能够在广阔的背景之下作出科学决策。对于企业单位的行政部，也是同样的道理，既要及时传递内部信息，也要广泛收集与本单位经营管理活动密切相关的外部信息。对于一个经营管理者来说，只有对内部、外部的有关情况了如指掌，才能适应环境，处变不惊，运筹自如。

3. 科学的预见性

科学预测是领导机关和领导者对管理系统实行有效控制的前提条件。所以，为领导提供有预见性的信息，是行政部门做好超前性服务工作的重要内容。领导机关或领导者要使决策具有科学预见性，就必须对事物的历史、现状及其发展趋势进行分析、推断和测定，并对准备采取的措施、对策和可能出现的各种随机因素，进行可行性的科学论证，这样才能做到超前谋划，指挥若定，把握工作的主动权。如果没有大量的具有科学预见性的信息，是不可能对管理系统实行有效的调节和控制的。

4. 事实的精确性

各级行政部门的信息工作都是直接为领导决策服务的，具有较强的思想性和政策性。领导机关的决策，往往带有一定的权威性。有些决策不但要强制执行，而且要限定时间完成。因此，各级行政部门为领导决策收集、提供信息，一定要严肃认真，各种情况和数据必须准确真实，论断要科学、周密、精确。模糊的信息、没有把握的情况、未经核实的数据切不可轻率地向领导提供。因为情况不准，信息模糊，就会导致决策失误，造成不可估量的损失。

5. 行为的便捷性

各级行政部门开展信息工作既有沟通上下、左右的固有渠道，又有在改革开放中开辟的四通八达的新途径。因此，在收集、传递信息方面，行政部门具有比其他业务部门更为优越的条件。同时，一个企业的领导面对千变万化的客观情况，要不失时机地作出决策，就需要及时获得各种有关信息。各级行政部门只有快速、准确地收集、提供信息，才能适应现代领导者决策的需要。由此可见，信息收集行为的敏捷性，理所当然地应该成为行政部门信息工作的一个重要特征。

6. 与领导决策的不可分性

行政部门既是各级领导运筹决策的参谋部，又是领导施政活动的指挥部。无论是党政机关，还是企事业单位，都是一个多级复杂系统。在运筹决策的过程中，由于系统的多变量因素以及社会变化的多样性，它需要依据信息与反馈机制及时调控自身的决策行为，使之与总体目标整合一致。一个企业的控制系统，实际上也是一个活力自组织系统，信息与反馈越及时，则增进负熵的能力越强，也就越能强化机构的自控机制；反之，信息反馈越迟缓，就越加不能控制熵增，使系统运动失控，以致偏离总体目标。领导者谋划决策的过程，就是信息的输入、转换、输出的过程，决策行为与信息工作是密不可分的。各级行政部门在领导进行超前谋划时，不仅要提供预测性信息，而且还要通过对各种信息资料的分析、推埋和测算，提出供领导选择的方案。在决策付诸实施后，行政部门要及时收集相关的各层次、各方面的动态和问题，以便于领导适时调整和修正决策，使系统运作趋近和达到预定的目标。由此可见，行政部门这一系列的信息与反馈活动，都直接参与了领导决策的过程。

五、行政信息管理工作流程

1. 信息管理工作的原则

（1）准确。真实、准确是信息的生命，只有真实、准确的信息才能使领导决策建立在科学的基础上。

（2）及时。信息的时效性决定了信息的生命力在于流动，它流动的速度越快，在实践中获得的价值就越高。许多信息，得时而贵，失时则贱，尤其是经济信息。一个领导者能否在瞬息万变的复杂环境中迅速作出反应，并适时作出决策，关键在于能否及时掌握信息。因此，行政人员在信息工作的各个程序，都要有强烈的时间观念，突出一个“快”字。收集要快，整理要快，传递要快，尽量减少中间环节的梗阻。如不及时收集、获取，则有些本来有用的信息就会因时过境迁而失去价值。

（3）广泛。在收集信息时，必须从上下、左右、四面八方各个不同角度广泛收集，并把收集对象的各种相关因素联系起来综合考虑，从中找出其共同性和普遍规律，以避免挂一漏万，顾此失彼，出现片面性。

（4）适用。适用，即要有针对性，适合领导利用。行政人员在收集、传递信息时，一定要有鲜明的目的性，时时处处以是否适合不同单位、不同层次的领导者的需要为出发点。同时又须看到，任何领导者每个时期的领导工作都有其重心，都有其关注的“热点”和“难点”，因此，行政工作人员提供信息要围绕领导工作的中心，围绕这些“热点”和“难点”。另外有些问题虽然尚未列入领导的议事日程，但比较重要，也应及时报送。

2. 信息管理工作的程序

（1）信息的收集。信息的收集是整个信息工作的第一环节，直接关系到信息的加工、整理、分析研究、提供利用。因此，收集信息首先要明确信息服务的对象和目的，收集对领导人进行决策有所裨益的信息，才能精要、准确，才能有利于工作，才能事半功倍。

信息收集的方式大致分为两种：一是传统式收集，即通过文件、会议以及电话等口头传达，收集上级的信息；通过下级机构的口头汇报和书面材料，掌握下级的信息；通过同级机构和其他系统互相交换的材料、互通的情况，了解同级机构和其他系统的信息；通过信访或报刊等渠道了解社会各方面的信息等。二是开拓式收集，即在传统式收集的基础上，组织健全的信息网络，从信息网络中获取信息。收集信息的方法主要有以下几种：

1）观察法。即人们用自身感官或借助仪器来认识客观事物。这不仅需要有强烈的事业心和责任感，而且还需要有正确的观点和严肃认真的态度，并善于利用先进的观察仪器。

2）调查法。它包括普遍调查、重点调查、典型调查、专题调查、抽样调查、连续调查等。

3）阅读收听法。它是通过收听广播、收看电视，阅读各种书籍、杂志、报纸、广告和文献资料等，来收集所需要的信息。

4）投书索取法。是指给外地的有关单位或个人发出信函，请其提供某些信息。

5）交换法。就是用自己收集或加工整理的信息同有关企事业单位或个人进行交换。

6）购买法。就是向信息服务单位有偿购买所需的信息。

7）委托法。对一些内部的和不易获取的信息，可以委托有关单位或个人帮助收集。

此外，收集信息时还可以用预测法、实验法，等等。

（2）信息的整理。信息的整理是对收集到的大量原始信息，在数量上加以浓缩，在质量上加以提高，在形式上给予表现，使之便于传递、利用和储存的过程。信息的整理是整个信息工作的核心。

1）信息的筛选。信息的筛选是信息处理的首要环节。信息的筛选工作对于提高信息的利用率起着至关重要的作用。

筛选体现了对内容的初步鉴别，其目的是让领导用最少的时间获得最大量的优质信息。

筛选的第一步工作是剔除虚假信息、失效信息和无效信息，第二步工作是挑选出有价值的信息。

2）信息的加工。信息的加工就是对某一类别信息或一定时间内的信息，从总体上进行系统的归纳、整理，分析研究，综合处理，或者从中找出重要课题进行调查研究，最后形成比较系统、丰富的信息。加工后的信息应有利于领导人把握全局情况，有利于领导人发现规律性的变化或倾向性的问题，有利于领导人预测未来并适时做出科学决策。

①信息加工包括两个层次。一是对现有网络上的信息和各地各部门提供的信息进行初步加工，称为基础性信息。这类信息只能供接受者了解动态。二是对各种基础性信息进行归纳、综合、分析和调查研究，并提出有情况、有分析、有建议、有一定深度的信息。

②信息加工的方法

a. 点、面结合法。即把反映同一内容的信息加以集中和归纳，从中找出带有普遍性、规律性的问题，使原始信息增强广度和深度。

b. 定量、定性结合法。即通过对大量的现象及其相互之间关系的科学分析和研究，完整、准确地把握事物的根本性质。

c. 反映、预测结合法。客观事物是发展变化的，因此不仅要提供动态性信息，而且要提供预测性信息。

信息加工的要求是既要有广度，又要有深度。横向综合要有一定的覆盖面，纵向综合则要反映工作全貌；综合处理后的材料要有情况、有分析、有对策或作出事物发展趋势的预测，以供领导人参考。

（3）信息的传递。信息的传递是指把筛选和加工后的信息，通过各种传播途径提供给接受者和使用者。传递是信息工作的衔接手段，它使信息的收集、整理成为有效的劳动。一般而言，信息传递的速度越快，范围越广，信息的利用就越迅速广泛，信息共享的意义也就越大。

信息传递要求要迅速。这是因为信息具有时效性，传递的快慢往往能决定信息工作效率的高低。为了加速信息传递，一要尽量采用现代通信手段；二要通过建立直接联系点、简化审批手续等方式疏通传递渠道。三要准确，即信息在传递过程中不能失真。信息传递本身具有客观可靠性，即不受传递者的主观随意性的影响。但信息传递又是由人来操纵的，传递什么、不传递什么，受人的主观因素决定；程序操作也由人来完成。因此，稍有不慎，就会导致传递过程失误。减少传递层次，开辟多种传递渠道，是保证信息准确性的重要措施。四要保密。企业中许多信息涉及企业的秘密以及竞争中某些不宜公开的情况，因此要注意保密工作，根据信息内容的秘密程度，选配正确的传递方式，控制范围，勿使外传。

行政人员传递信息要善于抓住几个关键，作为重点，优先传递。

1）要抓住领导人决策的“空白点”，即把那些领导人应注意而没注意到、且带有一定倾向性的问题，及时传递给领导人，以引起领导人重视，及时进行决策。

2）要抓住领导人决策与下属单位或职能部门工作实际的“矛盾点”，即由于领导决策与基层状况不尽相符，决策在基层实施中产生矛盾，难以实施或实施后效果不佳。办公室工作人员应及时反馈信息，以求加强沟通、修正决策。

3）要抓住领导人决策在具体实践中的“症结点”。即收集基层组织在落实领导决策中遇到的阻力、困难并分析其原因。

4）要抓住政治经济生活中的“敏感点”。即抓住企业工作、生产、生活中存在着的破坏安定团结的苗头性、倾向性的问题，特别是抓住敏感问题、敏感日期等方面的敏感信息，以便领导人及时处理。

信息传递的方式大致有以下几种：

1）口头传递。是将信息变成语言传递给信息接受者。它具有简单、直接、快速的特点，是行政人员在单位内部传递信息时常用的一种方式。

2）书面传递。是将信息变成文字、符号、图像传递给信息接受者。它是传统的信息传递方式，即使实现了办公自动化，仍然有一部分信息靠书面传递。它的特点是能避免变形失真，可进行远距离的多次传递，而且便于利用和储存。

3）电信传递。目前办公室的电信传递，有电话、电报、汉字直拍、传真电报、通信卫星、电子计算机终端设备等多种方式。

（4）信息的储存。信息的储存，即将加工处理后的信息保管起来，以便日后发挥其咨询、顾问、参谋、查考以及历史资料的作用。

储存的方法有书面储存、声像储存、计算机储存等。无论使用哪种储存方法，都要

求有条有理、排放有序、目录清楚、使用方便。

信息储存分两种，一种是办公室的信息储存，另一种是办公室行政人员个人的信息储存。办公室的信息储存，主要有以下几项工作：分类，即对各种信息按一定的规则进行类别划分；著录，就是对具体的信息资料进行如实的记载，一般按照一定格式，制成分类卡片，用简练的语言填写；建立储存检索系统，使源源而来的信息资料根据这个系统归类存放，需要时按类查找；保管，即加强信息资料入库的存放和保护。

第四节　会务工作

任何会议都有它的具体内容，即信息，且每次会议都在创造性地研究分析新的信息。从系统工程的角度来看，领导部门召开会议是一种领导方式，会内工作必须与会外工作配合，会前、会中、会后工作必须结合，才能使会议精神、决议得以贯彻执行。会议之所以被人们广泛使用，主要在于它具备了其他信息交流工具、其他工作方式所没有的优势——特别适用于深化和统一人们的认识、沟通感情、处理事务。

一、会议的作用

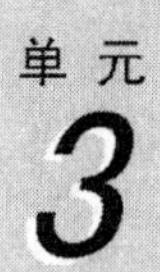

1. 实现信息的多向实时传递

实现信息的多向实时传递，就是在同一时刻能在众人当中进行即刻反馈的信息沟通。其优势是面对面交流，可以同时向多方面传播信息，节约时间，使沟通更快捷，沟通效率较高，信息传递过程真实可靠，可借助情感力量和心理因素提高沟通效果。

2. 有效聚集集体的智慧和力量

会议是一个集合的载体，通过会议使不同的人、不同的想法汇聚一堂、相互碰撞，从而产生“金点子”。许多高水平的创意就是开会期间不同观念相互碰撞的产物。

3. 显示一个组织或一个部门的存在，从而帮助统一思想、推动工作

会议总是在多于一人的情况下发生的，即使是只有两个人的会议，这两个人也是一种小型组织。没有不开会的组织或部门，一个组织或部门不召开会议，它的存在价值就会受到质疑。因此，会议能够充分显示一个组织或部门的存在价值。年初或年底的会议通常具有激励士气的目的，可以使企业上下团结一心，朝着一个方向共同努力。

4. 充分发扬民主，密切上下级关系

开会很少是一对一的沟通，绝大多数情况下都是一种群体沟通。随着科技的迅猛发展，人们的沟通方式越来越多。但是，群体沟通，即会议这种方式，是任何其他沟通方式都无法替代的。因为这种方式最直接、最直观，这种方式最符合人类原本的沟通习惯。通过会议可以向员工通报一些决定及新决策，也就是说向员工传达来自上级或其他部门的相关信息。许多公司或部门的常规会议的主要目的是为了监督、检查员工对工作

任务的执行情况，了解员工的工作进度；同时，借助会议这种“集合”的、“面对面”的形式，来有效协调上下级以及员工之间的矛盾。

二、常见会议的类型

1. 工作会议

指组织、系统、地区或单位召开的以讨论、决定、布置工作为主的会议。通常有两种：一种是组织、系统或地区召开的层次较高或涉及基层单位较多，以讨论、决定重要工作为主的会议，如工作计划、人事调动、结构调整会议，等等，定期或不定期召开。会议间隔时间较长（一个月以上、半年或一年不等），可进行常规性决策，具有一定的权威性。另一种是单位召开的讨论日常工作的会议，以执行性为主，如厂务会、董事会、经理会等，常常定期召开（半月或一月一次），又称“办公会”“例会”。

2. 代表会议

指由各级各类组织广大成员推选产生的代表所召开的会议，规模较大、层次较高的则称“代表大会”，如职工代表大会、股东大会等。

3. 联席会议

由不同系统、不同地区、不相隶属的组织、单位为了同一目标而举行的会议。其目的或是为了交流信息、建立友好关系，或是为了谋求合作和支持，或是为了协调关系，解决矛盾，如公司联席会议、建设协作会议、高校与企业联合开发新科技项目会议等。

4. 学术会议

指由高等院校、科研机构、学术组织召开的，以专家、教授为主要成员，以探讨课题、发表研究成果为目标的会议。

5. 记者招待会

为实现一定的宣传目的，邀请报刊、电台、电视台等新闻媒介单位记者召开的会议。

6. 报告会

指为了宣传、教育的目的而举办的，邀请劳模、英雄、先进人物或专家、学者、领导干部所作的专题报告会，如先进事迹报告会、形势报告会、学术报告会等。

7. 座谈会

指为收集信息、征求意见、调查研究而邀请有关人员召开的小型会议，包括各种“座谈会”“恳谈会”“见面会”“茶话会”等。

8. 国际会议

指来自两个以上政府、政党或社会组织、民间团体就共同关心的问题召开的会议。内容无所不包，如世界妇女会议、东南亚经济发展研讨会、欧洲七国首脑会议等。

9. 签约会议

指订立重要条约或协议书的签约仪式。

10. 电话、电视会议

即利用电话、电视召开的会议。适用于重大、紧急情况之下，或干部之间商量紧急措施、布置重要工作，或向公众直接宣布重大决定、阐述方针政策、进行动员等，如地方政府紧急抗洪救灾会议、国家领导人重要电视讲话等。

11. 计算机网络会议

计算机和数字传输设备在网络支持下可实现非常灵活的网上多方对话，这种网上多方对话同时也是计算机网络技术支持下的会议组织和管理的新形式。

三、会议的要素

一般来说，会议有六个要素，即与会者、主持人、议题、名称、时间、地点。

1. 与会者

与会者就是参加会议的正式人员，不包括在会场的其他服务人员。人们被召集来开会，是要花费一定时间和精力的，而时间和精力在某种程度上就是效益、就是财富，只能创造，不能浪费。因此，从原则上讲，参加会议的人应做到：该参加的一个不少，不该参加的一个不多。具体地说，与会者应具有必要性、重要性、合法性。

（1）必要性。这是指与会者必须是与会议直接有关的人员，也就是符合会议确定的范围，有权了解会情、提出意见、表示态度、做出决定的人；或是能够提供信息、深化讨论、直接有助于会议达到预期效果的人。

（2）重要性。这里指的是与会者虽与会议没有必然的、直接的关系，但却有利于会议的进展或扩大效果的人员。这些人员通常是临时邀请的。

（3）合法性。这是指有些重要会议的与会者必须具有合法身份和法定资格，例如：人民代表大会的与会者必须是依法选举产生的各级人民代表；党的代表大会的与会者首先必须是党员，其次必须是各级党组织全体党员选举产生的代表；公司董事会或股东大会的与会者必须是按照公司组织法和公司章程正式确定的董事或股东等。

有些会议组织者不注重与会者的必要性、重要性和合法性，而只顾场面热闹，或是利用会议向上攀、拉关系，造成开幕式、闭幕式、拍照、宴请、发纪念品、参观游览时热热闹闹，而正式会议时反而冷冷清清。结果不仅造成很大的浪费，甚至冲淡或干扰了会议的主题，这种做法是应该反对的。

2. 主持人

主持人是会议过程中的主持者和引导者，也往往是会议的组织者和召集者，对会议的正常开展和取得预期效果起着领导和保证的作用。会议主持人通常由有经验、有能力、懂行的人，或是有相当地位、威望的人担任。一般有两种情况：

一种是当然主持人，是由其职务和地位，也就是组织的章程或法规决定的。例如：

单位的工作例会由单位领导人主持，党组织会议由党的书记主持，董事会由董事长主持。主持人因故不能主持会议时，也可委托副职或其他相应的负责人主持。

另一种是临时主持人，如各种代表会议，或几个单位、几个地区的联席会议，则由代表们选举或协商产生。特别重大的会议，则需产生相应人数的主席团，由主席团成员集体或轮流主持会议。除小型会议之外，大中型会议的主持人主持会议时通常需要秘书长或秘书协助。

3. 议题

议题是会议所要讨论的题目、所要研究的课题或所要解决的问题。议题必须具有必要性和重要性，又必须具有明确性和可行性，这样会议才容易取得共识或最后表决通过。因此，每次会议的议题应该尽可能集中、单一，不宜过多、过分散。尤其是不宜把许多互不相干的问题放在同一会议上讨论，使与会者注意力分散，不利于解决问题。

议题的产生通常有两种情况：一种是领导根据需要指定的；另一种是秘书调查研究、综合信息后提出再由领导审定的。有些重大的代表会议，先由代表提出“提案”，由秘书或秘书处汇总，再提交主席团或专门的“提案审查委员会”审议通过，才能列为会议议程的正式议题。因此，议题还必须具有合法性。

4. 名称

正式会议必须有一个恰当的名称。会议的名称要求能概括并能显示会议的内容、性质、参加对象、主办单位或组织、时间、地点或地区、范围、规模，等等。

会议名称必须使用确切、规范的文字表述。它既用于会前的“会议通知”，使与会者心中有数，做好准备；又用于会后的宣传，扩大会议的效果；更用于会议过程中使与会的全体人员产生凝聚力和庄严感。

大中型的会议名称应制作成横幅，置于会议主席台的上方或后方，作为会议的标志，简称“会标”。会标必须用全称，不能随意省略。

5. 时间

会议时间有三种含义：一是指会议召开的时间；二是指整个会议所需要的时间（天数）；三是指每次会议的时间限长。

确定某个会议什么时间召开要考虑多种因素。首先是需要。如每周一次的工作例会通常放在周末的下午，一周即将结束，下一周就要开始，利于承上启下；一年一度的职工代表会议宜于年初召开，既利于总结上年的工作、生产成果，又利于讨论、部署新一年的工作、生产计划，通过各种预算等；有些会议如农业生产、学校教育等本身就有很强的季节性或季度性。其次是可能，即最好是每位与会者都能参加的时间。如日本的有些企业召开各部门的干部汇报会，常定在下班前半小时，而不是安排在刚上班时。最后是适宜，即要考虑气候、环境等自然因素和社会因素。会议时间要尽量缩短，会议组织者应尽可能准确地预计需要时间，在会议通知中写明，便于与会者有计划地安排。

每次会议最好不超过两小时。如果需要更长时间，应该安排会间休息。

6. 地点

会议地点又称“会址”，既是指会议召开的地区、城乡，又是指会议召开的具体会场。为了使会议取得预期的效果，选择会议的最佳会址也需考虑多种因素：国际性或全国性会议，要考虑政治、经济、文化等大因素，一般应在首都北京或其他中心城市如上海、武汉、广州、西安等地召开；专业性会议，应选择富有专业特征的城乡地区召开，便于结合现场考察；小型的、经常性的会议就安排在单位的会议室。选择会址，还要考虑会场设施、交通条件、安全保卫、气候与环境条件等因素。

此外，会场布置与主席台布置也有许多讲究：

会场除了整洁、安静、明亮、通风、安全等要求之外，还应考虑形状、大小、桌椅安排等布置。

会议室有方形、长方形、圆形、椭圆形等。会议室的中央放置长方形或长圆形会议桌，桌上正中央可放置一两盆鲜花，四边供与会者放置文件、文具、茶杯之用。桌子的周围放置靠背椅，数量视人数而定。主席的位置一般在会议桌的两端。

小型会议可安排在一般会议室。大中型会议则安排在会议厅，扇形会议厅比长方形会议厅的效果更好。会议厅的前方安排主席台与讲台。主席台应用长方形桌，上铺白色、天蓝色或其他颜色桌布。台上方或后方悬挂会标。会标一般用红底白字，企业也可用红底金字。讲台不宜过大过高，应与讲话人的身材比例协调。台前可放置花草盆景，使主席台整体上显得色彩和谐、舒心悦目。面对主席台的是与会者席位，应有桌有席，便于放置文件和做记录。席位之间不应太挤，便于进出活动。研讨会、座谈会可将桌椅排成半圆形或小正方形，席前除文件、资料外，可放置饮料、水果，还应该多备话筒，便于与会者发言和多向交流。会场大小应与人数相适应，与其过大，不如偏小。会场过大显得松散，容易产生迟到、早退现象，不利于产生好的会议效果；偏小反而显得紧凑，容易使人思想集中，情绪饱满。多边会议应采用圆形，或正多边形会议桌，因为圆形或正多边形会议桌的席次无主次之分。

工作会议或同一系统会议，与会者的席位依职务高低为序，职位越高离主席台越近，两边入席，左高右低，前高后低。研讨会、座谈会之类的会议，与会者可随到随坐，不指定席位。重要的大中型会议，则应按地区、系统、单位等分组，事先划分席位，与会者由秘书或服务人员引导入席。

重要会议的主席台席位应讲究排列。主席台席位视人数设一排或数排，第一排席位应为单数。席位的次序依主席团成员的职务高低、对会议的重要程度而定。邀请的贵宾或来宾如安排在主席台就座的也按照同样原则。第一排的正中为首席，其次是左位，再次为右位，先左后右，左高右低，前排为主，后排为次，其他的依此类推。在席位上要放置姓名牌，便于按位就座。会议主持人一般在前排边座或按职务顺序就座。

四、会前筹备

1. 会前筹备的内容

会务工作是指协助筹备会议、操办会务、为会议有序进行和取得预期的会议效果提供服务。其中会前筹备工作主要包括：

（1）领导确定会议目的、议题。

（2）行政人员根据领导意图拟订会议筹备方案。

（3）领导审核、批准会议方案。

（4）组建会议筹备组织机构并按筹备方案进行分工。

（5）根据确定的与会者名单送发会议通知。

（6）准备会议文件，选择会址并布置会场。

（7）按会议要求将与会者编组并制作会议代表证、工作人员证及其他证件。

（8）根据与会者特征安排会议期间的住宿和接站车辆。

2. 会议筹备方案

拟订会议筹备方案是行政人员的重要工作内容。只有周密、有序、可行的会议筹备方案，才能保证会前筹备周全、无误。

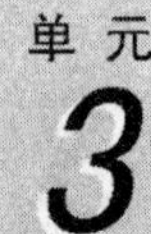

行政人员拟订会议筹备方案要注意：

（1）要准确把握领导决定的会议目的、内容、议题、要求及其他有关决定，以领导对为什么开会、开怎样的会及如何开会等问题做出的决定为依据，设计拟制具体的会议筹备方案。

（2）要具体、周密、有序、分工明确、责任到人，拟订的各项工作要切合实际需要，具有可操作性。

（3）对各种资源要素要做比较精确的预算，如时间、人力、物力、财力、空间等，要计算会议成本。

（4）将各项必须准备的事务一一列出，按需要在规定的时限内排出进程时间表，并对各项工作事务标明操办人和督导人，以便各负其责。需特别强调的是，时间排列要合理，分工要科学，负责人要与其工作性质相一致。

（5）最少要做两次预案实施情况的检查。一次为中期检查，全面了解中期进度以及时限要求、质量要求是否完全达到。若不合乎要求，就要及时做出有效的调整。还有一次为开会前的全面检查，对音响、照明、空调设备、安全设施等都应一一测试，必须保证一切会议设备能够正常使用。对检查中发现的差错和疏漏，必须采取弥补措施。

（6）行政人员拟订会议预案草稿，必须经领导修改、审核、签批后，才能作为筹备会议的计划方案。审批后的会议预案是筹备会议的计划书和行动指南。

3. 会议组织机构

大中型会议的筹备和服务工作，不可能靠一两个人完成，这就需要组建会议组织筹备机构。一般来说，会议组织筹备机构分为几个小组，各组分工明确、互相协调，既要熟记本岗位职责，又要胸有全局。

（1）会务组。负责会务组织、会场布置、会议接待签到等会议的组织、协调工作。

（2）秘书组。负责拟写会议方案，准备各种会议文件和资料，做好会议记录，编写会议纪要、会议简报等工作。

（3）后勤组。负责生活服务、交通、医疗等工作。

（4）宣传组。负责会议的录音、录像、娱乐活动、照相服务和对外宣传报道。

（5）财务组。负责会议经费的统筹使用、收费和付账工作。

（6）保卫组。负责防火、防盗、人身安全和财物安全、保密工作。

以上各组，根据会议的规模、会期等因素可适当合并或调整。

4. 会议议程与会议日程

（1）会议议程与会议日程的区别。会议议程是对会议所要通过的文件、所要解决的问题的概略安排，并冠以序号将其清晰地表达出来，它是为完成议题而作出的顺序计划，即会议所要讨论、解决的问题的大致安排，会议主持人要根据议程主持会议。拟定会议议程是办公室或行政人员的任务，通常是办公室或行政人员草拟议程草稿，交领导审定，在会前复印分发给所有与会者。会议议程是会议内容的概略安排，它通过会议日程具体地显示出来。

会议日程是指会议在一定时间内的具体安排，一般采用简短的文字表格形式，将会议时间分别固定在每天上午、下午和晚上三个单元里，使人一目了然，如有说明可附于表后，会议日程需在会前发给与会者。会议日程是根据议程逐日做出的具体安排，它以天为单位，包括会议全程的各项活动，是与会者安排个人时间的依据。会议日程表的制定要明确具体、准确无误。

（2）安排会议议程和日程要注意的问题

1）要把握会议目的。

2）要先安排重要人物的时间以保证重要人物能够出席会议，再根据多数人意见安排日程以保证尽可能多的人员都有时间参与会议。

3）例会原则上要定时召开，且时间应控制在一个半小时左右，避免给人们带来疲倦感，影响会议效果。

4）如遇几个议题，应按其重要程度排列，最重要的排列在最前面，同类性质的问题集中安排，保密性强的往后安排。尽量保证在最佳时间开会。上午 8:00～ 11:30 和下午 2:00～5:30 是人们精力最旺盛、思维能力及记忆力最佳的时机。所以，安排会议议程和日程要注意将全体会议安排在上午，分组讨论可安排在下午，晚上一般安排一些文娱活动。

(3) 大中型会议的议程安排

1) 开幕式，领导和来宾致辞。

2) 领导做报告。

3) 分组讨论。

4) 大会发言。

5) 参观或其他活动。

6) 会议总结，宣读决议。

7) 闭幕式。

五、会间工作

1. 会前检查

会前的最后检查，是介于会前和会间的一项重要工作。最后检查包括：文件材料准备情况、会场布置情况、主要参会人的确认情况、会议保卫及食宿情况、其他情况（例如，颁奖会的奖品、发奖顺序；有选举内容的会议对票箱、投票、计票的安排；现场会对参观现场顺序、线路的安排；集体摄影的安排等）。

2. 会议记录

会议记录和必要的录音、录像是会议的真实记载，是会议内容和会议进程的客观反映，是日后分析、研究、整理的重要依据。行政人员一般承担记录工作，应事先熟悉会议议题、会议程序、发言人名单、器材安排情况等。会议记录须真实、准确、完整，尤其是对议定意见，一定要忠实于原话。

(1) 会议记录通常要做的准备

1) 准备足够的钢笔、圆珠笔、笔记本、记录用纸。

2) 准备好录音机、磁带，有必要时准备摄像设备。

3) 准备议程表和其他相关资料，以便需要核对相关资料和事实时使用。

4) 提前到达会场，了解与会人员，便于识别发言者。

5) 使用录音机时必须同时手工记录，这样不仅提高整理速度，而且可以防止录音机中途出故障。

(2) 会议记录的内容

1) 会议描述，包括会议类型、时间、日期、地点。

2) 与会者姓名，主席的名字在最前面，办事员的名字在最后。

3) 缺席者请假书。

4) 宣读上次会议记录。

5) 通信情况。

6) 一般事务，决议应包括会议上的确切措词。

7）其他事务，按会议议程进行顺序记录。

8）下次会议日期。

9）主席签名，会议记录人在主席签上名后应写上会议日期。

（3）会议记录的要求

1）真实。正式的会议记录具有法律效力，要确保内容的真实可信，一旦会议主席签名、全体成员通过，任何人不得再行改动。

2）完整。会议记录必须体现会议的实际进程，要将所有要点完整地记录下来，不能遗漏。

3）简洁。会议记录不同于一份详细报告，而是将会议进程以简明扼要的形式表达出来。会议中与主题无关的言论可以不记录，但重要的要一字不漏。

4）准确。会议记录应做到条理清楚，内容表述要准确无误，不能含糊，更不能有任何内容错误。不管是谁提了一个建议，或附议了一个建议，都应把人名记下来。

3. 会议协调

会议协调是指会议组织者受领导委托，通过各种方式和手段妥善地协调、处理各种关系、矛盾和纠纷，其目的是保证会议的顺利召开、进行和圆满结束。

（1）准备工作协调。需要对会议的议题、时间、地点、会期、日程、与会人员、会议使用设备、场地等方面进行细致的协调工作，从而保证会议能够圆满、成功。

（2）组织工作协调。对会议组织的各个分工部门、会议筹备部门加强协调领导，使其分工明确，互相配合。工作人员要考虑周全，将每项工作落实到人，如签到、入座、记录、水电、食宿、交通、卫生、保卫、通信、录音录像、会议分组等方面都应统筹安排。

会务工作的总体协调往往头绪较多，必要时应将任务分工列表，人手一份，以备检查和落实，及时解决问题。

（3）辅助引导会议进程

1）明确会议开始和结束的时间，准时开会和散会。

2）会议较长时建议安排短暂的休息并掌握好时机，不要安排在发言高潮或是对某一问题的讨论尚未结束时。

3）时机成熟时应建议适时终止讨论或辩论，及时确认结论并形成决议。一个议题结束后应立即转换议题，以免延误时间而节外生枝。

4）消除交流障碍，限制具有威胁性和挑衅性的行为。

5）使用恰当的人际交流技巧，接受他人积极有益的批评和建议。

4. 会议信息工作

会议信息工作是会间工作的重要内容，会议信息的收集要本着“准确、及时、全面、适用”的原则，通过会议正式报告、研讨会上的发言、与会者议案以及会下的广泛交谈，随时获取有价值的信息。大中型会议上常编写会议简报。搞好对外宣传，首先应注意信息的保密性，做到内外有别；召开记者招待会，应事先做好充分准备。在传递的方式上、内容上应本着对象、效果、时效、费用的原则综合考虑。

5. 会议的值班保卫工作

会议的值班保卫工作是保证会议正常进行、随时应付突发事件的必要手段。办会人员值班时应做到：

（1）在会议中协助收集有关信息。

（2）控制与会无关人员进入会场。

（3）手边有与会议有关人员联络的方式、条件。

（4）人不离岗。

（5）做好会议期间各项活动与各种矛盾的协调工作。

（6）办会人员要与关键人员对照会议计划，保证按程序进行；若有给与会者的留言，要传递给本人。

（7）收集评估表等。

6. 会议简报

会议简报是召开大型会议、重要会议时，由大会秘书处编发，用于报道会议内容、会议进程及会议结果的一种信息载体。

会议简报有两种情况：一是规模大、时间长的，在会议期间连续编发；二是规模大、会期短但内容重要的，通常反映会议概况、中心议题、主要精神，其内容作用均与会议纪要相近。

会议简报有报道式写法、总结式写法、转引式写法、汇编式写法等。会议简报应准确、快捷、简短。

7. 会议评估

要提高会议质量，就必须对会议质量实施控制。会议评估是主要针对会议内容、会议管理和会议工作人员进行评估，通过与会人员填评估表的形式完成的。评估的内容是会议方案、时间、地点、与会人员范围、食宿安排、会议经费、各项活动内容及工作人员行为表现等。

评估表的设计是办会人员的基本功之一，应考虑下列因素：

1）表格的长度。

2）填写的难易程度。

3）所问的问题。

4）问卷的方式。

5）分析资料的方式。

8. 会议纪要

一般来讲，大型会议都有正式文件和决议，不需要撰写会议纪要；而中型以下会议、日常工作例会和一些协调性会议，往往需要起草会议纪要。会议纪要是在会议记录和相关会议材料的基础上，进行进一步的分析、综合、提炼而形成的文件。它的目的在于将会议的议事和议定事项用精练的文字归纳出来，一方面留存备查，一方面分发给有关部门贯彻执行或作为凭证、数据。

六、会后事务

会后事务主要有：合理安排与会人员返程，会议场所和文件资料整理，会议总结，发布会议新闻，安排社会活动，费用报销，会议议决事项的检查和催办等。

1. 合理安排与会人员返程

（1）做好与会者车、船、机票的登记、预订工作

1）根据会期和外地人数多少，及早安排返程事宜。

2）尊重外地与会者对时间、交通工具的要求、意愿。

3）一般按先远后近的顺序安排机票、车票预订事宜。

4）编制与会者离开、乘车时间表，安排好送行车辆。

（2）帮助与会者提前做好返程准备

1）提醒与会者及时归还各种物品。

2）提醒与会者结清账目，开好发票。

3）帮助与会者检查、清退房间。

4）帮助部分与会者托运大件物品。

2. 会议场所和文件资料整理

（1）组织会务人员清点、整理器材、物品。

（2）整理会场。

（3）清点文件剩余份数。

（4）会议案卷的整理归档。包括决定、讲话、发言、报告、记录等。

（5）评估表中反馈意见的统计与分析

3. 会议总结

会议结束后，为总结积累经验，寻找工作差距，行政人员应召集会务工作人员进行会议工作总结，以便肯定成绩、找出问题和不足，在以后办理同类会议时有所借鉴。必要时，可写出总结报告，上报单位领导或归档备查。

4. 发布会议新闻

发布会议新闻是指由会议的组织机构就会议的召开、内容、进展、报告、讲话、公报、决议、决定、闭幕等情况通过新闻媒体进行介绍和宣传。除机密性较强的会议以外，一般会议都要做新闻报道，以扩大影响，加快会议精神传播速度，提高会议透明

度，为会议精神的贯彻落实创造条件。

会议新闻报道的内容，既可以是关于会议的综合消息，也可以是关于会议的专题新闻和典型报道。综合报道一般要写明会议召开的时间、地点、会议的性质、中心议题、通过的重要决定、解决的问题、会议的意义、出席会议的人员、到会的领导人等。专题新闻和典型报道是报道最能反映会议精神的内容。会议的报道程度取决于会议的重要性及开放程度。有时为进一步阐发会议精神，强调会议的意义，在发布会议新闻报道时，还可以配上"评论""社论"等。

5. 安排社会活动

会议结束后，可根据情况安排一些有意义的社会活动，进一步宣传会议的基本精神，以便起到扩大会议影响和纪念的作用。安排社会活动时要符合以下基本要求：

（1）活动要与会议的宗旨和基本精神相一致。只有这样，安排的活动才能达到扩大会议影响、宣传会议精神的目的。

（2）活动的时间、地点要合理。活动期不能过长，一般一次会议以安排一两次社会活动、时间在一天之内为宜。时间太长会影响其他会后工作及时进行，浪费会议工作人员和与会者的时间和精力。

（3）严格控制经费。不得超过预算金额，不能拉大经费缺口，给财务工作带来困难；不得借口社会活动，搞变相旅游，大吃大喝，败坏会风，造成不良的影响。如果出现这种情况，应按法规严格查处，并追究有关人员的责任。

6. 费用报销

由企业组织的会议，一般由行政人员在会议结束时根据提前与会务服务部门的协议结算。结算的方式有交付现金、信用卡和转账支票。

企业员工或领导经常出差参加会议，回企业后也常由行政人员到财务部门办理报销手续。报销时要填写费用报销表格，将各类票据贴于报销表格的背面，这是企业单位支付费用的程序。

报销表格中主要的报销项目有交通费、住宿费、会务费、旅行津贴及其他。一般单位都有确定的报销政策。

7. 会议议决事项的检查和催办

进行会议议决事项的检查和催办的目的是使会议精神落到实处，防止有关单位不重视会议交办事项，长期推诿、拖延，工作效率低下，或从自身局部利益出发，对会议交办事项采取消极抵抗态度，故意不办。另外，催办也是一条信息反馈渠道，可使领导及时掌握会议议决事项的办理情况，了解办理过程中出现的新问题、新情况，并有针对性地采取措施加以解决，保证会议议决事项办理工作的顺利进行。因此，检查和催办是会后工作中不可缺少的重要内容。

第五节　商务公关活动

商务公关活动是提高企业知名度和美誉度，联络与公众的感情、改善公众关系的重要手段。行政人员应当了解常见的专题公关活动实务的主要形式、内容和方法，以便能在企业公关活动中有效配合并发挥应有的作用。

一、开幕（开业）典礼

一个组织或企业举行一个气氛热烈、隆重大方的开幕（开业）典礼，将会为自身创造良好的社会形象，给公众留下深刻而美好的记忆。因为这是组织或企业向社会和公众第一次展现自身，它体现出组织或企业领导人的组织能力、社交水平以及企业的文化素质，往往会成为社会公众取舍和亲疏的重要标准。通过邀请知名人士和记者参加，还可以扩大影响，增强知名度。行政人员应该重视并精心安排好这一活动。

1. 拟定出席典礼的宾客名单

邀请的宾客一般应包括政府有关部门负责人、社区负责人、知名人士、社团代表、同行业代表、新闻记者、员工代表以及公众代表等。对邀请出席典礼的宾客要提前将请柬送达其手中。

2. 拟定典礼程序

典礼程序一般为：宣布典礼开始，宣读重要来宾名单、致贺词、致答词、剪彩。

3. 事先确定致贺（答）词人名单，并为本单位负责人拟定答词

贺词和答词都应言简意赅，要能起到沟通感情、增进友谊的目的。

4. 确定剪彩人员

参加剪彩的除了单位负责人外，还应请来宾中地位较高、有一定声望的知名人士共同剪彩。

5. 安排各项接待事宜

应事先确定签到、接待、剪彩、放鞭炮、摄影、摄像、扩音等有关服务人员，这些人员都要在典礼前到达指定岗位。

6. 安排一些必要的节目

为造成热烈欢快的喜庆气氛，在典礼进行过程中可以安排锣鼓、鞭炮礼花、舞狮耍龙等节目，还可以伴以一些小型民间歌舞。

7. 组织参观

典礼仪式结束后，可以组织来宾参观本企业的生产设施、服务设施，以及产品或商品陈列。这是让上级、同业和社会公众了解自己、宣传产品的好机会。

8. 征求意见，总结经验

通过座谈和留言的形式广泛征求意见，并尽快将意见和建议结果整理出来，以达到总结经验、鼓舞士气的目的。

开幕典礼的形式不复杂，用时也不多，但要办得热烈隆重、丰富多彩、给人留下强烈深刻的良好印象并不是一件容易的事。要使这项活动达到预期的目的，行政人员应做到准备充分，举止热情，头脑冷静，善于鼓动，指挥有序。如果在程序安排和具体接待中稍有不慎，不但会破坏典礼活动，还会影响企业的形象，其损失是难以计算的。

二、周年庆典

周年庆典是指企业每年一次的庆祝活动，也是企业开展公关活动的良好时机，几乎所有成功的企业都十分重视周年庆典，以此来扩大企业的影响，即便是已经非常知名的企业也很少放过这种机会。周年庆典的具体形式要根据企业生产经营的特点、企业自身的发展历史、企业所能投入的经费来决定，无论庆典活动采取什么形式，都是为了激起广大公众的兴趣，尤其是激起广大新闻媒介的兴趣，只有达到了这一目的才是成功的庆典活动。要达到这一目的，就要力求做到三个字——“新”“奇”“特”，即要求庆典活动有新意、有特色、与众不同。

“新”“奇”“特”其实并不只是对周年庆典活动的要求，其他类型的专题活动也应该以此作为策划的出发点。但有一点要特别注意，在追求“新”“奇”“特”时，不能忽视公众的心理承受能力，不能引起公众的反感，否则会事与愿违。

三、展览会

展览会是商务公关活动中经常采用的形式。它的特点是能够通过实物的展示和示范表演来配合宣传企业的形象和产品。由于较为直接和直观，往往会使公众信服，留下深刻印象。展览会是企业和新产品塑造形象的最优公共关系媒介之一。

1. 展览会的特点

(1) 展览会是一种复合性传播方式。一个展览会通常同时使用多种媒介进行交叉混合传播，包括文字注解、宣传材料、介绍材料等文字媒介；讲解、交谈和现场广播等声音媒介，照片、幻灯和录像等图像媒介。由于展览会采取的复合性传播方式综合了多种传播媒介的优点，通常会达到令人满意的沟通效果。

(2) 展览会是一种十分直观、形象和生动的传播方式。展览会一般以展出实物为主，并以专人讲演和示范产品的使用方法等方式进行现场示范表演。利用这种形象记忆法能起到强化效果的作用。展览会作为这种作用的媒介，可以使观众对示范产品有较深刻的印象。

(3) 展览会可以为某一组织或企业提供与公众直接进行双向沟通的机会。在展览会上一般都要安排专人回答参观者的问题，并同参观者就其感兴趣的问题进行深入讨论。

企业和组织在让公众了解自己的同时，也在及时地了解公众对自己的形象、展品等意见反馈，可根据从公众中反馈的信息进一步改进各项工作。这种直接双向沟通针对性很强，能与个别公众或在某一特殊情况下进行交流，从而收到较好的效果。

（4）展览会是一种高度集中和高效率的沟通方式。一个展览会可以集中许多行业的不同展品，也可以集中同一行业中多种牌号的同类展品，这就为参观者提供了更多的机会，并节省了大量时间和费用，方便了参观者。许多参展者也正是通过展览会而建立了自己的良好形象和打开了展品销路。

（5）展览会是一种综合性的大型活动，往往能成为新闻媒介追踪的对象，成为新闻报道的题材。新闻媒介对展览会及展品的传播会对公众产生很大的影响，参展单位可以利用展览会的机会广选新闻、扩大影响，并可以利用与新闻记者广泛接触的机会，搞好与新闻界的关系。

2. 展览会的类型

（1）从展览的性质区分，有贸易展览会和宣传展览会。贸易展览会的目的是做实物广告，促进商品销售。这种展览会展出的主要是实物产品。宣传展览会的目的是为了宣传某一观点、思想和信仰，或者是让人们了解某一段史实。这种展览会通常通过展出照片资料、图表和有关实物达到宣传的效果。

（2）从展览的商品种类区分，有单一商品展览会和混合商品展览会。单一商品展览会又称纵向展览会，这种展览会展出的商品品种单一，型号和品牌相对较多，并出自同一行业的各个不同的厂家，因而竞争较激烈。混合商品展览会又称横向展览会，这种展览会展出商品种类多，参加展出的厂家来自不同的行业。

（3）从展览的规模区分，有大型综合展览会、小型展览会和微型展览。大型综合展览会通常由专门的单位主办，参展企业则通过报名加入。这种展览会的规模一般很大，参展项目多，搞好展览需要很高的展览会举办技术。小型展览会的规模较小，一般是由企业自办，展出的商品也是本企业所生产的。这类展览会经常选择图书馆门厅、车站候车室、酒店房间等地作为展出地点。微型展览是指橱窗展览和流动车展览等。这类展览看似简单，但技巧性要求较高，要求更具吸引力。

（4）从展览举办场地区分，有室内展览会和露天展览会。室内展览会较为隆重，不受天气影响，举办时间也较灵活，长短皆宜。大多数展览会都在室内举办。但室内展览会的设计布置较为复杂，所需费用也较多。露天展览会的最大特点是设计布置比较简便，场地较大，所需费用不多。但受天气的影响大，往往由于天气原因而影响展览效果。

农产品展览、大型机械展览、花展等通常在露天举办，而较为精致、价值高的商品展览等宜在室内举办。

3. 举办展览会应注意的问题

(1) 制定展览会的主题和目的。每次展览会都应有一个明确的主题和目的，并以此决定展览会中将使用的沟通方法、展览形式和接待形式。

(2) 确定参展单位、参展项目和展览会的类型。可以采取广告和给有可能参展的单位发邀请信的方法吸引单位参展。广告和邀请信要写清楚展览会的宗旨、展出项目类型、对参观者人数和类型的预测、展览会的要求和费用等，给潜在的参展单位提供决策所需的资料。

(3) 明确参观者类型。参观者的类型将影响到信息传播手段的复杂性和多样性。如果参观者对展出项目有较深入的了解和研究，展览会讲解人就需要是这方面的专家，介绍的资料要较为专业化和详细深入；如果是一般观众，则应采用通俗易懂的语言，进行直观普及性的宣传。在展览会的筹备阶段，就应该对展览会针对的公众及其所包括的范围有较精确的估测。

(4) 选择展览地点。在地点的选择上，首先考虑的是要方便参观者，如交通方便、易寻找等；其次，要考虑展览会地点的周围环境是否与展览主题相得益彰；第三，要考虑辅助设施是否容易配备和安置等。

(5) 培训工作人员。展览会工作人员的素质和对展览技能的掌握，对整个展览效果起重要影响。必须对展览会工作人员，如讲解员、接待员、服务员等进行良好的公共关系训练，并对每次展出的项目进行起码的专业知识培训，以满足展览会的要求，使参观者满意。

(6) 成立专门对外发布新闻的机构。展览会中会产生很多具有新闻价值的信息，需要展览会负责公共关系事务的人员挖掘，写成新闻稿发表，扩大展览会的影响范围和效果。专门的机构要负责制定新闻发布的计划，组织实施计划，并负责与新闻界进行联系的一切事务。

(7) 准备展览会的辅助设备和相关服务。在筹备展览会的主体时，还应考虑到相应的辅助内容，如文书业务、邮政、检验、海关、交通运输、停车场等。

(8) 准备展览会所需的各种辅助宣传材料，如幻灯片和录像、各种小册子、目录表等。这些都要在展前准备好。

(9) 制定展览会经费预算。具体列出展览会的各项费用，加以核算，有计划地分配展览会的各项资金，防止超支和浪费。

(10) 布置展厅。布置展厅时，要考虑在入口处设置咨询台和签到处，并贴出展览会平面图，作为参观者的指南。

(11) 设计制作展览会徽标，备好展览会纪念品，为宣传提供方便，以强化参观者的印象。

(12) 注意采用展览技巧，使展览会办得生动活泼、新颖别致。

四、新闻发布会和记者招待会

1. 新闻发布会和记者招待会的区别

新闻发布会，也有人把它叫做记者招待会，其实这两者是有区别的。新闻发布会侧重于发布新闻，如企业做出了某项重要的决策、研制生产了某种新产品或推出了某项对社会有重大影响的革新项目，并通过大众媒介把这一信息广泛地传播出去。

记者招待会与新闻发布会有所不同，它不一定有新闻要发布，它的主要目的是和新闻媒介公众进行沟通。任何企业在与社会各界公众的交往中，都会遇到很多错综复杂的问题，如法律纠纷、顾客的批评、社会舆论的谴责、新闻媒介的指责、其他社会组织的投诉，当这些问题发生之后，企业为了澄清事实、消除影响并争取舆论界的支持，就有必要召开记者招待会。

2. 会议的筹备

无论是新闻发布会还是记者招待会都不同于一般的会议，它们的形式正规、隆重，规格更高，这就对会议的准备工作提出了更高的要求。具体说来，这两种特殊会议的筹备工作有以下几方面。

（1）确定会议主题。在会议之前，必须确定会议的主题。会议的中心任务、会议要达到什么目的，行政人员必须心中有数。在确定主题时，行政人员一定要从新闻媒介和公众的角度出发，去衡量这个主题是否具有广泛传播的新闻价值，是否能对公众产生影响。

（2）选择适当的时机。必须选择最恰当的时机，若在国家或民族的重大节日前后召开，很可能就会被节日的气氛冲淡，当然也有可能是锦上添花，关键看开会的主题是否与这些事物有内在联系；另外，还要考虑气象、交通等客观因素的影响，以便做到万无一失。

（3）选择会议地点。会议地点的选择，既要考虑交通问题，又要为记者创造各种方便的采访条件，如照明设备、视听设备等。

（4）确定应邀者的范围。新闻发布会和记者招待会的邀请范围应该有所区别。就新闻发布会来说，邀请的记者覆盖面越广越好，但记者招待会则应视具体情况而定，一般问题发生在什么范围就在什么范围内开会，不需要扩大范围，也没有必要张扬。问题出现在小县城，则就只邀请县报、县广播台站的记者参加；若是在省内发生的事件，就应邀请省内各新闻机构的记者参加。

（5）选定主持人和发言人。记者们提出的问题大都很尖锐深刻，有些甚至很棘手，这就对主持人和发言人提出很高的要求，要求他们思维敏捷、反应快，并有较高的文化修养、专业水平和一定的语言表达能力。

（6）准备会议材料。会议材料包括发言稿和宣传辅助材料。发言稿要通俗易懂、生动有趣、富有说服力；宣传辅助材料则是报道提纲，包括宣传要点、背景材料、实物模型、照片、图表等，也可以把某一事件的全过程制成录音、录像，以便在会上播放。为了使参加会议的记者们对企业所传递的信息或所要解释的问题有准确而全面的了解，举办者应在会议举行时把相应的文字资料分发给到会的每一位记者。

五、开放参观

企业或组织为了让公众更好地了解自己，通常由行政或公共关系部门负责组织一些对外开放参观活动。在这些开放参观活动中，企业的家属、新闻工作者、学校师生和其他对企业感兴趣的公众等可以到企业参观和考察。企业可利用这些机会向公众进行宣传，表明自己的存在有利于社会和公众，以得到公众的理解和支持。企业组织对外开放参观活动是件繁杂的工作，但这又是很好的公共关系活动，它可以使公众对企业产生兴趣和好感，增强企业的美誉度。

1. 确立主题

任何一次对外开放参观活动都应确定一个明确的主题，即想通过这次活动让参观者留下怎样的印象，取得什么效果，达到什么目的。企业的对外开放参观活动最常见的主题是：强调企业的优良工作环境，表明企业是社区理想的一员，企业只会给社区和周围公民造福。

2. 安排时间

开放参观的时间最好安排在一些特殊的日子，如周年纪念日、企业开业、逢年过节等。在喜庆的日子里进行参观，可以增添公众的兴趣，获得较强的开放效果。

要有足够的时间准备对外开放参观活动。规模盛大的开放参观活动需 3～6 个月的准备时间，如果还要准备大规模的展览、编印纪念册或举行其他特别节目，则需时更多。

要合理安排活动开放时间，尽量避开假期。考虑到气候原因，较理想的开放时间一般以晚春和初秋季节为宜。

3. 成立专门机构

如欲将开放参观活动办得尽善尽美，就需要成立一个专门的活动筹备委员会。委员会成员应包括企业领导、公共关系人员、行政和人事部门人员等。如果主题是强调服务或产品，则还要有销售部门人员。

4. 准备宣传工作

要想使开放参观获得成功，最重要的是做好各种宣传工作。准备一份简单易懂的说明书，发给参观者，正式参观前放映电影、录像或幻灯片进行介绍，可以帮助参观者了解企业的概况。之后，则由向导带领参观者沿参观线路作进一步解说和回答问题。最好将参观者分成五六人一个小组，这样即使场地嘈杂，也能让参观者听清讲解。如果设置明显的路标为参观者导向，那么就可以安排专人在人们可能最感兴趣的地点做集中讲解。

要使参观活动产生持久效果，不妨赠送参观者一份有纪念性的小册子。这些小册子通过参观者之手转送未能亲自参加参观的人，还能成为十分有用的传播媒介。

5. 划分参观线路

提前划好参观线路，防止参观者越过参观所限范围而出现不必要的麻烦和事故。有些企业往往顾虑开放参观活动会使秘密技术泄露，其实只要精心妥善安排是不会出现这种情况的。

6. 做好接待服务工作

对参观者应热情周到地做好接待工作，安排合适的休息场所和必备的茶水饮料。

六、赞助活动

现代企业不但要盈利，还需要承担一定的社会责任和社会义务，以表明企业是社会的一员，也要为社会贡献一份力量。同时，通过承担一定的社会责任和义务，可以得到政府和社区的支持，企业也得到了生存和发展的可靠保障。企业向社会表示其承担责任和义务，与政府和社区搞好关系的最有效方式之一就是举办赞助活动。如致力于社会福利和慈善事业的义演等赞助活动，不但有利于社会，还能使企业赢得社会的普遍好感，为企业树立起美好的形象。因此，企业应该重视并搞好赞助活动。

1. 举办赞助活动的目的

（1）树立企业关心社会公益事业的良好形象。

（2）以赞助文化生活作为广告，增强广告的说服力和影响力。

（3）培养与各个组织或某类公众的良好感情。

（4）追求企业的社会效益和承担企业的社会责任。

2. 赞助活动的类型

（1）赞助体育运动。这是企业赞助中最常见的一种形式。随着人民生活水平和体育运动水平的提高，人们对体育运动越来越感兴趣。企业通过对体育运动的赞助，以增强对公众施加影响的广度和深度。这类赞助一般出于增强广告效果的目的。

（2）赞助文化生活。企业进行文化生活方面的赞助，不仅可以培养与公众的良好感情，而且还可以大大提高企业的社会效益和知名度。

（3）赞助教育事业。企业赞助教育事业，既有助于教育事业的发展，又能使企业得到良好的公共关系，是一举两得的事。

（4）赞助社会慈善和福利事业。这是企业和社区、政府搞好关系的重要途径，是向社会表明其承担义务和责任的手段。

（5）其他赞助活动。此外，还有赞助各种展览和竞赛活动，赞助宣传用品的制作，赞助建立某一职业奖励基金，赞助学术理论活动等。

企业或其他组织举办赞助的形式很多，行政人员应善于设计出各种新颖的赞助形式，使企业或组织获得最佳的信誉投资，改善和发展其公共关系。

3. 进行赞助的步骤

（1）前期研究。可由企业主动选择对象进行赞助，也可以在接到请求后再做出反应。多数企业依据后者进行赞助。但如想获得更好的信誉投资，应采取主动形式。无论采取哪种形式，都应进行前期研究。前期研究应该从经营政策入手，并分析企业的公共关系政策和目标，调查外部需要赞助的公益事业情况，从而制定赞助的方向和政策，以指导日后的赞助活动。为更好地做好赞助活动，企业一般要组织专门的赞助委员会，负责研究各项赞助事宜，进行赞助的成本和效果的分析，以保证企业和社会同时受益，防止各种与企业整体赞助主题偏离太远的现象。

（2）制定计划。在前期研究的基础上，由赞助委员会根据企业赞助方向和政策，制定出年度赞助计划。年度赞助计划一般包括赞助对象的范围、费用预算、赞助形式等。赞助计划是前期研究的具体化，可以做到有的放矢，控制赞助范围，防止赞助规模超过企业承受力，避免浪费现象。

（3）审核评定。每进行一次具体项目的赞助，都应由赞助委员会对此项目进行详细的分析研究，结合该年度的赞助计划逐项进行审核评定，确定赞助的可行性、具体方式、款额以及赞助的时机，以便制定此项赞助的具体实施方案。

（4）具体实施。应派出专门公共关系人员负责各项赞助实施方案的具体落实。在实施过程中，应充分运用各种有效的公共关系技巧，使企业能尽量借助活动扩大其对社会的影响。

（5）效果测定。每次赞助活动完成后，都应对其效果进行调查测定，并对照具体实施方案，看实现了哪些预定的指标，总结完成和未完成计划的原因，写成报告，为以后的赞助活动提供参考。

4. 进行赞助应注意的几个问题

（1）要优先对各种慈善事业、社会福利事业、公共设施、教育事业提供赞助。这样既能表明企业对社会的责任和义务，又较容易获得社会各界的普遍好感。

（2）要注意留存一部分机动款项，作为遇到临时重大活动时的备用。

（3）对各种明显不能满足其要求的征募，应坦率而诚恳地解释企业的有关政策，但不必为威胁利诱所屈服。必要时可诉诸社会舆论和法律，以保障企业的合法权利。

赞助活动是一门艺术，同样的赠品，同样的受赠对象，由于赞助方式不同，得到的效果必然不同。并不是任何形式的赞助都会使赞助者如愿以偿，只有具有一定新闻价值的赞助活动才是成功的赞助。

七、股东年会

一年一度，企业将股东们请来，听取企业代理人年度工作报告，审核企业一年来的经营管理情况，并对企业的重大事情和企业代理人的继任与否做出决定，这种会议就是股东年会。股东年会是企业联系股东的一种重要方式，它为企业代理人提供了一次述职的特别机会。股东年会开得成功与否，关系到企业能否继续得到股东们的支持和投资及企业能否顺利发展，因此，开好股东年会意义十分重大。随着我国社会主义市场经济的不断发展，股份制经济在整个经济体系中所占的比重越来越大，股东年会将受到越来越多的关注。开好股东年会应注意以下几方面问题。

1. 通知

要提前向股东发出召开股东年会的通知书或邀请书，通知书或邀请书要印制精致，措辞郑重。尽可能早地发出通知书或邀请书，一般至少在会议召开前两星期就送达股东手中，以便股东们做好必要的准备和时间安排，还可以在一些传播媒介上披露，以示郑重。

2. 会场

在选择会议地点时，应考虑到股东到会的交通是否便利，并做好迎送接待准备。会议场所应尽可能高雅、舒适、设备齐全。有条件的话可将会场安排在旅游风景胜地。

3. 设施

应事先做好会议所需设施的准备工作，如会标、扩音录音设备等。会议设施安排不当，影响会议效果，常会引起股东们的不满，导致股东们对企业组织能力的怀疑。

4. 议程

要在会前拟定好会议议程。议程内容应充实，避免使会议流于形式，要能使股东们感受到确实在行使权力、决定一切。会议主持人必须掌握好会议程序和时间，使会议进行得庄重有序。会后还可依照股东们的意愿安排一些游览活动。

5. 会后宴请

在款待股东时，应对点心、酒水、便宴、聚餐等做出妥善合理的安排，既不要过于奢侈，也不要太显吝啬。过于奢侈会引起员工及外界的不满，太吝啬会招来股东们的怨言。

6. 文书

应该提前准备好会议所需的各种文件，如印制年度报告，及时发给与会股东。还应备好必要的文具纸本，供股东使用。会议进行中，必须将每位股东的发言记录下来，尽快整理好，与其他会议文件一起在会议结束前发给股东，还必须记得把会议文件和会议内容简报分送给因故未到会的股东。

7. 新闻记者

要重视新闻传播媒介的作用，股东年会要邀请当地各主要新闻机构的记者参加，并在会场中设置记者席，派专人接待，提供各种情况和材料，为记者的采访报道提供方便。

八、座谈会

在行政工作中，为了调查情况，或为了征求意见，或为了探讨问题等，常常要召开座谈会。座谈会采取面对面交谈的形式，还可以讨论，是一种很好的会议形式。开好座谈会应注意以下几点：

1. 开座谈会之前要深入考虑开座谈会的目的，准备好座谈会上的提问、调查或讲座内容的纲目。

2. 根据座谈会的内容、性质和需要物色并选定参加座谈会的人员名单。参加座谈会人数的多少，要根据座谈会的内容并考虑效果而定。为深入探讨一些问题而开的座谈会，人数可少些。征求意见、调查情况和纪念性的座谈会，人数可多可少。

3. 要做好座谈会通知工作。通知最好用书面形式。拟定通知要明确座谈会的议题、时间、地点和召开单位，并填好出席者姓名。姓名要核对清楚，不要出现差错，核对好的通知要及时送到与会人员手中。

4. 为使座谈会开得有效果，根据座谈会的内容，如探讨性和纪念性座谈会，可以事先考虑安排一些人重点发言，并在发言上做一些重点分工。

5. 座谈会主持人应善于把握和引导会议，创造一个亲切和谐的气氛，调动与会者积极思考与发言，使座谈会能较深入地进行。

6. 应做好座谈会的记录，并根据需要在会后整理成文，或将信息发给有关部门。

7. 座谈会应视不同内容与情况，准备一些茶点、水果等。

九、宴请

宴请是最常见的商务公关活动形式之一。为庆祝纪念日、表彰庆功、答谢使用者的支持等内容，行政部门常常要举办宴请活动。宴请活动并不是像一般人认为的单纯吃吃饭而已，而是一项十分繁杂的工作，需要行政人员熟悉掌握、认真对待。

1. 宴请的类型

（1）宴会。宴会为正餐，在宴别上有国宴、正式宴会、便宴之分，在举行时间上，有早宴（早餐）、午宴、晚宴之别；其隆重程度、出席规模以及菜肴的品种与质量等均有区别。晚上举行的宴会较之白天举行的更为隆重。

1）国宴。国家元首或政府首脑为国家的庆典，或为外国元首、政府首脑来访而举行的正式宴会。其规模最高，要排座次。宴会厅内悬挂国旗，安排军乐队演奏国歌及席间乐。席间要致祝酒词。

2）正式宴会。除不挂国旗、不奏国歌以及出席规模不同外，安排大体与国宴相同。菜肴通常包括汤和热菜（中餐一般四道、西餐二至三道），另有冷盘、甜食、水果。如有条件，餐前可在休息室稍事叙谈，备以茶、汽水和啤酒等饮料。席间一般可用两种酒：甜酒和烈性酒，也可以佐以餐前开胃酒。

3）便宴。是一种非正式宴会。常见的有午宴、晚宴，有时也有早餐。这类宴会形式较随便、亲切，可以不排座次，不做正式讲话，菜肴道数也可酌减。家宴是便宴的一种形式，即在家中设便宴招待客人，往往由主妇亲自下厨烹调，家人共同招待。

（2）招待会。招待会是指各种不备正餐、较为灵活的宴请形式。备有食品、酒水饮料，通常不安排座位，可以自由活动。

1）冷餐会。菜肴以冷食为主，也可以用热菜。主客可自由活动，自取食物。酒水可自取，也可由招待员端送。冷餐会在室内或院里举行均宜，可设小桌、座椅，自由入座，也可不设座椅，站立进餐。规模和隆重程度可高可低，时间一般在中午 12 时至下午 2 时或下午 5 时至 7 时。

2）酒会。酒会又称鸡尾酒会。以招待酒水为主，略备小吃，不设座椅，仅设小桌，可以随便走动。举行的时间也较灵活，中午、下午、晚上均可。请柬上往往注明整个活动的持续时间，客人可在其间任何时候入席退席。酒会不一定都用鸡尾酒，但通常酒类品种较多，并配以各种果汁，不用或少用烈性酒。食品多为三明治、面包托、小香肠、炸春卷等小吃，以牙签取食。饮料和食品由招待员用托盘端送，或放在旋转小桌上供人们自取，这种招待会形式较活泼，便于广泛接触、交谈。

（3）茶会。茶会是一种更为简便的宴请形式，是请客人品茶交谈。通常不在餐厅，而设在客厅。设茶几、座椅，不排座次，举行时间一般在下午 4 时（也有在上午 10 时）左右。茶会对茶叶、茶具要有所讲究。茶具要用陶瓷器皿而不用玻璃杯，用茶壶而不用热水瓶。

（4）工作餐。工作餐是现代交际中经常采用的一种非正式宴请形式。这种宴请只请工作人员，不请配偶等与工作无关的人员。工作餐按时间分为早餐、午餐和晚餐。双边工作餐往往排席位，为便于谈话，常用长桌。

2. 宴请的组织

（1）确定目的、名义、对象、范围和形式。宴请的目的是多种多样的，可以是为某一件事，如代表团来访、庆祝纪念日、展览会开闭幕、工作交流等。

宴请名义和对象的确定主要依据主客的身份。大型宴请一般可以单位名义发邀请，也可以个人名义发邀请。小型宴请可视具体情况以个人或夫妇名义邀请，工作餐可以单位名义邀请。

宴请范围是指邀请哪些人士出席，请到哪一级别，请多少人，主人一方由谁出面作陪。宴请范围要兼顾诸如宴请性质、宴请规格等。宴请形式要根据人员状况而定，人数多则以冷餐会或酒会更为合适，妇女界活动多用茶会。宴请的形式还要取决于活动目的、邀请对象以及经费情况等因素。

(2) 确定宴请时间、地点。宴请应选择对主客方都合适的时间，尤其宴请外宾时更要注意对方的禁忌，如避开十三号和星期五；在伊斯兰的斋月，宴请宜在日落后举行。最好事先征询主宾意见，然后再做决定。

宴请的地点要按活动的性质、规模、宴请形式、主人意愿及实际可能而择定。

(3) 发出邀请。各种宴请一般均发请柬，这既是礼貌，也是对被邀请人起提醒备忘作用。便宴经约妥后也可不发请柬。工作餐一般不发请柬。

请柬一般要提前一至二周发出，以便被邀请人及早做安排，已口头约妥的通常还要补发请柬。需要安排座次的，往往要求被邀请人答复能否出席。对此可以在请柬上注明，也可以在请柬发出后，用电话询问能否出席。正式宴会一般在请柬或请柬信封上（一般在下角）注明席次号。

(4) 订菜。宴请的酒菜应根据形式和规格选择安排。选菜不宜以主人的爱好为准，而应主要考虑主宾的喜好和禁忌。如果部分人或个别人有特殊要求，还应给予区别，提供特殊照顾。大型宴会更应照顾到各个方面。菜肴的道数和分量要适宜，内容要体现当地特色。如需要，还应制作精美的菜单，一般一桌放置两三份，也可一人一份。

(5) 桌次和席位安排。正式宴请一般均排桌次和席位。也可只排主桌席位，其他只排桌次或自由入座。无论采取哪种办法，都要事先通知出席人，使其心中有数。现场还要有人引导。需要排座次的宴请，要提前在桌上放置桌次牌。桌次的安排以主桌位置为准，右高左低。

在席位安排上，我国习惯按职务高低排列，如女士出席，通常将女方排在一起。即以男主人为准，男主宾在男主人右手方，女主宾在女主人右手方，外国习惯男女掺插安排，以女主人为准，男主宾在女主人右手方，女主宾在男主人右手方。两桌以上的宴会，其他各桌第一主人的位置可以与主桌主人位置相同，也可以反向。只要安排席位，就应提前在座前桌上摆放名签。

(6) 餐具准备。根据宴请人数、酒的品种、菜的道数准备足够的餐具。餐桌上的一切用品都要十分清洁卫生。桌布、餐巾都应浆洗洁白后熨平。玻璃杯、酒杯、筷子、刀叉、碗碟，在宴请前都要洗净擦亮。如果是宴会，应该准备每道菜撤换用的菜盘。

中餐用筷子、盘、碗、匙、小碟、酱油碟等。水杯放在菜盘上方，右上方放酒杯，酒杯的数目和种类要与所上酒的品种相同。餐巾叠成花插在水杯中，或平放在菜盘上。宴请外宾时，除筷子外，还应摆上刀叉、酱油、醋、辣油等佐料，通常一桌数份。公筷、公勺应备有筷、勺座，其中一套摆在主人面前，餐桌上应备有烟灰缸、牙签筒。

西餐餐具的摆设与中餐不同。西餐餐具有刀、叉、匙、盘、杯等。刀分食用刀、鱼刀、肉刀（刀口有锯齿，用以切牛排、猪排）、奶油刀、水果刀；叉分食叉、鱼叉、龙虾叉；匙有汤匙、茶匙等。杯的种类更多，茶杯、咖啡杯均为瓷器；不同的酒使用的酒杯规格不相同，宴会上几种酒，就配有几种酒杯。公用刀叉规格一般大于食用刀叉。西餐餐具的摆法是：正面放食盘（汤盘），左手放叉、右手放刀，食盘上方放匙（汤匙及甜食匙），再上方放酒杯，右起依次为烈性酒杯或开胃酒杯、葡萄酒杯、香槟酒杯、啤酒杯（水杯）。餐巾插在水杯内或摆在食盘上。面包奶油盘在左上方。吃正餐时，刀叉数目应与菜的道数相等，按上菜顺序由外至里排列，刀口向内。用餐时应按此顺序取用。撤盘时，一并撤去使用过的刀叉。

（7）宴请程序。主人一般在门口迎接客人。视宴会重要程度，还可有少数其他主要人陪同主人排列成行迎宾。迎接到客人，互致问候后，由工作人员将客人引至休息厅室，如无休息厅室，则直接到宴会厅，但不入座。休息厅室要有相应身份的人员照顾客人，并由招待员送饮料。主宾到达后，由主人陪进休息厅与其他客人见面。

主人陪同主宾进入宴会厅，全体人员落座，宴会即开始。如休息厅较小或宴会规模较大，也可请主桌以外的客人先入座，主桌人员最后入座。

如有正式讲话，我国习惯一般在热菜之后、甜食之前进行。主人先讲，然后主宾讲。也有一入席即讲话的，冷餐和酒会的讲话时间较灵活。

吃完水果，主人和主宾起座，宴会即告结束。

（8）现场工作。工作人员应该提前到现场检查准备工作。如是宴会，要事先摆好座签和菜单。座签置于酒杯前或平摆于餐具上方，菜单放在餐具右边。

还可在宴会厅入口前陈列宴会排列图，印制全场席位示意图，在出席人到达时发放。

如有讲话，要落实讲稿，通常主客事先交换讲话稿。如需译员，也应提前安排妥当。

（9）宴会服务工作。在宴会服务中，应注意以下几点：

1）宴会入场时，应在宴会厅门口迎接客人。当客人到达时，要表示欢迎。在客人卸去衣帽后，将其迎入休息厅，并招呼客人坐下，随即上茶，递上毛巾等。

2）客人入席时，主人应面带微笑，引请客人入座。照顾客人入座时，要将椅子稍微撤后，然后向前徐徐轻推，使客人安稳落座。

3）斟酒时，应当走到客人的右侧，斟入的酒约占酒杯的 3/4 或 4/5 即可。斟酒时，瓶口不应紧挨着酒杯，酒杯无需拿起。

4）上菜应按照顺序进行。一般应先上冷盘，再上热菜，最后上甜食、水果等。凡两桌以上的宴会，上菜应同步。上菜的方式大致有三种：一是把大盘的菜端到桌上，由客人自取；二是招待者托上菜盘逐一往客人的食盘中分让；三是单吃，即用小碗或小碟盛装，在每位客人的桌面前放一份。

5）席间如客人不慎将餐具碰落在地，不要大惊小怪，应及时为客人换上干净的餐具。

6）宴会结束客人起身离座时，应为其拉开座椅，疏通走道，并将客人送出宴会厅。

十、交际舞会

交际舞会是一种社交活动，也是行政部门经常举办的联谊活动的一种形式。有计划地举办交际舞会，通过企业内部管理人员和职工之间或企业职工与社会大众之间的联谊，不但可以使职工从中享受娱乐，同时也加深了职工与管理人员之间的感情和企业与社会各界的友好关系。

1. 舞会的组织工作

被邀请的男女客人在人数上要大体相等。对已婚者，一般均邀请夫妇。若是企业内部舞会，可根据人员状况邀请外单位参加。如本单位男性较多，可有计划地邀请女性较多的单位参加。

较正式的舞会要发请柬，请柬上要写明舞会持续时间，客人可在其间任意到离场。

舞会场地应宽敞，邀请总人数要与场地相适应，过多会显得拥挤，太少又会造成冷场。这是主办人要特别注意的。

舞池地板要上蜡以保持光滑。舞厅内可用彩灯装饰，把握光线明暗，光线要柔和，不宜过强。最好安排乐队伴奏。应在场地、灯饰、舞曲等方面为跳舞的客人们创造热烈气氛。

如有必要和条件，还可准备茶水和点心，以便客人随时饮食。

2. 参加舞会应注意的事项

（1）服装要整齐，仪态要端庄。舞会前不要吃味道强烈的食物，不要饮酒。

（2）在较正式的舞会上，第一场舞由主人夫妇、主宾夫妇共舞，第二场舞由男主人与主宾夫人、女主人与男主宾共舞。舞会上男主人应主动邀请无舞伴的女宾跳舞，或为她们介绍舞伴，并要照顾其他客人。男主宾则应轮流邀请其他女宾共舞，其他男宾则应争先邀请女主人共舞。

（3）男子应避免只与一位女子共舞。尽量避免男子与男子、女子与女子共舞。

（4）男方邀请女方跳舞时，如其丈夫或女方的父母在旁，应先向其丈夫或父母致意。请舞时，应姿态端庄，向对方点头表示邀请，待对方同意后，陪伴入舞池。如对方不同意，不能勉强。女方无故拒绝男方的邀请是不礼貌的，如实在不能接受邀请，要婉言辞谢。已辞谢后，一曲未终，不要再同另外的男子跳舞。

（5）跳舞时要注意舞姿，动作不要太大。遇到不熟悉舞步的舞曲不要下场。跳舞时注意不要过于剧烈。

（6）在舞场内不得吸烟，不得大声喧哗，要遵守舞会秩序。

（7）一曲完毕，男方应向女方致谢，陪送其回原处，并向其周围亲属致意，然后离去。

十一、参观游览

组织客人参观游览是行政人员经常性的任务之一。在组织参观游览活动时应注意以下几点：

1. 项目的选定

根据来访者的目的、性质、兴趣意愿和当地的实际可能，选择有针对性的、客人感兴趣的、季节性允许又可能的项目。当不能满足客人的指定项目时，应作出适当的解释。

2. 安排布置

就先看什么、后看什么、预计持续时间、有无介绍等作出详细计划，向接待单位交代清楚，并告知全体接待人员。

3. 陪同

外宾参观时，一般由身份相当的人员陪同，接待单位也要有一定人员出面，并根据情况安排解说员、导游人员。内宾参观应根据需要和可能派员陪同，提供方便。

4. 介绍情况

参观科研及工农业项目等，一般是边看边介绍，以让客人能实地观看又能对项目有更深的了解。介绍的情况要符合实际，数字材料要确切，可事先发给书面材料，保密部分不应介绍。陪同解说人员要做好准备，事先估计到客人可能提出的各种问题。

5. 摄影

通常可以参观的地方都允许摄影，不准摄影的场所应树立标志，并向来宾作出解释。

6. 食宿交通

组织参观游览要考虑用餐的时间、地点。如果是郊游，应准备食品、饮料、餐具等，需要休息或住宿的要预订好房间。注意车辆检查和交通安全。参观游览的出发时间、集合地点、车辆标志等应告知全体参加游览的人员。

第六节　后勤服务

一、财务管理

1. 会计凭证管理

（1）会计凭证的作用。会计凭证的作用主要表现在以下三个方面：

1）会计工作是对经济业务进行核算和监督的重要环节，它把日常发生的经济业务正确及时地反映出来，从而评价业务事项是否符合有关制度、开支标准、计划和预算的规定。

2）通过对会计凭证的审核，可以明确经济责任，强化内部监督。由于会计凭证上载明收支业务的内容、经办人等信息，可以促使经办业务的单位和个人对经济业务的合法性和真实性负责。通过对会计凭证的审核，还可以及时地发现预算管理上的薄弱环节和各项管理制度上的不足。

3）监督经济活动，控制经济运行。通过审核会计凭证，可以监督检查每项经济业务是否符合国家的方针、政策、法令、制度的规定，有无损害企业利益的行为和违反财经纪律的现象。

（2）会计凭证的分类。会计凭证按其填制程序和用途的不同，可以分为原始凭证和记账凭证两种。原始凭证或原始凭证汇总表是填制记账凭证的根据，记账凭证是登记总账的根据，记账凭证和所附的原始凭证或原始凭证汇总表是登记明细账的根据。

1）原始凭证。原始凭证是发生会计事项的唯一合法证明，分为外来原始凭证和自制原始凭证两种。行政人员在执行预算过程中，主要是负责按预算的规定办理本单位的各项具体的经费收支。所使用的原始凭证主要有以下几种：

①存、取款和拨款单据，如支票存根、进账单、汇款通知书存根、付款委托书等。

②借款单据，如本单位职工因公办事的预付款借据等。

③经费报销单据，如直接为作支出的购物发票、账单、工资表、材料和工器具的收发料单、差旅费报销单以及按规定可以作为经费支出报销的单据等。

④收款单据，指本单位开出的收款收据的记账凭证联。

⑤其他能够证明会计事项发生的单据，如表册文件等。

对于外文的原始凭证，应将主要内容译成中文，并由翻译员签名盖章。

各种原始凭证虽然在反映的具体内容上千差万别，但是，它作为一种在法律上有证明效力的单据，必须具备几个基本要素：原始凭证的名称；填制凭证的日期；接受凭证单位的名称；经济业务的具体内容；大写的金额合计；填制单位的公章和有关人员的签名盖章等。

会计人员收到原始凭证后，必须认真进行审核。审核的主要内容有：

①真实性审查。真实的原始凭证是保证会计信息真实性的基础，不真实的原始凭证不能办理会计程序。

②合法性审查。审查是否符合国家的政令法规，有无违反财经制度的行为。

③合理性审查。检查各项业务活动是否按计划、预算办事，费用开支是否符合经济效益的要求。

④完整性审查。主要是对凭证内容和填制手续的完整性进行审查。

⑤及时性审查。经济业务处理不及时会影响不同会计期间的会计信息的正确性。应

检查经济业务发生时间与账务处理时间的间隔是否控制在合理的时间范围内。

2）记账凭证。记账凭证是会计人员在报账的当日，根据原始凭证加以整理而填制的，它是登记账簿的依据。由于在记账凭证中指明了应借应贷的会计科目和金额，因此也称作分录凭证。

记账凭证的具体内容包括凭证名称、填制日期、凭证编号、摘要说明、会计分录、附单据张数及会计人员签名盖章。

记账凭证可以分为收款凭证、付款凭证、转账凭证。收款凭证和付款凭证是登记现金日记账、银行存款日记账、明细分类账和总分类账的依据。转账凭证则是不涉及现金和银行存款的凭证。

记账凭证按照制单的顺序，每月从第一号开始编一个连续号。月终时连同每个记账凭证后面的原始单据装订成册，加上封面，妥善保管。

（3）结算方式。根据国家规定，各单位之间的经济往来，除按规定可以使用现金的以外，都必须通过银行办理转账结算。结算办法有同城结算和异地结算两种。根据不同情况，可以分别采用不同的结算方式，一般有以下几种：

1）同城结算方式

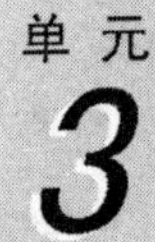

①支票结算。支票是由付款单位签发的、通过银行从存款户中支付款项的凭证。支票有现金支票、转账支票和工资基金专用支票三种。现金支票可以在现金管理规定的范围内直接向银行提取现款，如提取备用金。转账支票只能用于同城单位之间或单位与企业的货款、劳务及其他款项的转账结算，不能提取现金或对个人签发，或转存储蓄。

②委托付款结算。委托付款结算是由付款单位委托银行将款项从其存款户划入收款单位账户的一种结算方式。这种结算方式适用于同城单位之间由购货单位主动付款的商品交易或劳务结算。采用这种结算方式，应该由付款单位填写“付款委托书”一式四联，委托银行付款。

③托收无承付结算。托收无承付是收、付单位双方协商同意并签订合同后，由收款单位委托银行直接从付款单位账户中主动收取款项的一种结算方式，不必经过付款单位承付。适用于国营事业单位向在银行开有支票账户的各单位收取水电费、邮电费、公房租金；国营交通企业收取运杂费；医院向记账单位收取医药费等款项结算。不能用于商品交易的货款结算。

④托收承付结算。同城托收承付是收款单位根据合同发货后，委托银行代收款项，经付款单位承认付款后办理转账的一种结算方式。一般如支票结算已能适应企业的需要，不开办此种结算。

2）异地结算方式。

①异地托收承付结算。指收款单位根据经济合同发货后，委托银行向外地的付款单

位收取款项，付款单位根据经济合同核对单证或验货后，向银行承认付款的结算方式，适用于外地各单位之间商品交易，以及由于商品交易而产生的劳务供应的款项结算等。付款单位根据经济合同，经过核对单证、验货后，除核对不符可以全部或部分拒付外，应该在规定的承付期内向银行承付，办理结算。采用这种方式，由收款单位填写“托收承付结算凭证”连同单证委托银行收款。

②信用证。信用证是指一项约定，一家银行（开证行）应客户（申请人）的要求和指示，在符合信用证条款的情况下，凭规定的单据，向第三人（受益人）或其指定人付款、承兑并支付受益人出具的汇票，或授权另一家银行在符合信用证条款的情况下凭规定的单据付款、承兑并支付受益人出具的汇票，或授权另一家银行在符合信用证条款的情况下凭规定的单据议付。

信用证的当事人有五个，即开证申请人、开证行、通知行、受益人和指定行。

信用证的种类有：可撤销的和不可撤销的信用证，保兑的和非保兑的信用证，即期付款信用证、延期付款信用证、承兑信用证和议付信用证，可转让信用证和背对背信用证。

③汇兑结算。汇兑结算是由付款单位委托银行将款项汇给外地收款单位或收款人。这种结算方式适用于异地的上下级之间的资金调拨、往来账款以及采购业务。汇兑分为信汇和电汇两种。

信汇是由银行通过邮寄划转款项。采用这种结算方式，付款单位应该填写“信汇凭证”委托银行付款。

电汇是由银行通过电报划转款项。采用这种结算方式，付款单位应该填写“电汇凭证”，并交银行。付款单位的开户银行根据“电汇凭证”拍发电报。收款单位的开户银行接到电报后，开出“收款通知单”交收款单位或收款人凭此取款。

(4) 票据。票据是一种以支付金钱为目的的可以流通的有价证券，分为汇票、本票和支票。

1) 票据的作用。主要表现在三个方面：结算作用，即票据代替现金结算，是一种结算工具；信用作用，即票据可以提供一定期限的信用；流通作用，即票据按照一定的方式可以流通转让，转让次数越多，票据权利越有保障。

2) 票据的特征

① 流通转让性。除注明“不可转让”的以外，票据经过背书或交付可以转让，受让人可取得票据上的权利。

② 无因性或独立性。一经取得票据，票据的权利、义务即与基础关系中的权利、义务相分离，善意持票人的权利不受付款人的抗辩理由的影响。但我国票据法要求有真实的交易关系或债权债务关系存在。

③ 要式性。票据权利因票据的出具而产生，并以票据上的文字记载为准，出具票据

不符合法定形式的，不产生票据权利，票据无效。同时，享有权利必须符合法定的形式，如票据形式有缺陷，权利即受影响。

3）汇票。汇票是持票人签发的，委托付款人在见票时或者在指定日期无条件支付确定的金额给收款人或者持票人的票据。持票人享有付款请求权和追索权。

2. 现金的核算和管理

（1）现金管理的原则规定。加强现金管理是企业会计的重要一环。

企业在经营管理的过程中，经常会发生一些现金收付业务。出纳工作是由专职或兼职的出纳员负责办理的，受会计主管人员的领导。出纳工作中的现金收付具有很强的政策性和原则性，它是会计机构的一项重要工作。

单位出纳员为了办理日常零星支出，需要在库内保存一定数额的现金。出纳员所保存的现金是暂时未动用的资金，如果保留的数额太多，对整个国民经济和单位本身都是不利的。为此，要求出纳员严格执行国家有关现金管理的规定：

1）支付现金的范围。本单位应发的工资和奖金等；预付本单位职工的差旅费；按结算制度规定，不足转账金额起点的零星支付。

2）库存现金。库存现金一般以保留三天的零用现金为限，离银行较远的单位，可以适当放宽，由银行核定限额。每天业务终了前的现金，一般不得超过银行核定的限额数字。如有超过部分，应及时送存银行。

会计主管人员对于库存现金，每月至少要检查一次，出纳员调动工作时，要依法进行交接。交接时，应注意库存与账面是否一致，收、付有无根据。

单位的库存现金如有多余或短少，必须查明原因。属于一般责任事故造成的短款，应按规定报经单位领导或上级主管部门审批处理；属于违法行为，应按情节轻重，作出处理。现金如有多余，应先作其他应付款处理，在查明确无其他原因时，作为营业外收入处理。

（2）现金的收付核算。为了核算现金的收、付和结存情况，设置“现金”账户，用来核算现金的收付事项。该账户收方记录现金的收入数，付方记录现金的付出数，收方余额反映库存的现金数。

出纳人员负责现金的收、支以及“现金出纳账”的登记工作。当发生现金收支业务时，出纳员应在审查原始凭证合格后办理收支。凡在预算、计划、开支标准有明确规定的支出事项，出纳人员可以付款；各项暂付款，必须经会计主管人员或有关领导签批意见后方可付款。严禁以白条顶抵现金，一经发现，必须及时处理，如情节严重，应报请领导处理。对于现金收入业务，如主营业务收入、营业外收入等，当收到现金后，应该填开收据给交款人，严密手续，防止漏洞。

出纳员正确地办理现金收支后，应将原始凭证按日、按业务发生的先后顺序编号，再根据原始凭证记入现金出纳账。每日业务终了，结清当天账目，核对现金出纳账余额和实际库存相符后，编制“库存现金日报表”一式两份，连同原始凭证交会计核算。会计复核无误后，将日报表一份加盖印章退出纳员，并根据原始凭证按同类性质的业务进行整理，填制记账凭单。

3. 加强会计监督和内部控制

（1）会计监督中的制度文化建设。会计监督和内部控制是一种有目的的活动，必然具有人的价值观念。会计监督和内部控制将企业的行为导向、道德标准和管理风格等精神因素涵盖在内，并带来经济效益。西方企业的制度建设和管理风格具有标准化的质量检测程序、层层把关的风险意识、顾客第一的营销思想。中国的企业必须加以学习，高度重视自身的制度建设。

（2）会计监督中的诚信文化建设。诚信文化建设是会计监督的重要目标。会计监督者不能仅重视企业规章制度是否建立，不能只关心企业设置了多少牵制性的会计岗位，更不能绝对强调把人控制得越死、越牢固，越是有效的控制。应当是让监督者看到企业存在多少优秀的诚信文化思想，存在多少诚信观念可以发挥。这些无形的管理手段和措施，可以产生深层次的管理职能发挥。

二、资产管理

单位资产管理即是对单位所有财产的购置、运用、维护等方面进行控制，具体来说，就是单位财产的购买、登记、损耗折旧等都属于单位资产管理的范畴。单位资产管理制度则是对单位资产管理工作的规范，它是单位行政办公管理制度中的重要组成部分。单位资产管理的对象有流动资产和固定资产两种形式。

1. 流动资产管理的基本要求

一个单位的流动资产管理是否合理，关系到单位再生产过程能否顺利地进行。流动资产管理的基本要求如下：

（1）合理预测和控制流动资产的需要与占用量。单位在保证生产经营需要的前提下，要尽量避免流动资产的积压。合理占用是单位正常的耗费，而占用量过多或者发生不必要的占用则是一种浪费。

（2）加强内部资产管理，建立和完善单位内部资产管理责任制。加强单位内部资产管理，必须建立和完善资产管理责任制，以制度形式规定管理资产的权利、责任和义务，并将集中管理与分级管理有机地结合起来，加速流动资产的循环与周转，从而提高单位的资产效益。

（3）合理组织和筹集资金。单位根据需要量及时合理地筹集和供应流动资产所需的资金是保证单位生产经营正常进行的前提条件。

2. 固定资产管理的基本要求

（1）固定资产的使用管理方法

1）固定资产的编号。为了便于登记和保管，单位的固定资产应由资产管理部门根据固定资产的分类，结合本系统单位的实际情况，制定适合于本系统的“固定资产目录”，对每件固定资产进行编号，予以标记，实行管理。

2）固定资产的领用、调出

①固定资产的领用。单位的部门领用固定资产，应由使用部门主管人员和经办人员填制“资产物资领用单”，向资产管理部门申请领用；经单位领导人批准后，资产管理部门凭此发放资产物资，并在“资产物资领用单”上注明实发数量和资产编号，同时作资产分布记录。

②固定资产的调出。单位由于工作任务和计划变更，或者因为采购计划不同，或者因机构缩小和人员减少，可能使一部分固定资产闲置不用。对于闲置不用的固定资产，必须从单位整体利益出发，向上级主管部门主动提出调拨。凡调出固定资产，应凭上级签发的“固定资产调拨单”办理调拨手续。但是，单位调出固定资产，不论无偿还是有偿，原则上应报主管部门审查批准。未经过批准，不得随意处理。

向外借出的固定资产，借用单位必须出具借据，并按商定归还的日期如期归还。借出的固定资产，在借出和归还时，应由借出与借用单位共同检验有无损坏。如在借出期间借用单位损坏借出的固定资产时，应按损坏程度进行赔偿。

3）固定资产的报损、报废。单位使用的固定资产，由于正常使用，磨损到一定程度，不能继续使用和修复的，就应予以报废。如果由于遭受非常事故，使固定资产受到严重破坏，不能修复使用，则需要进行清理报损。固定资产报损、报废，都要减少固定资产的数量，必须报经主管部门审查批准，然后填制“固定资产报损、报废单”，凭以销账。

对于固定资产的报损、报废，应根据不同情况，按照下列要求加以妥善处理：

①固定资产的自然损耗，可由使用部门或个人填具“固定资产报销报废单”。经主管人员审查并签注意见后，报单位领导或其授权人批准。对于特别贵重的资产，还应通过群众和有关部门讨论、鉴定，再行提出处理意见，报单位领导审批，并报上级备案。

②凡是使用人或管理人玩忽职守或保管不力，致使资产物资发生被窃、遗失等，应认真查清责任，按情节轻重给予应有的处分。

③凡是损坏公共财物，一般都要按价赔偿。

④凡经批准报损、报废的资产残品，应如数交由资产管理部门核对、验收，并加以利用或变价处理。

4）建立固定资产的账卡制度。单位的每一件固定资产，都必须根据其不同的特点，设立账、卡进行登记。使用单位和财产管理部门都要有按品名登记的固定资产明细账或卡片，记录所有使用和管理的固定资产，以便查对。

（2）固定资产的维修和盘存的管理方法

1）固定资产的维修。固定资产在正常使用过程中，由于长期磨损或其他原因造成局部磨损，为恢复其正常使用能力，发挥其应有的功效所进行的修理，称为固定资产修理。固定资产的修理按修理规模和性质不同可分为大修理和经常修理两种。

固定资产大修理是对机器设备进行全面拆卸修理，更换主要部件、配件；对房屋建筑物的主要结构或其他严重损毁进行的翻修和比较全面的修补、粉刷、油漆。由于大修理范围较广，修理的间隔期较长，需要费用也较多，单位在正常经费中很难调剂解决，因此必须向专项主管部门报告，由主管部门报财政部门审批，按专项资金处理。在企业中，往往按固定资产平均总值和规定的提存率，从生产成本中提取大修理基金，作为固定资产大修理的资金来源。

经常修理是为保持固定资产的正常能力而进行的维护保养性修理。其特点是：修理范围小，发生次数较多，每次修理的间隔较短，费用较少。例如，对机器设备进行维护保养，拆卸擦洗，更换小部件等；对房屋建筑物的轻微损坏进行的一般性维修等。

2）固定资产的盘存。为了切实保护国家和单位财产的完整和安全，对于各类固定资产，每年必须全面清点一次。固定资产的盘存工作应由领导人员、专业人员（包括财产管理人员、财务会计人员和使用部门负责人）和职工代表组成的盘点小组负责进行。行政人员更应协调好每个工作人员的工作。

在固定资产盘点清查的过程中，除了查明固定资产的实有数与账面余额是否相符外，还应注意各项固定资产的保管、使用、维修、保养等情况，如有保管不善、使用不当、维修保养欠妥以及修理不及时等情况，应及时采取有效措施加以改进。固定资产如有盘盈、盘亏和毁坏，盘点清查工作人员应深入实际，依靠群众，进行调查研究，查明原因，报告单位领导进行处理，同时研究和提出改进意见，以便进一步做好固定资产的管理工作。

为了避免年终进行全面盘点清查时工作负担过重，也可采取定期轮点清查的办法，即在年度中间，按照财产类别或部门进行轮转盘点。

各项固定资产经过盘点清查，应当根据实存数和账存数编制“固定资产盘盈、盘亏表”，反映盘点清查结果。对于盘盈的固定资产，即账外财产，应在表内列明数量、金额和原因，作为研究处理和批准入账的依据。对于盘亏的固定资产，应当说明情况，分析原因，提出处理意见，提请领导审查批准，并相应调整账面金额。

3. 材料及低值易耗品的管理方法

（1）材料及低值易耗品的分类

1）材料的分类。各单位需要的各种材料，按其特点和用途可分为五类：

①原材料和各种辅助材料。原材料是指使用后能构成另一物品主要实体的各种材料，如水泥、钢材、木材等。辅助材料是指使用后不能构成另一物品主要实体的各种材料，如油漆、防腐剂等。

②燃料。燃料是指用于燃烧的各种材料，如煤炭、石油、天然气等。

③修理备用件。修理备用件是指用于修复各种物资设备的零配件，如汽车和各种专用设备的零配件等。

④医疗辅料和药品。医疗辅料和药品是指用于职工医疗保健的各种辅助材料和药品，如药棉、纱布和药品等。

⑤其他材料。

2）低值易耗品的分类。单位使用的低值易耗品，按其特点和用途可分为八类：行政办公文具用品，文娱体育用品，各种劳动用具，清洁卫生用品，劳保用品，玻璃仪器、器皿，低值仪器、仪表和医疗器械，其他易耗品。

（2）材料与低值易耗品的购进管理体制

1）物资材料的购置管理体制大致有三种类型。

①集中制。各部门所需物材由专门机构统一集中购置。这种体制的优点是有利于实现有效控制，节省费用，便于协调和审核。缺点是限制较死，灵活性较差，难以照顾到各部门对物材的特殊需要。

②分散制。各部门所需物材由各部门自己购置。这种体制的优点是物材对路，灵活方便，能及时满足各部门对物材的特殊需要。缺点是不利于控制整个单位的物材购置数量，也不利于统一物材标准和进行余缺调剂，同时还增大了购置费用和审核工作的难度。

③分配制。各部门所需物材由主管部门统一制定购置计划，按计划分配到各部门执行，并由主管部门监督。这种体制既有利于集中控制和审核，又给了部门、单位一定的物材购置权，把统一性和灵活性有机地结合起来，有利于物材的管理和使用。

2）物材购置原则与程序。单位物材购置应坚持适用、经济和标准化的原则。适用，是指适合单位使用，能满足工作需要。经济，是指价格合理，经费节省。标准化，是指采购的材料和办公用品的尺寸、规格要标准化，以便使用和管理。

单位购置物资材料的一般程序是：

①使用部门根据工作需要提出用料计划，注明品种、规格、数量、用途和经费来源等。

②管理部门根据使用部门提出的用料计划和库存情况，编制采购计划，送主管领导审批。

③主管领导审查批准采购计划。

④管理部门按批准的计划采购物资。属于国家统配的物资，应按国家规定的统配物资分配方法进行采购。属于大宗购置，应在了解市场行情、产品质量和价格之后，通过比较择优购置。

⑤验收付款，登记入账。采购回来的物资材料，要按购货合同或进货凭证进行验

收。验收合格后，由购方填制验收单两份，一份交供方收执作为领款凭证，另一份由购方留存作为付款凭证备查。

3）物材购置限制。为防止经费超支和积压、浪费，必须对物材购置进行必要的限制。限制的方法有两种：

①总额限制。即限制物材购置费用的总额。各部门的物材购置费用总额由主管部门核定，无特殊情况不准突破。

② 个别限制。即对一种物材的购置数量和经费进行限制。各部门购置每一种物资材料，都应事先送主管领导审核批准，财务部门还要审核其支出是否符合制度要求，以防止出现购物失控的情况。

(3）材料及低值易耗品的保管方法

1）物材保管原则

①集中保管原则。各部门所有未发放使用的各种物资材料应集中在一起，指定专人负责管理，以节省人力、物力、财力和防止物材散失。

②分类保管原则。为方便管理和发放，进库的各种物资材料，应按其性能、用途和保管要求，分门别类地存放和保管，以提高管理水平和工作效率。

③ 缜密保管原则。单位的物资材料保管不善会给国家和企业造成损失。因此，在整个管理过程中，都应认真负责，仔细周到，防止出现丢失、损坏等现象。

2）物材保管的工作内容

①验收入库。单位购入或调入的物资材料，在入库之前必须严格验收。仓库保管员要根据购货合同或进货凭证等，认真核对进库物材的品种、数量、规格、质量等，准确无误后才能填制“财产物资验收单”，并通知财务入账。

②科学分类，定点放置。进库的物材要按照其性能、用途和保管要求进行科学分类，定点放置，做到有利于取放，有利于保管，有利于安排。

③定期检查，科学保养。进库的物材要按照其性能和保管要求，采取必要的防锈、防腐、防霉、防爆、防火、通风、排湿等措施，使库存物材在保管期间保持完好状态，不致出现变形、变质、损坏和影响使用的情况。在保管过程中，应加强对库房的巡视，发现问题要及时采取措施解决。

(4）材料及低值易耗品的发放方法

1）物材发放原则

①按需要发放。物材领用部门和管理部门都要根据实际工作需要申请领用和核实发放办公用品，以免造成损失浪费。

②按计划发放。物材使用部门应根据工作需要和工作进度情况编制物材领用计划，经主管领导审核同意后，交物材保管部门按计划采购和发放，以实现物材采购、供应的计划化。

③按进库先后发放。物材都有一定的保管期限和使用期限，超过期限会降低使用效果或者变质损坏。因此，在物材领发中，应坚持“先进先出、后进后出”的原则。先购进的物材未发放完，后购进的同类物材应暂不发放。对回收复用的物材，在保持质量的前提下，应按先旧后新的顺序发放。

2）物材发放的注意事项

①领用物材必须填写领料单，注明物材的品种、数量、规格、价格和金额等，经审核无误后发放，完善手续。

②领发物材应当面点清。

③物材发出后要及时登记，并通知财务注账。

（5）材料及低值易耗品的储量控制与盘存方法

1）物材的储量控制。为保证单位工作和各项业务活动的正常开展，各种材料物资必须有一定的储备。储备过小不能保证及时供应，会影响工作的开展；储备过大，占用资金过多，会降低资金使用效果。因此，合理确定并控制物材储备量，是保证物材供应，提高工作质量和经济效益的重要一环。确定储备定额，应考虑下列因素：

①物材实际耗用量（可参照上年度的实际耗用量确定）。

②不同物材的品质、性能和耐用期限。

③年度预算的经费多少。

各种物材的储备定额一般用下列公式计算：

$$储量定额＝物材耗用量\times单价\times日数$$

2）物材盘点。库房物材经常进出，极易出现差错。为了准确地掌握材料进出变动情况，财产物资管理部门除了建立必要的账、卡，详细记载材料的进出情况外，还必须建立盘点制度，坚持日检查、月抽查、年总清查，以确保账物相符。

三、车辆管理

1. 车辆管理的含义、地位和作用

单位中的车辆管理，一般是指对单位用车、后勤部门日常用车等车辆的管理，以及对单位各类用车的购置登记、牌号领取、油料领用等方面的管理工作，而不包括对单位供应、运输、生产部门用车的调度管理。

单位车辆管理的任务是保证单位工作用车和生活用车，有计划、经济合理地安排使用车辆。后勤车辆的管理，在各行各业办公室行政后勤服务管理工作中，均占有相当重要的位置，并受到多方面的关注。

2. 车辆管理的目标和方式

单位车辆管理，应以满足工作需要，服务于业务，节约物资设备，管理制度化、科学化为目标。对车辆的管理一般有三种形式：

（1）将所辖的车辆集中起来进行统一管理使用。这种管理方式，在保证用车上机动性大，调度比较灵活，可以节省车辆管理人员和驾驶人员，车辆的利用率较高，节约经费、油料，同时也有利于实行专业化和科学化管理。缺点在于由于统一管理，矛盾比较集中，用车和派车往往发生矛盾。

（2）单位将所辖的车辆分散到各业务部门，各自管理、各自使用。这种管理方式能够缓和各部门自己用车的矛盾，但是相对增加了车辆、驾驶人员和管理人员，在车辆维护保养、司机管理、车库使用油料供应等方面存在一定的缺点。

（3）单位根据工作状况，业务量大小等因素，将统一管理和分散使用相结合。

3. 车辆管理的方法

单位内部的公用汽车由于长期处于单纯的行政管理体制下，既无参与市场竞争的压力，也无经营上的自我调整、自我积累、自我发展的积极性和创造性。单位内部车辆管理在这种机制下，长期存在成本高，浪费大，经济效益低；汽车维护差，使用寿命短；安全运行管理漏洞多；分配上平均主义较严重等问题。因此，现代企业化管理的单位在营建新的车辆管理制度的过程中，应当针对以上问题突出重点，加快推行经济管理的方式和方法，逐步改变单纯的行政管理方式，引导单位车队走自我积累、自我调整、自我发展的道路，具体方法是：

（1）全面推行内部核算方法。所谓内部核算方法，即单位车队经营中发生的费用不再由单位报销，而是通过向单位提供用车服务，按市价的一定比例向单位提取劳务费，并在一定程度上实行自负盈亏。实行内部核算，可以促使车辆管理人员增强责任感，司机产生紧迫感。因此，单位汽车队管理制度的改革，应从大力推行内部核算做起，以培养其核算的意识；推动其向自主经营、独立核算的道路上迈进。

（2）引进竞争机制。在单位中不失时机地将承包制引进车辆管理体制中来，必将大大推进汽车产权和经营权的分离，大大加快单位车队独立核算、自负盈亏的进程。车辆承包的原则是：包死汽车交通费，确保单位用车有效里程，个人分配同车队效益挂钩。实行承包后，车队将以优惠价格为单位提供一定有效里程的用车，如车队不能保证单位及时用车，或完不成单位定额的里程，则对其处以罚款；如单位用车超过定额里程即按市价收费；个人分配同车队的盈利挂钩，多盈利多得，少盈利少得，不盈利不得。这样做至少有以下几个好处：

1）可以抑制单位汽车交通费的膨胀，相应控制行政经费的增长。

2）有利于管理人才的出现，加速推进管理人员向企业化管理型人才转变。

3）有利于破除承包一对一谈判的局面。

4）有利于司机将个人的利益同车队的效益联系起来，促进车队效益的提高。

（3）全面推行队长负责制。单位车队实行承包后，行政人员应将有关的人权、财权、物权等真正下放给车队，并积极协助车队实行队长负责制，确立队长的领导地位，使之拥有车辆调度权、人员选用权和奖惩权等，从多方面为其开展工作创造必要的条件。要在调查研究的基础上，制定车队工作规范，内容包括汽车运行、维护保养、更新报废等各个环节的指标和管理人员、司机、修理工等人员各方面工作程序规范和标准等。

（4）开展对外服务。实行联合作业、规模化经营，开展对外服务是克服“小而全”弊端，发挥单位后勤车队群体优势，提高经济效益和社会效益的必由之路。

4. 车辆管理的内容

（1）硬件管理

1）车辆的购置及登记。单位购买新车，必须按合同和有关文件规定，对车辆清单或装箱清单以及原厂说明书进行验收，并清点附件、随车工具，如有不符应当拒绝验收。接受新型车辆时，应当组织驾驶员、维修工和有关技术人员进行培训，学习使用、维修的注意事项和各种调整的数据。新车使用前，要除去机件外部和内部原有的包封和保护填充物，机件上涂有滑脂保护层的，应用溶剂予以清除。与此同时，要根据原厂说明书，进行一次检查、紧固、清洗、调整和润滑作业，标明牌照号码和自编号码。

新车在制造厂家规定的保修期限内，发现属于制造厂的责任的损坏，应由车队或修理厂做出初步分析，请有关单位做出技术鉴定，及时向制造厂家申请索赔。赔偿或处理情况应记入车辆技术档案。

新车购进后，要及时建立登记卡片，将车辆型号、牌号、车况等各项数据，逐一登记，同时在车辆使用前向有关单位申领机动车牌号。

2）车辆维护保养及油料管理

① 车辆的修理。按不同的对象和不同的作业范围，分为大修、小修和零件修理等。

②车辆的保养。是为及时恢复车辆的技术性能，使其经常处于良好的技术状态，保证在任何条件下使用的可靠性，减少燃料消耗和器材、零件的磨损，延长车辆大修间隔里程而采取的技术措施。分为三级：一级保养，主要以润滑、紧固为中心内容；二级保养，除实行一级保养的作业项目外，以检查、调整为中心内容；三级保养，以清洗、检查、调整、清除隐患为中心内容，并实行一、二级保养的作业项目。此外，还有根据气候变化而实行的换季保养，主要是冬季和夏季保养。

③车辆的折旧与报废。车辆折旧主要是以行驶里程为依据。折旧里程的长短应着眼于经济效益的好坏、设备更新的速度。过短会造成浪费，过长将增加修理费和燃料、轮胎的消耗，并阻碍或不利于技术的更新和发展，车辆经过长期使用后，技术性能变坏，运行效率降低，物料消耗增加，维修费用增高，安全性能不可靠，经济效果不好，应予报废。但必须具备下列条件之一：

a. 车型老旧，经长期使用后，主要组成部件严重损坏，配件供应长期得不到解决，无法修复的车辆。

b. 因意外事故造成主要组成及零、部件大部分损坏、无修复价值的车辆。

c. 汽车在长期使用后，性能低劣，车身和发动机两个部分严重损坏，确实不能继续使用或虽能修复但工料费过高，大修费超过同类型号新车购置费 1/2 以上，不符合经济原则，并已提完折旧费的汽车。

d. 进口车辆，车型特殊，同型号车辆数量很少，经长期使用后，主要零件严重损坏，配件供应问题无法解决，无法修复且无法进行技术改造的车辆。

汽车报废必须经主管部门审查批准。一经批准报废，应立即向当地交通监理部门缴销牌照、车照，不得移作其他车辆使用。

④车辆油料管理。车辆用油料按其用途，可分为燃料用油、润滑用油和制动用油（液压制动油）三大类。其管理可分为使用管理、技术管理、安全管理三个方面。

（2）软件管理。行政人员着手抓好硬件管理的同时，也要抓好车辆的软件环境管理。

1）关于驾驶员。目前，大部分单位都采取聘任制的形式录用司机。司机驾车水平的高低直接影响着领导及单位工作人员的乘车安全。行政人员应严格把好进人关，对任聘司机认真审核，绝不能徇私舞弊，马虎大意。

2）交通法规宣传。车辆行驶必然涉及交通安全问题。行政人员应经常对司机进行安全教育和交通法规教育。行政人员可以和交管部门进行联系，请有关人员对本单位的司机进行培训；同时可以采取图片宣传的形式，让司机认识到不安全驾驶造成的重大后果。

5. 车辆的经济管理与车队的服务管理

（1）经济管理。经济管理主要是对汽车运输费用的管理和车队内部分配制度的管理，主要任务是解决贯彻按劳分配原则、调动职工积极性、提高服务质量、提高运输经济效益的问题。

经济管理包括单位对车队经济的管理，车队对用户的经济管理，车队内部的经济管理三层意思。各个单位的情况不同，经济管理的内容和方法也不尽相同，从各地实践的经验看，大体有以下几种类型。

1）单位对车队的经济管理

①实行全面经济承包。单位根据车辆数、车队职工人数、当年运输任务，以及事业费的预算拨款等情况，核定车队全年的费用。其中包括职工工资、奖金、公里补助费、加班费、安全奖、节油奖、油材料费、维修费、养路费、保险费、停车费、事故费等，采取包任务、包经费、包服务质量、包创收、包行车公里的目标管理形式，与车队签订承包合同，将全年经费一次划拨给车队，由车队包干使用。节余按比例提成给车队，超支不补，完不成任务或达不到合同要求时罚款。

②实行部分经费承包。按上年经费开支基数，核定下年经费。把燃料费、材料维修

费、养路费、保险费、车辆审验费五大项定死，在总的定额范围内，由车队调剂使用，无特殊情况，超支不补。其他费用由单位实报实销。

③核定车队经费指标，由主管领导从严审批，实报实销。经费比较紧缺的单位，按上年经费开支基数，由财务部门统一安排并掌握当年必须开支的大项，如燃料费、维修费、养路费等，日常开支（零星开支除外）由主管领导审批，按需要实报实销。

2）车队对用户的经济管理。车队对用户的经济管理是指以下几种情况：

①车队对用车单位实行行车公里包干。如车队把单位核定的全年行车公里数，按照各单位的人数、工作任务等不同情况，分配给各用车单位，并发给公里票，由用车单位掌握使用，节余的公里票可以转下年使用，也可以折合现金，按一定比例向用车单位兑现，作为奖励。

②各单位超过限额公里用车，一般不予派车；特殊情况用车，按社会出租车收费标准的 70%～80%优惠收费。

③职工因私事用车，按内部用车对待，其收费标准根据单位规定执行。

④车队在保证完成单位规定的运输任务的前提下，开展对外有偿服务，其收费标准参照社会出租车价格核定，根据主管领导批准执行。

车队开展有偿服务的收入，按一定的比例分成；其中留车队的部分，由车队掌握使用，部分用于事业发展基金，部分用于奖励车队职工。

3）车队对内部的经济管理。车队内部的经济管理，主要是改革分配制度，打破分配中的平均主义和“大锅饭”“铁饭碗”，把车队每个职工的经济利益同其完成的工作量、服务态度、服务质量、执行纪律、政治和业务学习等挂起钩来，调动职工的积极性，提高服务质量。其具体办法很多，概括起来有以下几种：

①实行单车承包。就是单位分配给车队任务，由车队把工作量分配给每个司机或修理工，再根据所承担的任务，核定每辆车全年的公里耗油指标、修理费指标、公里补贴指标等，由司机本人掌握，完成任务和节约的经费按一定比例提成奖励本人，完不成任务或经费超支则按规定倒扣。

②把综合奖改为单项奖，实行公里补贴。综合奖改为单项奖，就是在计奖办法上，每一奖励都有一定的要求条件，如服务调度、安全行车、汽车保养维修、节约用油、服务态度等。公里补贴是把食餐补贴、加班补贴等改为公里补贴，公里补贴办法是预先规定好每月行车定额，定额之内每公里的补贴数额超额的增加补贴，完不成的则不补贴。

③改革车辆维修制度，实行定额管理。维修定额和维修质量与维修工的奖金挂钩，促进缩短维修工期，提高维修质量。

（2）服务管理。服务管理的目标是实现优质服务。服务管理的具体任务是：根据国家规定和本单位车辆编制、工作性质、人员构成、运输任务大小等实际情况，制定本单位的车辆管理使用制度，根据车辆管理使用制度做好车辆的计划调度，提高车辆使用率，协调各方用车的矛盾，处理好供求关系；搞好车队管理，提高车队职工的政治、业务素质，调动积极性，提高服务质量，实现汽车运输的优质服务。

制定车辆管理使用制度应遵循以下原则：

1）执行政策的原则。就是要按照国家有关政策的规定，从本单位实有车辆的数目、运输任务的大小、人员组成的结构等实际出发，制定出切实可行的车辆管理使用制度，对本单位用车的范围、对象做出明确规定。这是防止随意扩大用车范围、控制用车量、减少供求矛盾的根本措施和保证。制度要公之于众，靠群众监督执行。

2）统筹兼顾、保证重点的原则。车辆编制少，用车不宽裕、量大，供求矛盾突出，是一般单位汽车运输方面长期普遍存在的问题。制定车辆管理使用制度必须充分考虑这一实际，除了明确规定车辆使用范围和对象外，还应明确车辆调度安排的原则。就是说，本单位用车范围内，哪些用车必须绝对保证，哪些用车酌情安排。酌情安排的用车应按先急后缓、先远后近的原则和顺序安排。私人用车一般不提供，并坚持私用车收费制度。

3）勤俭节约和清正廉洁的原则。汽车运输耗资大，若管理使用不好，容易造成很大浪费，影响单位的发展。所有有车单位都应长期坚持勤俭节约，发扬艰苦奋斗精神，在车辆使用管理制度和实际调度使用中，应当坚持这一原则。从领导到一般工作人员，凡是能乘公共汽车的，就不要求单位派车；凡是有班车的，就不单独派车；办私事不用公车。尽量节约开支，把主要资金用在生产和工作最需要的地方。

6. 车辆的调度

在车辆的管理工作中，调度是一项非常重要而又很具体的工作。车辆的利用率高不高，能不能最大限度地满足工作、生产和生活用车的需要，关键在于调度。行政人员通过科学合理的调配，可以达到减少空驶、提高车辆利用率的目的。车辆的空驶和重驶比例一般是各占50%，调度可以根据具体的条件和情况，来回安排重驶；还可以采取充分利用车辆载量的办法，如小轿车可乘4人，到同一方向办事的，可以安排合乘一辆车；多人都去办事的地方，用一辆车能够解决的，就不安排两辆或三辆等。调度在加强安全工作方面也能起到一定作用。如在安排长途用车的时候，应尽量避开易发生事故的时间；遇有暴风雪或洪汛等到来时，要根据司机的技术、开车经验等实际情况合理安排。这样就能减少事故的发生。

四、生活设施管理

1. 生活设施管理的范围

企业生活设施管理的范围主要包括浴室、休息室、更衣室、茶炉房、自行车棚等。

2. 生活设施管理人员的工作责任

（1）行政人员对生活设施管理的责任。行政人员的职责主要是从整体上协调生活设施管理工作，规定专门部门及其工作人员的职责，并监督检查其工作情况。

1）组织对本单位职工生活服务设施的管理及使用状况的调查，掌握情况和数据，不断提高管理水平，为生活规划提供依据。

2）组织和领导对本单位生活服务工作重点问题进行研究和处理。

3）组织和领导本单位生活服务专业部门，认真贯彻执行部门责任制，检查考核执行情况，达到各项标准的要求。

（2）生活设施专业主管部门负责人的责任

1）直接组织部门内职工管理好生活设施，达到各项专业要求标准。

2）组织业务人员对单位生活设施的使用情况进行调查，掌握数据，为各级领导和单位有关专业部门提供情况，保证按时填报统计报表。

3）定期对生活设施各岗位进行检查考核，促使其达到各项专业要求标准。

（3）生活设施管理部门工作人员责任

1）负责对单位内生活设施的直接管理，建账建卡，保持账物相符。

2）按时填报统计报表，数字准确无遗漏。

3）定期检查考核各岗位的工作，保证达到各项标准和要求。

4）加强对生活设施的维护管理，延长建筑和设备的使用寿命，充分发挥现有生活设施的作用。

3. 生活设施管理的主要程序

（1）生活设施专业管理部、行政科（生活管理科等）工作人员，应根据单位的生活规划方针和掌握的实际情况，拟订或修订生活设施的各项管理标准和有关制度，经行政主管审阅后交单位领导及有关部门讨论通过后执行。

（2）行政人员应定期对生活设施管理工作标准的执行情况进行全面调查，根据调查结果对各项标准进行修订。

（3）生活设施的管理要逐级建立台账，行政主管负责总账和分户账的管理，根据生活设施变动情况随时记账，保持账物相符。部门内工作人员负责各项生活设施管理的报表填送工作。

（4）生活设施用品用具，属于社控项目物资的添置，由行政人员根据实际情况填写计划，经行政主管审核，财务部门签字，报单位主管领导核准后统一筹办。

（5）生活设施的维护与修理，一般小修由行政人员组织力量解决。对生活设施建筑的大修，应根据设施的建筑年限和完整情况，提出计划，由单位领导批准后，交单位基建部门执行。

（6）生活设施的调用，必须按固定资产管理办法办理，任何部门或个人都无权自行处理。

五、食堂管理

1. 食堂管理的内容

(1) 计划管理。计划管理是食堂管理的关键一环，主要针对采购、销售等活动制定计划。通过制定计划，可将食堂各个工作环节密切地协调起来，按照各自计划，分工合作，有条不紊地完成任务。

(2) 价格管理。食堂必须按质论价，实行保本经营。对食品的成本要认真核算，不能漫天要价。同时，要经常对食品价格进行监督检查。

(3) 质量管理。行政人员要了解食品的质量标准，搞好配套服务设施的质量管理工作，如设置好餐桌、椅、放碗橱、洗碗池等，方便员工就餐。同时，对食堂工作人员的服务态度、服务项目、服务质量和具体的奖罚条件作出规定，促使他们提高服务水平。

(4) 技术管理。行政人员要充分调动食堂工作人员发挥技术，制作出优质美味的食品，满足领导、员工的需要。为此需提高食堂工作人员的技术水平，对他们进行技术培训，使他们努力钻研烹调技术。

(5) 卫生管理。食品是否卫生直接关系到就餐员工的身体健康，对他们的工作积极性有很大影响，同时也关系企业的工作任务能否顺利地完成。行政人员要搞好卫生管理，就要严格各项卫生制度，对采购、销售等环节进行卫生监督；要使食堂工作人员懂得食品卫生与人体健康密切相关，让他们知道化学农药污染的食品可使人慢、急性中毒，霉变食品可以致癌，金属毒物可使人中毒等知识，以提高他们对搞好食品卫生重要性的认识。

2. 食堂管理的基本方法

食堂管理适当、有效、可行的方法是多种多样的，通常采用的是经济方法、行政方法和责任制方法。

(1) 经济方法。采用经济方法管理食堂，在这里有三层含义：一是根据客观规律的要求，利用各种经济手段，处理好各种物质利益关系，特别是就餐者掏钱到食堂能够买到等价的饭菜。二是食堂资金使用、盈亏平衡、赏罚等，都要符合实际情况。三是在食堂内部真正实行按劳分配原则，把“劳”和“得”统一起来，在确定劳动报酬、处理物质利益时，必须与服务项目、服务质量和服务效果等挂起钩来，坚决贯彻多劳多得、少劳少得、不劳不得的原则。

(2) 行政方法。行政方法就是依靠食堂领导的职权，向工序岗位或班组下达任务、提出目标等具有强制性的行政手段来管理食堂的一种方法。食堂在运用行政方法管理方面，主要是物价政策、财经纪律、卫生法规、各项有关的行政命令，兼有服务项目、饭菜品种花样等方面的内容。

（3）责任制方法。责任制方法就是通过一定的规章制度，按工序岗位和班组明确规定职责范围、工作准则、质量标准及所负责任，做到各司其职、各负其责、有赏有罚、赏罚严明。

第4单元

经济法规

经济法规是国家法规体系建设的重要组成部分，是企业与政府组织、企业与企业、企业与公众、企业与个体的工作规范和行为依据。真正称职的企业行政管理人员应不断提高法律意识，加强对“公司法”“合同法”“劳动法”“知识产权法”及其他常用法规的认识、了解和运用。

第一节　公司法

一、公司和公司法

1. 公司的概念与种类

（1）公司的概念。公司是依照公司法的规定设立的，以盈利为目的的企业法人。它的基本特征包括：公司是以盈利为目的的经济组织；公司具有法人资格，有独立的资产，能独立承担民事责任；公司是以股东的投资行为为基础设立的，正是股东的投资才形成公司的法人资产；公司必须依照法律规定的条件和程序设立。

（2）公司的种类。依照股东所负的责任不同可以把公司划分为无限公司、有限责任公司、两合公司、股份有限公司、股份两合公司；根据公司的控制和被控制关系划分为母公司和子公司；根据管辖和被管辖关系划分为总公司和分公司；依照公司的注册成立地不同把公司划分为本国公司、外国公司和跨国公司。

2. 公司法及其调整对象

（1）公司法。公司法是调整公司的设立、组织与活动、变更和终止以及股东权利义务的法律规范的总称。它既是组织法又是行为法。狭义上的公司法是指自 1994 年 7 月 1 日起施行的《中华人民共和国公司法》；广义上的公司法是指有关公司的所有法律规范的总和。

（2）公司法的调整对象。公司法的调整对象是规定公司的法律地位和资格，以调整公司的经济活动为主要内容。我国公司法只规定了有限责任公司和股份有限公司两种组织形式。

二、有限责任公司

1. 有限责任公司及其法律特征

（1）有限责任公司。有限责任公司是指依照公司法的规定设立的，股东以其出资额为限对公司承担责任，公司以其全部资产对公司债务承担责任的企业法人。

（2）有限责任公司的特征。首先，有限责任公司募股具有封闭性的特点，不得向社会公开集资；其次，公司的全部资本不必分成等额股份，转让受到严格限制；再次，股东人数受到法律限制，组织机构设立较灵活；最后，有限责任公司兼具人和与资和的性质。

2. 有限责任公司的设立

（1）有限责任公司的设立条件。有限责任公司的设立条件包括：股东符合法定人数，除国有独资公司以外，股东人数为 2 个以上 50 个以下。股东出资达到法定资本最低限额，以生产经营和商业批发的公司不得少于50万元人民币，以商业零售为主的公司不得少于30万元人民币，科技开发、咨询、服务性公司不得少于10万元人民币；股东共同制定公司章程；公司有自己的名称和组织机构；公司有固定的生产经营场所和必要的生产经营条件。

（2）有限责任公司的设立程序。有限责任公司只能由发起人发起设立，并由全体股东草拟订立公司章程：法律法规对设立公司规定必须报经审批的，在公司登记前应依法办理审批手续；公司的资本总额应由股东在公司设立前全部缴足；股东缴纳出资后，必须经法定验资机构验资并出具验资证明；最后，由全体发起人选定的代表或共同委托的代理人向公司的登记机关申请设立登记，符合法定条件的即可进行登记，公司自营业执照签发之日起宣告成立，从而取得法人资格。

3. 有限责任公司的注册资本及出资方式

股东可以以货币、实物、工业产权、非专利技术，土地使用权作价出资。公司的注册资本是在公司登记机关登记的全体股东实缴的出资额之和，公司的投资总额包括注册资本和借贷资本的总和。以工业产权、非专利技术作价出资的金额，不得超过公司注册资本的20%。

有限责任公司成立后，应当向股东签发由公司盖章的出资证明书。出资证明书应载明下列事项：公司名称；公司登记日期；公司的注册资本；股东的姓名或者名称、缴纳出资额和出资日期；出资证明书的编号和核发日期。

公司还应当置备股东名册，载明下列事项：股东的姓名或名称及住所；股东的出资额；出资证明书编号。股东有权查阅股东会议记录和公司财务会计报告，并享有按出资比例分取红利和公司新增资本时优先认缴出资的权利。

公司成立之后，股东不得抽回出资。有限责任公司内部的股份转让不受限制，股东之间可以相互转让其全部或部分资本。股东向股东以外的人转让出资时，必须经全体股东过半数同意。对于经同意转让的出资，其他股东有同等条件下的优先购买权。

4. 有限责任公司的组织机构

（1）有限责任公司的股东会。股东会是公司的权力机构，会议分为定期会议和临时会议，按出资比例行使表决权。首次会议由出资最多的股东召集主持，其后由董事会召集，董事长主持。股东会依照法律和公司章程的规定行使职权。

（2）有限责任公司的董事会、执行董事和经理。董事会是公司的决策和执行机构，董事会成员为3～13人，每届会议由董事长主持，议事方式和表决程序除法律规定外由公司章程规定。股东人数较少或规模较小的公司可设1名执行董事。有限责任公司的经理由董事会聘任或解聘，经理是公司的辅助业务执行机构和日常管理工作的负责人。

（3）公司的监事会。监事会由股东代表和适当比例的职工代表组成，其成员不得少于3人，依法对公司的经济活动行使监督职能，任期3年，可以连任，董事、经理和财

务负责人不得兼任监事。

5. 有限责任公司的公司债券

公司债券必须载明公司名称、金额、利息率等。债券的发行必须符合法定条件，概括起来有以下几点：公司的净资产不低于人民币 6 000 万元；公司有已经发行的而未偿还的债券的，其累计总额不超过公司净资产额的 40%；公司最近 3 年平均的每年可分配利润足以支付公司债券一年的利息；拟发行的债券的利率，不得超过国务院规定的利率水平。

债券的发行规模由国务院确定；公司应当备置公司债券存根簿，转让公司债券应当在依法设立的证券交易场所进行。发行债券筹集到的资金，必须用于审批机关批准的用途。

6. 国有独资公司

国有独资公司是指国家授权的投资机构或国家授权的部门单独投资设立的有限责任公司。该公司只限于全民所有制企业，国务院确定的生产特殊产品或属于特定行业的公司，应当采取国有独资公司的形式。

国有独资公司不设股东会和监事会，由董事会行使部分股东会职权，董事会成员为 3～9 人，由国家授权机构委派或者更换，董事会成员中应当有公司职工民主选举的职工代表。董事长是公司的法定代表人，由国家授权的投资机构从董事会成员中指定。国有独资公司设经理，由董事会聘任或解聘。

国家授权机构依法对国有独资公司的国有资产实施监督管理。国有独资公司的资产转让，由国家授权机构依法办理审批和财产转移手续。

三、股份有限公司

1. 股份有限公司及其特点

股份有限公司是指全部资本分成等额股份，股东以其所持股份为限对公司承担责任，公司以其全部资产对公司债务承担责任的企业法人。其特点是：公司的全部资本必须分成等额股份，公司募股集资的方式是公开的，公司的股份以股票为表现形式，股份原则上是可以自由转让的；股东数额无上限；公司资本雄厚，设立程序严格，必须经过有关部门批准，股份有限公司是典型的资和公司。

2. 股份有限公司的设立

（1）股份有限公司的设立方式分为发起设立与募集设立。发起设立是指发起人认购公司的全部资本而设立；募集设立是指发起人认购公司的股份不得少于总数的 35%，其余的部分向社会公开募集而设立的方式。

（2）股份有限公司的设立条件。发起人为 5 人以上，且一半以上在中国境内有住所；法定股本总额不得少于 1 000 万元人民币；由发起人制定公司章程；公司有自己的名称和组织机构；有固定的生产经营场所和必要的生产经营条件。

（3）股份有限公司的设立必须在募足法定注册资本最低限额后30日内召集创立大会，由认股人组成。创立大会修改和通过公司章程，选任董事会、监事会成员，对发起人用于抵作股款的财产的作价、公司的设立费用等进行审核。创立大会的决议必须经出席会议的认股人所持表决权的半数以上通过。

（4）申请设立登记。公司的设立，必须经过国务院授权的部门或者省级人民政府批准。董事会应于创立大会后30日内，向公司登记机关申请设立登记。经审核通过，予以登记，发给营业执照，公司即宣告成立。公司成立后，应进行公告。采取募集方式设立的，应将募集股份情况报国务院证券管理部门备案。

3. 股份有限公司的组织机构

（1）股东大会是公司的权力机构。股东大会分为股东年会与股东临时会。股东大会会议由董事会依照公司法规定负责召集，由董事长主持。股东大会决定公司的经营方针和投资计划，选举更换董事和由股东出任的监事并决定其报酬；审议批准公司的年度财务预、决算案，利润分配方案和弥补亏损方案；对公司增减注册资本、发行债券做出决议；对公司的合并、分立、解散和清算等事项做出决议；修改公司章程。

（2）股份有限公司的董事会和经理。董事会是公司的执行机构，行使公司的经营管理权，向股东大会负责并报告工作。股份有限公司董事会成员5～19人，设董事长1人，副董事长1～2人。董事长是公司的法定代表人，对董事会负责，依法行使用职权。董事任期每届不超过3年，可以连任。经理是公司辅助业务执行机构和日常管理工作的负责人，由董事会聘任或解聘。

（3）股份有限公司的监事会。监事会是公司的监督机构，监事会成员不少于3人，由股东代表和适当比例的职工代表组成，董事、经理和公司财务人员不得兼任监事，每届任期3年，可以连任。监事会对公司的生产经营业务活动进行监督和检查，它对股东大会负责并报告工作。

4. 股份有限公司的股份发行和转让

（1）股份发行是公司向社会筹集资金的行为。股份有限公司的股份以股票为表现形式。股票是股份公司签发给股东的，证明股东权利义务的有价证券。股票的发行实行公开、公平、公正的原则。股票应记载公司名称和成立日期、股票种类、票面金额及股票编号。股票的发行包括设立发行和新股发行两种。发起人的股票，应当载明发起人股票字样。公司向发起人、国家授权投资机构、法人发行的股票，应当为记名股票，并应当记载该发起人、机构或者法人的名称。公司对社会公众发行的股票，可以为记名股票，也可以为无记名股票。公司成立之前不得向股东交付股票。

（2）股份的转让是股份的持有人以一定方式将自己的股份出让给受让人的行为。股东转让其股份必须在依法设立的证券交易所进行，发起人认购的股份自公司成立之日起

3 年内不得转让，董事、监事、经理所持的股份在其任职期间内不得转让。无记名股份的转让只需股东交付股票即发生效力，记名股票需股东以背书的方式或法律规定的其他方式转让。

原则上，公司不能收购自己的股票。但是，允许公司在为减少资本而注销股份或者与持有本公司股票的其他公司合并的情况下收购本公司股票。公司在收购以后，必须于 10 日内注销所收购的股票，并依法办理变更登记且予以公告。

5. 上市公司

上市公司是指所发行的股票经国务院或国务院授权的证券管理部门批准在证券交易所上市交易的股份有限公司。

（1）上市公司必须符合法定条件。由国务院或其授权证券管理部门批准已向社会公开发行股票；股本总额不少于 5 000 万元人民币；开业时间在 3 年以上且最近 3 年连续盈利；持有股票面值 1 000 元以上的股东不少于 1 000 人，向社会公开发行的股份达股份总额的 25%以上；公司股本总额超过 4 亿元的，其向社会公开发行的股份的比例为 15%以上；公司在最近 3 年内无重大违法行为，财务会计报告无虚假记载及国务院规定的其他条件。

（2）股票上市必须遵循下述程序。首先，报请国务院或者国务院证券管理部门批准；其次，被批准的上市公司必须公告股票上市报告，并将其申请文件存放在指定地点供公众查阅；第三，向证券交易所提出申请，经批准后，发出上市公告。第四，依照有关法律、法规的规定，将被批准的上市股份投入合法证券交易所进行交易。

（3）为了保护投资者的利益，维护证券市场秩序，《公司法》对上市公司的监督管理规定了以下制度：

第一，信息公开制度。上市公司必须按照法律、法规的规定，定期公开其财务情况和经营情况，在每会计年度内每半年公布一次财务会计报告。

第二，暂停上市制度。上市公司有下列情形之一的，由国务院证券管理部门决定暂停其股票上市：公司股本总额、股权分布等发生变化，不再具备上市条件；公司不按规定公开其财务状况，或者对财务会计报告作虚假记载；公司有重大违法行为；公司最近三年连续亏损的。

第三，终止上市制度。上市公司有下列情形之一的，由国务院证券管理部门决定暂停其股票上市；不按规定公开其财务状况或有重大违法行为的，经查实后果严重的；不再具备上市条件或公司最近三年连续亏损，在限期内未能消除的；公司决议解散的；被行政主管部门依法责令关闭的；被宣告破产的。

四、公司的合并、分立、终止和清算

1. 公司的合并和分立

公司的合并是指两个或两个以上的公司通过签订合并协议，依法定程序合并为一个公司的法律行为，它包括吸收合并与新设合并两种方式。公司的分立是指一个公司分开设立为两个以上的公司，它包括公司分解和存续式分立两种方式。公司的合并和分立应由各方协商达成协议，并制作资产负债表及财产清单，公告通知债权人，依法向公司登记机关办理变更登记。公司合并或分立后其权利义务由变更后的公司承担。

2. 公司的终止

公司因破产和解散而终止。公司破产是指公司不能清偿到期债务，根据利害关系人的申请，由法院依法宣告公司破产并对公司进行破产清算的制度：公司解散是指已经成立的公司，因公司章程或法律规定的事项发生，而使公司法人资格归于消灭的过程。

3. 公司的清算

公司清算是指对被解散和宣告破产的公司了结其一切法律关系并依法分配公司财产的过程。公司清算应由依法成立的清算组来进行。清算组的职权是清理公司财产，编制资产负债表、财产清单和清算方案，通知和公告债权人申报债权，清缴所欠税款，清理公司的债权债务并处理剩余财产，代表公司参与民事诉讼活动。股份有限公司的剩余财产按股东持有股份比例进行分配，有限责任公司的剩余财产按照股东的出资比例分配。财产分配结束以后，由清算组制作清算报告，报股东会或主管机关确认，并报公司的登记机关，注销公司并公告公司终止。

第二节 合同法

一、合同与合同法

1. 合同及其分类

（1）合同。合同是指作为平等主体的当事人为实现一定经济和民事目的，明确相互权利义务关系的协议。其特点是：合同是双方或多方当事人之间的协议；合同当事人的法律地位平等；合同以设立、变更、终止当事人之间的权利和义务为目的。

（2）合同的分类。根据合同的成立是否已交付标的物为要件，合同可分为承诺性合同与实践性合同；根据合同成立是否需要特定的形式，将合同分为要式合同与不要式合同；根据双方当事人权利和义务的分担方式，合同分为双务合同与单务合同；根据双方当事人取得权利有无代价，可将合同分为有偿合同与无偿合同；根据两个合同之间的主从关系，合同分为主合同与从合同。

2. 合同法

合同法是指由国家权力机关制定的调整平等民事主体之间合同关系的法律规范。《中华人民共和国合同法》于 1999 年 10 月 1 日起施行。

二、合同的订立

1. 合同订立的一般程序

合同的订立包括要约和承诺两个阶段。

（1）要约。要约是一方当事人向另一方当事人发出的订立合同的意思表示，发出要约的一方为要约人，另一方是受要约人。要约的内容需包括足以决定合同成立的主要条款。要约的法律效力表现为两个方面，就要约人来说，自要约生效时起受要约的约束；对受要约人来说，自要约生效时起取得承诺的资格。

（2）承诺。承诺是受要约人向要约人做出的对要约完全同意的意思表示。承诺须与要约的内容保持一致，承诺的形式一般与要约的形式相同。承诺自到达要约人时起生效，迟到的要约被视为一项反要约或新的要约。

2. 合同的形式

根据我国法律的规定，我国合同有下列三种形式：首先是口头形式；其次，除即时清结的合同外，应当采用书面形式；最后，还包括特殊书面形式，如登记、批准和公证等。

3. 合同订立的原则

首先是合法的原则，即当事人订立合同不得违反国家法律和政策的规定，不得侵犯国家和社会公共利益和第三人的合法权益；其次是平等自愿、协商一致的原则。

4. 合同成立的条件

一是需有两个以上的当事人，且当事人以一定的形式表达出设立、变更、终止权利义务关系的愿望；二是合同的标的需要确定：三是当事人的意思表示需一致。

5. 合同成立的方式

合同成立的方式主要有协议成立、确认成立和批准成立。

三、合同的内容

合同的内容是指合同的各项条款，即据以确定合同当事人权利、义务和责任的条文内容。合同的条款包括主要条款和普通条款。

1. 合同的主要条款

（1）双方当事人的姓名和名称。

（2）标的。标的是指合同当事人的权利和义务指向的对象。合同标的可以是货物、货币、行为、智力成果和工程项目等。

（3）数量和质量。数量和质量是确定标的的主要条件。

（4）价款或酬金。这是有偿合同的必备条款。合同中应定明价款和酬金数额与计算标准、结算方式和程序等。

(5) 合同的履行期限、地点和方式。合同的期限包括有效期限和履行期限。合同履行的地点和方式的确定对明确当事人权利和义务有重要意义。

(6) 违约责任。违约责任是指违反合同义务的当事人应承担的法律责任。在合同中明确违约责任的规定，有利于督促当事人自觉履行合同，发生纠纷时有利于确定违反合同的当事人应承担的责任。

(7) 争议解决条款。

2. 合同的普通条款

合同的普通条款是指合同主要条款以外的不影响合同成立的条款，实践中往往由当事人协商确定。

四、合同的履行

合同的履行是指合同的当事人依照合同的规定，全面完成各自承担的义务的行为。合同依法成立即具有法律约束力，当事人应当全面履行合同约定的义务。

1. 合同的履行原则

(1) 实际履行原则。即合同当事人应当按照约定的合同标的履行合同，不得以其他标的替代合同标的，不得擅自变更或解除合同。

(2) 适当履行原则。指合同当事人应当按照合同约定的数量、质量、履行期限、地点和方式履行义务。

2. 合同履行的担保

(1) 定金。是签订合同的当事人一方，为了证明合同的成立和保证合同的履行，按照合同约定先给付对方一定数量的货币。合同履行后，定金应收回或抵作价款。给付定金一方不履行合同时，无权要求返还定金；接受定金一方不履行合同时，应当双倍返还定金。定金具有预先支付性和惩罚性。

(2) 保证。保证是合同当事人以外的第三人以自己的财产担保合同一方当事人履行义务的行为。保证合同一方当事人履行义务的人为保证人，被担保履行义务的人为被保证人。当被保证人不履行合同时，按照担保约定由保证人履行或者承担连带责任。保证人待被保证人履行合同或赔偿损失以后，有权要求被保证人偿还财产。

(3) 抵押。抵押是指合同义务方或者第三人向权利方提供财产作为抵押物，以保证义务人按期履行合同义务的行为。当义务人不履行义务时，权利人有权将抵押物折价或变卖，并且优先于其他债权人受到补偿。提供抵押财产的义务人或第三人成为抵押人，接受抵押财产的权利人称为抵押权人。不动产和交通工具等的抵押，抵押合同自有关主管机关登记之日起生效。

(4) 质押。质押是指为了保证合同的履行，合同义务人或第三人将其动产或者权利移交权利人占有，当义务人不履行合同义务时，权利人享有就其占有的财产优先受偿的权利。质押的标的是动产和权利，并且需转移质物的占有。质权的设立，通常是以合同的形式进行的。在质权合同中，出质人和质权人不得约定在合同履行期届满、质权人未受清偿时，质物的所有权移转为质权人所有。汇票、本票、支票、债券、提单、仓单和存款单等的质押，自权利凭证交付之日起生效；以股份、股票出质的，自证券登记机构办理登记时起生效；以商标专用权、专利权、著作权中的财产权等知识产权出质的，自有关管理部门登记时起生效。

（5）留置。留置是指合同一方当事人按照合同的约定占有另一方当事人的财产，在对方当事人不履行合同义务时，依照法律的规定扣留该财产，并以该财产折价或者以该财产的变卖价款优先受清偿的担保形式。享有留置权的合同一方当事人称为留置权人，留置权人扣留的财产称为留置物。留、置权是一种法定担保物权，留置权的标的是动产。留置物折价或者变卖、拍卖后，其价款超过债权数额的部分归合同另一方当事人所有，不足部分仍由合同义务人清偿。

五、合同的变更和解除

合同的变更广义上是指合同法律关系的主体、客体和内容的改变；狭义上是指合同法律关系的客体和内容的改变，即指合同的各项条款的修改、补充和限制。这里介绍的是狭义的概念。

合同的解除是指合同订立后，尚未全部履行之前，当事人提前终止合同，使合同关系归于消灭。合同解除，根据解除方式，可分为单方解除和协议解除；根据解除的原因，可分为约定解除和法定解除。

1. 合同变更和解除的程序

合同变更和解除的程序，因协议变更或解除与单方行使变更或解除而有所不同。协议解除的，应当采用书面形式。具备一方行使解除权的当事人一方应当将变更和解除合同的意思以书面形式及时通知对方，自解除合同的意思通知到达对方时起即发生合同解除的效力。当事人当就合同是否解除发生争议时，也可诉请法院或仲裁机构裁决。

2. 合同变更和解除的条件

合同具备下列条件之一的，当事人可以变更和解除合同：

（1）当事人协商同意，且不因此而损害国家和社会公共利益的，可以变更和解除合同；

（2）一方违反合同，以致严重影响订立合同所期望的经济利益，另一方有权解除合同；

（3）发生不可抗力事件，致使合同的全部义务不能履行，当事人可以单方解除合同；

（4）一方在合同约定的期限内没有履行合同，或一方当事人在合同约定的期限内没有履行合同，在被允许的推迟履行的合理期限内仍未履行，对方有权解除合同；

（5）合同约定的解除条件已经出现，一方有权解除合同；

（6）出现法律规定的其他解除合同的情形。

4. 合同变更和解除的法律后果

合同的变更和解除一般不涉及合同已履行的部分，而是对未履行的部分发生法律效力。合同变更的，当事人不再按照原合同的内容履行，而按照变更后的合同履行；合同解除的，当事人之间的权利义务提前终止。双方自愿协商变更和解除合同的，受损失的一方有权要求对方赔偿损失。变更或解除合同，不影响合同约定的结算和理赔条款，不影响合同约定的解决争议条款。

六、无效合同和可撤销合同

1. 无效合同

无效合同是指虽经当事人订立，但不能产生有效合同的法律后果，不受国家保护的合同。按照我国法律和司法实践，无效合同主要有以下几种：一方或双方当事人主体不合格的合同；内容不合法的合同；采用欺诈、胁迫和乘人之危等手段签订的合同；代理人没有代理权、超越代理权，或以被代理人的名义同自己或自己代理的其他人签订的合同。无效合同从合同订立时起就没有法律约束力。无效合同的法律后果包括返还财产、赔偿损失、追缴财产归国家所有等。

2. 可撤销合同

可撤销合同是指由于法定原因享有撤销权的一方合同当事人请求撤销合同效力的合同。可撤销的合同包括：因重大误解而订立的合同和显失公平的合同。可撤销的合同，只有当事人申请撤销时，法院或仲裁机构才能做出撤销的裁决。

七、违反合同的责任

违反合同的责任简称违约责任，是指合同当事人一方或双方不履行或不完全履行合同应依法承担的相应的民事责任。违约责任的特点是：首先，违约责任是一种民事责任；其次，违约责任也是一种财产责任；最后，违约责任具有惩罚性。

1. 违约责任的构成要件

（1）要有违约事实，即有合同不履行和不完全履行的客观事实的存在。

（2）当事人有违约的过错。过错包括故意和过失。故意是指当事人预见到自己的行为会引起不履行合同的不良后果，仍希望和放任这种结果的发生；过失是指当事人应当预见到自己的行为可能引起不履行合同的不良后果，由于疏忽大意没有预见，或虽预见但轻信这种结果不会发生，以致造成合同不能履行或不能完全履行。当事人的过错是构成违约责任的主观要件。

2. 违约补救措施

违约补救是指合同的当事人一方违约时，为减少或弥补另一方当事人因此遭受损失而采取的各种措施。违约补救措施主要有：

(1) 支付违约金。违约金是指由法律或合同规定的，当一方当事人因过错不能履行或不能完全履行合同时，应向对方支付一定数额的货币。违约金一般可分为法定违约金和约定违约金、惩罚性违约金和补偿性违约金。

(2) 支付赔偿金。赔偿金是当事人因过错违约给对方造成损失，在没有规定违约金或违约金不足以弥补损失时，支付给对方当事人的补偿费。支付赔偿金的条件是：合同当事人一方有违约行为，且主观上有不履行合同或不完全履行合同的故意或过失；合同当事人另一方有违约损失：并且一方当事人的违约与另一方当事人的损失有因果关系。支付赔偿金的范围，应相当于另一方因此遭受的损失，即包括直接损失和间接损失。对于因对方违约而受到损失的一方没有及时采取防止损失扩大的适当措施致使损失扩大的，无权就扩大的损失要求支付赔偿金。

(3) 继续履行合同。非违约方有权要求违约方继续履行合同义务。违约方已支付违约金或赔偿金的，并不当然免除其继续履行合同的义务。

(4) 中止合同。中止合同是指当合同一方当事人有对方不能履行合同的确切证据或对方当事人履行合同的能力有严重缺陷时，有权暂时停止履行合同。实施中止履行合同权的一方当事人，必须在对方出现预期违约时才能采取该措施。当对方提供担保时，则不能中止履行合同。

(5) 支付迟延支付金额的利息。当事人一方未按期支付合同规定的应付金额或与合同有关的其他应付金额时，另一方有权要求支付迟延支付金额的利息。

(6) 解除合同。解除合同也是违约救济措施之一。当事人一方有权解除合同的，不影响其要求赔偿损失的权利。

3. 违反合同责任的免除

根据我国合同法的规定，因不可抗力原因致使合同不能履行或不能完全履行时，可免除当事人的责任。不可抗力是指当事人在订立合同时不能预见、对其发生及后果不能避免且不能克服的事件。不可抗力包括来自自然界和人类社会的事件和行为。因不可抗力而不能履行合同的全部或者部分义务的当事人一方，应当把它因不可抗力事件而不能履行合同的全部或者部分义务的情况及时通知另一方，以减轻可能给对方造成的损失；并且应当在合理的期间内提供有关机关出具的证明。

八、合同纠纷的解决途径

合同纠纷的解决方式包括协商、调解、仲裁和诉讼。

第三节 劳动法

一、劳动法及其调整对象

劳动法是调整劳动关系以及与劳动关系密切联系的其他社会关系的法律规范的总称。劳动法是一个独立的法律部门，融实体法与程序法为一体。

1. 劳动法的调整对象

劳动法的调整对象是劳动关系以及与劳动关系密切联系的其他社会关系。

(1) 劳动关系。劳动关系是劳动者与用人单位之间在实现劳动过程中发生的社会关系。建立劳动关系应当订立劳动合同，劳动关系的当事人一方是劳动者，另一方是用人单位。劳动关系具有人身关系、经济关系的属性，又是具有平等性、从属性的社会关系。劳动关系中的主体是劳动者与用人单位；劳动关系的内容是双方享有的权利和义务；劳动关系的客体是劳动关系双方当事人权利和义务指向的对象，即劳动行为。

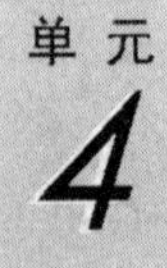

(2) 劳动法的调整对象。劳动法的调整对象主要是劳动关系，同时还调整与劳动关系密切联系的其他社会关系。这些社会关系表现为：因管理劳动力发生的社会关系；因执行社会保险发生的社会关系；因组织工会和工会活动而发生的社会关系；因处理劳动争议而发生的社会关系；因监督劳动法律、法规的执行而发生的社会关系。

2. 劳动法的适用范围

《中华人民共和国劳动法》由第八届全国人民代表大会常务委员会第八次会议于1994年7月5日通过，自1995年1月1日起施行。

(1)《劳动法》适用范围包括：在中华人民共和国境内的企业、个体经济组织和与之形成劳动关系的劳动者；国家机关、事业组织、社会团体的工勤人员；实行企业化管理的事业组织的非工勤人员；其他通过劳动合同与国家机关、事业组织、社会团体建立劳动关系的劳动者。

(2)《劳动法》不适用于公务员和比照公务员制度的事业组织和社会团体的工作人员，以及农村劳动者（乡镇企业职工和进城务工、经商的农民除外）、现役军人、家庭保姆、在中华人民共和国境内享有外交特权和豁免权的外国人等。

3. 劳动者的基本权利和义务

(1) 劳动者的基本权利。劳动者享有平等就业和选择职业的权利、取得劳动报酬的权利、休息休假的权利、获得劳动安全卫生保护的权利、接受职业技能培训的权利、享受社会保险和福利的权利、提请劳动争议处理的权利以及法律规定的其他劳动权利。

(2) 劳动者的基本义务。《劳动法》第3条第2款规定，劳动者应当完成劳动任务，提高职业技能，执行劳动安全卫生规程，遵守劳动纪律和职业道德。

二、促进就业制度

1. 促进就业的概念和措施

(1) 促进就业是指国家为保障公民实现劳动权所采取的创造就业条件、扩大就业机会的各种措施的总称。促进就业的目标是实现充分就业。

(2) 促进就业是国家的基本职责，国家和各级人民政府主要采取以下措施，创造就业条件，扩大就业机会：国家通过促进经济和社会发展，创造就业条件，扩大就业机会；国家鼓励企业、事业组织、社会团体在法律、法规规定的范围内兴办产业或者拓展经营，增加就业；国家支持劳动者自愿组织起来就业和从事个体经营实现就业；地方各级人民政府应当采取措施，发展各种类型的职业介绍机构，提供就业服务。

2. 劳动就业的原则

劳动就业是指具有劳动能力的公民在法定劳动年龄内从事某种具有一定劳动报酬或经营收入的社会职业。根据《劳动法》的规定，劳动就业原则有以下几项：

(1) 平等就业的原则。劳动者就业，不因民族、种族、性别、宗教信仰不同而受歧视，妇女享有与男子平等的就业权利。

(2) 双向选择的原则。求职者享有选择职业的权利，即求职者可以根据自身的素质、意愿和劳动力市场价格信息，选择用人单位；用人单位享有用人自主权，即用人单位可以根据生产经营的需要和工作岗位的特点，按照面向社会、公开招用、全面考核、择优录用的原则，选择必要数量、相应质量的劳动者。求职者和用人单位在平等自愿、协商一致的基础上通过签订劳动合同实现求职者就业和用人单位使用劳动力。

(3) 照顾特殊群体人员就业的原则。特殊群体人员是指谋求职业有困难或处境不利的人员的统称，包括残疾人、少数民族、退出现役的人员和劳改、劳教释放人员等。国家鼓励和推动、保障这部分人员的就业。

(4) 禁止使用童工的原则。童工是指未满 16 周岁，与用人单位或者个人发生劳动关系从事有经济收入的劳动或者从事个体劳动的少年。《劳动法》第 15 条规定：禁止用人单位招用未满 16 周岁的未成年人。文艺、体育和特种工艺单位招用未满 16 周岁的未成年人，需报县级以上的劳动行政管理部门批准，并保障其接受义务教育的权利。

三、劳动合同制度

1. 劳动合同及其特点

劳动合同是劳动者与用人单位之间建立劳动关系，明确双方权利和义务的书面协议。其特点是：

(1) 劳动合同的主体具有特定性，即一方是劳动者，另一方是用人单位。

(2) 劳动合同的内容具有权利义务一致性和对应性。

(3) 劳动合同的客体具有单一性，即劳动力。

(4) 劳动合同是要式、有偿的合同。

2. 劳动合同的订立

(1) 订立劳动合同应当遵循平等自愿和协商一致的原则，不得违反法律和行政法规的规定。

(2) 劳动合同的内容包括法定内容和商定内容两个方面。法定内容包括工作时间和休息休假、劳动保护和劳动条件、劳动工资和待遇等。商定内容包括劳动合同期限、工作内容、具体劳动待遇等。

(3) 劳动合同期限分为有固定期限的劳动合同、无固定期限的劳动合同和以完成一定工作为期限的劳动合同。劳动合同期限包括试用期，试用期最长不得超过 6 个月；劳动者在同一用人单位连续工作满 10 年以上，当事人双方同意延长劳动合同的，如果劳动者提出订立无固定期限的劳动合同，应当订立无固定期限的劳动合同。

(4) 劳动合同的效力是指劳动合同具有法律约束力的起始时间。依法订立的劳动合同，生效时间起于合同签订之日；劳动合同签订后需要鉴证和公证的，其生效时间始于已经鉴证或公证之日。违反劳动法律、行政法规的劳动合同，采取欺诈、胁迫等手段订立的劳动合同无效。无效的劳动合同，由劳动争议仲裁委员会或者人民法院确认。

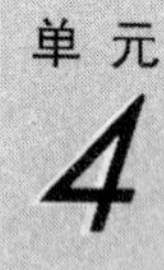

3. 劳动合同的履行

合同订立之后，双方当事人应全面、正确地履行劳动合同规定的义务。劳动合同的履行原则包括：亲自履行的原则；权利和义务相统一的原则；全面履行的原则；协作履行的原则。劳动合同条款与本单位集体合同规定有不一致的，按照集体合同的规定履行。

4. 劳动合同的变更、解除和终止

(1) 劳动合同的变更。是指在劳动合同的履行过程中，因法律的规定和双方当事人的约定，而由双方当事人根据情势的变化，对原劳动合同的条款进行修改和补充。劳动合同的变更应遵循平等自愿、协商一致的原则，并且不得违反国家法律、法规的规定。

(2) 劳动合同的解除。是指劳动合同的双方当事人提前中止合同的效力，解除双方的权利和义务关系。劳动合同的解除分为法定解除和协定解除。

用人单位单方解除劳动合同，有下列几种情况。首先，根据我国《劳动法》第 25 条的规定，劳动者有下列情形之一的，用人单位可以随时解除劳动合同：在试用期间被证明不符合录用条件的；严重违反劳动纪律和用人单位规章制度的；严重失职、营私舞弊，对用人单位利益造成重大损失的；被依法追究刑事责任的。其次，《劳动法》第 26 条规定，有下列情形之一的，用人单位可以解除劳动合同，但应当提前 30 日书面通知劳动者本人：劳动者患病或非因工负伤，医疗期满后，不能从事原工作也不能从事由用人单位另行安排的工作的；劳动者不能胜任工作，经过培训或调整工作岗位，仍不能胜任工作的；劳动合同订立时所依据的客观情况发生重大变化，致使原劳动合同无法履行，经当事人协商不能就变更劳动合同达成协议的。第三，《劳动法》第 27 条规定，用人单位濒临破产进行法定整顿期间或者生产经营状况发生严重困难，确需裁减人员的，应当提前 30 日向工会或者全体职工说明情况，听取工会或者职工的意见，经向劳动部门报告后，可以裁减人员。用人单位根据本条规定裁减人员，在 6 个月内录用人员的，应当优先录用被裁减人员。最后，《劳动法》第 29 条规定，劳动者有下列情形之一的，用人单位不得解除劳动合同：患职业病或者因工负伤并被确认丧失或者部分丧失劳动能力的；患病或者负伤，在规定的医疗期内的；女职工在孕期、产期、哺乳期内的；法律、行政法规规定的其他情形。

劳动者单方解除劳动合同，可分为以下两种情况。

一、《劳动法》第 31 条规定，劳动者解除劳动合同，应当提前 30 日以书面形式通知用人单位。

二、《劳动法》第 32 条规定，有下列情形之一的，劳动者可以随时通知用人单位解除劳动合同：在试用期内的；用人单位以暴力、威胁或者非法限制人身自由的手段强迫劳动的；用人单位未按照劳动合同的约定支付劳动报酬或者提供劳动条件的。

（3）劳动合同的终止。指终止劳动合同的法律效力。有下列情形之一的，劳动合同即行终止：劳动合同期限届满的；企业被宣告破产或者依法解散、关闭、撤销的；劳动者被开除、除名或因违纪被辞退的；劳动者完全丧失劳动能力或者死亡；劳动者达到退休年龄的；法律、法规规定的其他情形。

四、集体合同制度

1. 集体合同的概念与特征

集体合同是由工会组织代表职工与用人单位以规范劳动关系为目的，以规定劳动条件为主要内容而订立的书面协议。集体合同具有以下特点：

（1）集体合同的当事人一方是企业、事业组织工会或职工代表，另一方是企事业组织。

（2）集体合同的内容是职工集体劳动事项，包括劳动报酬、工作时间、休息休假、劳动安全卫生和保险福利事项等。

（3）集体合同是要式合同，需报送劳动行政部门登记、审查、备案方为有效。

（4）集体合同适用于企事业组织及其工会和全体职工。

（5）集体合同效力高于劳动合同，劳动合同规定的职工个人劳动条件和劳动待遇等标准不得低于集体合同的规定。

2. 集体合同的订立和履行

（1）集体合同的订立是指企业或实行企业化管理的事业组织与其工会或职工代表之

间，就职工集体劳动事项经过协商一致，设立集体合同关系的法律行为。集体合同的订立应当遵循民主、合法、平等合作、协商一致的原则，集体合同的签订应当兼顾国家、企业或事业组织、职工的利益。集体合同的期限为1～3年。集体合同签字后，在7日内由企业或事业组织一方将集体合同一式3份及说明书报送劳动行政部门登记、审查、备案。劳动行政部门自收到集体合同文本之日起15日内未提出异议的，集体合同即行生效。经劳动部门审查的集体劳动合同，双方应及时以适当的形式向各自代表的全体成员公布。

（2）集体合同的履行应当遵循全面履行的原则、相互监督原则、协作履行原则。

（3）集体合同在有效期限内，出现下列情形之一的，可以变更或解除集体合同：经双方当事人协商同意的；订立集体合同依据的法律、法规已经修改和废止的；因不可抗力的原因致使集体合同部分或全部不能履行的；企业转产、停产、破产或被兼并，致使集体合同无法履行的；工会组织依法撤销的。

3. 集体合同争议处理

因签订集体合同发生争议的，如双方当事人不能协商解决，当事人一方或双方可以向劳动行政管理部门的劳动争议协调处理机构书面提出协调处理申请；未提出申请的，劳动行政管理部门认为必要时可视情况进行协调处理。因履行集体劳动合同发生争议的按企业劳动争议处理条例处理。

五、工作时间和休息休假

1. 工作时间

工作时间是指法律规定的劳动者在一昼夜和一周内从事生产或工作的小时数。1995年3月25日国务院《关于修改职工工作时间的规定》中指出，职工每日工作8小时，每周工作40小时。工作日具体包括以下几类：

（1）标准工作日。在我国，标准工作日为每日8小时。

（2）缩短工作日，即少于8小时的工作日。它主要适用于下列职工：从事矿山、井下、高山、有毒有害、特别繁重或过度紧张等作业的职工；从事夜班工作的职工；哺乳未满1周岁婴儿的女职工。

（3）延长工作日，即超过8小时的工作日。

（4）综合计算工作日，是指以一定时间为周期，集中安排工作和休息，平均工作时间与标准工作时数基本相同的工作日。主要适用于：交通、铁路、邮电、水运、航空、渔业等行业中因工作性质特殊，需连续作业的职工；地质及资源勘探、建筑、制盐、制糖、旅游等受自然条件限制的行业的部分职工；以及其他适合实行综合计算工时工作制的职工。

（5）弹性工作日，是指在工作周时数不变的前提下，在标准工作日的基础上，按照

预先规定的办法，由职工个人自己安排工作时间的工作日。

(6) 无定时工作日。主要适用于：高级管理人员、外勤人员、推销人员、部分值班人员和其他因工作无法按标准工作日衡量的职工；长途运输工人、出租汽车司机和铁路、港口、仓库的部分装卸人员以及因工作性质特殊，需机动作业的职工等。

2. 休息休假时间

(1) 工作日内间歇时间，一般为 1～2 个小时，最少不得少于半小时。

(2) 工作日间的休息时间，一般不少于 16 小时。

(3) 公休假日，即一周内有不少于 24 小时的连续休息时间。

(4) 法定节日，是指法律规定用以开展纪念、庆祝活动的休息时间。包括元旦、春节、国际劳动节、国庆节等。

(5) 年休假，是指职工满一定工作年限，享有照领工资的休息时间。

六、工资制度

1. 工资及其特点

工资是用人单位按劳动者提供的劳动数量和质量，以货币形式支付给劳动者的劳动报酬。一般包括计时工资、计件工资、奖金、津贴和补贴、延长工作时间的工资以及特殊情况下支付的工资。

工资的特点是：它是基于劳动关系而对劳动者付出劳动的物质补贴；它是根据工资法律、法规、工资政策、集体合同、劳动合同的规定确定工资标准；它是以法定货币形式定期支付给劳动者本人的。

2. 工资分配原则

工资分配原则主要有以下 4 项：工资总量宏观调控的原则；按劳分配为主体、多种分配方式并存的原则；用人单位自主分配的原则；同工同酬、效率优先、兼顾公平的原则。

3. 企业基本工资制度

企业基本工资制度是指依法规定的确定工资总额、工资水平、工资标准、工资形式、工资增长等项办法的总称。各单位根据自身的具体情况，自主确定适用本单位的工资制度。企业基本工资制度包括以下几方面：

(1) 等级工资制度。它是指根据劳动的复杂程度、繁简程度和工作责任大小等因素，将各类劳动划分为不同等级，并按等级确定工资标准的一种工资制度。它可以分为技术等级工资制度和职务等级工资制度等。

(2) 结构工资制度。它是指按照一定的比例规定不同职能工资的工资额，再组合成职工标准工资的一种工资制度。一般包括基本工资、职务工资、工龄工资、奖励工资等项工资。

(3) 岗位工资制度。它是按照不同工作岗位的工作难易、责任大小、劳动轻重以及工作环境等因素确定工资标准。

(4) 岗位技能工资制度。它是以劳动技能、劳动强度、劳动条件和劳动责任等要素作为评价基础，以岗位工资和技能工资为主要内容，按照职工提供的劳动数量和质量确定劳动报酬的一项工资制度。

(5) 经营者的年薪制度。它是指劳动者的收入以年度为单位，根据其经营管理业绩和所承担的责任、风险确定其工资收入的一项工资制度。经营者的年薪制度可以分为基本收入和效益收入两部分。

4. 最低工资保障制度

最低工资是指劳动者在法定工作时间内提供了正常劳动的前提下，其所在企业应支付的最低劳动报酬。《劳动法》第 48 条规定，最低工资的具体标准由省、自治区、直辖市人民政府规定，报国务院备案。

确定和调整最低工资标准应当参考以下因素：劳动者本人及平均赡养人口的最低生活费用；社会平均工资水平；就业状况；劳动生产率；地区之间经济发展水平的差异。最低工资标准应当高于当地的社会救济金和失业保险金的标准，低于平均工资。最低工资应以法定货币的形式按时支付。

5. 工资支付保障制度

《劳动法》第 50 条规定，工资应当以法定货币形式按月支付给劳动者本人，不得克扣和无故拖欠劳动者的工资。

七、劳动安全卫生与女职工、未成年工特殊劳动保护

1. 劳动安全卫生制度

劳动安全卫生是国家为了改善劳动条件，保护劳动者在生产过程中的安全和健康所采取的各种措施的总称。劳动安全卫生工作方针是安全第一、预防为主。《劳动法》第 52 条规定，用人单位必须建立、健全劳动安全卫生制度，严格执行国家劳动安全卫生规程和标准，对劳动者进行劳动安全卫生教育，防止劳动过程中的事故，减少职业危害。我国劳动安全卫生工作制度的具体内容包括以下几个方面：安全生产责任制度；安全技术措施计划管理制度；劳动安全卫生教育制度；劳动安全卫生检查制度；劳动防护用品发放和管理制度；劳动安全卫生检察制度；伤亡事故和职业病统计报告处理制度。

2. 女职工特殊劳动保护

(1) 女职工禁忌劳动范围。《劳动法》第 59 条规定，禁止安排女职工从事矿山井下、国家规定的第四级体力劳动强度的劳动和其他禁忌从事的劳动。

(2) 怀孕期保护。《劳动法》第 61 条规定，不得安排女职工在怀孕期间从事国家规定的第三级体力劳动强度的劳动和孕期禁忌从事的劳动。对怀孕 7 个月以上的女职工，

不得安排其延长工作时间和夜班劳动。

（3）生育期保护。《劳动法》第 62 条规定，女职工生育享受不少于 90 天的产假。

（4）哺乳期保护。《劳动法》第 63 条规定，不得安排女职工在哺乳未满一周岁的婴儿期间从事国家规定的第三级体力劳动强度的劳动和哺乳期禁忌从事的其他劳动。

（5）月经期保护。《劳动法》第 60 条规定，不得安排女职工在经期从事高处、低温、冷水作业和国家规定的第三级体力劳动强度的劳动。

3. 未成年工特殊保护

未成年工是指年满 16 周岁未满 18 周岁的劳动者。根据有关劳动法律、法规的规定，对未成年工的保护措施主要有：上岗前的培训；禁止安排有害健康的工作；提供适合未成年工身体发育的生产工具；定期对未成年工进行健康检查。

八、社会保险制度

1. 社会保险及社会保险制度

（1）社会保险是指国家通过立法设立社会保险基金，使劳动者在暂时或永久丧失劳动能力以及失业时获得物质帮助和补偿的一种社会制度。社会保险具有强制性、补偿性和互济性的特征。

（2）我国施行基本社会保险、单位补充保险、个人储蓄保险的多层次社会保险制度。基本社会保险是指国家立法强制实施的社会保障，覆盖面广，标准统一并且强制程度高；单位补充保险是指用人单位根据自己的经济条件为劳动者投保高于社会基本保险标准的补充保险，由用人单位自愿投保；个人储蓄保险是指劳动者个人以储蓄形式参加社会保险，也具有自愿性。

2. 社会保险项目和社会保险具体制度

（1）我国社会保险项目有：养老保险、医疗保险、工伤保险、失业保险和生育保险。

（2）从当前发展实际情况来看，我国社会保险制度的具体内容有以下几种。

第一，养老保险制度。根据 1997 年 7 月 16 日《国务院关于建立统一的企业职工基本养老保险制度的决定》，养老保险改革的主要内容是：企业缴纳基本养老保险费的比例，一般不得超过企业工资总额的 20%；个人缴纳的比例最终要达到本人缴费工资的 8%；按本人缴费工资的 11%的数额为职工建立基本养老保险个人账户，个人缴费全部计入个人账户，其余部分从企业缴费中划入；个人缴费年限累计满 15 年的，退休后按月发给基本养老金。

第二，医疗保险制度。根据 1994 年 4 月 14 日国家体改委、财政部、卫生部、劳动部印发《关于职工医疗制度改革的试点意见》的规定，职工医疗制度改革的主要内容有：职工的医疗保险费用由用人单位和职工个人缴纳；建立社会统筹医疗基金和职工个人医疗账户相结合的制度，个人医疗账户的本金和利息为职工个人所有，可以结转使用和继承；建立对职工个人的医疗费用制约机制，减少浪费。职工就医，医疗费用首先从个人医疗账户支付；个人医疗账户不足时，先由职工自付；按年度计算，职工在个人医疗账户之外自付的医疗费，超过本人年工资收入的5%以上的部分，由社会统筹医疗基金中支付，但个人仍要负担一定的比例；个人负担的比例随费用的升高而降低，超过本人年工资收入5%以上但不足5 000元的部分，个人负担10%～20%；5 000元至1万元的部分，个人负担8%～10%；超过1万元的部分，个人负担2%。

第三，工伤保险制度。1996年8月12日劳动部发布的《企业职工工伤保险实行办法》中对工伤的范围做了具体规定；明确了劳动鉴定和工伤评残标准。工伤保险待遇包括工伤医疗保险待遇、工伤残疾保险待遇和因工死亡待遇。

第四，失业保险制度。失业保险的主要内容是：企业按照全部职工工资总额的0.6%缴纳失业保险费，最多不超过企业职工工资总额的1%；失业人员失业前在企业连续工作1年以上不足5年的，领取失业救济金的期限最长为12个月；失业人员失业前在企业连续工作5年以上的，领取失业救济金的最长期限为24个月；失业救济金的发放标准为相当于当地民政部门规定的社会救济金额的120%至150%。具体金额由省、自治区、直辖市人民政府确定。

第五，生育保险制度。1994年12月14日劳动部发布的《企业职工生育保险试行办法》，适用于城镇企业及职工。主要内容有：企业按照一定比例向社会保险机构缴纳生育保险费，建立生育保险基金，具体提取比例由当地人民政府确定，但不得超过工资总额的1%；个人不缴纳生育保险费；生育保险待遇有产假、生育津贴、生育医疗费和生育疾病医疗费。

九、劳动争议处理制度

1. 劳动争议的概念和分类

劳动争议是指用人单位与劳动者之间因执行劳动法律、法规或履行劳动合同、集体合同发生的争议。按照不同的标准划分，劳动争议有以下几类：按照劳动者人数划分，劳动争议划分为个人劳动争议和集体劳动争议；按合同类型划分，劳动争议分为劳动合同争议和集体合同争议；按争议内容划分，劳动争议分为因开除（除名、辞退）职工和职工辞职或离职发生的争议、因执行国家劳动法律和法规发生的争议、因履行劳动合同或集体合同发生的争议等。

2. 劳动争议处理机构

(1) 劳动争议调解委员会。《劳动法》第80条规定："在用人单位内，可以设立劳动争议调解委员会。劳动争议调解委员会由职工代表、用人单位代表和工会代表组成。"用人单位的代表不能超过调解委员会的成员总数的三分之一，劳动争议调解委员会主任由工会代表担任。劳动争议调解委员会的职责是：调解本单位内发生的劳动争议；检查督促争议双方当事人履行调解协议；对职工进行劳动法律、法规的宣传教育，做好劳动争议的预防工作。

（2）劳动争议仲裁委员会。由劳动行政部门代表、同级工会代表、用人单位方面的代表组成。仲裁委员会的组成人员必须是单数，主任由劳动行政部门代表担任。劳动争议仲裁实行仲裁员、仲裁庭制度，一案一庭审理。

（3）人民法院。是行使审判权的审判机关，劳动争议案件由人民法院的民事审判庭审理。

3. 劳动争议处理程序

（1）协商。劳动争议发生后，当事人应当协商解决。但是，协商不是处理劳动争议的必经程序。不愿意协商的，可以申请调解。

（2）调解。劳动争议发生后，当事人申请调解的，应当自知道或应当知道其权利被侵害之日起 30 日内，以口头或书面形式向调解委员会提出申请，填写《劳动争议调解申请书》。调解委员会应在 4 日内做出受理或不受理申请的决定，对不予受理的，应当向申请人说明理由。调解委员会应当自当事人申请调解之日起 30 日内结束调解；到期未结束的，视为调解不成。调解也不是处理劳动争议的必经程序。

（3）仲裁。仲裁是指在劳动争议发生后，当事人向仲裁委员会申请仲裁。申请仲裁时应当提交申诉书，提出仲裁要求的一方应当自劳动争议发生之日起 60 日内向劳动争议仲裁委员会提出书面申请。仲裁委员会应当自收到申诉书之日起 7 日内做出受理或不予受理的决定。仲裁委员会决定受理的，应当自做出决定之日起 7 日内将申诉书的副本送达被诉人，并组成仲裁庭；决定不予受理的，应当说明理由。被诉人应当自接到申诉书副本之日起 15 日内提交答辩书和有关证据；被诉人没有按时提交或不提交答辩书的，不影响案件的审理。仲裁庭审理劳动争议案件，应于开庭前 4 日内，将仲裁庭的组成人员、开庭的时间、地点的书面通知送达当事人。仲裁庭处理劳动争议应当先行调解，达成协议的，仲裁庭应当根据协议内容制作调解书，调解书自送达之日起具有法律效力。调解未成的，仲裁庭应当及时裁决。《劳动法》第 82 条规定："仲裁裁决一般应在收到仲裁申请的 60 日内做出。对仲裁裁决无异议的，当事人必须履行。"仲裁是处理劳动争议的必经程序。

（4）诉讼。《劳动法》第 83 条规定："劳动争议当事人对仲裁裁决不服的，可以自收到仲裁裁决书之日起 15 日内向人民法院提起诉讼。一方当事人在法定期限内不起诉又不履行仲裁裁决的，另一方当事人可以申请人民法院强制执行。"

第四节　知识产权法

财产可分为有形财产和无形财产。从法学角度看，有形财产包括动产和不动产，人们对其享有的权利称为物权；而知识产权是指权利人对其智力创造成果所享有的专有权，属于无形财产权。

一、知识产权的种类及特征

1. 知识产权的种类

(1)《中华人民共和国民法通则》(以下简称《民法通则》)的规定。《民法通则》规定，知识产权包括著作权（版权）、专利权、商标专用权、发现权及其他科技成果权。

(2) 世界知识产权组织的规定。我国是该组织的成员国。作为知识产权领域的权威性国际组织，该组织规定，知识产权包括：文学、艺术和科学作品的权利；与表演活动、录音制品和广播有关的权利；发明权、发现权、外观设计权利；商标、服务标记、商号及其他商业标记的权利；禁止不正当竞争的权利；其他一切来自工业、科学及文学艺术领域因智力活动而产生的权利。

(3)《与贸易有关的知识产权协议》的规定。乌拉圭回合达成的《与贸易有关的知识产权协议》规定，知识产权包括：著作权与邻接权、商标权、地理标记权、工业品外观设计权、专利权、集成电路布图设计权、未披露过的信息专有权。

2. 知识产权的特征

(1) 专有性。知识产权的专有性也称独占性，它体现有以下三个方面：

1) 权利人对其所拥有的知识产权具有独自占有、使用、收益和处分的权利。这种权利排除他人的干涉。

2) 任何人未经权利人许可，不得擅自占有、使用、收益和处分该知识产权，否则即构成侵权，应承担相应的侵权责任。

3) 在法定地域内，某项知识产权只能被授予一个权利主体，而且只能进行一次授予。

(2) 时间性。知识产权的时间性也称期限性，是相对于有形财产权利而言的。有形财产如果保存得当，可以一直存在，那么所有权人可以一直对该有形财产拥有所有权，不受任何期限的限制。而知识产权由于关系到社会的进步和安定，再加上知识产权本身也具有时效性，所以其保护的时间是有限制的。即在法定期限内，知识产权人拥有受保护的权利，当保护期限届满，权利则终止，该知识产权即成为全人类共有的财富，任何人无须经过同意都可以无偿地使用。

各国关于知识产权的保护期限不尽相同。我国法律规定，注册商标的有效期限为10年，可进行续展注册；发明专利的有效期限为20年，实用新型专利和外观设计专利的有效期限均为10年。

(3) 地域性。有形财产权利没有任何地域限制，权利人无论在何地都不丧失权利，其权利一直受有关国家法律的保护。与有形财产权利不同的是，知识产权是各国根据各

自的有关法律对当事人的申请经审核合格所授予的权利，且该项权利只在授予国的空间范围内由授予国予以保护。当事人若要在外国受到外国法律的保护，必须向该国提出权利申请并获得批准。

二、著作权法

1. 著作权及与其相邻近的权利

著作权是指作者对自己的文学、艺术和科学创作作品依法享有的人身权和财产权的民事权利。作者的创作作品，即智力创作成果包括文学、艺术和自然科学、社会科学、工程技术等作品。

2. 著作权的内容

（1）人身权。著作人身权包含下列几项：发表权、署名权、修改权、保护作品完整权；

（2）财产权。著作财产权的内容具体包括：复制权、发行权、出租权、展览权、表演权、放映权、广播权、信息网络传播权、摄制权、改编权、翻译权、汇编权以及应当由著作权人享有的其他权利。

3. 著作权的主体和客体

（1）著作权的主体。著作权的主体是依法享有著作权的人。著作权法保护的著作权主体包括：

1）中国公民、法人或者其他组织的作品，不论是否发表，依照本法享有著作权。

2）外国人、无国籍人的作品根据其作者所属国或者经常居住地国同中国签订的协议或者共同参加的国际条约享有的著作权，受《著作权法》保护。

按照著作权取得的不同，著作权主体分为：

①原始著作权主体，即作品的作者；

②继受著作权主体，即根据合同或继承、遗赠等方式取得著作权的人。

按照作品类别，著作权主体分为：

①合作作品的著作权主体；

②集体作品著作权主体，则指期刊、年鉴、百科全书或词典的著作权主体；

③职务作品著作权主体；

④委托作品著作权主体；

⑤演绎作品著作权主体；

⑥电影、电视、录像作品著作权主体。

（2）著作权的客体。著作权的客体是指作者的创作活动取得具有一定形式的成果。它包括：文字作品；口述作品；音乐、戏剧、曲艺、舞蹈、杂技艺术作品；美术、建筑作品；摄影作品；电影作品和类似摄制电影的方法创作的作品；工程设计图、产品设计图、地图、示意图等图形作品和模型作品；计算机软件；法律、法规规定的其他作品。

著作权的客体，必须具备法律规定的条件：作品必须具有独创性；作品必须能以某种物质形式复制。

特别提示：哪些作品不属于著作权客体

①法律、法规，国家机关的决议、决定、命令和其他具有立法、行政、司法性质的文件及其官方正式译文；

②时事新闻；

③历法、通用数表、通用表格和公式。

4. 著作权取得、期限和许可使用

（1）著作权取得。著作权法规定，对公民、法人或者非法人单位的作品，不论是否发表，实行自动保护原则。在时间上，是作品完成时即取得保护，并非作品发表的时间；在内容上，不论作品是否发表，既保护作者著作人身权，也保护作者著作财产权。

（2）著作权保护的期限。著作权法以著作权的内容所包含的具体权利不同为标准，对其保护期分别作出规定。人身权，除对作者的署名权、修改权、保护作品完整权的保护期不受限制外，对公民的作品，属于人身权的发表权和属于财产权的使用权及获得报酬权的保护期规定为作者终生及其死亡后50年。法人或非法人单位的作品及其享有著作权（署名权除外）的职务作品，其发表权、使用权和获得报酬权的保护期以及电影、电视、录像和摄影作品的保护期，均为50年。但上述作品自创作完成后50年内未发表的，则不予保护。

（3）著作权许可使用。著作权许可使用，即授权使用，是指著作权人授权他人在一定期限和范围内以一定方式使用其作品的制度。使用他人作品应当同著作权人订立许可使用合同，可以不经许可的除外。

5. 著作权的限制

著作权属于绝对权，只有著作权人本人可依法对自己的作品行使发表、使用、修改等权利，任何人未经著作权人同意，擅自发表、利用、篡改著作权人作品的行为，就是侵犯著作权的行为，应承担法律责任。但为了公共利益，我国著作权法同时对著作权某些权利予以限制，以保护合理利用人的权益。

三、专利法

专利权是指专利权人对其发明、实用新型和外观设计依法享有的专有权，即独占权。专利权的基本特征取决于客体专利的排他性和垄断性。专利权人对发明创造依法享有专利权，即在法定期限内独占制造、使用、销售其专利产品和使用其专利方法的权利。

1. 专利权的主体和客体

(1) 专利权的主体。专利权的主体即专利权人，也就是有权申请并取得专利权，享有专利法规定的权利和担负义务的人，包括专利权的所有人和持有人。在我国，自然人、法人或其他组织都可以依照法定程序申请专利，取得专利，成为我国专利权的主体。

(2) 专利权的客体。专利权的客体，是指符合专利条件的发明、实用新型和外观设计。

(3) 不授予专利权的对象。下列对象不授予专利权：科学发现、智力活动的规则和方法、疾病的诊断和治疗方法、动物和植物品种、用原子核变换方法得到的物质。此外，对于违反国家法律、社会公德或者妨害公共利益的发明创造，也不授予专利权。

2. 专利权的取得、期限、终止和无效

(1) 专利权的取得。专利权的申请人。非职务发明创造的发明人、设计人和职务发明者的所在单位是专利申请人，有权依法申请专利。

1) 专利申请的原则：一件发明只能授予一件专利的原则；先申请原则。

2) 专利的申请和审查专利权必须按法定程序申请，专利局对申请按法律规定，经过初步审查、早期公开、实质审查、复审等步骤，对审查合格的授予专利权。

(2) 专利权的期限。专利权的期限是指专利的有效期限。我国发明专利权的期限为 20 年，实用新型和外观设计的专利权的期限为 10 年，均自申请日起计算。

(3) 专利权的终止和无效

1) 专利权的终止。专利权的终止就是专利权的消灭。专利权的终止有两种情况：一是自然终止，即因专利权的期限届满而终止。二是一定法定事由而终止；

2) 专利权的无效。自专利权被授予之日起满 6 个月后，任何单位或个人认为该专利权的授予不符合专利法规定的，都可请求专利复审委员会宣告该专利无效。宣告无效的专利视为自始即不存在。

3. 专利权人的权利和义务

(1) 专利权人的权利。在专利权的有效期限内，专利权人对其所获得的专利有制造、销售专利产品、使用专利方法、订立实施许可合同和获得报酬的权利。

(2) 专利权人的义务。专利权人有义务实施其专利，缴纳年费。

4. 专利权的保护

(1) 专利权的保护范围。我国专利法规定，对于发明与实用新型的专利的保护范围以权利要求书内容为依据，而权利要求书应当以说明书附图为依据。对于外观设计专利权的保护范围以外观设计图片或者照片上的专利产品为准。

(2) 侵犯专利权的行为。侵犯专利权的行为是指在专利权的有效期间内未经专利权人同意而实施其专利的行为。就专利产品而言，侵权是指未经专利权人许可，为生产经营目的而仿制或制造、使用、销售或进口该专利产品的行为。就专利方法而言，侵权是指未经专利权人的许可，而使用了该专利方法以及使用、销售或者进口依照其专利方法直接获得的产品的行为。此外，假冒他人专利产品以及对未经专利权人许可，在其非专利产品或包装上标明专利号或标记的行为，冒充专利方法的行为，都是侵权行为。

（3）不属于侵犯专利权的行为。有下列情形之一的，不视为侵犯专利权：专利权人制造、进口或者经专利权人许可而制造、进口的专利产品或者依照专利方法直接获得的产品售出后、使用、许诺销售或者销售该产品的；在专利申请日前已经制造相同产品、使用相同方法或者已经做好制造、使用的必要准备，并且仅在原有范围内继续制造、使用的；临时通过中国的领陆、领水、领空的外国运输工具，依照其所属国同中国签订的协议或者共同参加的国际条约，或者依照互惠原则，为运输工具自身需要而在其装置和设备中使用有关专利的；专为科学研究和实验而使用有关专利的。

此外，为生产经营目的使用或者销售不知道是未经专利权人许可而制造并售出的专利产品或者依照专利方法直接获得的产品，能证明其产品合法来源的，不承担赔偿责任。

四、商标法

1. 商标和商标权

（1）商标。商标主要是用来区别一个商品生产者或经营者的商品和其他生产者或经营者的商品的一种标记。商标权是商标所有人依法对自己注册的商标享有的专用权。经商标局核准注册的商标为注册商标，包括商品商标、服务商标和集体商标、证明商标；商标注册人享有商标专用权，受法律保护。

（2）商标权的特征。专有性；时间性；地域性。

（3）商标的作用和保护商标权的意义。商标被称为“无声的推销员”，它对商品生产和商品销售以及在开拓市场上起着重要的作用。因此，保护商标权，对于促使生产者经营保证商品质量和维护商标信誉，保障消费者的利益，促进社会主义市场经济的发展，具有重要意义。

2. 商标权的主体和客体

（1）商标权的主体。商标权的主体，即商标权人或商标专用权人。商标权人包括申请商标注册并经主管部门依法核准，取得商标专用权的人和经合法转让而取得商标专用权的人。一个注册商标只能有一个商标权。在转让注册商标时，转让人和受让人应当共同向商标局提出申请，而且受让人应当保证其使用注册商标的商品质量。经核准后，正式公告，受让人才能取得商标专有权的主体资格。

（2）商标权的客体。商标法规定，任何能够将自然人、法人或者其他组织的商品与他人的商品区别开的可视性标志，包括文字、图形、字母、数字、三维标志和颜色组

合，以及上述要素的组合，均可以作为商标申请注册。为了维护社会公共利益，我国商标法规定不得使用的文字、图形除外。

认定驰名商标应当考虑下列因素：相关公众对该商标的知晓程度；该商标使用的持续时间；该商标的任何宣传工作的持续时间、程度和地理范围；该商标作为驰名商标受保护的记录；该商标驰名的其他因素。

商标中有商品的地理标志，而该商品并非来源于该标志所标示的地区，误导公众的，不予注册并禁止使用。但是，已经善意取得注册的继续有效。

3. 商标权的取得和期限

（1）商标权的取得。商标权的取得，有原始取得和继受取得之分。原始取得，世界各国采取两种方式：一是注册商标取得商标权，亦称注册原则，为大陆法系各国所采用。只有注册商标取得的专用权，才受法律保护。二是使用商标取得商标权，亦称使用原则。商标专用权，根据使用商标的事实而发生，采取使用原则的主要是英美法系国家。

我国商标权的取得，应遵循下列原则：①注册原则；②先申请原则。

能够取得商标权的商标标识必须符合法律规定的要求。它必须由文字、图形或文字与图形的组合构成，并应具有显著的特征，以便于识别。

商标注册的程序：①申请；②审查、公告；③核准注册。

（2）商标权的期限和续展。我国商标权的期限是注册商标专用权的有效期限。注册商标的有效期为 10 年，自核准注册之日算起。期限届满，可以续展。注册商标的续展，应在期满前 6 个月内申请，在此期间未能提出申请的，可给予 6 个月的宽展期。宽展期满仍未申请续展的，注销其注册商标。每次续展的有效期为 10 年，续展注册经核准后，予以公告。

4. 商标权人的主要权利和义务

（1）商标权人的主要权利。商标权人的主要权利即商标专用权的主要内容。它包括对商标的使用、转让、许可等项权利。

（2）商标权人的义务。商标权人必须依法行使注册商标专用权，不得自行改变注册人名称、地址或其他注册事项；不得自行转让注册商标。商标的使用人应对其使用商标的商品质量负责。不得粗制滥造，以次充好，欺骗消费者。商标权人有义务缴纳因取得和使用注册商标所规定的各项费用。

第五节　其他常用法规

一、反不正当竞争法律制度

1. 不正当竞争行为的概念和特征

根据我国1993年颁布实施的《中华人民共和国反不正当竞争法》的规定，所谓不正当竞争行为，是指经营者违反《反不正当竞争法》的规定，损害其他经营者的合法权益，扰乱社会经济秩序的行为。从这一概念可以看出，不正当竞争行为具有如下法律特征：

（1）不正当竞争行为的主体是经营者。此处所谓经营者，是指从事商品经营或营利性服务的法人、其他经济组织和个人。不正当竞争行为主要是经营者的行为，在特殊情况下也可能是非营利性的政府机关。《反不正当竞争法》对此作出了特别的规定。

（2）不正当竞争行为具有违法性。即不正当竞争行为就是违反《反不正当竞争法》规定的行为。

（3）不正当竞争行为具有社会危害性。也就是说，不正当竞争行为侵害的客体是其他经营者的合法权益和正常的社会经济秩序。除此之外，其社会危害性还表现在破坏公平竞争的原则、损害消费者利益、阻碍技术进步和社会生产力发展等。

2. 不正当竞争行为的种类

《反不正当竞争法》第二章列举了不正当竞争行为的表现种类，包括以下11个方面。

（1）假冒或仿冒行为。假冒或仿冒行为属于欺骗性交易行为。《反不正当竞争法》中把这类行为具体分解为4种：假冒他人注册商标；擅自使用知名商品的名称、包装、装潢或者与之近似，足以使购买者误认；擅自使用他人的企业名称或者姓名，引人误认是他人的商品；在商品上伪造或冒用认证标志、名优标志等质量标志，伪造产地，对商品质量做引人误解的虚假表示。

（2）商业贿赂行为。即指经营者在市场交易活动中，采用秘密给付财物或其他报酬等不正当手段，收买对方的交易代表或政府有关部门的工作人员，以达成对己方有利的交易的行为。

（3）引人误解的虚假宣传行为。指经营者利用广告或其他宣传方法，对商品的质量、性能、用途、生产者、有效期、产地等作引人误解的虚假宣传的行为。

（4）侵犯商业秘密的行为。经营者以不正当手段获取权利人的商业秘密，或者披露、使用或允许他人使用权利人的商业秘密，或者违反约定或权利人的要求，披露、使用或允许他人使用权利人的商业秘密，都属于侵犯商业秘密的行为。

（5）不正当的有奖销售行为。主要有：谎称有奖或者故意让内定人员中奖；利用有奖销售的手段推销质次价高的商品；抽奖式有奖销售，奖金额超过5 000元。

（6）损害他人的商业信誉或商品声誉的行为。即经营者捏造、散布虚假事实，给他人的商业信誉、商品声誉造成实质性损害的行为。

（7）公用企业或者其他具有独占地位的经营者强制交易的行为。公用企业是指以服务公众为目的从事经营活动的企业。这类企业和其他具有独占地位的经营者，往往利用其特殊的地位和权利，限制他人的交易行为，破坏市场竞争秩序。

（8）滥用行政权力限制竞争的行为。即地方政府滥用行政权力垄断本地市场，限制外地商品进入或本地商品流出，干扰正常的市场竞争秩序的行为。

（9）倾销行为。即以排挤竞争对手为目的，以低于成本价格销售商品的行为。

（10）搭销或附带其他不合理条件的行为。即经营者违背购买者的意愿，在出售商品时搭售其他商品，或者附带其他不合理的交易条件的行为。

（11）招投标中的不正当竞争行为。包括投标者相互串通，损害招标者利益的行为和招标者与投标者相互勾结，以排挤其他竞争对手的行为。

3. 不正当竞争行为的法律责任

根据我国《反不正当竞争法》的规定，不正当竞争行为应当承担的法律责任包括民事责任、行政责任和刑事责任。

民事责任一般是赔偿被侵害的其他经营者所受的损失；行政责任是由行政主管机关对违反《反不正当竞争法》的行为人给予责令改正、消除影响、罚款、没收非法所得以及吊销营业执照等行政处罚；刑事责任则是对于严重违反《反不正当竞争法》，给其他经营者造成重大损害的行为人，依据《反不正当竞争法》和《刑法》的有关规定，由司法机关给予的刑事制裁。

二、产品质量法律制度

1. 产品质量与产品质量法

产品质量一词的含义具有相对性。一般来讲，产品质量包括产品的使用性能、安全性、可维修性、经济性、时间性和环境适应性等六个要素。而对这六个要素的评价，则随着经济发展水平的变动而有所不同。从宏观上讲，产品质量是一国经济、科技、教育和管理水平的综合反映；从微观上看，产品质量与消费者利益休戚相关。

产品质量法是调整在生产、流通和消费领域中因产品质量而发生的经济关系的法律规范的总称。我国自改革开放以来，先后颁布了《中华人民共和国食品卫生法》《中华人民共和国药品管理法》《工业产品质量责任条例》《中华人民共和国标准化法》《产品质量认证条例》《中华人民共和国产品质量法》等监督和管理产品质量的法律法规，共同构成了我国的产品质量法律体系。

2. 产品质量管理制度

根据产品质量法的规定，我国的产品质量管理制度包括以下几个方面。

（1）产品质量出厂检验制度。这是最基础的产品质量管理制度，其内容包括：任何产品在出厂前都必须经过严格的质量检验，不合格的产品不能出厂；产品必须符合规定的国家标准、行业标准或企业自定的标准方可出厂；禁止企业以不合格产品冒充合格产品。

（2）工业产品生产许可证制度。对于可能危及人体健康、人身与财产安全和公共利益的工业产品，国家实行生产许可证制度，即只有具备规定的生产条件并且取得有关部门颁发的生产许可证的企业方可生产。国家实行生产许可证制度，加强对这些产品质量的管理，以更好地保护用户、消费者的权益，维护国家和社会利益。

（3）企业质量体系认证制度。企业质量体系认证是指依据一定的标准和要求，由合法的认证机构对企业质量体系进行审核、评定，确认符合标准和要求时由认证机构向企业颁发认证证书的活动过程。我国自 1988 年正式发布等效采用 ISO 9000 系列标准的国家标准 GB/T 19000～ISO 9000，其中 GB 代表国家标准，T 表示是国家推荐标准，表明该标准是由企业自愿申请的，而非强制性标准。

（4）产品质量认证制度。产品质量认证是由公正的第三方依据产品标准和相应的技术要求，对产品质量进行检验、测试，颁发认证证书并准许企业使用认证标志的活动。我国的产品质量认证工作，自 1981 年进行试点以来，已先后批准成立了中国电子元器件、电工产品、卫星地球站设备、水泥厂产品等 10 个质量认证委员会，并将产品质量认证分为安全认证与合格认证两种形式，对于提高我国的产品质量起到了很好的作用。需要说明的是，产品质量认证与企业质量体系认证是不同的。前者认证的是企业的某类或某种产品的具体质量标准，后者认证的是企业整体的质量管理和质量保证体系。

（5）产品质量监督制度。对产品质量的管理，除需要对企业的生产行为予以必要的规范外，还应加强外部的监督，建立和完善产品质量监督制度。我国的产品质量监督分为 4 个层次，分别是国家监督、用户与消费者监督、社会组织监督和社会舆论监督。

3. 生产者、销售者的产品质量义务与责任

（1）生产者的产品质量义务。产品的质量主要取决于生产者的经营观念、管理水平和技术条件。因此，加强质量管理，首先应明确规定生产者的产品质量义务。依据我国产品质量法的规定，生产者的产品质量义务主要有三个方面：保证产品质量的义务；正确使用产品标识的义务；对于特殊产品使用特殊的包装和标识的义务。

（2）销售者产品质量义务。产品在销售过程中也可能导致质量的损坏，因此，产品质量法对销售者的产品质量责任也做了规定。其内容包括进货时的质量验收义务、进货后的质量保证义务和销售时的质量保证义务。

生产者、销售者违反上述有关产品质量的义务规定时，应当依法承担产品质量责任。产品质量责任可以分为民事责任、行政责任和刑事责任。

在民事责任方面，生产者、销售者承担的责任主要有两种，即产品质量瑕疵担保责任和产品质量损害赔偿责任。

在行政责任方面，是由产品质量主管机关，对具有行政违法性质的产品质量违法行为予以行政制裁。其手段包括罚款、没收非法所得、责令停止生产等。

在刑事责任方面，是由司法机关依据我国《刑法》中关于“生产、销售伪劣商品

罪”的规定，对严重违反产品质量义务的生产者或销售者追究其刑事责任。

三、广告法律制度

1. 广告与广告法

(1) 广告。广告是指商品经营者或服务的提供者承担费用，通过一定的媒体和形式，向社会大众传播商品或服务信息的宣传活动。企业或其他经营者的广告行为直接关系到消费者和其他经营者的利益，以及社会经济秩序，因而有必要对其进行管理和限制。

(2) 广告法。广告法是调整因广告活动而产生的各种经济关系的法律规范的总称。其立法目的是为了规范广告活动，保护消费者和其他经营者的合法权益，维护社会经济秩序，促进市场经济的健康发展。

我国于 1994 年颁布了《中华人民共和国广告法》，于 1995 年 2 月 1 日起正式实施。

2. 广告宣传的一般限制

根据我国广告法的规定，广告宣传中不得出现下列情形：

(1) 使用中华人民共和国的国旗、国徽、国歌。

(2) 使用国家机关及其工作人员的名义。

(3) 使用国家级、最高级、最佳等用语。

(4) 妨碍社会安定和危害人身、财产安全。

(5) 妨碍社会公共秩序和违背社会良好风尚。

(6) 含有淫秽、迷信、恐怖、暴力、丑恶内容。

(7) 含有民族、种族、宗教、性别歧视内容。

(8) 妨碍环境和自然资源保护。

(9) 法律、行政法规规定禁止的其他情形。

3. 广告发布标准

在我国的《广告法》和《广告管理条例》中，除对广告宣传作出上述一般性限制外，还对广告发布规定了具体的标准。主要内容有：

(1) 广告不得损害未成年人和残疾人的身心健康。

(2) 广告中对商品的性能、产地、用途、质量、价格、有效期限或者对服务的内容、形式、价格等进行说明的，应当清楚、明白。

(3) 广告中涉及专利产品或专利方法的，应当标明专利号和专利种类。

(4) 广告不得贬低其他经营者的商品和服务。

(5) 药品、医疗器械广告的内容须经卫生行政主管部门审批后方可发布。

(6) 麻醉药品、精神药品、毒性药品、放射性药品不得进行广告宣传。

(7) 禁止利用广播、电影、电视、报纸、期刊发布烟草广告。

(8) 食品、酒类、化妆品广告的内容必须符合卫生许可的事项。

4. 广告违法行为的表现及其法律责任

依据广告法规的规定，广告违法行为的表现形式主要有：

(1) 未取得合法资格而经营广告业务。

(2) 制作、发布虚假广告。

(3) 非法设置户外广告。

(4) 转让、出借广告经营许可证或其他批准文件。

(5) 捏造事实，贬低其他经营者商品或服务。

(6) 新闻媒体以新闻报道的形式进行广告宣传。

对广告违法行为，由广告主管机关，即各级工商行政管理局予以查处。广告违法行为人应当承担的法律责任包括民事责任、行政责任和刑事责任三种。

民事责任方面，主要是责令发布虚假广告，欺骗和误导消费者的广告主承担损害赔偿责任。广告经营者、广告发布者明知或应知广告虚假仍设计、制作、发布的，应当承担连带责任。

行政责任方面，主要是由工商行政管理机关对广告违法行为人予以停止发布、责令更正、罚款、没收非法所得、责令停业整顿、吊销营业执照或广告经营许可证等处罚。

对于情节特别严重的广告违法行为人，由司法机关依据广告法、刑法等法规追究其刑事责任。

四、消费者权益保护法律制度

1. 消费者权益保护法概述

消费者权益保护法是调整在保护消费者权益过程中发生的经济关系的法律规范的总和。此处所说的消费者，是指为生活需要而购买、使用商品或者接受服务的个人。在特殊情况下，单位也可以作为消费者。

在市场经济条件下，消费者在消费过程中的正当权益应当受到保护。我国于1993年颁布了《中华人民共和国消费者权益保护法》，于1994年1月1日起实施。

《消费者权益保护法》的适用范围包括：消费者为生活需要而购买、使用商品或接受服务，其正当权益应受保护；经营者为消费者提供商品或服务的，其行为受消费者权益保护法的规范；农民购买、使用直接用于农业生产的各种生产资料的生产性消费活动，其权益也受该法的保护。

2. 消费者的权利

根据我国《消费者权益保护法》的规定，消费者的权利包括下列内容：

(1) 安全权。即消费者在购买、使用商品接受服务的过程中，享有人身、财产安全不受侵害的权利。

（2）知情权。即消费者享有知悉其购买、使用的商品或接受的服务的真实情况的权利。

（3）自主选择权。即消费者有自主选择商品和服务的权利，包括选择经营者、选择购买方式以及决定是否购买等。

（4）公平交易权。即消费者在与经营者交易过程中享受公平待遇的权利。

（5）受偿权。即消费者在消费过程中受到人身或财产损害时有权要求经营者予以适当的赔偿。

（6）结社权。即消费者为维护自己的权益有权建立自己的组织。

（7）获得知识权。

（8）人格尊严和风俗习惯受尊重权。

（9）监督权。即消费者享有对商品和服务以及保护消费者权益工作进行监督的权利。

3. 经营者的义务

经营者是与消费者进行交易活动的对方，相对于消费者的权利，经营者的义务包括：

（1）依法定或与消费者的约定履行义务。

（2）听取意见和接受监督。

（3）保证商品和服务的安全。

（4）提供真实信息。

（5）出具售货凭证和单据。

（6）保护商品和服务的质量。

（7）不得从事不公平、不合理的交易。

（8）不得侵犯消费者的人身权利。

4. 消费争议的解决途径

消费者在消费过程中与经营者发生争议时，根据《消费者权益保护法》的规定，可以通过下列途径解决：

（1）与经营者协商解决。

（2）请求消费者协会进行调解。

（3）向有关行政主管部门申诉。

（4）根据与经营者达成的仲裁协议提请仲裁机构仲裁。

（5）向人民法院起诉。

5. 侵犯消费者权益的法律责任

经营者侵犯消费者权益时应当承担法律责任，包括民事责任、行政责任和刑事责任。其中民事责任是主要承担方式。

根据《消费者权益保护法》的有关规定，经营者对消费者承担民事责任的情形主要有：

(1) 出售的商品存在缺陷的，包括不具备商品必备使用性能、不符合在商品或其包装上注明的商品标准、商品已经国家明令淘汰、商品数量不足等情形。

(2) 违反“三包”规定或者与消费者的其他约定的。

(3) 提供商品或服务致消费者人身伤害的。

(4) 侵犯消费者人格尊严或人身自由的。

(5) 造成消费者财产损害的。

出现上述情形，经营者应当对消费者承担赔偿损失、赔礼道歉、追加赔偿其他费用以及继续按约定履行义务等法律责任。

经营者的行政责任由工商行政管理机关执行，一般采用罚款、没收非法所得、责令停业整顿、吊销营业执照等方式。

经营者损害消费者权益，情节特别严重，依法需要追究刑事责任的，由人民法院依据《消费者权益保护法》《刑法》等有关法律法规的规定执行。

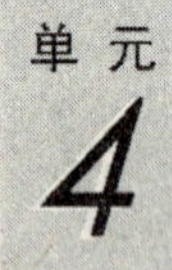

附录：企业常用行政制度（样例）

企业行政管理制度

第一章　总　　则

第一条　为加强企业行政事务管理，理顺企业内部关系，使各项管理标准化、制度化、提高办事效率，特制定本制度。

第二条　本制度所指行政事务包括档案管理、印鉴管理、公文打印管理、办公及劳保用品管理、库房管理、报刊及邮发管理等。

第二章　档案管理

第三条　归档范围：企业的规划、年度计划、统计资料、科学技术、财务审计、劳动工资、经营情况、人事档案、会议记录、决议、决定、委任书、协议、合同、项目方案、通告、通知等具有参考价值的文件资料。

第四条　档案管理要指定专人专责，明确责任，保证原始资料及单据完整，密级档案必须保证安全。

第五条　档案的借阅与索取

1. 总经理、副总经理及有关人员借阅非密级档案应通过行政主管办理借阅手续，直接提档；

2. 企业其他人员需借阅档案时，要经总经理批准，并办理借阅手续；

3. 借阅档案必须爱护，保持整洁，严禁涂改，注意安全和保密，严禁擅自翻印、抄录、转借、遗失，如确属工作需要摘录和复制，凡属密级档案，必须由总经理批准方可摘录和复制，一般内部档案经行政主管批准方可摘录和复制。

第六条　档案的销毁

1. 任何组织或个人非经允许无权随意销毁企业档案材料。

2. 若按规定需要销毁时，凡属密级档案须经总经理批准后方可销毁，一般内部档案，须经行政主管批准后方可销毁。

3. 经批准销毁的企业档案。档案人员要认真填写、编制销毁清单，由专人监督销毁。

第三章　印鉴管理

第七条　企业印鉴由行政秘书负责保管。

第八条　企业印鉴的使用一律由总经理签字许可后行政秘书方可盖章，如违反此项规定造成的后果由直接责任人负责。

第九条　企业所有需要盖印鉴的介绍信、说明及对外开出的任何公文，应统一编号登记，以备查询，存档。

第十条　企业一般不允许开具空白介绍信、证明，如因工作需要或其他特殊情况确需开具时，必须经总经理签字批条方可开出，持空白介绍信外出工作回来必须向企业汇报其介绍信的用途，未使用的必须交回。

第十一条　盖章后出现的意外情况由批准人负责。

第四章　公文打印管理

第十二条　企业公文的打印工作由行政秘书负责。

第十三条　各部室打印的公文或其他资料须经本部门负责人签字，交行政秘书安排，按价计费。

第十四条　各部门所有打印公文或文件必须一式三份，交行政秘书留底存档。

第五章　办公及劳保用品管理

第十五条　办公用品的购发

1. 每月月底前，各部门负责人将该部门所需要的办公用品制定计划提交行政秘书。

2. 行政秘书指定专人制定每月办公用品计划及预算；经总经理审批后负责将办公用品购回，根据实际工作需要有计划地分发给各个部门。由部门主管签字领回。

3. 除正常配给的办公用品外，若还需用其他用品的须经行政主管批准方可领用。

4. 企业新聘工作人员的办公用品由行政主管根据部门负责人提供的名单和用品清单负责为其配齐，以保证新聘人员的正常工作。

5. 负责购发办公用品的人员要做到办公用品齐全、品种对路、量足质优、库存合理、开支适当、用品保管好。

6. 负责购发办公用品的人员要建立账本，办好入库、出库手续。出库一定要由领取人签字。

7. 办公室用品管理一定要做到文明、清洁，注意安全、防火、防盗、严格按照规章制度办事，不允许非工作人员进入库房。

第十六条 劳保用品的购发：劳保用品的配给，由行政秘书根据各部门的实际工作需要统一购买、统一发放。

第六章 库 房 管 理

第十七条 库房物资的存放必须按分类、品种、规格、型号分别建立账本。

第十八条 采购人员购入的物品必须附有合格证及入库单，收票时要当面点清数目，检查包装是否完好，如发现短缺或损坏，应立即拆包清点数目，如发现实物与入库单数量、规格不符时，库房保管员应向交货人提出并通知有关负责人。

第十九条 物资入库后，应当日填写账卡。

第二十条 严格执行出入库手续，物资出库必须填写出库单，经财务部批准后方可出库。

第二十一条 库房物资一般不可外借，特殊情况须由总经理批准，办理外借手续。

第二十二条 严格管理账单资料，所有账册、账单要填写整洁、清楚、计算准确，不得随意涂改。

第二十三条 库房内严禁吸烟，禁止无关工作人员入内，库内必须配备消防设施，做到防火、防盗、防潮。

第七章 报刊及邮发管理

第二十四条 行政主管每半年按照企业的要求作出订阅报刊计划及预算，负责办理有关订阅手续。

第二十五条 行政主管每日负责将报刊取回并进行处理、分类、登记，并分别送到有关部门。

第二十六条 任何人不得随意将报刊挪作他用。

第八章 附 则

第二十七条 行政秘书负责为各部门邮发信件、邮件。

私人信件一律实行自费，贴足邮票，交行政秘书处理。

所有公发信件及邮件一律不封口，由行政秘书进行登记后统一封口，负责寄发。

各类挂号信，须经各部门主管批准，行政秘书登记后方可邮发。

第二十八条 本规定如有未尽事宜或随着企业的发展有些条款不适应工作需要的，各部门可提出修改意见交行政部研究并提请总经理批复。

第二十九条 本规定解释权归行政部。

第三十条 本规定从发布之日起生效。

企业人事管理制度

第一章 总 则

第一条 目的：为规范企业员工行政人事管理，特制订本制度。

第二条 范围：所有已受企业聘用并已签订劳动合同的员工。

第二章 聘 用

第三条 企业各部门如因工作需要必须增加员工时，由各部门主管依员工招聘流程规定提出书面申请，经总经理核准后，由人力资源部办理招聘事宜。

第四条 人力资源部对应聘者外形、言谈举止、思维、经验等进行初选合格后，安排应聘者同用人部门主管面谈，通过后请总经理审批，批准后转人力资源部通知录用者。新员工报到由人力资源部办理入职手续，由本人填写《员工入职登记表》，交一寸免冠近照两张，交验身份证、学历证明、职称证明等有关证件原件及复印件（详见第八条），必要时须提供《担保书》，并与企业签订劳动合同，领取有关物品。

第五条 人力资源部安排培训，培训完毕考试合格后，由人力资源部介绍新员工到所属部门报到，由部门经理安排工作。

第六条 员工应如实填报自身材料，企业有权向相关部门核实，如经查实有故意弄虚作假行为者，立即解除劳动合同。

第七条 新员工如品行不良或服务成绩欠佳或无故旷工，企业可随时停止试用，并解除劳动合同，试用不满五个工作日者，不发给工资。

第八条 新员工报到时，应向人力资源部缴验下列证件：

1. 身份证及身份证复印件。
2. 各种学历学位证书、职称证书、获奖证明等原件及复印件。
3. 最后服务单位离职证明。
4. 最近三个月内半身脱帽一寸照片两张。

5. 其他人事资料。

6. 其他必要文件（如担保书及其他必要的同意书或证件等）。

第九条 凡有下列情况者，不得聘用：

1. 被剥夺公民权尚未恢复。

2. 受有期徒刑宣告或通缉尚未结案。

3. 受破产宣告，尚未撤销。

4. 吸食鸦片或其他代用品。

5. 亏空公款受处罚。

6. 患有精神病或传染病。

7. 品性恶劣，道德不佳，或被公、私营企业及机关开除。

8. 体格检查经企业认定不适合。

9. 未满16周岁。

第十条 试用期间，新员工工资（由人力资源部发给职务级别确认书）为所订等级月工资80%，不享有各种有薪假期，不享有各种福利待遇（如保险），不享有季度奖、年终奖及其他奖金分配。

第三章 转 正

第十一条 新入职员工试用期限为三个月，市场部从事销售工作的人员可延长到六个月（均以满月计算）。

第十二条 新员工转正由本人提出转正申请。在试用期自我评价认为工作优秀，可胜任本职工作，达到企业要求者，可以随时提出转正申请。申请者可到人力资源部领取《员工转正申请表》，并附上详细的工作日志，填写后交部门主管审核。

部门主管仔细审核并签署意见后，交回人力资源部。

人力资源部给予综合评定后，签署意见。

试用期内，部门主管认为该员工可胜任本职工作的，可由部门主管牵头，人力资源部、总经理共同审核评定。

通过转正评估的员工，经总经理批准，人力资源部发给《职务级别确认书》。对评估不合格的员工，将延长试用期或被劝告辞职。

第十三条 员工在试用期间的工作表现及能力超出或低于其试用期间所确定级别，可在转正时予以提升或降低级别，并由人力资源部签发《职务级别确认书》确认职务和工资级别。

第十四条 转正后员工按劳动合同条款享受企业规定的各种带薪假期及正式员工享有的福利待遇，并参加员工考核，根据考核情况，享有季度奖、年终奖及其他奖金分配。

第十五条 员工享有正式员工待遇的计薪日期从签发《职务级别确认书》之日起的下一个月的1日起计。

第四章 职称和级别

第十六条 企业员工分行政主管类职位、销售类职位和技能类职位三种。

第十七条 职称和级别员工初进企业的职称和级别由企业所确定的试用职位、本人的学历和相关职位的工作经验年限所确定。对于特殊情况品行兼优，有特殊技能或管理才能的员工，可以在试用期满转正时由企业另行确定。

第五章 考 核

第十八条 企业员工均需参加企业规定的季度考核和年终考核，考核由人力资源部牵头组织，季度考核定于每年4月、7月、10月、第二年1月初15个工作日内完成，年终考核定于第二年一月进行。

部门经理考核由总经理评审。

第十九条 考核由三个考核项目组成，包括业绩考核、表现考核和能力考核。员工考核细则由人力资源部制定。

1. 业绩考核

考核内容如下：

工作质量。

目标完成程度。

2. 态度考核

考核内容如下：

纪律性：严格遵守团体中的所有规章制度。

责任心：在任何条件下，想方设法完成上级所委派的各种任务。

协调性：对自己职责范围以外的工作，只要对团体有益，就应该主动给予协助。

积极性：除一如既往地完成自己职责范围内的工作外，应主动积极地为企业的发展出主意，不断提高工作效率。

3. 能力考核

考核内容如下：

基本能力：通过学习和训练可达到职务等级所期望能力的基本素质。

熟悉能力：基本能力优秀但经验不足，同样无法完成职务，必须尽快地积累丰富经验。

第二十条 考核程序

1. 自我评估

由员工本人先作自我评估并写出书面报告和工作总结及工作记录，交直属上司。

2. 考核者评估

由直属上司进行评估。

3. 人力资源部进行评估

考核结果分为五个等级，以百分制计。

A 等 85～100 分

B 等 75～84 分

C 等 60～74 分

D 等 50～59 分

E 等 0～49 分

负责考核人应严守秘密，不得徇私舞弊或拖延评估，如因此对公司造成损失，由考核人承担责任。

第二十一条 考核分数与奖罚积分累积后，构成综合考评分数，直接与奖金、相关福利、提薪和晋升挂钩。

第六章 奖罚制度

第二十二条 员工奖励和惩罚分为加发/扣减奖金和奖励/扣减分数。

奖励和扣减的分数与员工考核分数相累积后，构成综合考评分数，综合考评分数直接与季度奖、年终奖、提薪和晋升挂钩。

1 天奖金＝(基本工资＋职务工资)÷22

第二十三条 员工奖励分下列四种：

1. 嘉奖：每次加发三天奖金，同当月工资一并发放，并奖励 1.5 分。
2. 记功：每次加发十天奖金，同当月工资一并发放，并资励 5 分。
3. 大功：每次加发一个月奖金，同当月工资一并发放，并资励 10 分。
4. 奖金：一次给予×千元奖金。

第二十四条 有下列表现之一者，予以书面公开嘉奖：

1. 品德端正，工作努力，能适时完成重大或特殊交办任务者。
2. 拾物不昧（价值 300 元以上）者。
3. 热心服务，有具体事实者。
4. 有显著的善行佳话，足以使企业引以为荣者。

5. 忍受困难、肮脏的工作足为楷模者。

6. 企业认为其他可以予以嘉奖者。

第二十五条 有下列表现之一者，予以书面公开记功：

1. 对生产技术或管理制度建议改进，被采纳施行，卓有成效者。

2. 节约物料或对废料利用，卓有成效者。

3. 遇有灾难，勇于负责，处置得宜者。

4. 检举违规或损害企业利益者。

5. 发现职守外故障，予以速报或妥为防止损害，足为嘉许者。

6. 企业认为其他可以予以记功者。

第二十六条 有下列表现之一者，予以公开书面记大功：

1. 遇有意外事件或灾害，奋不顾身，不避危难，使损害减少者。

2. 维护员工安全，冒险执行任务，确有功绩者。

3. 维护企业利益，避免重大损失者。

4. 有其他重大功绩者。

第二十七条 有下列表现之一者，予以奖金或晋级：

1. 研究发明，对企业确有贡献，并使成本降低，利润增加者。

2. 对企业有特殊贡献，足以为企业同仁表率者。

3. 一年内记大功两次者。

4. 服务每满五年，业绩优良，未曾旷工或受记过以上处分者。

第二十八条 员工惩罚分为五种：

1. 警告：每次减发三天奖金，从当月工资中扣减，并减扣 1.5 分。

2. 记过：每次减发十天奖金，从当月工资中扣减，并减扣 5 分。

3. 大过：每次减发一个月奖金，从当月工资中扣减，并减扣 10 分。

4. 降级：降级使用，相应核减薪资。

5. 开除：予以解雇。

6. 追究刑事责任。

第二十九条 有下列特殊行为之一者，予以公开书面警告：

1. 未经许可擅自在企业内推销物品者。

2. 上班时间躲卧休息，擅离岗位，贻误工作者。

3. 因个人过失致发生工作失误，情节轻微者。

4. 妨碍工作或团队秩序，情节轻微者。

5. 不服从主管合理指导，情节轻微者。

6. 不按规定穿着服装而有损企业形象者。

7. 不能按时完成企业交办任务者。

8. 在禁烟公共场所吸烟者。

9. 不遵守企业规章制度，情节轻微者。

10. 其他轻微过失或造成损失较轻微者。

第三十条 有下列行为之一者，予以公开书面记过：

1. 对上级批示或有期限命令，无故未能如期完成，导致影响公司利益者。

2. 在工作场所喧哗、嬉戏、吵闹，妨碍他人工作而不听劝告者。

3. 对同仁恶意攻讦或诬害、伪证，制造事端者。

4. 工作中酗酒影响自己或他人工作者。

5. 因疏忽致机器设备或物品材料遭受损害或伤及他人者。

6. 在禁烟公共场所吸烟屡劝不改者。

7. 出差在外放下工作不请假擅自外出旅游者。

8. 不遵守企业规章制度，屡劝不改者。

9. 因个人过失使企业遭受损失，情节较为严重者。

10. 其他较为严重违规或造成损失较为严重者。

第三十一条 有下列行为之一者，予以公开书面记大过：

1. 个人过失致企业蒙受重大损失者。

2. 在工作场所或工作中酗酒滋事，严重影响工作和企业正常秩序者。

3. 不服从主管调遣而延误工期，影响企业按期执行和正常回款者。

4. 贻误工作或擅自变更工作方法，使企业蒙受重大损失者。

5. 不服从主管合理指导，屡劝不听者。

6. 一个月内旷工超过两日者。

7. 机器、车辆、仪器及其他技术性工具，未经使用人及部门主管同意擅自操作者（如因此造成损坏并负赔偿责任）。

8. 有其他重大违规行为者（如违反企业制度，违反安全规定，情节严重者）。

第三十二条 有下列行为之一者，予以书面公开辞退（不发资遣费）：

1. 对同仁暴力威胁、恐吓，危害团队秩序者。

2. 殴打同仁或相互殴打者。

3. 在企业范围内赌博者。

4. 偷窃或侵占同仁或企业财物经查属实者。

5. 无故毁损企业财物，损失重大者。

6. 未经许可兼营与企业同类业务者。

7. 在企业服务期间受刑事处分者。

8. 一年中记大过满两次功过无法平衡抵消者。

9. 无故连续旷工三日或全月累计旷工五日者。

附录

10. 煽动怠工或罢工者。

11. 吸食鸦片或其他毒品者。

12. 散播不利于企业之谣言者或挑拨劳资双方感情者。

13. 伪造或盗用企业印鉴者。

14. 携带刀枪或其他违禁品或危险品进入企业者。

15. 在工作场所制造私人物件或唤使他人制造私人物件者。

16. 故意泄露企业技术或商务上的机密致企业蒙受重大损害者。

17. 利用企业名义在外招摇撞骗，致企业名誉受损害者。

18. 参加非法组织者。

19. 擅离职守致生变故使企业遭受损害者。

20. 其他违反政府法令法规或企业认为情节严重者。

第三十三条 对人为给企业造成重大损失者，视情节轻重，依法追究刑事责任。

第三十四条 员工功过抵消规定：

1. 嘉奖与警告抵消。

2. 记功一次或嘉奖三次，抵消记过一次或警告三次。

3. 记大功一次或记功三次，抵消大过一次或记过三次，员工功过抵消以发生于同一年度内者为限。

第三十五条 对于各部门制定的部门奖罚制度，当与本制度冲突时，以部门制度为准。

第七章 晋　　升

第三十六条 员工晋升分为级别晋升和职位晋升，在第二年一月进行，员工在本企业工作未满一年及未转正的员工，不予晋升。

第三十七条 级别晋升

综合考评为D等（含D等）以下的员工给予降级辞退。

综合考评为C等的员工降级或不予晋级。

综合考评为B等的员工晋升一级。

综合考评为A等的员工晋升二级。

第三十八条 职位晋升

员工年度考核连续两年或以上均为B等或A等时，并具备相应的技术能力、管理能力及协调能力时，可由上司提出书面申请；或当部门主管或副主管职位空缺时，可由员工在自我评估可以达到主管要求的基础上，提出书面申请，报上司审批，企业人力资源部组织专人进行评估，通过后，以书面形式通报相关部门，未通过则以书面形式与该员工进行沟通，指导其努力目标及方向。

第三十九条 员工晋升为部门主管/副主管，均有三个月试用期。

第四十条 试用考核评估由人力资源部负责落实，评估合格报总经理核准签发《职务级别确认书》，评估未通过由人力资源部签发意见，延长试用期限或降回原级别。

第四十一条 员工晋升主管/副主管的试用期间，原工资级别不变，正式晋升后予以调整。

第四十二条 员工晋升主管/副主管后的计薪日期，从企业签发《职务级别确认书》之日的下一个月的1日起计。

第八章 考　勤

第四十三条 员工每日出勤时间为：

上午：8：30～12：00

午休：12：00～13：30

下午：13：30～17：30

因特殊情况或工作未完成者，应自动延长工作时间，无超时津贴，企业因培训、开会、组织活动或特殊情况导致周六、周日上班者，无加班津贴。

第四十四条 部门经理以下员工上、下班均应打卡计时，以考勤机打出时间为准，每天上下班各刷卡一次。不得托人或受托打卡，否则以双方旷工一日论处，并予以警告处分。

第四十五条 员工如有迟到、早退或旷工等情况，依下列规定处分：

（一）迟到早退

1. 员工均须按时间上、下班，工作时间开始10分钟以后到班者为迟到。

2. 工作时间提前15分钟下班者为早退。

3. 无故提前15分钟以上下班者以旷工半日论，但因公外出或请假经主管证明者除外。

4. 有下班而忘记打卡者，应于次日经部门主管在卡上签注证明才视为不早退论。

5. 一月累计迟到30～60分钟者，扣除月工资的5%；一月累计迟到60分钟以上90分钟以下者，扣除月工资的10%；一月累计迟到90分钟以上者，扣除月工资的15%。

6. 员工外出20分钟以上需填写外出单由部门经理批准后，提交人力资源部。因外出不能及时打卡者，应在第二天写明原因并由部门经理签字认可后，提交人力资源部。未及时提交者，当日按旷工论处。

（二）旷工

1. 未经请假或请假未经批准擅自休假或假满未经续假而擅自不到职者以旷工论。

2. 委托或代人打卡或伪造出勤记录者，一经查明属实，双方均以旷工论。

3. 员工旷工，处以双倍当日工资罚款，从当月工资中扣除。

4. 无故连续旷工2日或全月累计无故旷工5日或一年累计旷工达到2日，予以解除劳动合同，不发给奖金及资遣金。

第九章　薪酬待遇

第四十六条　企业本着劳资兼顾互助互惠的原则，给予员工合理的待遇，企业遵守国家有关规定，在员工收入中代扣缴个人所得税。

第四十七条　企业下属部门在每月1日向人力资源部上报考勤，每月5日发放上月工资，遇周六、周日顺延。工资单由员工主动到财务部领取。

第四十八条　员工薪酬待遇分为：

基本工资、职务工资、津贴、季度奖金、年终奖金。其中津贴分为住房津贴、交通津贴、通信津贴。年终奖金分为基本年终奖和效益年终奖。

第四十九条　日工资的计算

每日工资=(基本工资+职务工资)÷22+津贴÷30

第五十条　住房津贴为企业给予员工自行租住房屋或供楼按揭给予的补贴，当员工入住企业宿舍时，不予补贴。住房津贴视各地区差异而有所不同。

第五十一条　交通津贴为企业给予员工的交通补贴，企业不予另行报销市区各种交通费用。交通津贴视地区差异而不同。员工出差见第十七章。

第五十二条　通信津贴为方便联系给予员工的费用津贴，通信工具由员工自行配置，企业不予负担。

第五十三条　季度奖金和基本年终奖为保证员工在正常完成其职责范围内工作后的收益，直接与考核等级挂钩，奖金比例为：

A等　100%　　B等　75%　　C等　50%　　D等、E等　0

员工一季度内记大过一次或记过两次或警告三次及以上者，一年内记大过两次或记过五次或警告十次及以上者，不能被评为B等、A等。

第五十四条　效益年终奖

企业每年按全年利润总额的一定比例作为奖励基金，根据全年的综合考评结果，奖励除企业部门主管以外的优秀员工。

第五十五条　福利基金详见第十二章。

第五十六条　所有年终奖金于春节放假前10天内发放。

第五十七条　企业解雇或因各种情况提出辞职的员工，不享受季度、年终和效益奖金。

第五十八条 未转正员工不享受企业季度、年终和效益奖金。已转正但转正未满一年的员工，季度和年终考核时，按转正后满月的月份比例，根据考核结果，享有奖金。

第五十九条 兼任下级或同级主管者，不予特别加薪。担任部门主管以上员工不参与季度奖金的分配。

第六十条 各等级薪酬表（略）。

第十章 休　假

第六十一条 员工除星期六日休息外，享受法定节假日，员工享有国家规定的春节三天假期，元旦一天假期，劳动节三天假期，国庆节三天假期（不含周六、周日），企业发给法定假期间的全部工资。

第六十二条 员工连续工作满一定期限，每年给予带薪年假。以上年假中计算周六、周日在内。

第六十三条 员工带薪年假，应自届满规定时间后，由劳资双方以不妨碍正常工作的原则下，提前两周申请，经部门主管签发意见，并报人力资源部批准，按请假程序办理。

第十一章 请　假

第六十四条 员工请假分五种（见下表）

假别	给假日期（以工作日计）	请假原因	应缴证件	薪资
事假	全年12日内 每月2日以内	因事必须本人处理		发给工资中津贴部分超出全年12天或每月2天，超出天数扣除所有当日工资
病假	全年24日内 每月10日以内	因病必须治疗及休养	须附缴医师诊断书	2天及以内发给基本工资，3天以上发给60%基本工资，超出全年24日或每月10日，不发工资
婚假	3天	本人结婚	主管证明	照给，超出天数不发工资
丧假	5天	直系亲属去世	主管证明	照给，超出天数不发工资
特别休假	依服务年资给予			
备注	计算全年可请病事假日数由每年1月1日起至12月31日止，中途或离职者按月份比例计算。以上各项假期，可与节假日累积计算			

第六十五条 事假应提前一天指定职务代理人并填写请假条，照下列规定办妥后方得离开，否则以旷工论；但因突发事件或急病不及先行请假者，应利用电话迅速向部门

主管报告并于当日由部门主管或其代理人依下列规定代办妥请假手续，否则亦视同旷工论。

1. 请假一天（含）以内时，报请部门主管批准。

2. 请假二天（含）以上，报请人力资源部核准。

3. 请假三天以上，报请总经理批准。

4. 请假批准后，请假单一律送人力资源部留存。请假理由不充分或足以妨碍业务者，主管可以不准假或缩短其假期或暂缓批准。

第六十六条 请假未满半小时者，以半小时计算，累积满八小时为一日，给假日期均自每年1月1日起至同年12月31日止，中途到职者，按比例扣减。

第十二章 福 利

第六十七条 企业为保障员工生活，增加员工福利，由人力资源部办理有关员工福利事宜。

第六十八条 员工婚丧、住院、致赠礼金、奠仪或慰问金，其给予标准如下：

1 员工结婚标准若干。

2 员工直系亲属（父母、配偶、子女）去世，标准若干。

3 员工因疾病住院标准若干。

第六十九条 企业依有关规定发给员工年终奖金，员工在同一年度内所有功过抵消后，增减其年终奖金。

第七十条 企业免费为员工提供午餐，其标准为每人每餐若干。员工因外出（不含出差在外）而误餐者补贴若干，出差按企业有关规定执行。

第七十一条 企业免费为员工办理各地政府部门规定所需的证件，如中途离职按未满工作月份比例结算工资时扣除。

第七十二条 企业按弥补亏损后利润额的5%累积作为企业公益金，用于员工培训、置业及其他福利项目。

第十三章 保 险

第七十三条 员工一律参加相关保险，于正式录用时由人力资源部办理，如中途离职或解聘（辞退），未满工作月份按比例在工资结算时扣除。

第七十四条 员工参加保险后，除依法享受各项权利及应得的各种赔偿外，不得再向本企业要求额外赔偿或补助。

第十四章　抚　　恤

第七十五条　员工因公而致残废或死亡时，依相关条例申请赔偿，尚未参加保险者，其津贴及辅助事宜依有关规定予以补偿。

第十五章　离　　职

第七十六条　离职分为两种：第一种：辞退，指企业辞退员工。第二种：辞职，指员工自动辞职离开企业。

第七十七条　按照国家劳动法规，符合下列条款，公司有权予以辞退，并不给予任何资遣费。

1. 在试用期间被证明不符合录用条件；
2. 严重违反企业规章制度；
3. 严重失职、营私舞弊、对企业利益造成重大损害；
4. 无不正当理由经常旷工；
5. 经批评教育仍然不改；
6. 被依法追究刑事责任；
7. 未能达到自己与企业签订的业绩指标；
8. 其他条款见第三十二条。

第七十八条　辞退程序如下：

1. 部门主管出具书面意见。
2. 人力资源部签署意见。
3. 财务部签署辞退者结算意见。
4. 总经理签署终审意见。
5. 人力资源部按劳动合同办理有关手续。

第七十九条　根据企业有关规定，员工在企业工作期间（合同期内）提出辞职（解除劳动合同），应按下列标准提前书面申请，报部门主管或人力资源部审批并办妥工作和财物交接手续方可离职。部门经理级员工离职须提前两个月申请。员工离职须提前一个月申请。未按企业规定日期提前申请的员工，不予办理离职手续。

第八十条　凡员工本人提出解除劳动合同（辞职），企业不予以支付资遣费。

第八十一条　凡员工离职应于一个工作日内办妥所有工作移交手续。不办理工作移交手续者，企业不予以发放当月工资。

第八十二条　员工在试用期内离职，工作天数不满 5 日者不予以计算工资。满 5 日

附录

者按实际工作天数计算工资。员工自接到辞退通知书当日，即办理工作移交手续，并不需再出勤。

第十六章　资　　遣

第八十三条　有下列情况之一时，应予资遣：

1. 企业停业或转让时。
2. 企业亏损或业务紧缩时。
3. 企业暂停工作在一个月以上时。
4. 企业业务性质变更，有减少劳工必要，又无适当工作可安置时。

第八十四条　员工资遣先后顺序：

1. 历年平均考核较低者。
2. 曾受惩戒者。
3. 工作效率低者，能力所限而致使工作不能胜任者。

第八十五条　企业应提前一个月通知被资遣员工，未提前通知而限定期限离职的，企业补偿一个月平均工资。

附录

第八十六条　员工离职的当月工资随企业当月工资一起发放。员工资遣费的发放日期为离职员工离职后的第二个月随企业工资一起发放。

第八十七条　员工资遣，依下列规定发给资遣费：

在企业连续服务每满一年者，发给相当于一个月基本工资的资遣费。未满一年者而满半年者，发给相当于半个月基本工资的资遣费。未满半年者，不发给资遣费。

第十七章　出　　差

第八十八条　员工出差应提前一个星期申请，特别出差提前一天申请。

出差人员填写出差通知书和出差预借旅费申请单，说明事由、日期、目的地、预计费用等，经部门经理、财务经理和总经理审批后，出差通知单交行政部备案，预借旅费申请单交财务部暂支费用。

第八十九条　出差返回后应在 3 个工作日内办理报销手续。

企业借款原则上做到“前账不清、后账不借”。如因特殊情况不能及时还清余款，在当月工资中予以扣除；故意拖延不报销者，于当月薪资中扣除，报销时再行核付。

第九十条　因实际需求无法按期回归者，应向部门主管请示延期，并写出书面说明报告，不得因私事或借故延长差期，否则除不予报销差旅费外，并依情节轻重给予一定处罚。

第九十一条 报销标准及规范

1. 交通工具（略）
2. 住宿标准（略）
3. 伙食补助（略）
4. 招待费用（略）
5. 通讯费用（略）

第十八章 培 训

第九十二条 企业为提高员工素质及工作效率，定期或不定期举办各种专业培训，被指定参加员工，非特殊原因，不得拒绝参加。

第九十三条 员工培训由人力资源部统筹管理，各部门上报计划。

（一）职前培训：新进员工应实施职前培训，内容为：

1. 企业简介及人事管理制度的讲解。
2. 工作特点、产品性能、工作要求说明。
3. 指定资深及专业人员辅导培训。

（二）在职培训：员工应不断研究学习本职技能、朴素砥砺；各级主管尤应相机施教，以求精进。

（三）专业培训：视工作或业务需要，挑选优秀干部至各职业培训机构相关班次，接受专业培训；或邀请专家学者来企业作系列专题演讲，以增进其本职知识技能，以利于任务的完成。

第十九章 迁 调

第九十四条 企业基于工作需要，可随时调动员工的职务或工作地点，被调员工应予配合，如有特殊原因，应书面报告，总经理核批后可撤销。

第九十五条 各部门主管应依所属员工个性、学识、能力、调配适当工作，务使人尽其才，才尽其用。

第九十六条 员工接调职通知书后，部门主管应于五个工作日内，一般员工应于三个工作日内办妥移交手续，前往新职部门报到。

第九十七条 员工调职，如驻地远者，按规定报销差旅费。

第九十八条 调任员工在接任者未到职前，其所遗职务由原直属主管指派合适人选暂行代理。

第二十章 服务准则

第九十九条 员工应遵守企业一切规章、通告及公告。

第一百条 员工应遵守下列事项：

1. 尽忠职守，服从领导，不得有阳奉阴违或敷衍失职的行为。

2. 不得经营与企业类似的有关业务，或兼任其他企业的职务。

3. 全体员工务须不断提高自己的工作技能，以达到工作上精益求精，提升工作效率。

4. 不得泄露企业各种商业机密和商业信息，以及各种技术职务的机密。

5. 不得假借职权，贪污舞弊或以企业名义在外招摇撞骗。

6. 不能在各种场合说出或做出有损企业形象或公司信誉的言语及行为。

7. 不得携带违禁品、危险品或与工作生产无关物品进入工作场所。

8. 不得私自携带公物出企业。

9. 工作时间中不得随意离开工作岗位，如须离开应向主管请示批准后始得离开。

10. 员工每日应注意保持工作环境清洁整齐。

11. 员工在工作时间不得怠慢拖延，严禁看杂志、报纸，严禁在工作时间抽烟，以便增进工作效果并预防危险。

12. 员工不得吵闹、斗殴、聊天闲谈或搬弄是非及扰乱工作秩序。

13. 全体员工必须了解，唯有努力工作，提高效益才能获得改善及增进福利，以达到互助合作，企业和员工互利的目的。

14. 各级主管须注意自身修养，领导所属员工，同舟共济，提高工作情绪，使部属精神愉快，在职业上有安全感。

15. 按规定时间上、下班，不得无故迟到、早退。

第二十一章 安全与卫生

第一百零一条 各部门应随时注意工作环境安全与卫生设施，以维护员工身体健康。

第一百零二条 员工应遵守企业有关安全及卫生诸规定，以保护企业及个人安全。

第二十二章 其 他

第一百零三条 本制度解释权归行政部。

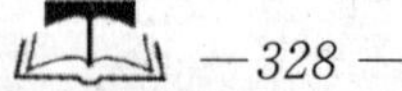

第一百零四条 本制度自颁布之日起实施。

企业财务管理制度

第一章 总 则

为加强财务管理，适应社会主义市场经济体制的客观要求，健全现代企业制度，进一步完善企业财务制度体系，规范企业财会工作，维护投资者和债权人的合法权益，根据《中华人民共和国会计法》《企业会计准则》《企业财务通则》等，制定本管理制度。

财务管理的基本任务和方法是：做好各项财务收支计划，对生产和经营过程进行控制、监督、核算、分析和评价工作，管好用好资金，保证资金和财产的安全，有效利用企业的各项资产，努力提高经济效益。

财务管理上要贯彻“勤俭办企业”的方针，勤俭节约、精打细算，在企业经营中制止铺张浪费和一切不必要的开支，降低消耗、增加积累。

第二章 会计机构与会计人员

企业设立财务部。财务部设经理、会计和出纳岗位。出纳员不得兼管稽核、会计档案保管和收入、费用、债权债务账目的登记工作。

财务人员应当保守企业的商业秘密和财务信息。除法律规定和企业主管同意外，不能私自向外界提供或者泄露企业的财务信息。

财务部经理的主要职责是：

1. 主持财务工作，完成各项会计业务工作；

2. 制订财务计划，搞好会计核算，及时、准确、完整地核算经营成果、定期提供数据、资料和财务分析报告；

3. 负责编制会计报告，主持清查财产；

4. 执行财经法令、制度、决定、坚持原则、增收节支，提高经济效益；

5. 制订企业财务预、决算方案，提供本年度财务及分析报告，同时提供次年的财务预算报告；

6. 组织监督财务预算的执行情况，定期向企业主管提交财务预算执行情况报告；

7. 组织制定企业的年度、季度财务计划；

8. 组织进行必要的财务预测和风险分析，组织资金筹措；

9. 进行成本费用预算，计划、控制、核算、分析和考核，督促企业有关部门降低消

附录

耗、节约费用、提高经济效益；

10. 加强企业的资金运用管理，并组织制定相应的管理细则；

11. 建立健全经济核算制度，组织监督企业的财务运行状况，组织定期、不定期的审计、检查工作；

12. 完成董事会、总经理交付的其他工作；

13. 监督检查资金、费用开支及财产管理，严格审核原始凭证及账表、单据，杜绝贪污、浪费及不合理开支；

会计的主要工作职责是：

1. 按照国家会计制度的规定记账、报账，做到手续完备、数字准确、账目清楚、按期报账。

2. 按照经济核算原则，定期检查、分析公司财务、成本和利润的执行情况，挖掘增收之节支潜力，考核资金效果，及时向财务经理提出合理化建议，当好企业参谋。

3. 妥善保管会计凭证、会计账簿、会计报表和其他会计资料。

4. 完成财务经理交付的其他工作。

出纳员的主要职责是：

1. 贯彻现金管理制度，把好现金收支关，根据稽核人员签章的凭证复核，办理款项收付。库存现金保持在规定的限额内，超过部分要及时存入银行。不得以白条抵冲现金，更不得挪用现金。

2. 及时办理银行结算业务，随时掌握银行存款余额，不准签发空头支票和远期支票，不准出借银行账户。

3. 建立健全现金、银行各种账目，根据已办理完毕的收付款凭证，逐笔顺序登记现金日记账和银行日记账，并结出余额。现金账余额要与每日库存现金核对，做到日清月结。

4. 妥善保管各类空白支票、空白收据。严格按照规定用途使用，要设立专门的登记簿登记，认真办理领用注销手续。

5. 配合会计做好各种账务处理、编制未达账调节表。

6. 完成财务经理交付的其他工作。

财务人员都要认真执行岗位责任制，各司其职、互相配合，如实反映和严格监督各项经济活动。记账、算账、报账必须做到手续完备、内容真实、数字准确、账目清楚、日清月结、按期报账。

各级主管必须切实保障财务人员依法行使职权和履行职责。

财务人员调动工作或因故调职，必须与企业指定的接替人员进行账务移交，且要一切手续完备，账务清楚后，方可调职。移交人员在办理移交时，须编制移交清册，要按移交清册逐项移交，接替人员要逐项核对点收，交接完毕后，交接双方和监交人在移交清册上签名或盖章。

第三章　会计凭证和会计账簿

1. 企业必须按照规定正确使用会计凭证，合理设置会计账簿，全面、系统、连续地记录企业的各项经济业务活动，及时、真实地反映企业的经营成果。

2. 企业必需使用财政局统一监制的会计凭证、会计账本、会计报表，保持统一和规范。

3. 财务人员填制凭证、登记账簿，必须严肃认真、准确及时，做到内容完整、数字正确，摘要简明，字迹整洁，不得潦草、模糊；发现差错应及时查明，并按规定进行更正，不得任意涂改、更换、销毁凭证账册。

4. 填制会计凭证和登记账簿，必须用钢笔或黑色签字笔，不得使用铅笔或圆珠笔，划线、改错、冲账时可用红墨水笔。

5. 记账凭证和账簿上的会计科目和子细目，以及往来账户的名称，必须用全称，不得随意简化或用代号。

6. 制记账凭证必须附有合法的原始凭证作为依据，各种原始凭证必须内容真实、手续完备、数字准确。对结账和更正错误的记账凭证，可以不附原始凭证。

7. 各种空白支票、发票、收据，都应指定专人保管，并设立登记簿，登记领用日期、数量及起讫号码，并由领用人核实签收，防止丢失。

8. 企业必须设置总账、日记账和明细分类账等，并根据业务和管理的需要，设置备种辅助或备查簿。

9. 启用会计账簿要在会计账簿上写明公司名称和账簿所属年度，账簿内的“账簿启用表”要填写齐全。

10. 登账必须根据经过审核无误的记账凭证进行登记，每一笔账都要记明记账凭证的日期、凭证号码和经济事项的摘要。登记账簿应按凭证日期和编号的顺序记账，不能前后颠倒、不得跳行、隔行。

11. 各种账簿在记账完毕后，必须结出余额，按月进行核对，保证账账相符、账证相符、账实相符。

12. 记账凭证及账簿，都必须定期按日期及编号顺序装订成册，加上封面，记账凭证上注明年度、月份、起讫、号数、分册号数及财务主管人员，逐册编号，交由专人登记会计档案目录簿。

13. 会计凭证、账簿和报表，是企业的重要档案，必须指定专人妥善保管，做到完整无缺、便于调阅，无关人员未经财务经理及企业总经理同意，不准任意查阅会计档案。未经财务部经理批准。不准擅自复印或外借。

第四章　资金筹集与资金管理

1. 资金筹集是企业财务管理的重要任务，是财务管理的起点。企业根据发展的需要，应对资金的需求进行预测，编制年度资金使用计划，同时，对资金成本进行分析，并根据可能选择最佳的筹集方式。

2. 企业应当按照法律、法规和合同、章程的规定，及时筹集资本金。资本金可以一次或分次筹集。投资者未按照投资合同、协议、章程的约定履行出资义务的，企业或其他投资者可以依法追究其违约责任。

3. 企业在筹资过程中，吸收投资者的无形资产（不包括土地使用权）的出资不得超过企业注册资金的20%。因特殊原因，需要超过20%的，须经工商管理部门审查批准，但是最多不超过企业注册资金的30%。企业不接收投资者已设立有担保物权及租赁资产的出资入股。

4. 企业筹集的资本金必须由中国注册会计师验资并出具验资报告，由企业据以发给投资者的出资证明书。

5. 企业的资本金在生产经营期间内，投资者除依法转让外，不得以任何方式抽走。投资者按照出资比例或者章程、合同的规定，分享企业利润和承担亏损。

6. 流动负债是指在一年内偿还的债务，包括短期借款、债券、应付票据、应付账款、应付工资、应交税金、其他应付款、预提费用、应付福利费用等。长期负债包括长期借款、长期应收款以及一年以上的企业债券。

7. 企业的各种负债应按期偿还本金和利息，若因暂时困难需延期还款的，应向债权人提出延期还款计划，经同意后办理有关手续，以维护企业信誉。如发生因债权人特殊原因确实无法支付的债务，计入营业外收入。

8. 应付福利费，按有关规定的比例从工资总额中提取并计入当期成本费用的流动负债。

9. 银行账户必须按银行的规定开设和使用，银行账户只供企业经营业务收支结算使用。严禁出借账户供外单位或他人使用，严禁为外单位或个人代收代支、转账套现等。

10. 银行账户与账号必须保密，非因业务需要不准外泄。同时，银行账户印鉴实行分管并用制。财务专用章由财务部经理或主管会计保管，私章由出纳保管，不准由一人保管使用，保管外出时可委托他人代管。

11. 严禁任何空白支票未用先盖章。使用时必须填最高限额、日期、用途、领用人签名等。

12. 银行收支款项，应按业务发生的先后顺序逐笔登记银行存款日记账，不准多笔汇总记账，也不准以收顶支后记账。企业应按月与银行对账单核对，未达账项应编制调

附录

节表逐笔调节平衡。

13. 办理信汇、电汇、票汇、转账支付等付出的款项，一律凭领用支票审批单办理，领用支票审批单应随付款凭证一并入账。

14. 企业必须严格按照国家规定的现金使用范围，控制现金的支出结算，一般不直接支付现金。一切的现金收支，必须有合法的凭证作依据。

15. 现金日记账必须设立固定账本，严禁有账外账，严禁私设小金库。

16. 企业财务主管每月终必须会同出纳员盘点库存现金，保证账实相符。

17. 严禁将企业公款存入私人账户或以私人名义用企业公款购买股票、债券，以及用私人名义用企业公款进行其他经营活动，违者以挪用或侵占公司资产罪论处。

18. 严格控制员工临时借款。员工临时借款，主要用于出差、购买公用物品、业务招待费。私人借款一律禁止。

19. 企业应建立资金运用及回笼情况的跟踪制度，要及时清理债权债务。到期的债权，要督促有关人员及时催收，发现问题，应及时研究处理，并上报企业财务部备案。

20. 企业必须加强对发票的管理，要有专人负责对发票的保管、登记、领用清理、核对工作。已开出的发票，要及时交付给对方；严禁为其他单位和个人代开与企业业务无关的发票，否则对当事者处以发票面额 30％以上的罚款，情节严重者要追究法律责任。

第五章　流动资金的核算

1. 经管债权（应收账款、应收票据、预付账款、其他应收款）账目的财务人员应经常清理各账户款项，定期与有关单位核对余额，经常向部门主管汇报债权清理情况，督促经办人员及时结清和收回债权。

2. 企业应按当年末应收账款、应收票据、预付账款等应收款项的余额计提一定比例的坏账准备金，纳入管理费用。

3. 企业应根据国家统一规定确认坏账损失，即：因债务人破产或者死亡，以其破产财产或者遗产和担保人清偿后，仍然不能收回的部分。其次，因债务人逾期未履行偿债义务超过三年仍然不能收回的账款。

4. 严格坏账损失的控制及审批程序。企业若发生坏账损失时，应先书面报告企业财务部初审、财务部经理复审，经企业总经理批准同意后方可冲账。如因个人责任造成坏账的责任者要视情节分别给予经济、行政处罚直至追究刑事责任。

5. 存货的计价方法按规定执行。

第六章 投 资

1. 投资包括长期投资与短期投资。企业根据投资期限的长短，结合投资的目的，确定短期投资与长期投资，并分别管理。

2. 企业可采用货币资金、实物、无形资产等方式向其他单位投资。任何投资项目必须由企业同意立项、审核和监控。

3. 企业财务部应积极参与投资项目的可行性研究，配合有关部门做好对外投资的立项审批、跟踪检查、评价考核等工作。

4. 对外投资的计价方法，应以投资时支付的价款或者评估确定的金额计价，即按成本法计价。企业溢价或折价购入的长期债券，其溢价或折价差额，采用直线法进行分期摊销。对短期投资或长期债券的转让，应严格审批手续，正确计算损益。

5. 企业根据拥有被投资单位的股权比例分别采用成本法、权益法或合并会计报表进行核算。占被投资单位股权在25％以下的采用成本法核算，股权在25％～50％的采用权益法核算，股权在50％以上的采用合并会计报表进行核算。

第七章 固定资产与在建工程

1. 固定资产的标准

房屋及建筑物、机器设备、运输工具等。

单位价值在2 000元以上，使用期限超过两年的物品。

2. 固定资产的计价

购入的固定资产，按照买价或售出单位账面原价（扣除原安装成本）加上支付的运输费、保险费、安装成本和增值税额。国外进口设备的原价还应包括支付关税、增值税、消费税等。

自行建造的固定资产、按照建造过程中实际发生的全部支出计价。

融资租入的固定资产，按租赁协议确定的价款加上由企业负担的运输费、保险费、安装调试费等计价。

在原有固定资产基础上进行改造、扩建的固定资产、按原有固定资产的原价，加上改扩建发生的支出，减去改扩建过程中发生的变价收入后的余额计价。

接受捐赠的固定资产，按受赠固定资产的市场价格计价，或根据捐赠者提供的有关凭证和企业负担的运输费、保险费、安装调试费等计价。

盘盈的固定资产，按照同类固定资产的市价按重置完全价值计价。

3. 固定资产计提折旧的范围及折旧的期限和方法

使用中的固定资产应计提折旧，除房屋建筑物以外，未使用和不需用的固定资产不计提折旧。

各类固定资产的折旧年限如下：

项目	折旧年限
房屋及建筑物	20年
机器设备	8年
电子设备	5年
运输工具	5年
其他设备	5年

固定资产折旧方法采用平均年限法。

固定资产残值按固定资产原值的10%计算。

4. 固定资产的管理

企业必须设立固定资产明细账，做到账、物、账表相符。同时，固定资产保管必须落实到人，由专人负责。

固定资产的购建、转让、报废必须报告企业财务部，由财务部审查，经企业领导审批后方可执行。

固定资产必须定期清查盘点，发现盘盈、盘亏的固定资产，应查明原因，填制固定资产盘盈、盘亏报告表并写出书面报告，报经公司总经理批准后才能列入营业外收支。在批准之前，只能作为待处理财产处理。

固定资产大修理必须由企业有关部门按年度编制修理计划和费用预算，经财务部审检后执行。发生的大修理费用，可按预提或待摊的形式分期计入有关成本费用。发生的中、小修理费直接进入成本费用。

企业新建、改建、扩建、技术改造、设备更新等所发生的各项建筑工程或设备安装工程支出，都应当列入在建工程进行会计核算。

在建工程的计价，自营工程按照直接材料（包括材料费和增值税额），直接工资、直接机械施工费以及有关的其他费用等进行计价。出包工程按照应当支付的工程价款（包括工程费和营业税额）以及所分摊的工程管理费等计价。

在建工程竣工后，应按照有关规定编制竣工决算表，办妥竣工验收和固定资产交接手续，转入固定资产。

企业发生的应计在建工程借款利息，汇兑损失，发生在工程尚未办理竣工决算以前的，计入在建工程成本，作为资产价值。竣工验收决算后的，计入期间财务费用。

在建工程发生报废或者毁损，扣除残料价值和过失人或保险企业的赔款后的净损失，计入营业外支出。

第八章　无形资产与递延资产

1. 无形资产按照取得的实际成本计价。投资者投入的，按照评估确认或合同、协议约定的金额计价；购入的按照实际支付的价款计价；自行开发的，按开发过程中实际支出的计价；接受捐赠的，按照所附单据或参照同类无形资产市价计价。

2. 无形资产入账后从开始使用之日起，在有效使用期限内平均摊入管理费用。

法律和合同或者企业章程分别规定有法定有效期限和受益年限的，按照规定的受益年限孰短的原则确定。

法律没有规定有效年限，合同或者企业章程中规定有收益年限的，按照合同或者企业申请书中规定的受益年限确定。

均未规定法定有效期限或者受益年限的，按照不少于10年的期限确定。

3. 无形资产转让有两种情况，一是转让其所有权，二是转让其使用权。

这两种转让的收入都列作企业的“其他业务收入”。转让的成本列作企业的“其他业务支出”。转让其所有权的，其转让成本按该项无形资产的摊余或重置价值计算；转让其使用的，其转让成本按履行无形资产的合同中所发生的费用计算。

4. 递延资产是指不能全部计入当年损益，应当在以后年度内分期摊销的各项费用支出。

包括：开办费、租入固定资产的改良支出以及摊销期限在一年以上的其他长期待摊费用。开办费从开始企业经营月份的次月起按不短于5年的期限平均摊入管理费用。

第九章　收入、成本费用

1. 按下述规定确定收入的实现

商品或产品已经发出，劳务已经提供同时收讫款或取得收取价款的凭据时，确认收入的实现。

在交款提货方式的情况下，如货款已收到，发票账单和提货单已经交买方，无论商品、产品是否发出，都作为收入的实现。

采用预收货款销售的商品和产品，在商品、产品发出时作为收入的实现。

委托其他单位代销的商品、产品，收到代销单位的代销清单后作为收入的实现。

在采用承付结算方式销售商品、产品或提供劳务的情况下，应当在商品、产品已经发出，劳务已经提供并已经将发票账单提交银行办妥托收手续后作为收入的实现。

采用分期收款方式销售商品、产品，按合同约定的收款日期作为收入的实现。

公司出口销售的商品、产品、陆运以取得承运货物收据或铁路运单、海运以取得出

口装船提单，空运以取得空运单，并向银行办理出口交单后作为收入的实现。

2. 实现的销售收入，应按实际价款记账，当期发生的销售退回，不论是属于本期还是以前期间销售的，都应冲减当期的收入和成本。销售商品发生的销售折让（折扣）支出，应冲减当期的销售收入。

3. 当月实现的收入应全部记入当月账内，并按配比原则计算与收入有关的成本、费用、税金。这些成本、税金费用应单独核算，在财务报表上单独反映，不得抵减销售收入。

4. 企业应按会计核算的规定设生产成本，工程成本、制造费用、管理费用、销售费用、财务费用等科目对成本和费用进行归集和核算。

生产成本和费用项目如下：

生产成本项目包括：直接材料、直接工资、其他直接支出制造费用。

工程成本项目包括：直接材料、直接工资、其他直接支出。

制造费用主要包括：管理人员工资、职工福利、房屋、建筑物、机器设备等的折旧费、租赁费、运输费、保险费、设计费、检验费、劳动保护费、停工损失及其他制造费用。

管理费用主要包括：企业管理人员工资、职工福利、工会经费、职工教育经费、办公业务费、邮电通讯费、社会保险费、董事经费、咨询费、审计费、诉讼费、税金、技术转让费、技术开发费、折旧费、无形资产摊销、递延资产摊销、业务招待费、坏账损失以及其他管理费用。

销售费用主要包括：由企业负担的运输费、装卸费、包装费、保险费、委托代销手续费、广告费、展览费、租赁费、维护修理费、销售部门人员工资、福利、差旅费、办公费、折旧费以及为销售而支出的其他费用。

财务费用是企业为筹集资金而发生的各项费用，包括：经营期间发生的利息支出、汇兑净损失、手续费以及与筹资而支出的其他费用。

5. 企业应根据产品种类建立产品成本明细台账，做到记录完整、核算准确、资料齐全。同时，要分析成本、费用的升降原因，采取必要措施，努力降低成本，提高效益。

6. 企业的成本费用应根据有关规定范围开支，并按权责发生制的原则确定本期的成本费用，不得任意预提和摊销。

7. 按照财务制度规定，下列支出不列入成本费用：

为购置和建造固定资产、无形资产和其他资产的支出。

对外投资的支出。

被没收财产、支付的滞纳金、罚款、违约金、赔偿金以及企业的捐赠、赞助等开支。

国家规定不得列入成本费用的其他支出。

8. 企业根据生产的特点和管理的要求，选择用品种法、分步法、分批法、定额法等其中的一种或多种并用核算成本，核算方法一经确定，在一个会计期间内不得改变。期末可选择约当产量法等进行完工产品和产品之间的费用分配。

9. 企业要严格控制成本费用开支范围和开支标准，严格定额管理，做到精打细算，厉行节约，降低成本。

第十章　利润及利润分配

1. 利润是企业经济效益的综合指标，它包括营业利润、投资收益、营业外收支净额。

利润总额按下列公式计算：

利润总额＝营业利润（或销售利润）＋投资净收益＋营业外收入－营业外支出

营业利润＝产品销售利润＋其他业务利润－管理费用－财务费用

产品销售利润＝产品销售收入－其他销售成本－其他销售税金及附加

投资收益是企业对外投资取得的利润、股利、股息等减去发生的投资损失后的净额。

营业外收入包括：固定资产盘盈；处理固定资产收益；罚款净收入；罚没收入；确实无法支付的而按规定程序批准后转作营业外收入的应付款等。

营业外支出包括：固定资产盘亏；处理固定资产损失；非常损失。营业外收入和营业外支出分别核算，并在损益表中分别反映。

2. 利润指标作为考核企业和部门的生产经营活动成果的依据。因此，财务部必须定期检查利润及有关指标的完成情况，分析其原因，找出不利因素，揭示提高经济效益的潜力，为企业主管和有关部门进行决策提供依据。

3. 企业实现的利润，在弥补以前年度亏损后（应在不超过规定的弥补期限之内），按照规定计算缴纳所得税。

4. 企业的税后利润根据《公司法》《公司章程》规定的比例提取公积金和公益金。

5. 企业的利润分配权在董事会。企业根据董事会通过的分配决议案进行分配。

6. 企业按照章程的规定从净利润中提取盈余公积金，符合规定条件时，也可以用盈余公积金弥补亏损或转增资本金。但转增资本金后，企业的法定盈余公积金一般不得低于公司股本的25%。

7. 企业年终结账后发现的以前年度会计事项的处理错误，包括会计核算错误和会计政策的改变，应在当年有关账户中作相应的调整。涉及以前年度损益，单独在以前年度损益调整科目中核算，期末转入“本年利润”科目。

8. 企业实现的利润和利润分配分别核算，利润构成与利润分配各自设立明细账，进

行明细核算。提取的公积金、公益金、任意公积金，应付利润以及年初未分配利润或未弥补亏损、年末未分配利润或弥补亏损等，均在利润分配表中分别列示。

第十一章　财务报告与财务评价

1. 企业应报送的报表种类包括

月报、季报：资产负债表、利润表、管理费用明细表、销售费用明细表、制造费用明细表。

年报：企业除报送月报、季报所列表式外，还需加报：现金流量表。

2. 报表报送时间分别为

月、季报于月份终了的第 10 天前报送企业（即次月 10 日前）。

年报于元月 20 日前报送企业。会计报表按规定还需向当地税务、银行等单位报送。

3. 企业对其投资占总股本 50%以上的控股企业应编制合并会计报表。合并报表时，按规定抵消有关项目。

4. 企业在报送年度会计报表时，应附送财务分析报告。主要说明：

企业的生产经营情况；

利润完成情况；

资金使用及周转情况；

债权债务变动情况；

各类资产增减变动情况；

主要税项交纳情况；

成本、费用升降情况。

5. 其他财务会计方面需要说明的问题包括：

总结和评价企业的财务及经营成果，认真分析影响财务指标变动的各个因素。财务指标主要包括：资产负债率、流动比率、速动比率、应收账款周转率、存货周转率、资本利润率、营业收入利润率、成本费用利润率。流动资金周转天数、次数等。

第十二章　附　　则

本管理制度自颁布之日起执行。本管理制度由企业财务部负责解释，修订和补充。

行政经费管理制度

第一条 办公用品及低值易耗品采购费报销规定

1. 行政部根据计划统一采购、验收和入库，根据发票、入库单报销。

2. 各部门急需的或特殊的办公用品，经批准后可自行购买：

①单价在50元以下，或总价在200元以下，由行政部长批准；

②单价在50元以上，或总价在200元以上，由分管副总批准。购买后，提交发票、实物；

③经行政部查验入库单及入账单后方可报销。

3. 原则上不予报销办公用品的装卸费用。

第二条 车辆使用费报销规定

1. 车辆使用费包括汽油费、维修费、路桥费、泊车费和驾驶员补贴等。

2. 行政部在掌握车辆维护、用车和油耗情况基础上，制定当月车辆费用开支计划。

3. 汽油费的报销需由驾驶员在发票背面注明行车起始点和路程，由行政部根据里程表、油耗标准、加油时间、加油数量和用车记录等复核，经行政部负责人签字验核。

4. 路桥费和洗车费由驾驶员每月汇总报销一次，由行政部根据派车记录复核，经行政部负责人签字验核。

5. 车辆维修前驾驶员须提出书面报告，说明维修原因和预计费用，报销时在发票上列明详细费用清单，由行政部根据车辆维修情况复核，经行政部长签字验核。

6. 驾驶员行车补助按加班标准计算，每月在工资中列支发放。

第三条 交通费报销规定

1. 交通补贴见公司《补贴津贴标准》。

2. 交通补贴与员工工资一起发放。

3. 员工外勤不能按时返回就餐者，可给予误餐补贴。

4. 员工外勤每天交通费标准为______元，经批准可乘坐出租车并予以报销。凡公司派车和未经批准乘坐出租车者，均不予报销外勤交通费。

第四条 应酬招待费报销规定

1. 根据公司对外接待办法等文件中所规定的标准接待。

2. 应酬前须向上级有关领导申请，并予以批准方可进行。

3. 原则上不允许“先斩后奏”，因特殊原因无法事先申请的，事后须及时报告有关领导。

4. 应酬活动一般在定点酒店、宾馆进行。应酬招待费一般在签单卡签字后按月结

附录

算，不得擅自在其他处或用现金结算。

保密制度

第一章　总　　则

第一条　为保守公司秘密，维护公司权益，特制定本制度。

第二条　秘密是关系公司权益和利益、依照特定程序确定、在一定时间内只限一定范围内的人员知悉的事项。

第三条　公司附属组织和分支机构以及员工都有保守公司秘密的义务。

第四条　公司保密工作，实行既确保秘密又便利工作的方针。

第五条　对保守、保护公司秘密以及改进保密技术、措施等方面成绩显著的部门或员工实行奖励。

第六条　保密范围和密级确定。

公司“秘密”包括本制度第二条规定的下列秘密事项。

1. 公司重大决策中的秘密事项。
2. 公司尚未付诸实施的经营战略、经营方向、经营规划、经营项目及经营决策。
3. 公司内部掌握的合同、协议、意见书可行性报告及主要会议记录。
4. 公司财务预、决算报告及各类财务报表和统计报表。
5. 公司所掌握的尚未进入市场或尚未公开的各类信息。
6. 公司员工人事档案，工资性、劳务性收入及资料。
7. 其他经公司确定应当保密的事项。

一般性决定、决议、通告、通知和行政管理资料等内部文件不属于保密范围。

第七条　公司秘密的密级分为“绝密”“机密”“秘密”三级。

“绝密”是最重要的公司秘密，将其泄露会使公司的权益和利益遭受特别严重的损害；“机密”是重要的公司秘密，如有泄露会使公司的权益和利益遭受严重损害；“秘密”是一般的公司秘密，如有泄露会使公司的权益和利益遭受损害。

第八条　公司密级的确定。

1. 公司经营发展中，直接影响公司权益和利益的重要决策文件资料为绝密级；
2. 公司的规划、财务报表、统计信息、重要会议记录和公司经营情况为机密级；
3. 公司人事档案、合同、协议、员工工资性收入和尚未进入市场或尚未公开的各类信息为秘密级。

第九条　属于公司秘密的文件和资料，应依据本制度第七条、第八条的规定标明密级，并确定保密期限。保密期限届满，自行解密。

第二章　保密措施

第十条　属于公司秘密的文件，资料和其他物品的制作、收发、传递、使用、复制、摘抄、保存和销毁，由总经理办公室或主管副总经理委托专人执行；采用计算机技术存取、处理、传递的公司秘密由计算机部门负责保密。

第十一条　对于密级文件、资料和其他物品，必须采取以下保密措施：

1. 未经总经理或主管副总经理批准，不得复制和摘抄；

2. 收发、传递和外出携带的密级文件、资料和其他物品，由指定人员负责，并采取必要的安全措施；

3. 将其放置在设备完善的保存装置中保存。

第十二条　属于公司秘密的设备或者产品的研制、生产、运输、使用、保存、维修和销毁，由公司指定专门部门负责执行，并采取相应的保密措施。

第十三条　在对外交往与合作中需要提供公司秘密事项的，应先经总经理批准。

第十四条　具体涉及公司秘密内容的会议和其他活动，主办部门应采取下列保密措施：

1. 选择具备保密条件的会议场所；

2. 根据工作需要，限定参加会议人员的范围，对参加涉及密级事项会议的人员予以指定；

3. 依照保密规定使用会议设备和管理会议文件；

4. 确定会议内容是否传达及传达范围。

第十五条　禁止在私人交往和通信中泄露公司秘密，禁止在公共场所谈论公司秘密，禁止通过其他方式传递公司秘密。

第十六条　公司员工发现公司秘密已经泄露或者可能泄露时，应当立即采取补救措施并及时报告总经理办公室；总经理办公室接到报告后，应立即进行处理。

第三章　责任与处罚

第十七条　公司员工出现下列行为之一者，应予以警告，并扣发10元以上500元以下工资：

1. 泄露公司秘密，尚未造成严重后果或经济损失的；

2. 违反本制度第十条、第十二条、第十三条、第十四条和第十五条规定的；

3. 已泄露公司秘密但采取补救措施的。

第十八条 公司员工出现下列行为之一者，予以辞退并酌情赔偿经济损失：

1. 故意或过失泄露公司秘密，造成严重后果或重大经济损失的；

2. 违反本保密制度规定，为他人窃取、刺探、收买他人或违反规定提供公司秘密的；

3. 利用职权强制他人违反保密规定的。

第四章 附 则

第十九条 本制度规定的泄密是指下列行为之一：

1. 使公司秘密被不应知悉者知悉的；

2. 使公司秘密超出了限定的接触范围，而不能证明未被不应知悉者知悉的。

档案管理制度

第一条 管理部门

1. 文书结案后，原稿由各文书管理部门归档，经办部门根据实际需要留存复印件。如因业务处理需要，原稿须由经办部门保管，应经文书管理部门主管同意后妥善保存，则文书管理部门以复印件归档。

2. 档案分类目录及编号原则由各企业经理室或事业部经理室统一制定。

第二条 文书点收

文书结案移送归档时，根据如下原则点收：

1. 检查文件的文本及附件是否完整，如有缺损，应立即追查和补充；

2. 文件如需经过抽查，应有管理部门主管的签字确认；

3. 文件的处理手续必须完备，如有遗漏，应立即退回经办部门补办；

4. 与本案无关的文件或不应随案归档的文件，应立即退回经办部门；

5. 有价证券或其他贵重物品，应退回经办部门，经办部门送指定保管部门签收后，将文件归档处理。

第三条 文件整理

点收文件后，应依下列方式整理：

1. 中文竖排文件以右方装订为原则，中文横排或外文文件则以左方装订为原则；

2. 右方装订文件及其附件均应对准右上角，左方装订则对准左上角，理齐钉牢；

3. 文件如有皱折、破损及参差不齐等情况，应先将其补整、裁切、折叠，使纸张整齐划一。

第四条　档案分类

1. 档案分类应根据案件内容、部门组织和业务项目等因素，按部门、大类和小类三级分类。先以部门区分，之后依案件性质分为若干大类，再在同类中依序分为若干小类。

2. 档案分类应力求切合实际应用。如果案件较多，三级分类不够应用时，须在第三级之后增设第四级“细类”。案件不多，也可仅使用“部门”及“大类”或“小类”两级。

3. 同一“小类”（或细类）的案件以装订于一个文件夹为原则，如案件较多，一个文件夹不够使用时，可分为两个以上的文件夹装订，并于小类之后增设“卷次”编号，以便查阅。

4. 每一个文件夹封面内首页应设“目次表”，案件归档时依序编号、登录，并以每案一个“目次”编号为原则。

5. 档号的表示方式如下：

A_1A_2——$B_1B_2C_1C_2D_1$——E_1E_2

其中 A_1A_2 为经办部门代号，B_1B_2 为大类号，C_1C_2 为小类号，D_1 为档案卷次，E_1E_2 为档案目次。

第五条　档案名称及编号

1. 档案按各级分类后应赋予统一名称，其名称应简明扼要，以充分表示档案内容性质为原则，并且要有一定范畴，不能笼统含糊。

2. 各级分类、卷次及目次的编号，均以十进制阿拉伯数字表示：其位数多少视案件多少及增长情形斟酌决定。

3. 档案分类各级名称经确定后，应编制“档案分类编号表”，将所有分类各级名称及其代表数字编号，按一定顺序依次排列，以便查阅。

4. 档案分类各级编号内应预留若干空档，以备将来组织扩大或业务增多时，随时增补之用。

5. 档案分类各级名称及其代表数字一经确定，不宜随意修改，如确有修改必要，应事先审查讨论，并拟定新旧档案分类编号对照表，以免混淆。

第六条　档号编定

1. 新档案，应依照“档案分类编号表”，查明该档案所属类别及其卷次、目次顺序，据此编列档号。

2. 档案归属前案时，应查明前案的档号，并以同号编列。

3. 档号以“一案一号”为原则，遇有一档案叙述数事，或一案归入多类者，应先确定其主要类别，再编列档号。

4. 档号应自左而右编列，右方装订的档案，应将档号填写于案件首页的左上角；左方装订的档案则填写于右上角。

第七条　档案整理

1. 归档文书，应依目次号码顺序以活页方式装订于相关类别的文件夹内，并依实际需要使用“见出纸”注明目次号码，以便翻阅。

2. 文件夹的背脊应标明文件夹内所含案件的分类编号及名称，以便查阅。

第八条　保存期限

文书保存期限除政府有关法令或本企业其他规章特定外，依下列规定办理。

1. 永久保存

永久保存的文书包括企业章程，股东名册，组织规程及办事细则，董事会及股东会记录，财务报表，政府机关核对签注文件，不动产所有权及其他债权凭证，工程设计图及其他经核定须永久保存的文书。

2. 十年保存

保存十年的文书包括预算、决算书类，会计凭证，事业计划资料及其他经核定须保存十年的文书。

3. 五年保存

保存五年的文书包括期满或解除之合约以及其他经核定须保存五年的文书。

4. 一年保存

结案后无长期保存必要的文书。

5. 其他规定

各种规章由规章管理部门永久保存，规章使用部门视规章有效期予以保存。

第九条　档案清理

1. 档案管理人员应随时擦拭档案架，维护档案清洁，以防虫蛀、腐蚀。每年更换档案时，依规定清理一次，已到保存期限的文书，予以销毁，销毁前应造册呈总经理核对签注，并于目录表附注栏内注明销毁日期。

2. 保管期限届满的文书中，部分经核定仍有保存参考价值者，档案管理人员应将“收（发）文登记单”第五联附在其保留文件上，并在第五联上注明部分销毁的日期。

第十条　调卷程序

1. 各部门经办人员因业务需要调阅档案时，应填写“调卷单”经其部门主管核对签注后，向档案管理人员调阅。

2. 档案管理人员接到“调卷单”，经核查后取出该项档案，并于“调卷单”上填写借出日期后，将档案交与调卷人员。“调卷单”则按归还日期的先后整理，以备催还。

3. 在档案室当场借阅者，免填“调卷单”。

4. 调卷人员归还档案时，经档案管理人员核查档案无误后，归入文件夹。“调卷单”由档案管理人员留存备查。

第十一条　调卷管理

1. “调卷单”以“一单一案”为原则，借阅时间以一周为限，调卷人员如有特殊情形需延长调阅期限时，应按调阅程序重新办理。

2. 调卷人员对于所调档案，不得抽换增损，如有拆开必要时，亦须报明原因，请档案管理人员负责处理。

3. 调卷人员调阅档案，应于规定期限内归还，如有其他人员调阅同一档案时，应变更调卷登记，不得私自授受。

4. 调阅档案限与经办业务有关，如调阅与经办业务无关的档案，应经文书管理部门主管同意。

员工培训管理制度

第一条　目的

为提高从业人员素质，充实其知识与技能，以提高工作质量及绩效，特制定本制度。

第二条　适用范围

凡本公司所属从业人员的在职培训及其有关作业事项均依本制度办理。

第三条　工作职责划分

1. 培训部

（1）全公司共同性培训课程的举办。

（2）全公司年度、月份培训课程的拟定、呈报。

（3）培训制度的制定及修改。

（4）全公司在职培训实施成果及改善对策呈报。

（5）共同性培训教材的编撰与修改。

（6）培训计划的审议。

（7）培训实施情况的督导、追踪、考核。

（8）举办由外聘培训讲师担任公司全体员工在职培训讲师的，以每季一次为原则。

（9）全公司外派受训人员的审核与办理。

（10）外派受训人员所携书籍、资料与书面报告的管理。

（11）其他有关人才发展方案的研拟与实施。

（12）各项培训计划费用预算的拟定。

2. 各部门（单位）

（1）全年度培训计划的汇总呈报。

（2）专业培训规范的制定及修改，培训讲师或助教人选的推荐。

（3）内部专业培训课程的举办及成果汇报。

（4）专业培训教材的编撰与修改。

（5）受训人员完训后工作情况的督导与追踪，以确保培训成果。

第四条 培训规范的制定

培训部应召集各有关部门共同制定“从业人员在职培训规范”，提供培训实施的依据，其内容包括以下几项。

1. 全部门的工作职务分类。

2. 各职务的培训课程及课时数。

3. 各培训课程的教材大纲。

各部门组织机能变动、引进新技术（机制）或生产条件等变化时，培训部应配合实际需要修改培训规范。

第五条 培训计划的拟定

1. 各部门依培训规范并配合实际需要，拟定“在职培训实施计划表”，呈报培训部审核，作为培训实施的依据。

2. 培训部应就各部门提出的培训计划汇编“年度计划汇总表”，呈报人力资源部审核。

3. 各项培训课程主办部门应于定期内，填写“在职培训实施计划表”，呈报培训部审核后，通知有关部门及人员。

4. 临时性的培训课程，亦须填写“在职培训实施计划表”，呈报培训部审核后实施。

第六条 培训的实施

1. 培训主办部门应依“在职培训实施计划表”按期实施并负责该项培训的全部事宜，如培训场地安排、教材分发、教具借调，通知培训讲师及受培训部门等。

2. 如有补充教材，培训讲师应于开课前一周将讲义原稿送交培训部统一印刷，以便上课时发给受训人员。

3. 各项培训结束时，应进行测验，由主办部门或培训讲师负责监考，测验题目分3～4种，由培训讲师于开课前送交主办部门。

4. 各项在职培训实施时，参加受训人员应签到，培训部应了解受训人员上课及出勤状况。

5. 受训人员应准时参加，因故不能参加者应办理请假手续。

6. 培训部应定期召开检查会，以评估各项培训课程实施成果，并记录，送交各有关部门参考，加以改进。

7. 缺席各项培训之测验者，事后一律补考，不参加补考者，一律按零分计算。

8. 培训测验成绩成果报告，作为受训人员考核及升迁之参考。

第七条　培训成果的呈报

1. 每项（期）培训办理结束后一周内，培训讲师应将受训人员的成绩评定出来，填写在“在职培训测验成绩表”中，同试卷一起送交人力资源部，以建立受训人员完整的个人培训资料。

2. 主办部门应于每项（期）培训结束后一周内填报“在职培训实施计划表”及“培训讲师钟点费用申请表”，连同“成绩表”及“受训人员意见调查表”，送培训部，培训部凭此支付各项费用，并将各表归档。

3. 如需支付教材编撰费用，主办部门应填写“在职培训教材编撰费用申请表”，送相关部门审核后，凭此领取所支付费用。

4. 各部对所属人员应填写“在职培训资历表”。

5. 每三个月，各部门应填写一份“在职培训实施结果报告”送人事与培训部，以了解该部门近期在职培训实施状况。

第八条　培训的评估

1. 每项（期）培训结束时，主办部门应视实际需要分发“受训人员意见调查表”，供受训人员填写后与测验试卷一并收回，汇总受训人员意见，送培训讲师及人事部会签，作为日后再举办类似培训的参考材料。

2. 培训部应评估培训的成效，定期分发“培训成效调查表”，各部门主管填写后汇总意见，配合生产及销售绩效资料分析评估培训的成效，形成书面报告，呈报人事部审核后，分送各部门及有关人员作为再举办培训时的参考。

第九条　外派培训

1. 因工作或升迁等任命新职位前的需要，各部门可推荐有关人员外派受训，人员名单送培训部审核后，呈总经理核准，并依人事管理规章办理出差手续。

2. 外派受训人员返回后，应将受训所用书籍、教材及资格证书等有关资料送培训部归档保管，其受训成绩亦应填写在“在职培训资历表”中。

3. 外派受训人员应将受训所学知识整理成册，作为培训教材，举办培训会，担任培训讲师，传授给有关人员。

4. 外派受训人员差旅费报销单据呈报培训部审核时，培训部应审核其外派受训资料是否缴回，并于报销单据上签注，如未经审核，会计部不应预先付款。

5. 本条款适用于参加公司以外培训的人员，对因升迁、储备知识、技能等需要，可于受训人员任职前集中委托外协部办理培训，但每年以两次为限。

第十条　附则

教材讲义编撰费及培训讲师钟点费标准见下表。

内容	编撰费（元/千字）
录自公司现有教材（直接采用）	0
录自公司现有教材（再修订部分）	20
节录自其他书籍	15
节录自其他书籍（另加补充部分）	30
外文翻译	100
自己编撰	150
上班时间培训讲师钟点费	每小时 50 元
下班时间培训讲师钟点费	每小时 100 元

各项培训的举办，应尽量以不影响工作为原则，如逾下班时间一个半小时以上，或上、下午均排有培训时间，应由主办部门负责申报，提供受训人员膳食，受训人员不得另申报加班费。

员工的受训成绩及资历可提供给行政部门作为年度考核、晋升的参考。

本办法呈总经理审核后颁布实施，修改时亦同。

员工纪律管理制度

为将公司管理及企业文化建设提升到一个新的层次，现将各项办公纪律摘录如下，以作提示。

第一条 凡本公司员工，上班期间均应佩戴胸卡。

第二条 坚守工作岗位，不能串岗。

第三条 上班时间不能看报纸、玩计算机游戏、打瞌睡或做与工作无关的事情。

第四条 办公桌上应保持整洁，并注意办公室的安静。

第五条 上班时不得穿超短裙、无袖上衣及休闲装，应穿西装和职业装，不能在办公室化妆。

第六条 接待来访宾客和洽谈业务应在会议室进行。

第七条 不能因私事长期占用电话。

第八条 不能因私事拨打公司长途电话。

第九条 不能在公司计算机上发送私人邮件或上网聊天。

第十条 未经批准不得随意上网。

第十一条 未经允许，不能使用其他部门的计算机。

第十二条 所有电子邮件的发出，必须经部门经理批准，以公司名义发出的邮件须经总经理批准。

第十三条 未经总经理批准和部门经理授意，不能索取、打印、复印其他部门的资料。

第十四条 不能迟到早退，否则每迟到或早退 1 分钟罚款 1 元。

第十五条 员工请假须经部门经理、分管副总经理或总经理书面批准，到办公室备案；如假条未在办公室即时备案，公司将以旷工论处，扣减工资。

第十六条 员工平时加班必须先经部门经理批准，事后备案，否则公司不发给加班费。

第十七条 不论任何原因，员工不得代他人刷卡，否则将被公司开除。

第十八条 员工因工作原因未及时刷卡，须及时请示部门经理签字后，于次日报办公室补签，否则按旷工处理。

第十九条 加班必须预先由部门经理批准后向办公室申报，凡先加班后申报的，办公室将不予认可。

第二十条 在月末统计考勤时，办公室对任何空白考勤不得补签，如因故未刷卡，到办公室及时补办。

第二十一条 员工吸烟应到吸烟室或卫生间，否则予以罚款。

第二十二条 请病假时，凡无假条的一律视事假处理。

第二十三条 请假条应于事前交办公室，否则按旷工处理。

第二十四条 行政部因当日外勤，不能回公司刷卡的员工，请部门第一负责人在当日 8：20 分以前写出外勤员工名单，由办公室经办人刷卡。

第二十五条 凡出远勤达 1 天以上者，须先填报经上级领导批准的出差证明单。

第二十六条 因故临时外出，必须请示部门经理；各部门全体人员外出，必须经总经理办公室同意。

第二十七条 不得将公司烟灰缸、茶杯、文具和其他公物带回家私用。

第二十八条 在业务宴请中，切忌饮酒过量。

第二十九条 非工作需要，不得进入经理办公室、计算机房、客户服务中心、档案室、打字室、财务部、会议室及接待室。

考勤管理制度

第一条 考勤是管理的基础性工作，是计发工资、奖金、劳保福利等待遇的重要依据，各级领导必须给予重视。公司的考勤管理由行政部负责，各部的考勤管理由综合处或指派专人负责。各处（班组）应指派责任心强的人员担任考勤员，逐日认真记录考勤。

第二条 考勤员职责

1. 按规定认真、及时并准确地记录考勤。

2. 如实反映本部门考勤中的问题。

3. 妥善保管各种休假凭证。

4. 及时汇总部门考勤结果并上报。

第三条 记录考勤符号

出勤√，事假×，病假△，旷工○，婚假＋，丧假±，产假、探亲假、公伤假、夜班、计划生育假、看病及倒休∧。

第四条 各部应在每月 25 日将当月考勤汇总，报劳资财务部门核算工资奖金，每季初 4 日前将当季考勤汇总，报公司行政部劳资处。

第五条 事假

1. 员工如遇必须于工作日亲自办理的事情，应事先请假。不能事先请假的，可用电话、电报、书信或带口信等方式请假。假满后若需办理续假应提前办理。

2. 基层管理人员、员工请假 3 天以内，由部门主管审批；4 天以上由部门主管总经理审批；部门副职人员请假，由部门主管总经理（主任）审批；公司副总经理（副主任）请假，由公司主管总经理审批。事假期间不发工资。

3. 管理人员每季度累计事假不足 3 天照发工资，带薪事假可累计使用，但不得提前或跨年度使用。

享受带薪事假的管理人员，平日加班不发加班费。偶尔加班不累计存休。带薪事假的天数：2 月底前到公司工作的为 12 天，3～5 月底到公司工作的为 9 天，6～8 月底到公司工作的为 6 天，9～11 月底到公司工作的为 3 天，12 月到公司工作的不享受带薪事假。全年事假天数不足应享受带薪事假天数的按加班计。

第六条 病假

1. 因病或非因公负伤员工，凭合同医院病休证明，准予病假。持非合同医院病休证明员工经所属部门主管同意，可确认病假。

2. 年累计病假超过半年，其工龄满 8 年的员工按 75%计发工资，工龄满 3 年（含 3

年）的员工按70%计发工资，工龄不满3年的员工按65%计发工资。

3. 员工到医院看病，准假半天，按“看病”考勤，不影响工资，超过半天的，其超过的时间按事假考勤。

第七条　工伤

1. 因工负伤或致残员工，持医院诊断证明。经人力资源部确认，可按工伤假考勤，工伤假期间工资照发。

2. 员工因工负伤，伤愈复发，经所属部门、人力资源部、办公室、联席会议鉴定，确认为旧伤复发的，可按工伤对待。

第八条　婚假

员工结婚持结婚证书，享受婚假3天。男女双方都达到晚婚年龄（男26岁、女24岁）婚假增加7天。因对方在外地工作而需到外地结婚的，酌情增计路程假。婚假期间工资照发，路费不予报销。婚假不能分段使用。

第九条　丧假

员工配偶、父母、子女或养父母死亡，准丧假3天；祖父、祖母、外祖父、外祖母、岳父母、公婆死亡，准丧假2天。外地酌情增计路程假，假期工资照发。

第十条　产假、计划生育假

1. 产假一般为90天，5个月内的早产产假为105天，双胞胎产假为105天，产假应产前、产后连续计算，假期工资照发。

2. 符合晚育年龄（女24岁）并领取独生子女证者产假为105天，女员工生育无人照顾，经女方公司出具证明，可酌情给男方15天以内的假期，并按计划生育假考勤。男方准予的假期天数应冲减女方产假天数。

3. 女员工计划外生育，其休息时间以事假计。

4. 各种节育、绝育手术按医务部门的休假证明准假。

5. 配偶在本市工作，行绝育手术后需要护理，可持绝育手术证明享受2天计划生育假。

6. 一年内做两次人工流产，其中一次按事假计。

第十一条　探亲假

1. 享受探亲假的范围条件

（1）工作满1年的正式员工，不能利用公休假日与父母或配偶团聚，又同父母或配偶不住在一起的，可享受探亲假待遇。

（2）员工丧偶已满1年未再婚，有未成年（指18岁以下）的子女寄养在外省市的可享受探望子女的待遇。

（3）自幼由养父母或抚养人抚养长大现仍与其保持经济关系的员工，经养父母、抚养人所在单位、街道办事处或乡政府开具证明证实的，可享受探望养父母或抚养人的待遇，但不得再享受探望生父母的待遇。

（4）领取结婚证书的员工，领取证书的当年，可再享受最后一次探望父母的待遇。

（5）已婚员工父母均在外地居住者，每四年可享受一次探亲待遇。

2. 具有以下情况的员工不能享受探亲假

（1）各类学校毕业生，在实习期间不享受探亲待遇。实习期满，当年即可享受探亲待遇，无需实习的员工，凡上半年定级的，当年即可享受探亲待遇；下半年定级的，下半年享受探亲待遇。

（2）员工在学徒期、熟练期内不享受探亲待遇，学徒（熟练）期满，当年即可享受探亲待遇。

（3）离婚、丧偶的员工，当年不能享受每年一次探亲待遇。

（4）家住远郊区县，已按规定领取了交通补助费的员工，不享受探亲待遇。

（5）员工与父或母任何一方能利用公休日团聚连续满 30 天，未婚员工当年与父母团聚连续满 20 天的，当年不享受探亲待遇。

3. 员工探亲假期

（1）员工探望配偶，每年给予一方探亲假一次，假期为 30 天。

（2）未婚员工探望父母，原则每年准假一次，假期为 20 天；自愿两年探亲一次的可两年准假一次，假期为 45 天。

（3）已婚员工探望父母每四年准假一次，假期为 20 天。四年起始时间以结婚次年计算。

（4）探亲假期指与亲人团聚的实际时间，另根据实际情况给予路程假。探亲假期包括公休日，不包括法定节日。

（5）探亲假期工资照发。

（6）探亲假原则上应一次使用，经同意，可分两次使用，分期使用探亲假的，只给一次路程假，报销一次往返路费。

4. 探亲假的管理

（1）员工探亲，须事前填写探亲申请，经部门领导批准报人事部审核，财务部凭人力资源部批准的探亲申请予以报销往返路费。

（2）各部应根据工作的情况，有计划地安排员工探亲，员工本人应服从组织的安排。

（3）外单位调入公司员工，应呈交原单位当年或四年期内探亲情况的证明后再予安排探亲。

第十二条　加班倒休

1. 充分利用 8 小时工作，提高工作效率，严格控制加班加点，确因工作而加班的，应经单位领导批准。

2. 管理人员平日加班一次4小时以上，按实际加班时间给同等时间存休，不足4小时的加班，不能累计加班存休。

3. 员工平日加班按实际加班时间给予同等时间存休，确实不能倒休，可按本人日平均工资的100%计发加班费。

4. 管理人员、员工在法定节日加班（元旦、劳动节、国庆节、春节），按本人日工资的300%计发加班工资。

5. 员工遇事需要请假，可用存休倒休时间。存休不能跨年使用。各部（公司）应严格进行存休的记录管理。

第十三条 旷工

1. 凡下列情况均按旷工计

（1）用不正当手段，骗取、涂改、伪造休假证明。

（2）未请假或请假未获批准，不到公司上班。

（3）不服从工作调动，经教育仍不到岗。

（4）被公安部门拘留。

（5）打架斗殴、违纪致伤而休息。

2. 旷工扣发工资

第十四条 本制度未尽事宜按上级有关规定执行。

第十五条 本制度自批准之日起实施。本制度解释权归行政部。

员工加班管理制度

第一条 本公司员工于每日规定的工作时间外，如需完成生产任务或处理紧急事故，应按下列手续办理。

1. 一般员工加班

（1）管理部门人员加班，一律由科长级主管报请主任级主管后，填写加班单。

（2）生产人员加班，先由管理（组）科根据生产工时需要拟定加班部门及人数，经生产部门同意后，由领班排班，报主任级主管核定，并将加班时间内的生产量由领班记录于工作单上。

（3）训练及计划内必须的加班，须副总经理核准方可进行。

（4）以上人员的加班费，须于当日下午4：00时前送交人力资源部门留存。

2. 科长级主管加班

（1）假日或夜间加班，且紧急而较为重要的工作，主管人员应亲自督导，夜间督导最迟至22：00时止。

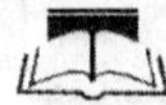

（2）主管加班不必填写加班单，只需打卡即可。

第二条　加班考核

1. 一般员工

（1）生产部门应于加班的次日，由管理（组）科，按员工加班工时，依生产标准计算其工作是否与之相符，如有不符现象，应通知人力资源部门按比例扣除其加班工时。每日的加班时数，则由所属部门主管填写在人工卡小计栏内，无需核对签注。

（2）管理部门的直接主管对下级加班情况亦应切实核查，如有敷衍，且未达预期效果者，可免除其加班工资。

2. 科长级主管

科长级主管如有应加班而未加班，致使工作积压等延误情形者，由主任级主管专案考核，如发生同样情形达两次者，应改调其他职务，并取消其职务加班工资。

第三条　加班工资

1. 主管

各科主管因已领有职务加班工资，故不再另发给加班费，但准许报销车费（有公交车可达者不得报销出租车费）及误餐费。

2. 其他人员

不论按月计薪或按日计薪人员，凡有加班，均按下列程序发给加班工资。

（1）平日加班，每小时发给每小时工资34%的加班工资，其计算公式如下：

每小时工资×34%×加班时数＝加班工资

（2）公休日加班除基本工资外，按平日加班计算方法加倍支付加班工资。

（3）国家法定节假日，员工因特殊情形而加班，凡正式员工一律按照国家规定办理。

第四条　加班工时计算

1. 区分为三班与二班制，其配档另行制定。

2. 以上三班或二班的工作，如系锅炉、熔炉及机械操作不能停机者，在用餐时间内应酌情留1～2名员工看守，并应在现场进餐，不得远离工作岗位，违者以擅离岗位论处，其进餐时间可按连续加班计算。

3. 其他工作人员每日加班工时均按8小时计算，如需延续加班，计算方法为应扣除每餐30分钟（夜餐亦同）后即为加班时间，员工不得以任何理由要求将进餐时间计为加班时间。

4. 凡需日、夜班工作者，应由其部门主管每周予以调换一次，应以劳逸结合为原则。

第五条　不得报支加班费人员

1. 公差外出已支取差旅费者。

附录

2. 推销人员不论何时何日从事推销工作，均不得报支加班费。

3. 门卫、夜间执勤人员、司机和厨师等因工作情形特殊，其工资已包括工作时间因素在内，故不得报支加班费。

第六条 注意事项

1. 加班人员超过3人时，应派领班负责领导，超过15人时应派专门人员督导。

2. 公休假日应尽可能避免临时工加班，尤其不得指派临时工单独加班。

3. 分派加班时，每班连续加班以不超过12小时、全月不超过46小时为原则。

第七条 加班请假

1. 员工如有特别情况不能加班时，应事先向领班声明（需有具体事实，不得故意推诿），否则一经核定即须按时间扣减加班费。

2. 连续加班阶段，员工如因病、因事不能继续工作时，应向领班或值日、值夜人员凭请假单请假。

3. 公休假日加班，于到班前发生意外情况不能加班者，应打电话向值日人员请假，次日下班后再出具证明或说明具体事实，填单请假（注明“加班请假”字样），此项请假不予列入考勤。

第八条 在加班时间内，如因机械故障一时无法修复或其他重大原因不能继续工作时，值日、值夜人员可为加班人员分配其他工作或提前下班。

第九条 公休假日、中午休息时间与平日相同。

第十条 凡加班人员于加班时不按规定工作，有偷懒、睡觉、擅离工作岗位或变相赌博者，经查实后，给以记过或记大过处分。

第十一条 本细则经经理级会议研讨通过，并呈总经理核准后实施。

物资管理制度

第一条 对所有入库物品应妥善保管，防止损坏、变质、丢失。对食品及清洁用品定期检查保质期或有效期，防止过期失效。

第二条 对常用物资要测定每月正常消耗量，保证正常储备量，及时提出补充计划，在保证合理需求的前提下，尽可能减少库存量，加速资金周转，防止物资积压。

第三条 库存物资要定期盘点，每月25日对在用物资做一次清点，期初数加本期增加数减本期消耗数等于期末库存数。检查消耗量是否合理，其中不合理部分在期末要办理退库手续，以正确核算成本。

第四条 对库存物资每月抽查（不少于10%），每季度进行一次全面盘点，要求做到账物相符，账账相符。在清查中发现临近保质期或有效期的物资要及时提出处理意见。

第五条 工具、器具、低值易耗品、针棉织品要及时补充更新。

第六条 物资丢失后应在责任者按质赔偿后方可补发。特殊情况由部门经理说明原因，会计机构负责人审批后方能补领。单项价值超过500元的物资要经总经理批准。

第七条 纪念品、礼品等用作交际应酬的物资，领用时要经总经理或总经理授权人批准。

第八条 物资保管员要严格遵守规章制度和工作程序，认真做好物资收货、保管、发放工作。对超计划领用，不符合报批手续的有权拒绝发货，并及时向部门经理汇报。

第九条 工程及维修所用材料，考虑其品种多、需急用等特点，采购物资办理完验收手续后，实物由工程部设专人保管，并建立实物账。物资三级账在计财物资部设置，进行统计核算。

第十条 每月末工程部库房管理人员要对所管物资与计财物资部三级明细账逐一核对，保证账物相符。工程部实物账与计财部三级账要做到账账相符。计财物资部有责任对工程部库房进行不定期抽查。每季度抽查物资品种不能少于30%，每半年进行一次大清点，年终进行全面盘点。

第十一条 工程项目及大、中修使用的材料、备件、设备等，按工程预算及修理计划做好储备及供应。

第十二条 积压物资的管理。各类物资一年内无人领用，经使用部门确认一年内仍不需用的，除专用的市场短缺物资，均可视为积压物资。计财部按上述条件每半年提供一次积压物资明细表，并说明造成积压的原因。凡因为个人原因造成物资积压，要由责任者承担部分经济损失（视情节不同分别确定赔偿比例）。积压物资经会计机构负责人审批后交有关部门统一处理。

车辆管理制度

第一条 车辆管理

1. 公司公务车辆的证照及其稽核等事务统一由管理部负责管理，分配各营业部的车辆由主管指派车管人员调派，并负责维修、检验、清洁等工作。

2. 公司员工因公用车应事前向车管专人申请调派；车管人员根据业务重要性顺序派车，不按规定办理申请者，不得派车。

3. 每部车辆应设置车辆行驶记录表，在使用前应核对车辆里程表与记录表前一次用车的记载是否相符，在车辆使用后应记载行驶里程、时间、地点、用途等。管理部每月抽查一次，如发现记载不实、不全或未记载情况，应呈报主管并对相关责任人提出批评，对不听劝阻，屡教屡犯者应给予处分，并停止其借用资格。

4. 每部车辆设置车辆使用记录表，由相关人员于每次加油及维修保养时记录，以了解车辆受控状况。每月月初连同行驶记录表一并交由管理部稽核。

第二条　车辆使用

1. 车辆使用人必须具有驾驶执照。

2. 公务车不得借给非本公司人员使用。

3. 使用人在驾驶车辆前应对车辆做基本检查（如水箱、油量、机油、刹车油、电瓶、轮胎、外观等）。如发现故障、配件失窃或损坏等现象，应立即报告，因隐瞒不报而由此引发的后果由当期使用人负责。

4. 驾驶人应严守交通规则。

5. 驾驶人不得擅自将公务车开回家，或作私用，违者受罚。

6. 车辆应停放于指定位置、停车场或适当的位置。

7. 因私人目的借用公车，应先填写车辆使用申请单，注明“私用”字样，并经相关部门主管核准后转管理部稽核。

8. 使用人应爱护车辆，保证机件、外观良好，使用后应将车辆清洗干净。

9. 私用时若发生事故，导致违规、毁损、失窃等，在扣除保险赔偿金额后全部由私人负担。

第三条　车辆保养

1. 车辆维修、清洗、打蜡等应先填写车辆使用申请单，注明行驶里程，核准后方可送修。

2. 车辆应由车管人员指定厂商保养，特约修护厂维修，否则修护费一律不予报销。自行修护者，可报销购买材料、零件费用。

3. 车辆于行驶途中发生故障或其他耗损而急需修理更换零件时，可视实际情况需要进行修理，但非必须修理或修理费超过 2 000 元时，应与车管人员联系，请求批示。

4. 由于驾驶人使用不当或车管人员疏于保养，导致车辆损坏或机件故障，所需修护费，应依情节轻重，由公司与驾驶人或车管人员负担。

第四条　违规与事故处理

1. 在下列情形之一的情况下，违反交通规则或发生事故，由驾驶人负担，并予以记过或免职处分。

（1）无照驾驶。

（2）未经许可将车借予他人使用。

2. 违反交通规则的，其罚款由驾驶人负担。

3. 各种车辆如在执行公务途中遇不可抗拒的事故，应先急救受伤人员，向附近交通管理机关报案，并立即通知管理部及主管联合协助处理。如属小事故，可进行处理后向

管理部报告。

4. 因意外事故而造成车辆损坏，在扣除保险金额后，再视实际情况由驾驶人与公司共同负担。

5. 发生交通事故后，如需向受害当事人赔偿损失，经扣除保险金额后，其差额由驾驶人与公司共同负担。

第五条 费用报销

1. 公务车油料及维修费以相关凭证实报实销。

2. 私车公用依凭证报销。

3. 公车私用：1 500 毫升以内，每次行驶 30 千米内，缴交公司 2 元/千米；每次行驶超过 30 千米，1.6 元/千米。1 600 毫升以上，每次行驶 30 千米内，缴交公司 2.2 元/千米；每次行驶超过 30 千米，1.8 元/千米。

办公用品管理制度

第一章 办公用品的购买

第一条 为了统一用量、控制用品规格以及节约经费开支，所有办公用品的采购，都应遵循本规定。

第二条 根据办公用品库存情况以及消耗水平，确定采购数量。

第三条 调整印刷制品格式，必须由使用部门以文书形式提出正式申请，经行政部门审核，确定大致的规格、纸张质地与数量，然后到专门商店采购，选购价格合适、格式相近的印刷制品。

第四条 各部门申购办公用品，应填写订购单，经行政部门确认后，直接向有关商店采购。

第五条 办公用品管理部门，必须依据订购单，填写订购进度控制卡，卡中应写明订购日期、订购数量、单价以及向具体的订购商店等。

第六条 所订购办公用品送达企业后，行政部门应按送货单进行验收，核对品种、规格、数量与质量，确定无误后，在送货单上加盖印章，以示收到。并在订购进度控制卡上做好登记，写明到货日期、数量等。

第七条 收到办公用品后，对照订货单与订购进度控制卡，开具支付通知单，经主管签字、盖章，做好登记后，转交出纳室，负责支付或结算。

第八条 办公用品原则上统一采购，分发给各个部门。如遇特殊情况，使用部门在填写“办公用品请购单”后就近采购。行政部门有权对请购单进行审核，并且把审核结果连同请购单一起交给监督检查部门保存，以作为日后审核与检查的依据。

第二章　办公用品的申请、分发、领用及报废处理

第九条　各部门应填写办公用品领用申请书。申请书一式两份，一份用于分发办公用品，另一份用于填写办公用品领用表。

第十条　办公用品的核发

1. 接到各部门的申请书（两份）之后，有关人员要进行核对，并做好登记。然后再填写一份用品分发通知书交发送室。

2. 发送室进行核对后，把申请所要全部用品备齐，分发给各部门。

3. 用品分发后应做好登记，写明分发日期、品名与数量等。一份申请书连同用品分发通知书，转交办公用品管理室记账存档；另一份用品分发通知书连同分发物品一起返回各部门。

第十一条　对决定报废的办公用品，要做好登记，在报废处理册上填写用品名称、价格、数量及报废处理的其他有关事项。

第三章　办公用品的保管

第十二条　所有入库办公用品，都必须逐项填写台账（卡片）。

第十三条　管理人员必须清楚地掌握办公用品库存情况，经常整理与清扫仓库，必要时要实行防虫等保护措施。

第十四条　办公用品仓库一年盘点两次（6 月与 12 月）。盘点工作由办公室主管负责。盘点要求做到账物一致，如果出现不一致现象必须查找原因，然后调整台账，使两者一致。

第十五条　印刷制品与各种用纸的管理以台账为基准，对领用的数量随时进行记录，并调整台账，计算出余量。一批办公用品用完后，应及时填写报告递交给办公用品管理室主管。

第十六条　公司各部门所拥有的办公用低值易耗品，主要指各种用纸与印刷制品应进行调查。调查方式是，每月 5 日前对上月领用量、使用量以及余量（未用量）应进行统计，向上报告。办公用品管理室对报告进行核对，检查各部门的统计数据是否与仓库的各部门办公用品领用表中的记录相一致，最后将报告按部门进行汇总、保存。

第四章　办公用品使用的监督与调查

第十七条　对公司各部门的办公用品使用情况要定期进行调查，调查内容包括以下

几项。

1. 核对办公用品领用申请书与用品台账。

2. 核对办公用品请购单与实际使用情况。

第十八条 核对。

核对收、支传票与实际用品台账。

计算机网络使用规定

第一条 公司网络资源是公司用于业务目的的投资，只能用于工作。禁止个人因业务学习、收看新闻、娱乐等使用公司网络。为规范公司网络的管理，确保网络资源高效、安全地用于工作，特制定本规定。

第二条 本规定涉及的网络范围包括公司各办公地点的局域网、办公地点之间的广域连接、公司各片区和办事处广域网、移动网络接入、互联网出口以及网络上提供的各类服务，如电子邮件、代理服务、Notes 办公平台等。

第三条 行政部作为公司网络的规划、设计、建设和管理部门，有权对公司网络运行情况进行监管和控制。知识产权部门有权对公司网络中的信息进行检查和备案，收发任何邮件，应备份审查。

第四条 任何人不得利用网络从事与工作无关的事项，违反者应受到处罚。同时，任何与工作无关的信息不得出现在网络上，否则追查责任。

第五条 公司网络结构由行政部统一规划、建设并负责管理、维护，任何部门和个人不得私自更改网络结构。办公室如需安装集线器等设备，必须事先与网络管理员取得联系。个人计算机及实验环境设备等所用 IP 地址必须按所在地点依据网络管理员指定的方式设置，任何人不得擅自改动。擅自改动者将受到处罚。

第六条 严禁任何人以任何手段蓄意破坏公司网络的正常运行，或窃取公司网上的保密信息。

第七条 公司网上服务如 DNS、DHCP、WINS 等由行政部统一规划，任何部门和个人不得在网上擅自设置该类服务。

第八条 为确保广域网的正常运行，禁止通过各种方式，包括利用电子邮件、Windows2000 共享等在广域网中传送超大文件。

第九条 严禁任何部门和个人在网上私自设立 BBS、NEWS、个人主页、WWW 站点、FTP 站点及各种文件服务器，严禁在公司网络上进行任何形式的网络游戏、浏览图片、欣赏音乐等各种与工作无关的内容。违反者将受到处罚。

第十条 任何部门和个人都应高度重视保护公司的技术秘密和商业秘密，对于需要上网的各类保密信息，必须保证有严格的授权和控制。

第十一条 禁止任何个人私自订阅电子杂志，因工作需要的电子杂志，经审批后由图书馆集中订阅和管理。

第十二条 对违反上述规定者，视情节轻重，分别给予相应的处罚。

1. 对于蓄意破坏网络正常运行、蓄意窃取网上秘密信息的个人，作辞退处理，并依法追究法律责任。

2. 对于在公司网上散布淫秽内容、蓄意破坏社会秩序或政治性评论内容的个人，作辞退处理。情节严重者移交司法机关处理。

3. 对于私自设立 BBS、NEWS、个人主页、WWW 站点、FTP 站点等各种形式网络服务的责任人或玩网络游戏的个人，第一次发现降薪一级，第二次发现作降职处理，第三次作辞退处理。

4. 对使用各种工作用文件服务器的申请，需经系统主管审核，由行政部批准后方可设立，擅自申请者将给予降薪一级的处罚。

5. 对于在网上设立各种形式的网络游戏服务的人员，给予降薪一级直至辞退的处理。

6. 对于由管理不善引起公司秘密泄露的人员，给予罚款、降薪、降职等处罚。

7. 对于私自更改网络结构、私自设置 DNS、WINS 等服务的责任人，给予罚款、降薪等处罚。

8. 任何人发送与工作无关的电子邮件，将给予降薪、降职直至辞退的处罚。有意接收与工作无关的邮件，每次罚款 100～500 元。

9. 任何人在工作时间，利用公司网络查阅与工作无关的内容，一次降薪一级。

10. 对于其他任何利用网络资源从事与工作无关的行为，将给予罚款、降薪等处罚。

值班管理制度

第一条 坚守工作岗位，不得擅离职守，不做与值班无关的事情。

第二条 熟悉业务，认真钻研，提高水平。文明值班、积极妥善地处理好职责范围内的一切事务。

第三条 重大、紧急和超出职责范围的事务，应及时向上级指挥部门、公司领导汇报和请示，以便把工作做好。

第四条 履行安全责任，保守机密，不得向无关人员泄露有关公司内部的情况。

第五条 维护好值班室秩序，保持整洁卫生，禁止在工作时间大声喧哗，无关人员不得随便进入值班室，爱护公物，杜绝浪费。

第六条　坚持批评与自我批评。团结互助，互相尊重。

第七条　特殊情况需换班或代班者，必须经办公室主任或值班主管同意，否则责任自负。

第八条　按规定时间交接班，不得迟到早退，并在交班前写好值班记录，以便分清责任。

突发事件处理条例

第一条　目的

1. 明确突发事件的定义，并使之得到及时有效的处理。

2. 加强公司制度建设，增强公司凝聚力和向心力。

第二条　适用范围

本条例适用于公司总部全体员工及所有驻外机构的员工。具有独立法人资格的子公司、合资公司、合作公司可参照执行。

第三条　突发事件定义

突发事件主要包括员工人身突发重大疾病、伤、亡或重大的刑事案件、由家庭纠纷引起的影响员工正常工作的恶性事故等。它们具有突然性、特殊性等特点。

第四条　突发事件处理程序

1. 突发重大事件一经发生，当事人或知情人应及时向相关管理部门及行政部报告。由行政部会同相关管理部门协同解决。在解决的过程中，需要向公司有关部门求助时，有关部门应主动配合与支持。不得推诿延误。

2. 在时间紧迫的情况下，行政部可采取边报告边处理的方法，对事件直接进行处理。

3. 行政部在紧急情况下，有权调动公司一切必要的资源，全权处理后，再进行经验总结。如有偏差，待处理下次类似事故时，应吸取教训。

4. 突发重大事件处理过程中涉及公司以外的人员和事务的，统一由公司行政部和人力资源部对外交涉。

5. 突发重大事件的报告、请示过程及事后结果报告统一由行政部向公司领导报告。报告可以由管理部拟定，移交行政部转送；亦可以由行政部拟定并直接送公司领导。

第五条　总结经验教训及文档管理

1. 对突发事件的起因进行调查分析，必要时可将分析报告通报给相关人员，以吸取教训。

2. 对处理方法的把握和公司组织意图的理解方面进行认真总结，供其他管理者参考

借鉴。

第六条 附则

1. 本条例自签发之日起生效，以前与此相抵触的规定自动失效。

2. 本条例的解释权和修改权属于行政部。

员工宿舍管理制度

第一条 为使员工宿舍保持良好、清洁、整齐的环境和秩序，保证员工得到充分的休息，以维护生产安全和提高工作效率，特制定本制度。

第二条 住宿条件

1. 员工在市区内无适当住所或交通不便者可申请住宿。

2. 凡有以下情形之一者，不得住宿。

(1) 患有传染病者。

(2) 有吸毒、赌博等不良嗜好者。

3. 不得携眷住宿。

4. 保证遵守本制度。

第三条 员工离职（包括自动辞职、被免职、解职、退休等），应于离职之日起3天内，迁离宿舍，不得借故拖延或要求任何补偿费或搬家费。

第四条 宿舍设立管理员，其工作任务如下。

1. 监督管理一切内务，分配清扫任务，保持室内整洁，维持秩序，维护水电煤气的安全及对门户人员的管理。

2. 监督值班人员，维护环境清洁及门窗的安全。

3. 掌握住宿者如血型、紧急联络人等方面的资料，以备不时之需。

4. 有下列情形之一者，应通知主管及总务部。

(1) 违反宿舍管理规则，情节严重。

(2) 留宿亲友。

(3) 宿舍内有不法行为。

(4) 员工身体不适以致病重，通知主管及总务部的同时，应通知其亲友并及时送至医院。

第五条 员工对所居住宿舍，不得随意改造或变更。

第六条 员工不得将宿舍之一部分或全部转租或出借予他人使用，一经发现，即终止其居住权利。

第七条 公司主管和总务部主管应经常视察宿舍，住宿员工不得拒绝。

第八条 宿舍所有器具设备（如电视机、玻璃镜、卫浴设备、门窗、床铺等），住宿员工有责任维护其完好。如因疏于管理或恶意破坏，酌情由现住人员承担修理费或赔偿费，并视情节轻重给予纪律处分。

第九条 住宿员工应遵守下列规则

1. 服从管理员管理、派遣与监督。
2. 室内禁止烧煮、烹制食品或私自接配电线及装接电器。
3. 室内不得使用或存放危险、违禁物品。
4. 起床后棉被叠放整齐。
5. 烟灰、烟蒂不得随意丢弃，室内不得存放易燃物品。
6. 换洗衣物不得堆积室内，暂不用的衣、鞋必须收入柜内。
7. 洗涤衣物在指定位置晾晒。
8. 使用电视机、收音机，声音不得放大，以免妨碍他人休息。
9. 就寝后不得影响他人睡眠。
10. 宿舍不得留宿亲友，外人拜访应登记姓名、关系及进出时间。
11. 夜间最迟应于23时前返回宿舍，否则应向管理员报告。
12. 贵重物品应避免携入，违反规定放入室内而致丢失者，责任自负。
13. 不得随意在墙壁、橱柜、门窗上张贴字画或悬挂物品。
14. 废弃物、垃圾等应集中倾倒于指定场所。
15. 房间清洁由住宿人轮流负责。
16. 节约用水随手关闭水龙头。节约用电，人走灯灭。
17. 不得在床上抽烟。
18. 不得于宿舍内酗酒、赌博、打麻将或从事其他不健康活动。

第十条 住宿人员轮流值班，负责公共区域的清洁，公共设施的修缮，水、电、门窗等的安全巡视，发现问题及时报告并立即采取措施。

第十一条 住宿员工发生下列行为之一，即应取消其住宿资格，并呈报其所在单位和总务部论处。

1. 不服从管理员监督、管理。
2. 在宿舍赌博、打麻将、斗殴、酗酒。
3. 蓄意破坏公用物品或设施。
4. 擅自在宿舍内接待异性客人或留宿他人。
5. 经常破坏宿舍安宁、屡教不改。
6. 严重违反宿舍安全规定。
7. 无正当理由经常夜不归宿。
8. 有偷窃行为。

第十二条 住宿者迁出时应将床位、物品、抽屉等清理干净，带出物品应先交管理员或主管人员检查。

第十三条 管理人员应按规定及时向公安户籍管理部门为住宿者办理临时户口登记。

第十四条 本制度经呈总经理核对签注后公布实施，修改亦同。

清洁卫生管理制度

第一条 为维护员工健康及工作场所环境卫生，特制定本制度。凡本公司卫生事宜，除另有规定外，皆按本制度执行。

第二条 凡新进员工，必须了解清洁卫生的重要性与必要的卫生知识。

第三条 工作场所须保持整洁，不得摆放杂物。

第四条 工作场所不准吸烟和就餐，严禁随地吐痰。

第五条 工作场所须保持安静，不得大声喧哗。

第六条 工作场所的窗户及照明器具的透光部分，均须保持清洁，采光充分，光线须防止眩目及闪动。

第七条 工作场所须保持适宜的温度和空气流通。

第八条 垃圾、废弃物、污物的清除，应符合卫生的要求，并放置于指定的范围内。

第九条 保持环境卫生（如走廊、电梯间、楼层服务台工作间、消毒间、楼梯等）良好，随时清除垃圾杂物，并采用适当方法减少灰尘的飞扬。

第十条 洗手间、更衣室及其他卫生设施，必须保持清洁，每日至少打扫一次。

第十一条 储物间各种物品要分类摆放，保持整齐、安全。

第十二条 食堂及厨房的一切用具，均须清洁净卫生，凡可能寄生传染菌的，应于使用前消毒。

第十三条 凡可能产生有碍卫生的气体、灰尘、粉末，应做如下处理：

1. 采用适当方法减少有害物质的产生。
2. 使用密闭器具以防止有害物质的散发。
3. 在产生此项有害物质的最近处，按其性质分别作凝结、沉淀、吸引或排除等处置。

第十四条 凡处理有毒物质或高温物体的工作，或从事有尘埃、粉末或有毒气体散布的工作，或暴露于有辐射光线中的工作等，需用防护服装或器具者，公司按其性质制备相应的防护服装或器具。

从事以上工作的员工，对于本公司设备的防护服装或器具，必须妥善保管。

第十五条 办公区域内的办公桌及文件柜由使用人负责日常的卫生清理，其他区域由物业保洁人员负责，行政部负责检查监督。

第十六条 行政部于每周五将组织相关人员对办公区域的卫生和秩序进行检查，并于下周一例会上公布检查结果。检查结果作为部门绩效考核的参考因素之一。

第十七条 本制度的修改和解释权归行政办公室。